漯河印记·文史资料集萃

沙澧英才

政协漯河市委员会 编
吕岩 主编

中国文史出版社

《漯河印记·文史资料集萃》
编委会名单

序

漯河市政协主席　吕岩

沙河、颍河如两条闪亮的丝带，从漯河大地上穿境而过，亘古不息。她们忠实地记录了这块土地上演绎的故事。

远古时期，这里是先民们刀耕火种、开拓缔造的摇篮。一万年前，黎明时分，大岗之上响起“哼育！哼育！”的号子声，穿着兽皮、草裙的男女以打制石器、烧制陶器、狩猎采撷为生；八千年前，贾湖部落在悠扬的骨笛声中，走出地穴，走下干栏，把美酒洒向天空，祈愿稻粱早日成熟；越千年，郝家台上筑起了一座城，以黑陶的名义宣示着薪火相传、生生不息的文明；三代连绵交替，留下了动人的传说、英勇的故事、壮阔的城郭；两汉以降，汝水、颍水成为行政区划重要地标，流域之内渐趋繁盛，文化遗存星罗棋布；直至平汉铁路通车，河上街始现市镇雏形。

近现代以来，国家命运多舛，洪波涌起、激浊扬清，推翻“三座大山”成为主旋律。铁路工人在“二七”怒潮中率先觉醒，中国共产党的组织在三县生根发芽。北伐战争如火如荼，将士热血沃四岸；救亡图存浪潮席卷，民先春笋立百竿。抗日战争时期，先后走出了沈东平、赵伊坪、李曾志等著名英烈，也涌现出效信趁、蔡永令、支天雷等地方武装和孤胆英雄。三年横扫残章，中国人民解放军二野四兵团诞生在此，“打过长江去，解放全中国”唱出了浩荡绝响。

新中国成立七十年，社会主义在探索中前进，汝颍大地同样发生着翻天覆地的变化。特别是改革开放的东风唤醒了城市和乡村，创造出一个个历史性的奇迹。1986年区划调整，漯河向区域性中心城市迈开新生的步伐；1992年创办内陆特区展示了敢为人先的胆识与气魄；南街村一枝独秀率先实现了亿元梦想；双汇集团日益增长成为全球领先。

七届漯河市政协恰逢三十而立，一批地方文史学者提出整理建市以来前三十年《漯河文史资料》的设想，这无疑是顺应文化复兴潮流，彰显地方文化特色之良策。文史资料工作是人民政协重要的基础工作，具有不可替代的“存史资政，团结育人”作用，支持这个动议理所当然。整理工作专班历时三年多的时间，从浩繁的文史稿中精选出689篇，逐篇审读，删繁补简，纠正讹误，做必要的注解和附录，达到了“去伪存真，去粗取精”的目标，并几经研讨，提出了按目分类的出版方案。

抚摸案头的十二册书卷，不能不感佩历届政协委员和社会各界人士的辛勤耕耘，赞叹三十年来政协文史工作者的孜孜追求。其成果必将成为漯河记忆里弥足珍贵的见证。

今天，漯河已经进入新时代，正阔步走在建设社会主义现代化，实现中华民族伟大复兴的新征程上。许多时点熠熠闪光，许多人事灿若星辉，也期待更多的人秉笔记录，让后来者因我们而更加自豪，也因我们而更加发愤。

本丛书定稿恰逢中国共产党百年华诞，谨以初版献礼志庆。

2021年6月19日于许慎故里

卷首语

漯河地处古颍河之滨，是两汉时期颍川、汝南、南阳三郡的交汇之地。她物华天宝，人杰地灵，曾使魏武帝曹操发出“何汝颍奇士之多”的感叹。

这里是八千多年前贾湖先民过着饮酒吹笛诗意生活的地方；这里是郑庄公掘地见母其乐融融的地方；这里是春秋诸侯召陵会盟留下“风马牛不相及”成语典故的地方；这里是汉魏交替受禅“你方唱罢我登场”的地方；这里是宋金战争中著名的“郾城之战”的地方；这里有“拉不完的北舞渡”的千年古渡；这里有“螺湾汇双河”的水旱码头。古时先贤在此封侯，现代先烈在此救国救民。一代代、一批批中华优秀儿女从这里出发或来到这里，为了中华民族的伟大复兴奉献出自己毕生的精力，把青春和热血献给了脚下这片沃土。

本卷选取了《漯河文史资料》一至二十三辑中有记载的与漯河有关的人物分类整理而成。其中有蒋先云在二次北伐临颍战役中三仆三起为国捐躯的英雄事迹；有曾任湘鄂西中央分局和红三军重要领导人的宋盘铭的生前身后事；有冯玉祥一路招兵买马、宣传抗日的亲历亲闻；有从问十小镇走出的布衣将军梁冠英的传奇人生；也有漯河籍院士高济宇、韩儒林、郭廷以等人的风采；还有层出不穷的古今俊杰，其都在卷中有较为翔实的介绍。

天地英雄气，千秋尚凛然。每个前进的时代都有英雄，每个向上的民族都需要英雄精神的滋养。我们需要英雄、崇拜英雄、铭记英雄，本卷为人们了解英雄提供了平台。分为“革命先驱”“英才辈出”“学者风采”“民国将领”“艺苑撷英”五个栏目，每栏目内人物排序总体上以生卒年月为序。

此次整理过程中，我们以“尊重原貌”为原则，尽可能地查阅了相关史料，参考正式出版的《中共漯河党史人物传》《漯河革命史》《中国共产党漯河历史纪事》《中国共产党河南省漯河历史》（第二卷）等图书，走访相关人员，力求能补充更多的史料。其是研究漯河近现代人物的第一手资料，也是了解漯河、宣传漯河的独特窗口，更是政协文史工作者为建设富强漯河、文明漯河、美丽漯河应作的贡献。

囿于编者自身的水平，致使人物史料应收未收、某些史料失实未被发现等错漏之处，敬请读者提出宝贵意见，希望能有机会补正。

编　者

2021年12月

目　录
Contents

革命先驱

英才辈出

学者风采

民国将领

艺苑撷英

革命先驱

纪念革命烈士蒋先云

晁凌音[1]

蒋先云

1987年5月28日，是蒋先云烈士在二次北伐临颍战役中为国捐躯的六十周年纪念日。

当我从临颍县城北门外沿环城路东行三里到符庄，北望800米处蒋先云团长死难的地方，每到此处仿佛枪炮齐作，战马奔腾。蒋先云团长跨白马，扬鞭磕镫，战士前仆后继冲锋的壮烈场面又重现在我的眼前。我是多么渴望二次北伐这一战斗的画卷能让广大群众和子孙后代有如临其境之感，并且永志不忘。

蒋先云同志，1902年7月14日出生于湖南省新田县大塘坪村一个贫苦农民家里。1916年考入湖南省第三师范学校。在学校他孜孜不倦地学习，苏联十月革命成功后，他冲破旧思想、旧文化的牢笼，如饥似渴地研究新的科学文化知识，并带领同学组织进步团体——“学友互助会”，谋求中国的变革。1919年“五四”运动爆发后，他以三师为基地，联合外校师生首先走上街头，喊出了“打破万恶的旧制度，洒出全球的大光明”等革命口号。1921年，他在学校参加了中国共产党。1922年同毛泽东、刘少奇、李立三等同志一起，共同领导了安源煤矿大罢工。

① 晁凌音，河南临颍人，1912年出生。曾任临颍县高中教师、《临颍地方志》编辑、《临颍文史资料》编辑。

1924年，蒋先云同志被党组织选派到黄埔军校第一期学习，毕业后留校工作，后调任黄埔军校政治部秘书（当时周恩来任政治部主任）。在周恩来的直接领导下，蒋先云等发起组织“中国青年军人联合会”，编辑出版《中国军人》杂志和《青年军人》旬刊。后来，蒋介石炮制《整理党务决议案》，曾多次对蒋先云进行威胁利诱，要他退出共产党，都遭到他严词拒绝。他说：“头可断，共产党籍不可丢！我蒋先云为革命肝脑涂地也在所不惜。”

为了巩固广东革命根据地，黄埔军校学生军在周恩来等同志的指挥下，曾先后两次东征。

讨伐陈炯明等军阀的叛乱，蒋先云同志一直奋力杀敌，勇往直前，战斗在周恩来同志身边。在省港大罢工期间，蒋先云同志担任纠察队总队长。1926年7月，广州革命军开始北伐，蒋先云同志受党组织委派，担任北伐军总秘书。北伐军占领武汉后，他又受党组织委派，担任了湖北省总工会纠察队总队长。“一·三”惨案发生后，蒋先云同志率领纠察队驱逐英巡捕，占领英租界。“三·四”惨案发生后，蒋先云同志率领纠察队捕获日本水兵凶手大同胜芳等十人解送到总工会。1927年5月中旬，武汉政府二次北伐，从武汉出发时，蒋先云同志担任了国民革命军第十一军二十六师七十七团党代表兼团长。

1927年5月27日凌晨，二次北伐军（即国民革命军）独立第十五师（师长贺龙），到达京汉路小商桥车站北边邢庄一带，准备进攻奉军。东路北伐军（第十一军军长张发奎）经西华、逍遥镇，来到了临颍城东瓦店西边十里头一带。同时，第十一军二十六师七十七团，在团长蒋先云同志的率领下，驻外场尚河[①]待命。

二次北伐的临颍战役是整个二次北伐战争的最大一仗，也是北伐军与奉军主力决战的一仗。在双方军力对比上，日本帝国主义支持下的奉军人数众多，武器精良，奉军在三里头符庄一带设有大炮，能打到十里头叶庄一带北伐军的前沿阵地，给北伐军向七里头奉军的进攻造成莫大

① 尚河，村名，在前文所述十里头村西北约两公里。

的阻碍。27 日晚上，蒋先云团长向张发奎军长建议：北伐军要想取胜，必须摧毁奉军在符庄的大炮阵地。张军长当即派蒋团长沿五里河向西进军。在辛庄与奉军哨兵连交火，该哨兵连一触即溃，向南逃窜到符庄三里头，向奉军炮连阵地报警。

5 月 28 日上午 8 时，蒋团长听到叶庄七里头一带枪声大作，知道北伐军在东战场上发起进攻，为了配合东战场的战斗，当即率七十七团全团官兵从辛庄南进，向史庄、符庄、三里头的奉军炮阵地进攻。

为了猛击史庄、符庄的奉军炮阵地，在战斗最危急的关键时刻，先云同志直闯火线，一声“不要紧，我来了，打”的呐喊，使战士们信心倍增，只见他威武雄壮地在滚滚硝烟中，一会儿跃马挥刀，一会儿扬鞭磕镫，冒着连天的炮火，浴血奋战。但是，由于敌兵火力甚猛，弹如雨下，先云同志左足中弹，但为了战斗的顺利进行，他拒绝了士兵们的前去救护，急切地高声喊道：“脚伤了，还能骑马，我必杀退敌人。”随即解下绑腿，自己缠住伤口，又挥刀上马，飞奔敌阵。

先云同志冒着枪林弹雨，率领战士们纵横驰骋于辛庄南坡战场，面对着穷途末路的敌人，我北伐军步步紧逼。胜利就在眼前，就在此时，不幸，一发罪恶的炮弹打来，先云同志连人带马仆地，二次负伤。担架兵前往救护时，看到他仍在拼命高呼：“冲锋，向前杀去。”但他深知战局危急，又嘱咐身边的战士说：“我已负伤，你们要死战勿退。”深受感动的战士们齐声回答：“请团长放心，即使剩下一枪一人，也必与敌拼命。”先云同志异常激动地鼓励战士们说：“我的好弟兄。”

先云同志两次负伤后，师长通知他离开战场。然而，先云却铿锵有力地令通讯员回报师长：“我蒋先云不捉住张作霖，不下火线。”于是，他拄着步枪，在两名士兵的护卫下，重新跨上战马，高擎战刀，冒着密集的弹雨，向敌阵冲去。在团长奋不顾身的精神感召下，我军官兵斗志更高。

杀声四起的战场上，鏖战正急。只见革命军中一位指挥员，穿过弹雨，带着重伤，率领战士，冲锋陷阵，被称为“拼命三郎”的先云同志仍在战斗。不幸，蒋先云同志又三次负伤，一颗弹片炸断了他的腰间皮带，穿入腹腔，但他仍挺起身来奋力高呼：“冲啊，前进……”最后倒在血泊中，倒在我们临颍这块土地上……

在先云同志三仆三起英勇杀敌的精神鼓舞下，全团官兵前仆后继，无不奋勇向前，当地的群众组织红枪会也纷纷助战。当天下午 4 时，终于一鼓作气摧毁了符庄、史庄的奉军炮阵地，支援了东战场北伐军的胜利。先云同志用他的鲜血和年轻的生命，谱写了北伐征途上一曲震撼人心的壮歌，牺牲时年仅 25 岁。武汉国民政府在周恩来同志亲自主持下，召开了隆重的追悼会。党的机关刊物《向导》上登载了郭沫若的文章《悼蒋先云同志》，文中写道：“先云战死了，但他的精神是永远不能磨灭的……我们有时间性的文章，不足以纪念这位无时间性的烈士。”

为纪念蒋先云牺牲九十周年，临颍人民修建了蒋先云烈士英雄碑和纪念园

蒋先云烈士的牺牲距今已 60 年，至今，临颍的广大群众中还不断传颂着这位青年将领的英勇事迹。他将永远活在临颍人民的心里，蒋先云烈士永垂不朽！

选自 1987 年 11 月《漯河文史资料》第一辑

怀念革命先烈谷迁乔老师

阎理之[①]

谷迁乔

我在临颍县立第一高等小学上三年级的时候，主任教员因事请假，请来二位代庖老师，由校长引着这位老师进了教室，给大家介绍说：“这位是谷迁乔先生，河南省立第一师范数理科毕业，学识很好，你们的龚老师有事，现在请谷老师给大家讲课。”全班同学一致鼓掌欢迎。只见他穿一件玉白长衫，高高的身材，白净的面孔，一双大眼睛，高高的鼻梁，俨然是一位英俊的青年学生。他面带笑容，登上讲台，讲起话来，娓娓动听，他像磁石一样吸引着全班同学的注意。我当时才 13 岁，平时上课好睡觉，但是听他讲课，始终毫无倦意。尤其他讲起时事来，慷慨激昂，分析透彻，有独到见解，同学们无不为之感动。但不久他离开我们又往开封去了。

当时河南土匪如毛，我县农村土匪抢劫、绑票时有发生。谷迁乔老师家在临颍城北七里头村，为了躲土匪，1924 年寒假挪到城内我家一个小屋里暂住，我跟他接触的机会多了。只见他整天在屋里手不释卷地看书。我在他屋里看到了很多新书刊，如《新青年》《向导》《语丝》、鲁迅的《呐喊》《彷徨》《狂人日记》《阿 Q 正传》等名著。

① 阎理之，河南省临颍县人，1911 年出生。1936 年毕业于开封师范学校，历任教师。1989 年离休。

谷老师虽然是学数理的，但也爱好文学。像楚辞、唐诗、宋词、元曲等古典文学也常涉猎。他屋内贴一条幅，是他自书《西厢记》中的佳句，“碧云天，黄花地，西风紧，北雁南飞。晓来谁染霜林醉？总是离人泪”。写得洒脱不羁非同一般。他爱好书法，擅长隶书，我见到他的作文本上的小楷是仿康有为的字体，与众不同。他在我家住不久，又往开封去了。

谷迁乔老师，字滋生，乳名新栋，化名李庆云，顾子琛。1901 年 1 月出生在一个农民家里。七岁在本村私塾读书，聪明好学，深受启蒙老师的赞赏。1915 年考入县立高等小学校，学习勤奋，成绩优异。并在课外就读于谷家祠堂大馆私塾，常常是深夜苦读，孜孜不倦。1918 年考入许昌河南省立第十四中学（旧制四年毕业），1922 年毕业后考入开封河南省立第一师范数理科，1924 年毕业，以成绩优异留校任理化教员，是年加入中国共产党。1925 年河南省委派他到许昌秘密从事党的地下工作，公开身份是许昌省立十四中学教员。1927 年春，受许昌特委派到郾城县整顿党的组织，同年 6 月被调临颍县从事党的地下活动，并参加国民党临颍县党部筹备工作。9 月，国民党临颍县党部执行委员会成立，他被选为执行委员，任宣传部长，同时担任中共临颍县委首任书记，发展党员。以县党部名义在城内不断召开群众大会，提出“打倒帝国主义，打倒军阀，打倒贪官污吏，打倒土豪劣绅，实行孙中山三大政策，实现耕者有其田，解放妇女，实行社交公开”等口号。一次，在南会馆开放足大会，他在会上讲话，激昂慷慨，听者动容。游行时散发共产党传单。成立农民协会、妇女协会、学生联合会等群众团体。领导学生演话剧、搞宣传，破除迷信、捣毁庙宇神像，领导妇女会宣传、检查放足，工作搞得轰轰烈烈。

1927 年，蒋介石“4·12”、汪精卫“7·15”，开始逮捕共产党人和革命群众，河南当局也开始反共清党。谷迁乔老师以中共县委名义公开发表声明，按照上级党的指示，退出国民党临颍县党部，并揭露国民党的反共阴谋，带领中共县委的同志们撤离县城，转入农村活动。他以城东南边境黄连城为中心，大搞农民运动，建立东南区和西南区农民协会，发展会员 5500 多人，并组织人民武装敢死队队员 1100 人，把斗争矛头直指土豪劣绅，领导农民减租减息，抗捐抗粮。县委当时办有《红旗报》，他任编辑，夜间跑十几里散发报纸及传单，大造革命舆论。为工作经常单独一人在夜间奔走于茫茫原野。

在国民党白色恐怖下，他不断组织农民暴动。一天晚上，县委决定攻打县城，以他为首组织 30 多人，带着炸药包、手榴弹，到城外投掷了几十枚手榴弹，声震全城。有一次派人闯进城内，用手榴弹投进国民党县政府，炸伤一个政务警察，反动政府极为恐慌。一天夜里，派同志闯入县党部，枪打常务委员龚世卿，因天黑，打伤了县党部干事王俊庵，龚世卿幸免，但被同事告发王俊庵被刺，龚有嫌疑，解省坐牢受审，县党部关门半年。

1928 年 7 月，谷迁乔老师调许昌特委，因郾城党组织遭到破坏，特派他到郾城做恢复郾城县委工作。1929 年初被调为开封市委书记，后任省委宣传部部长。1930 年 12 月在开封被捕，关押在第一监狱，他在狱中坚贞不屈，越狱未成。后因叛徒出卖，身份暴露，1932 年 8 月 20 日同中共河南省委书记纪国桢等 14 位同志一起惨遭杀害。为革命、为党的事业壮烈牺牲，时年 32 岁。1945 年，中共中央七大期间被追认为烈士。

谷迁乔老师对人和蔼可亲，事亲至孝，无论在家或是在外总是对人和颜悦色，不笑不开腔，礼貌待人，人们都很喜欢接近他。尤其在家里对待父母兄嫂，总是毕恭毕敬，孝悌当先。特别是对他爱人和睦相处，他俩结婚后，从没吵过一句嘴。他的爱人家庭很穷，从小没有读过书，一想起丈夫是个有学问的人，自愧不如。有一次，爱人对他说："你看我连一个字都不识，长相又不怎么好，你不嫌弃吗？"他说："你说到哪里去了，长相是父母遗传，还能由个人选择吗？古人说：'只要贤德，不要颜色'。只要你代我在二老跟前行孝，就是对我的最大支持，美在心灵，不在外貌。妇女不识字，不能怪你，这正是社会的弊病，以后要改革这个社会。你不识字，我教你学。"以后，他只要回家，就给她带回一些通俗读物，教她学习，几年后，竟能读通《平民千字文》《白话尺牍》。

他对待爱人这方面给人们作出了榜样。对下一代也很关心，那时他哥的女儿才几岁，父母给她缠脚，他知道后，耐心地劝导说："女子缠足是最痛苦的事，咱首先打破这个旧俗，咱家的女儿都不要缠脚。"因此，他家的女儿都是天足。当时虽然引起一些非议，却给全村作出了榜样，并且在他的关怀下，他家的女儿都剪了发，上了学。

他两次被国民党政府抄家，他虽幸免于难，他父亲却被押在看守所里，花钱托人才被释放。他为了不连累家人，决心离开家庭，临走时，谆谆嘱咐爱人："我不在家，父母还得由你操心，要好好照顾二老，替我行孝。你还要继续学习，将来革命胜利，可以更好地为人民服务，咱的三个孩子，不论男女都要想办法叫他们上学，将来好为国家出力。"这些语重心长的话，竟是最后的叮咛。

谷迁乔老师被敌人杀害的噩耗传到家乡，全家痛哭流涕，母亲哭瞎了双眼。他的同志、亲朋和学生们无不叹息、唏嘘不已。他是临颍党组织的创建者之一，他的高尚品质、丰功伟绩，为党的事业而壮烈牺牲的革命精神，已载诸史志，万古流传，激励后代！

选自 1990 年 12 月《漯河文史资料》第四辑

赵伊坪烈士志略

李　辉[①]

赵伊坪

赵伊坪同志，原名赵廉越，又名莲月、赵石庵、赵罗平，笔名慰灵、灵芝等。1910年2月25日生于鄄城县城关镇东街一个农民家庭里。1926年，在北京经彭雪枫同志介绍加入中国共产主义青年团，1927年加入中国共产党。曾在河南、陕西、山东等地从事农民运动、学生运动和对旧军队的争取和改造工作，为发展抗日统一战线、建立革命根据地、开展武装斗争，进行了卓有成效的工作，充分体现了一个共产主义战士的崇高革命精神。

1924年8月，伊坪同志在鄄城县立高等学堂毕业，同年秋，他在亲戚朋友的帮助下到育德学校初中部学习。在这里，他结识了彭雪枫、赵子众等同学、好友。特别是彭雪枫，对他的影响很大。每当课余时间或星期日，他总爱和雪枫一起交谈对政局的看法，对帝、官、封在中国的黑暗统治深恶痛绝，对苏俄的十月革命十分向往。第二年，他和彭雪枫一起转入北京汇文中学读书。当时，伊坪深受“五四”运动以来“新文化运动”的影响，积极宣传科学与民主，反对“吃人”的旧礼教。他热心地阅读《新青年》《向导》等进步刊物，积极响应李大钊同志提出的

① 李辉，河南西华县人，1945年生。1968年毕业于河南大学。曾任教师、编辑，鄄城县党史办主任等。

“中国青年向黑暗搏斗”的号召，决心像中华英烈们那样，献身于驱虏兴华的民族解放事业之中。

翌年春，首届中共郾城县委会成立。县委会的负责人传达了中共河南省委的指示精神：为了迎接北伐军进军河南，各地要大力发展党组织，将年满 18 岁以上的、表现较好的共青团员转为共产党员。在革命向纵深发展的时刻，伊坪返回了故乡从事革命运动，并由共青团转为共产党（当时共青团的译文是 CY，代号为中学；共产党的译文是 CP，代号为大学）。伊坪深为自己能成为一个“大学生”而兴奋不已，决心以实际行动捍卫它。

在县委的领导下，各地的党组织蓬勃地发展起来了。当时有蔡庄支部、老官田支部、郾城车站支部、漯河寨内支部、城关东街支部和北舞渡支部，而城关东街支部的支部书记就是伊坪同志。县委为了迎接北伐军的到来，组织了“文化促进会”，伊坪同志是“文化促进会”的主要负责人。“文化促进会”主要做了四件事：一、创办了“扶轮小学”，吸收三四十名城乡贫苦子弟求学，对他（她）们进行反对帝、官、封的教育。二、创办了《扶轮》半月刊，介绍中国革命的形势、北伐革命的意义等。三、组织了“新剧团”，群众称之为“文明戏”，奔赴四乡演出。演出的《巧配》《孔雀东南飞》《为谁牺牲》《私塾改良》等反帝、官、封节目，深受群众喜爱。四、以实际行动反击帝国主义的势力。在这期间，伊坪还以大无畏的革命精神，向帝国主义的侵华势力进行反击。一次，他动员一批青少年学生，接管了漯河基督教堂（福音堂）和附属医院（美国医院），和同学们一起抬回了一架钢琴，他指着钢琴向同学们说：“苏联革命胜利后，几乎家家都有这样的象牙箱了。”他的话使同学们深受鼓舞。这时，他发展了进步学生李国华、田瑞等人加入了共青团。

1928 年秋，国民党右派在郾城进行大搜捕，主要对象是赵伊坪、赵子众、赵西白 3 名共产党员，这就是轰动一时的“追捕三赵”的事件。一时间，大街小巷的军警荷枪实弹，特务打手们在全城的每个角落里出没查找，刺耳的警笛声更增添了全城的恐怖气氛。这时，赵西白通知赵子众，让他赶快通知赵伊坪撤离。赵伊坪得到消息后，头一批敌人已快到了跟前。他机智地趴在瓦房顶的半坡上，躲过了敌人。当敌人离开后，他就向县城东门跑去。看守东门的是陈文泰，由于伊坪平时的思想工作使他逐步看清了敌人可鄙的反动嘴脸。当时东门是用一条铁链锁着，锁紧门时将铁链拉紧锁上；锁松门时将铁链放松锁上就行了。伊坪跑到东门时，陈文泰事先就松锁着门，伊坪侧身就过了东门。当第二批敌人到来时，伊坪已经远飏了。就这样，他多次冒着生命危险不息地工作着。为了掩人耳目，他曾藏在仅够容纳一个人的楼梯下面，用苇席围起煤油灯刻写党的文件和传单。有时他藏在两幢房的夹道里，有时又潜伏在庄稼地里，少吃缺喝，生活极为困难。长期的隐蔽生活，使他全身长满了疥疮，行走非常困难。不得已才转移到舅父家的一个粮仓里躲起来，舅母和表妹精心护理三个多月，才渐渐见好。

1934 年，党组织派他任杞县县委书记，公开身份是杞县“大同中学”教员。他利用一切机会宣传马列主义，倡导抗日救国。他和进步青年姚雪垠一起创办刊物，经常用“灵芝”“慰灵”的笔名发表文章，团结和教育广大师生，在杞县布下了革命火种。这时候，他的好友、共产党员张维翰同志介绍他去山东第六专员公署做秘书工作。山东第六专员公署设在聊城，专员范筑先将军是一个颇有爱国心的国民党左派人士。伊坪得此消息后，认为到那里可能搞好统战工作，将为党的事业作出更大贡献，就欣然前往。临别时，广大师生依依不舍，洒泪相送。伊坪同志在欢送会上讲了一个很感人的小故事:“在四周如同泼墨的深夜，一个分不清东西南北的人徘徊着，忽然在前方出现了一点红光，这个人就欣喜地向着红光走去。”这个小故事象征着党在召唤他前进。后来，姚雪垠就以这则故事为题，写成《红灯笼的故事》一文，收集在莫斯科出版的《中国小说集》一书中。

伊坪到了山东，在第六专员公署担任秘书工作，以饱满的政治热情投入了抗日工作。统治山东的军阀韩复榘，是一个卖国求荣的人，把大好河山向日本帝国主义拱手相送。而范筑先领导的鲁西北在伊坪等同志的启发教育下，带领全区人民浴血奋战。中共山东省委决定，由赵伊坪以第三集团军政训处的名义接管了国民党的《国民日报》，并和齐燕铭一起创办了《救国导报》，使这张报纸变成了中共山东省委的机关报。1937 年冬，伊坪到了鲁西北聊城，先后任鲁西北特委统战部部长、第六专员公署政训处秘书长、鲁西区党委委员、秘书长兼统战部部长。毛主席对鲁西区党委的工作很满意，高兴地说："黑暗的鲁西北变成光明的鲁西北了。"

1939 年 3 月初，伊坪随区党委转移时，在茌平县城北琉璃寺与日军遭遇，他身负重伤落马，丢失了近视眼镜，因行走困难而被捕。日军对伊坪施尽酷刑，但他大义凛然，英勇不屈。残暴的敌人将他捆在枣树上，浇上煤油活活烧死。

赵伊坪烈士纪念亭　摄影者：牛靖

伊坪壮烈殉国，终年 29 岁。

1986 年，中共中央和中共河南省委决定在烈士的家乡为其建立纪念碑。中共中央顾问委员会副主任宋任穷同志为纪念碑题写了碑名，郾城县委党史办公室为赵伊坪烈士撰写了碑文。不久，赵伊坪烈士纪念碑即将在郾城县烈士陵园落成。郾城县人民在缅怀先烈的同时，时刻以先烈的革命精神鼓舞自己，决心建设好郾城，并以此作为对赵伊坪烈士的怀念。

选自 1987 年 11 月《漯河文史资料》第一辑

怀念赵伊坪同志

师　陀[①]

我和伊坪相识是1930年夏天。当时冯玉祥、阎锡山和蒋介石正在河南打内战，他在冯玉祥部下田春芳师运输连当上士录事，名叫赵罗平。据我大哥王乐超说："当运输连在我们家里驻扎时，他发现许多进步书刊，高兴极了，表示要做朋友。"冯玉祥军队里，上自他本人以及前敌总司令鹿钟麟，下至连、排、司务长，绝大多数是当兵出身，一个相当于班长的上士录事，居然喜欢进步书刊，可见其来历不平常。

我那时刚读完高中二年级，学校放了学，同学回家了，我正好利用学校环境清静写文章，回家晚了十多天。其时运输连已经离开我们家，移驻距我们那里东南十多里路的什么村庄去了。我回家不久，一天上午，他头戴大草帽，身穿灰布军装，打着绑腿，满脸是汗，到我们家来了。因为时值盛夏，天气炎热，我们劝他脱下衣服，他也就毫不客气，脱下军装，从头上摘下大草帽，代替扇子扇风。端来用桑叶煮的大碗茶，坐在大门底下，便谈开了。他先问我几时从开封回来的，那里的情形怎样。接下去讲他是押着大车队去罗王车站领给养的，经过附近，让大车队先走，自己拐过来看看。其间他特别讲了路上发生的一件事情：一个驶着大车的农民让路慢了，激起了当兵的愤怒，跳下去打那个农民。这事情引起伊坪动了火，当场训斥那当兵的："你自己本来也是农民，怎么可以随便打人家呢！"说话时犹余怒未息。他约我们过几天到他们那里去玩，便站起身来。留他吃午饭，他坚持不肯，说："我还得

---

① 师陀，原名王长简，笔名芦焚，作家。1910年3月10日出生于河南杞县。1941年至1947年，任苏联上海广播电台文学编辑。以郾城为背景的《果园城记》大部分写于这个期间。1988年11月病故。

赶大车队去呢。”又关照我们：“我三四天就回来。顶好上午来，在我们那里吃午饭。”他既然“公务”在身，不便强留，估计留也留不住。他戴上大草帽，拿起军装，送他走出村庄，但见他在强烈的阳光下，匆匆向西北赶路去了。望着这位年轻“录事”的背影，我心里产生了疑问：“他既然有学问，热爱进步书刊，富于正义感，对农民充满同情心，对人又彬彬有礼，为什么要到西北军去呢？”是的，他为什么要到西北军去呢？

大约过了五六天，估计伊坪运给养已经回来，我和我大哥便去看他们。他们连部[①]驻在一户农民的大院子里，三间堂屋由房主人全家临时居住，腾出三间东屋归他们使用。连长的名字当时是朱聘三，是个性格热情而又开朗的人；司务长当时名叫熊义吾，最初给我的印象和朱聘三相反，是个沉默寡言的人，后来交往深了，始知他其实是个极天真的人。我和大哥曾去两三次，谈话内容现在几乎全忘了，能记得的是朱聘三曾不住地大喊大叫，要找共产党，要拉起队伍打红旗。他说：“只要上了山，来一个通电，成立红军，我任司令，他（指着伊坪）是我们的政委，他（指着熊义吾）是我的参谋长。”我便警告他。他说：“你不用怕，全连士兵都是有‘觉悟’的人。”他所谓有“觉悟”，后来我向伊坪了解过：一是他不打骂士兵；二是他用家里汇来的钱每月改善全连伙食；三是他经常向当兵的讲他们受压迫，为他们鸣不平；四是如果有谁家里遭到变故，需要钱用，他便借给他们。当时冯玉祥的军队是不发饷的，师旅长以上的将军们可以向他借钱，或自己想办法弄钱，团长以下的军官如果想用钱，只好靠聪明靠机会了。朱聘三的办法是向家里要钱，他是商丘乡下一个什么村镇人，家里有百把亩地，是个独生儿子，读过私塾，相当聪明，父亲去世了，母亲给他娶了个自己不喜欢的老婆，便在北伐期间当了兵。

伊坪是河南省郾城人。我问他为什么不顺便回家看看，他讽笑道：“又不是小孩子了，还离不开父母！”

---

① 他们从西安出发前，也许是别的番号，不过他们在杞县时，确实改称军械处运输连了。

熊义吾是河南省确山人。事实上他和伊坪都难得讲话。讲话最多的是朱聘三，大喊大叫，上山打红旗的也是朱聘三。有一次朱聘三刚讲完那时他就是红军第多少军军长，伊坪笑着挖苦说："还吹呢！一年前怎么样？"朱聘三说："全靠你这位政委呀。"

归纳上述情况，我估计伊坪原是共产党员，大革命失败，由于逃避国民党的缉捕，投奔冯玉祥的西北军；临行仓促，来不及办理转党手续，以致失去党的联系。要么他逃离家乡时是带着转党手续的，只是行军途中，不便从陕西转入河南。如果真是后一种情形，朱聘三大喊大叫要找的共产党，其实就在他身边。

我是认识共产党员或共青团员的。我的同班同学姚第鸿就曾动员过我选举一个共产党员当学生会主席，并曾好几次劝我去看在省一中教书的潘训，有一天晚上还暗暗借给我几期油印的《红旗》。但是那学生会主席寒假开学后便不见了，姚第鸿放暑假后又回了家。姚第鸿家虽然在开封，我没有去过，也不知道地址，只有等开学后再跟他讲伊坪他们的事了。不料暑假后开学，我回到开封，才知道姚第鸿在暑假期间已被逮捕。阎、冯失败，姚第鸿获得释放，因为关押在警备司令部时受过刑，走路时腿还有点瘸。河南省民政厅厅长张钫曾在我们学校大礼堂向全体学生讲话："姚第鸿的父亲姚一介是我的老朋友，姚一介看一个钱比铜锣都大，他的儿子能当共产党吗？"姚第鸿的被捕，显然是由于我的同班同学姓黄的告密，姓黄的是国民党特务，我们当面叫他"黄狗"，他也的确像"狗"，只敢咧开嘴笑笑。至于姚第鸿父子，我留到后面再讲吧。

战争期间，军队随着形势的变化经常调动。我去田春芳师运输连驻扎的那个村庄两三次后，便不知他们移驻到哪里去了。战争的结果是冯玉祥军队彻底垮台。约在九、十月间，我意外地收到伊坪从洛阳西工寄发的一张明信片，说是今后不知到何处去。西工我是听说过的，是吴佩孚做直鲁豫巡阅使时驻兵的地方。但是偌大的西工，既没有番号，显然他的目的只在通知我他们在听候改编，他仍旧安然活着罢了。

这一年冬天，朱聘三忽然从商丘老家来了。这位做过红军第若干军司令梦的人，原来当冯玉祥彻底失败后，看见当兵的争先恐后在郑州车站上火车回老家，自己也跟着爬了上去。他是来找“母亲”的。当国民党统治时期，除了红军占领的苏区，要找共产党，就得讲找“母亲”或“爱人”，随本人的身份地位而定。我的同班同学姚第鸿跟他的全家搬往济南以前，曾给我介绍一位文科乙班的同学张宏道，说：“以后你听他的好了。”但是张宏道很谨慎，怕暴露自己，尽管经常到我们住的宿舍来，只是见面笑笑，打打招呼，不敢单独约我谈话。这是因为我们班里“黄狗”还在，我们的校长换成了河南省党部主任委员，他从河南省党部调来的新训育主任显然也是国民党特务。当时我有这样的顾虑，对一个相交不深的人，在国民党白色恐怖统治下面，我不敢把朱聘三贸然介绍给他。我只对朱聘三说，“容我慢慢想办法。”他在我们家住了十来天，看了几场“狗妞”[①]在财神庙演出的戏，春节前坚持要回家，临行前我转送他一本朋友送我的《烟袋》，便失望地冒着寒风走了。

1931年初春，我忽然又接到伊坪从西安寄发的来信。用的是西安警备司令部的公用信封，信是警备司令部的八行笺，用毛笔书写，开头讲他当了西安警备司令马青苑的秘书，接下去问我的情况，如果回信，可写西安警备司令部赵伊萍收。他的名字这时改成了赵伊萍。在旧社会，一个失败军队的上士录事，尽管学问好，字写得好，没有相当关系，要想当上得胜军队警备司令的秘书，是不能设想的。

对共产党朋友，他们的经历、入党时间、在党内的职务，我从来不想知道。这是因为无论对朋友对自己都是没有好处的事。因为伊坪平常讲话，有几个字爱用北京音，我只知道他曾在冯玉祥办的育德中学读过书。我只有暗暗为他高兴，如果我猜想的他在逃离家乡时失去党的关系是事实，现在终于接上关系了。他给我写信的目的，除了他认为我是进步的，想了解朱聘三和熊义吾的情况外，我实在难以揣测，这两个人的名字他信中全然不曾提起。最近看了熊义吾的纪念文章，始知冯玉祥失败后，他当了杨虎城军队的连长，偶然在西安大街上碰到伊坪。

我马上回信，告诉他朱聘三如何回老家，春节前如何托我找“母

① 著名豫剧表演艺术家陈素真，原名王若瑜，小名狗妞。

亲”。伊坪迅速答复，谈他在司令部的工作情况，以及司令部的情形，不提朱聘三。以后还通过好几封信，也只谈西安的情况，有一次讲到西安大街上打死过人，可以猜想，敢在大街打死人的只有蒋介石的特务，仍不提朱聘三。他似乎有所避讳。这又使我怀疑他是否真正找到了党。

我于1931年夏到了北平，对家人说去考大学，实际上我没有领高中毕业文凭发下来以前的证明书，没有证明书便不能报考任何大学。我去北平是为着找出路：即争取参加共产党。直到今天我还是无党无派。那主要原因是我心目中把党神秘化了，总认为自己不够党员的标准，不敢提出要求。我和几位同班同学在吉祥胡同住了1个多月，便搬进银闸胡同北口一家小公寓，不久“九一八”事变发生，张宏道来找我，问我想不想加入“反帝大同盟”。我问了“反帝大同盟”知道是党的外围组织，便欣然同意。这时我想起伊坪，立刻写信。如果解决“婚姻”问题，顶好到北平来一趟。很快得到他的回信：他不需要，若有“他们”的消息，请马上告诉他，至于他本人的行踪，千万勿向他们谈起，必要时他会直接跟他们联系。所谓“他们”，是指朱聘三和熊义吾。这封信很重要，表示他终于找到了党，我放心了。同时也引起我的怀疑，他自己既然找到了党，为什么不介绍他们入党呢？直到这次写纪念文章，参考了许多资料，才恍然大悟，原来他只管为党播种，为党培养有待发芽的种子，要考验他播下去的种子是否坚定，不管它们冲出地面。另外，也是不肯向非党员轻易暴露自己。

过了约莫个把月光景，家里转来朱聘三从山东新泰寄发的信，信封、信笺都用鲁南第四民团军指挥部的，说是已经改名朱慨夫，做了副官长，急需找“爱人”。恰好张宏道又来看我了。他所以经常来看我，我当时认为包括两种含义。第一是他确信我不会出卖组织。第二是他认为我有“培养”的前途。我拿出朱慨夫和伊坪的信请他看。等他看完，我又向他讲跟两个人相识的经过，两位的为人。他听过我的叙述，笑了：

“姚第鸿不是在济南吗？”

我自然知道姚第鸿在济南，自从他把张宏道介绍给我后，我们之间未曾通过信。

“我写信通知他，不过他可能给你来信，也可能不来。”他爽快地说。说完便站起身走了。

过了几天，我收到姚第鸿寄来的明信片，只简单地说：“你的朋友需要‘爱人’，可在某地找某人接头。”我把姚第鸿的明信片转给朱慨夫。过了约半个月 20 天光景，接到朱慨夫的来信：感谢我帮他找到“爱人”，还讲了许多充满狂喜的话。我写了回信，同时把朱慨夫先后两封信转给伊坪，却很久不曾得到回音。

约在 1932 年 3 月间，我收到一封从新泰鲁南民团军指挥部寄发的信，过去我也经常收到那里的来信，这一次特别，把信封直装得鼓起来，我打开来看，首先是朱慨夫的信：伊坪已经到新泰了。朱慨夫的信中包着从各式各样笔记本上撕下来的纸片，有伊坪的，有熊寄飘的（熊寄飘是熊义吾入党后的正式名字），有我大哥的，出乎意外的是居然还有姚第鸿的，在这以前我似乎不曾听到姚第鸿在新泰。伊坪的信写得很简单：刚来这里，还不知道工作怎样安排。朱慨夫所以发动“写信运动”无非意在告诉我伊坪到了新泰罢了。

伊坪这次去新泰很重要。归纳我事后从各方面得到的证明，他是带着党的正式关系的，如果朱慨夫不出事，以他的做事谨慎，态度坚决，很可以做出轰轰烈烈的事业吧。1932 年 7 月间我父亲去世了，我回家办理丧事，我大哥也从新泰回家办丧事。他是当年春节过后去新泰的，在那里过了上元节，并且参加了共产党。随后去新泰的是熊寄飘和姚第鸿，最后去的是赵伊坪。大家名义上的职务是排、连、营录事或书记，一律上士待遇，每月工资十元。实际工作是“兵运”，即唤醒兵士和下级军官对现实不满，对他们指明出路。朱慨夫所以出事情是和总指挥谢书贤的第三姨太太搞恋爱。那姨太太是洛阳师范的女学生，平常对老粗丈夫就不满意，一旦遇到聪明能干的朱慨夫，犹如干柴遇到烈火，据我大哥亲眼目睹，上元节指挥部演戏，二人已眉目传情了。这一年上半年谢书贤出差了相当长一段时间，副官长本来可以随时进入后衙，这时更无顾忌。等谢书贤回来，在指挥部候差事的他的穷亲戚便直接向他揭发。至于这件事的后果，和伊坪本人毫无关系，只是与他的事业却大有关系。我大哥说“上级”决定伊坪和朱慨夫第一批撤退，前几年我见到熊义吾，也就是参加共产党后的熊寄飘、参加八路军后的张介民，他说：“山东省委决定伊坪和朱慨夫先撤退，全指挥部的党员都归伊坪领导。”据我 1932 年 9 月间和伊坪同去山东所观察到的，他不仅领导全指挥部的党员，而且领导全鲁南民团军的党组织。按当时的情况讲，党的首要工作当然是扩大红军和建设苏区，与之相配合的是策反国民党军队的“兵运”工作。山东省委会把如此重要的工作委托给一个没有正式关系的人吗？

关于伊坪 1931 年末的生活状况，我查考过三种资料：第一，是伊坪（1932 年）2 月 4 日写给父亲的亲笔信，称在南京开会的马师长打电报劝他暂时回家，等候喜讯；第二，是赵晓舟的纪念文章，1931 年春西安市委被破坏；第三，我曾向一位老党员朋友打听过：解放前在国民党军队中搞“兵运”工作采取单线联系，情况有各种各样，根据具体条件而异。从以上三种资料可以看出，马青苑的警备司令被撤销了，部队撤到渭南，伊坪的秘书工作也跟着丢掉了。他没有提我 1931 年初冬转给他的朱慨夫的信，估计他是收到的，1931 年秋冬之间，我将朱慨夫的信转去后，大约过了不久，马青苑被解除了西安警备司令的职务。

马青苑被解除警备司令职务，可以设想，杨虎城发现他有野心。马青苑的确有野心，伊坪不是他的心腹，他要收买伊坪做心腹，只好在电报中暗示了。他的野心是扩充军队，自己上级不允许他扩充，他投靠新的主子。这个新主子是蒋介石。蒋介石对自己的嫡系军队尽力扩充，对杂牌军队，不惜用一切手段，加以限制、分化、削弱，甚至消灭。现在杨虎城军队内部有了矛盾，对他正是天赐良机。马青苑这次赴京开会，大约会见过蒋介石，蒋介石命他提出新名义，同时提出新防区，拟出扩编计划，并呈请其得力爪牙批准。以上尽管不曾查对实有材料，纯属推测之词，估计距事实不远。

马青苑回到渭南，把去南京的结果告知伊坪，或马青苑的亲信无意间走漏了消息。马青苑要扩编部队，原是搞“兵运”的好机会，伊坪需要找与他联系的人商量。他们经过仔细研究，那联系人大约对杨虎城部队了若指掌，认为马青苑以下级反上级，极少有成功的可能，不如去山东是上策。这就是伊坪去鲁南民团军指挥部带着组织关系的原因。

话说回去。这一年秋收时节，伊坪忽然到我们乡下的家里来了。我自 1930 年夏天和他分手，这次再见，在我好像是久别重逢的老朋友。他知道我父亲去世，讲了几句吊慰的话。现在回想起来，从他的表情看，似乎有什么心事。他住了几天，坚决要走，问他去处，他说现在连我自己也不知道。既然挽留不住，只好派人送他到兰封车站。他走了以后，我大哥才告诉我朱慨夫家里出了事情。伊坪原是撤退到商丘乡下朱慨夫家里的。为着打游击造枪，朱慨夫临行前从鲁南民团军修械所带走两个修械兵，枪没有造成，两个兵油子摸清了朱家的情形，扬言要告发。朱慨夫托人说情，花几百块钱，打发走两个瘟神爷。乡下自然住不下去，住下去也不再有意义，便举家搬到商丘城里。

秋收完毕，我带了二三十块钱，要再去北平，并声明以后不用家里钱了。到了开封，顺便去看康午生和赵毅然，两位在河南大学读书，原来并不相识，是伊坪向我讲起过，慕名而去的。从康午生、赵毅然那里我得到意想不到的消息：伊坪等山东来信，困在郾城同乡会里。从河南大学出来，立刻去找伊坪。伊坪从我们家里出来，便按事先约定的地点，到开封等朱慨夫的来信。起初住在旅馆里，钱花光了。事有凑巧，恰好朱慨夫的女朋友——就是原来谢书贤的第三姨太太，带着孩子回洛阳探亲，归途中经过开封，和伊坪住在同一家旅馆里。伊坪便写便条，向她求助，她打发茶房送来十多块钱，并附回条：她在旅途中，手头没有更多的钱了。伊坪结清旅馆欠账，搬进河南大学学生宿舍。“河大”开学，又住进郾城同乡会，身上只剩一块钱。

我去北平只为年轻，有闯劲，对如何生活下去并无把握。在见到伊坪前，我曾按照伊坪留下的地址，专程去商丘看过朱慨夫。朱慨夫家住南门里。我到的时间是晚上 7 点钟，但见家家户户大门外挂着灯笼，原来韩复榘的一个营军队哗变了，要冲过陇海路往南，尽管已被制止，商丘城内仍是一片恐怖气氛。朱慨夫的母亲回乡下去了。我从他年轻老婆嘴里得知，他本人去了山东。问她朱的山东地址，她说驻在朱集车站的某连长可能知道，他是每天早上来的，你问他吧。第二天某连长果然来了。陪着我吃早饭，我又问他朱慨夫的山东地址，他故作紧张地说：“我看你最好立刻回去，你看看这里的情形，待下去会出事！”我的习惯——这是极坏的习惯，是从旁边观察人，从朱慨夫年轻的老婆和某连长的言谈举止之间，我发现他们的关系不正常。伊坪听完我的意见说：

“他（朱慨夫）托错了人！”

朱慨夫去山东前曾把全家委托给那个连长照顾。原来朱慨夫去山东后，伊坪在他商丘城里的家住过几天。接着他谈自己的亲身体验：有一天夜里，他被什么声音惊醒，睁开眼睛，看见朱慨夫的年轻老婆正站在自己床前。他厉声问：

“你要干什么！？”

这大概是他决心要离开朱家的原因。其实我认为她倒是时代的牺牲品。试想：一个年轻女人，名义上出嫁了，从一开始就讨不到丈夫欢心，而婆婆又绝对不许儿子离婚，让她改嫁。她是个人，她有任何女人都有的性要求，在她所处的具体环境下，除了乱搞男女关系，她还有别的什么办法吗？

伊坪已经将到山穷水尽地步，山东朱慨夫来信仍旧遥遥无期。我到北平去既无把握，便提议用我去北平的钱买车票，一同到山东去。我花剩下的钱只够买车票到泰安。他高兴地说：

“不要紧，到了泰安，我立刻往济南写信。”

我们上了火车，把困难留给将来，真是浑身轻松。伊坪在火车上讲：为了拉游击队，他住在朱慨夫乡下老家时，一天晚上，曾跟当地一个土匪头子去关帝庙烧香，磕头拜过把兄弟，很难想象，这个平常待人接物文质彬彬，不多说话的人，必要时竟会大块吃肉，大碗喝酒。车过柳河，他说：“我就是从这里跳下火车，到新泰去的。”

陕西党组织或联系人既然已确认马青苑必然失败，便批准伊坪去山东的方案，并开了介绍信。伊坪拿到介绍信，等待机会，恰好过了1个多月，马青苑又带着他去南京开会。马青苑乘坐的是专车，即一辆火车，随行人员很多。伊坪要脱离马青苑，从西安到南京，一路上苦无机会。归程中车到柳河，要错车，是夜间，全专车的人都入睡了。真是天赐良机，伊坪便带着一件呢大衣，陕西党组织开给山东省委的介绍信，悄悄下了专车，登上往相反方向开去的火车。

火车抵达徐州将近夜间 11 点了，津浦路夜里没有徐州去济南的区间车，开往天津方向的火车要等三个钟头。伊坪在徐州车站碰到一个熟人，他叫我在许多路轨间等他，并嘱咐我不要走开，便钻入黑暗的夜色中不见了。他去好久才转回来。向我道了歉，接着说：

“刚才那个小伙子在男女关系上犯了错误，被处分，要下煤窑。所以跟他谈了很久。”

我问他怎么认识的，他说：

“在会上。”

“你批评他没有？”

“人家既然受了处分，只能鼓励，怎么能批评呢？”他语气之间有些愤然，怪我不懂事。

我不是党员，尽管我内心争取入党，毕竟还不是党员。一个不是党员的人，是不懂组织关系的，也不懂同志之间的关系，也不会明白对待犯错误同志应持的正确态度。

由于长期艰苦生活，伊坪善于精打细算，管理钱财。我们两个人都会抽烟，在徐州车站花三分钱买了一包山东造的雪茄烟。火车在夜里两点钟从徐州开出，到了泰安，太阳已经冲破晨雾。我们一夜不曾合眼，大家轮流抽那包山东造雪茄烟，那烟实在差劲，头一口就呛嗓子，越抽呛得越厉害，终我的一生，也只抽这么一回。到泰安住进小客栈，登记了店簿。泰安有座泰山，只好在店簿上写上“游览”。写完“游览”，我连早饭都不想吃，便倒下去睡了。事实上我是既累又饿，上天晚上我们每人吃了一块烧饼，但是“总管家”伊坪早已关照过：现在我们还剩一块钱，要花到济南来人。我睡下去时伊坪正在写信，我醒来时但见他在床上坐着，问起寄往济南的信，他说已经发出去了。茶房给我们打来洗脸水，问午饭吃什么菜，并吹牛说：“别看泰安府是小地方，爆、炒、蒸、熘样样出色。”伊坪说：“我们到外面吃。”茶房又问我们要不要雇轿子，逛泰山是必须雇轿子的。秋天上泰山烧香的人少，靠着泰山赚钱的百行百业是淡季，轿子减价，只要大洋三元。而我们只有大洋一元，就是济南收到信，立刻派人前来，至少需要三天！

于是我们走出小客栈，在泰安西关大街上找到一家小饭铺，每人吃一碗米粉。那米粉价钱大概算最便宜的，可是分量也少，每碗只有一两，顶多一两多点。我的食量小，仅能填饱胃的三分之一，伊坪个头高，食量应该也大，估计只能填饱四分之一。我们每天中午、晚上每人一碗米粉，在半饥饿状态中，逛了城里的岳庙，看了庙里的唐槐汉柏，荡了泰安城里用青石板铺的大街小巷，爬过泰山脚下的三家庵。当地老乡说不是登泰山的正路，我们等济南的来人，谁有兴趣玩泰山呢？

第三天的上午，我们在三家庵外谁家的柏树坟里抽足了香烟，回泰安西关那家小饭铺吃米粉。正在大街上走着，忽然有一个人扬着手大喊伊坪，他是从济南来的熊寄飘，随身只带一条毛巾、一块肥皂。这浑小子住在姚第鸿父亲的专车上，听说我们困在泰安，便没头没脑地搞一张免费车票，马上来了。他说朱慨夫去鲁东南视察工作去了，济南没有钱。仿佛我们会变戏法，他来了就会变出钱来似的。

伊坪沉下脸想了想。

“伙计，还有钱吗？馋死了！”他抓住伊坪的手不住地摇着说。原来这浑小子一直住在姚第鸿父亲的专车上，饭有得吃，就是没有酒喝。

他的一团孩子气惹得伊坪都笑了，说：

“还有三毛钱，你说到哪里去吧？”

“走，喝四两去！”

三个人于是上了一家小酒楼。那小酒楼给我的印象特别深刻，以致数十年之后，还能记起它的幽雅环境：楼上的窗户全部打开，下面临河，窗外有几棵杨柳，真是凉风习习。我们拣一张靠窗户的桌子坐下，要了四两白干，剩下的钱全买了“酒肴”。“酒肴”就是椒盐花生米。

使我惊讶的是“总管家”伊坪，我们已经在泰安吃了两天米粉，另外买了一包香烟（香烟也由他经管），一块钱居然能剩下三毛，如果不是熊寄飘从济南赶来喝酒，足够我们两个人吃三顿米粉！从酒楼出来，钱花光了。回到客栈，伊坪写一张便条，打发茶房送到泰安城里。随后来了位连长，热情地握着手，问我们几时来的，为什么不通知他。最后问我们有什么困难需要他帮助解决。这个连长倒是爽快人，当场摸出三块钱给我们买火车票，又关照茶房，说店钱由他结算。伊坪在泰安有这样一位熟人，非但我不知道，连熊寄飘都不知道。这也是我猜想他在新泰时领导的不仅是鲁南民团军指挥部的全体党员，而且是全鲁南民团军的党组织。

靠着这三块钱我们到了济南。姚第鸿很高兴，吩咐他父亲的马弁，关照他家厨师傅，晚上烧四个荷包蛋。那荷包蛋烧得很特别，抡几条白菜丝，卤汁白得像牛奶，蛋是糖黄。姚第鸿说他最喜欢吃，我更喜欢吃，可惜每人一只，太少了。晚上我们打地铺睡在姚第鸿书房里。晚饭也是在他的书房里吃的。姚第鸿当时在齐鲁大学读书，白天不在家，第二天关照我们，他不在家时顶好不要回去。我们遵从主人的吩咐，一早出门，去荡马路。伊坪又成了我们的“总管家”。从泰安来时还剩下几毛钱，中午到济南粥店吃高桩馒头蘸辣糊，晚上去粥店喝水饭，把泰安抽剩下的两支香烟三个人轮流抽光了。

老头子很快知道了。第二天晚上我们刚摊开席子，准备打地铺睡觉，他穿着草绿呢子军装，脚蹬黑皮马靴，乌青着脸，批脸就问我们是干什么的。我们——包括他儿子姚第鸿全毕恭毕敬立正，称他为“将军”。伊坪和熊寄飘说是来谋差事，我说是姚第鸿的同学。他训斥道：“既然是同学，就应该叫老伯！”接下去他胡子眉毛一把抓，不分青红皂白，极粗鄙地把我们痛骂一顿，声言他的家里不许住共产党。然后话头一转，又骂他儿子。原来他家里养着两匹洋马，姚第鸿为着学骑马的本领，日后派上用场，每天早上带着他的马弁，骑着马在马路上狂奔。“你撞到人或孩子什么的怎么办？”最后他用下面话作了结束：“青年人应该学走正道，应该学好，比方 ×××，现在不是做了县长吗？”他所说的 ××× 大概是他老朋友的儿子，我们没有听到过，很足以说明老头子当时的思想状态。至于他和儿子的关系，从张钫到河南省立第一高中训话，表明他早已知道姚第鸿是共产党了。可以设想，他知道后当场开销，把儿子骂个狗血喷头。姚第鸿听他骂。但是姚第鸿毕竟是他的唯一儿子，母亲又早去世了。儿子态度坚决，父子双方达成协议：儿子可以继续干自己的事情，但决不许带同志和秘密文件到家里来。

我们挨了骂很生气。小熊和我做不得主，主要是伊坪，第二天早上他坚决地说，“今天一定搬出去！”上午我们看定一家便宜旅馆，中午搬进去，住旅馆上午搬进去要多算一天钱。安顿好后，我们洗了脸，便去荡马路。晚上在粥店吃过高桩馒头蘸辣糊，刚回到旅馆，姚第鸿骑着脚踏车找来了。我们不知他怎么查问到我们住的旅馆的，大概他知道我们囊空如洗，只能住小旅馆吧。他是地下党员，又是老济南，对济南的敌人了若指掌。一进房间门就紧张地说：“你们怎么能住在这里？立刻搬！”伊坪说另外无处可住。他说：“搬到我父亲的专车上去”。伊坪把他的大衣送进当铺，和旅馆结了账，我们三个人押着人力车在马路右边走，姚第鸿搭着脚踏车走在马路左边，这么着我们便搬到姚一介的专车上了。

姚一介是山西南部某县人，日本士官学校毕业，辛亥革命后大约也带过兵，民国初年被阎锡山排挤出来，北洋政府给他个“××将军”的虚衔，流落为政客。阎、冯和蒋介石中原大战以前任韩复榘的顾问，战争期间为蒋介石奔走，当说客瓦解阎、冯军队，却没有做出什么成绩。阎、冯失败后，韩复榘替他要一节专车，酬谢他的“功劳”。他当时继续做韩复榘的顾问，据姚第鸿说，每天陪韩复榘去济南最有名的游乐场大观园打高尔夫球。他的所谓专车，其实是一辆“守车”，就是行驶时列车长的办公车，乘务员休息时睡觉车，只有普通客车的半节长。专车停在胶济路车站外面的岔道上，我们去的时候已经住了四个人，副官是姚一介的侄子，其余候差事的三个人也是他的本家侄子、侄孙。熊寄飘是老住户。伊坪和我，经过姚第鸿介绍，知道是“大少爷”的客人，全体热烈欢迎。专车上好像有很多铺板，姚第鸿走后，很快就搭成三张床。第二天我们吃过早饭，看见去“公馆”领菜的人带回来的菜：薄薄一片五花肉，一颗白菜，几根红萝卜，米是专车上现成的。尽管副官说今天改善伙食，叫我们回来吃午饭，平常只有“小熊”一个人，又身无分文，还可以吃他们的，现在我们三个人，如何忍心又好意思从他们嘴里夺食呢？伊坪又成了我们的“总管家”。他身上有五块多钱。我们买了一包顶便宜的香烟，由他经管，他管得很紧，到万不得已时才拿出一根。我们游玩了济南名胜——趵突泉。从胶济路车站到趵突泉约有30华里吧。中午吃粥店的高庄馒头蘸辣糊，晚饭吃辣糊蘸馒头。回到胶济路车站，但见铁路北面绵亘十多里，全是炼焦厂发出的熊熊火光，那真壮观。

朱慨夫是个能人，别人没有办法安排的工作，他都能安排，至少给你找个能吃饭、睡觉的地方。我们为等这个大能人回来，逛了济南所有的名胜：铁公祠①，北极阁，大明湖，城头上的环城马路；走过城里的大街小巷，那真是“家家泉水，户户垂杨”；去大观园听过琴书、相声，看过杂耍。一天晚上，副官请我们去大观园京剧场看小达子演出的京戏，他当然不会自己掏腰包买票。那剧场的设备，着实考究，观众席一律藤椅，连京戏的老家北平也只有一两家吧。“双十节”过了，济南相当冷了，专车上取暖的火炉生起来了，仍没有朱慨夫的消息。有一天姚第鸿到专车上来，叫伊坪走出专车，传达济南市委的决定：老朱最近不可能回来，三个人只能留下一个。伊坪生气地说，要留全留，要走全走！随后他大概又诉说我的情况，但是无用。他回到专车上又向我和小熊转达他对市委的答复。我劝他留下来，他说他刚才已经向姚第鸿讲过了。从姚第鸿临走时的扫兴表情看，市委讨论我们去留时，他也发表过意见，只是他不是市委书记，而大多市委委员又是赞成书记意见的。伊坪在专车外面和姚第鸿讲完话时，从口袋里摸出当票交给姚第鸿，姚第鸿随后派人送来伊坪的大衣，外加三张免费车票。恰巧姚一介的专车第二天要去徐州替煤炭厂运煤，我们便顺便到徐州，与相处了20多天的副官和候差的人告了别，再乘陇海路的铁闷子车，懊丧地各自回家了。

1933年春节前后，我接到伊坪从家里寄发的信，说是总算办了一件

① 铁公祠：明初抵抗燕王朱棣的山东巡抚铁铉的专祠。

一个人一生必须办的大事，他结婚了。他不曾讲他的新夫人是谁，从来信语气看，他对婚姻是满意的。到了三月间，我得知一位初中同学在太行山区公所担任小差事，想起伊坪在朱慨夫家乡，为着拉游击队，曾跟土匪头子在关老爷面前磕头烧香，认为是“开店”的好地方，便写信问他，我是否可以为他打前站。“开店”是拉游击队的隐语。他答复我不妨先去看看情形。我立刻写信给那位在区公所做事的初中同学，说想到他那里玩玩。信发出后我又告诉大哥，想再去北平，他有些犯难，到底还是筹集了 25 元钱，我不等回信便动身了。

区公所属于辉县。我先乘火车到新乡，然后改乘人力车直奔百泉，我有位姓张的朋友在百泉农村师范学校图书馆当馆员。那朋友会写小诗，是个热心人，给我安排吃的、住的地方。我为朋友委托的事情心急如火，请他马上给区公所挂电话。他说百泉是河南有名的地方，难得来，应该多住几天，看看各处名胜古迹。我坚持要走。他第二天给我挂通了电话，第三天又替我雇了轿车，先付了车费，我于是在清明前后的细雨中动身了。

区公所设立在太行山一处盆地中间相当大的村庄里，辉县人称之为“盘上”。“盘上”是山路盘旋而上的盘。我去太行山目的当然是保密的，可是过了不久，区长就向我的初中同学说：某某人肯定是共产党，否则他来这里干什么？区长原来是国民党辉县县党部的书记，嗅觉毕竟灵。我在那里住了三个月。为着打消区长的顾虑，我曾短时间去他办的政治训练班教书。三个月中我曾跑遍全区，接触过各式各样的人物。了解的结果：那里枪支很多，全抓在地主手里，较集中地抓在地主们开设的毒品公司保卫队手里，而保卫队则是被地主们收买雇佣的土匪。那地方又十分落后，排外思想严重，一个外地人到了那里，如果和当地地主没有特殊关系，很难站得住脚，甚至有被杀害的危险。我把上述情况用隐语报告已在杞县大同小学教书的伊坪：货色极多，生意难做，是否来请他考虑。他似没有回信。于是我乘一列运枕木的火车，第二次到了北平，并把北平通信地址通知他。

1933 年暑假以后，他到临颍任小学教员，来信说那是个偏僻的乡村，叫我回信寄到临颍县第一小学。他没谈过具体活动内容，只讲那里办得“有生气”，大约就是这“有生气”，教了一年，终于被辞退了。1934年他到泌阳，学校设在一座祠堂里，校长思想落后，只干了几个月，校长便打了他的小报告，也可能是和校长发生冲突辞职的。1935年春季开学，他到杞县私立大同中学任教。据我当时听到的口头资料，他去杞县的介绍人是康午生，康午生是河南大学的学生，大同中学校长王毅斋是河南大学的教授。王毅斋是杞县城里人，早年在德国留学，获政治经济学博士。他为杞县做的唯一好事是办了私立大同小学。后来又办了私立大同中学，容纳了许多思想进步的教员，教出更多思想进步的学生。

这一年春末我回到家里，为解决家庭纠纷，伊坪经常来看我。我在家里住了几个月，精神上极苦闷，终日很少出门。其实这种苦是我自取的。家在父亲生前已经分过，我既然不要他的遗产，当时应该撒手不管，走自己的路，不该重新把它捏合起来。由于自己满心的痛苦和愤懑，我在家里几个月一次也没有去设立在文庙里的大同中学看过伊坪。

解决了家庭纠纷，真像脱下一件湿布衫，回到北平心里充满了愉快，对于我那个家庭痛恨极了。以后有好多年我不跟家里通信，反而和伊坪继续通起信来。1936年夏天我从北平来上海，事先通知他，我很想到他家里去，跟他见见面。他回信说顶好在暑假结束以前，开学后他得回学校上课。我如约前往。车过郑州，从后面车厢里走来一个人，向我招呼，抬头一看，一张红彤彤的四方脸正冲着我笑，原来是我高中同班同学“黄狗”。接着他问我几年来做什么，狗改不了吃屎，我支吾说瞎混。接着又问我什么地方下车，我怕牵连伊坪，顺口撒谎说：“驻马店。”我也回问他在哪里“发福”，他说在老家县党部。他也许自以为很光荣吧。其实我连他的原籍也忘了。他站着谈了几句话，脸也笑得吃力，便说：“我等会儿来看你。”说着便向前面车厢走去。我真怕这个国民党特务再回来，使我到驻马店露了馅。幸亏很快到了漯河，我赶快提着小手提藤箱下了车。车站上没有看见伊坪的影子，我心里倒踏实，我记得他家的地址：崇圣祠街五号。我雇人力车进了漯河镇。在漯河大街上，但见他瘦高的身上穿着人造丝的白长衫，稍黑的脸上戴着深度近视眼镜，正匆匆赶往车站去接我。我也戴近视眼镜，倒是先发现了他，立刻跳下人力车，向他打招呼。尽管他急得满脸大汗，一霎时却笑了。他握着手说："家里有点事，来迟了。"他家里有什么事，我照例不问。对朋友的过去、现在，我的习惯绝不打听。对朋友如此，对朋友的熟人更是如此。因为我交的是朋友本人，并不是他的历史，更不是他现在的地位。这么着我们一路走，一路谈话，摆渡过了沙河，又走了两里路，进了郾城东门。谈话的内容早忘了。其实我来的目的仅仅是看看这位老朋友，见他活得很好，活得很健康，我就满意了。

崇圣祠街五号离郾城东门只有几十步路，进东门往北，再转向西就到了。崇圣祠就是郾城文庙，离伊坪家西边不远，有一个方形红墙大院子，大门终年关着，从红墙里伸出几棵老树的枯枝，那就是崇圣祠。伊坪家并不富裕，好年成大概勉强可以糊口，我去的时候正值麦收以后不久，还可以吃上烙馍、凉面条，按河南的习惯，平常要吃杂面饼子、窝窝头了。最近为写纪念文章，我参考了他 1932 年 2 月 4 日写的家信，因为马青苑被撤去西安警备司令，不再需要私人秘书，伊坪失了业，竟说他最小的兄弟不上学也好，假使上了学也得退学。家里生活竟困难到这种地步！

他家里只有六间房子，三间堂屋是瓦房，归他祖母、父母、小兄弟居住，三间东屋是草房，由他、他的夫人吕瑞芝和他们的女儿莉莉居住，现在来了客人，他没有空房屋安排，借用前面寡嫂的三间堂楼。那堂楼据传说有狐仙，没有人敢住，已经空锁在那里好多年。不用说我住进去以前，早已打扫清爽。等他小兄弟放下我的小手提藤箱，他推开后墙上安的方形板窗，一阵凉风吹进来，首先映入眼睛的是耸立城头上的高塔，在高塔下面，是城墙里面茂密的碧绿青草，有几只雪白的绵羊在那里吃草，板窗前面，是一棵结了青青枣子的枣树。难怪狐仙喜欢在这楼上居住，连我这个凡人也喜欢！

他关照说："晚上睡觉要把这板窗关起来，否则要着凉的。"

我回头问他："郾城有什么好玩的地方没有。"

他幽默地答道："没有。连石头都是从老远的山里搬来的，只有花红园。你先休息，我下午陪你去。"

我美美睡了一觉。跟伊坪和他父亲吃完吕瑞芝做的烙饼，便带竹篮上花红园了。那花红园真大，离伊坪家对过不远，从东城根到北城根，西面接近北门大街居民的住宅，全是高大的花红树。那些花红树有相当年岁了。我们走进去，上不见天日，四面看不到边，简直如走进了海洋。果子还不到采摘时节，向阳的、树梢上的开始红了，上面敷着白粉，像少女的粉脸，令人爱惜，感到吃它们是一种罪过。这绿色的海洋把我给陶醉了，这小县城的花红园把我给陶醉了。一阵狂喜，一阵激情，我说我准备以他们小县为背景写一本书；北方小县城里有果园，当时我想，大概只有郾城吧。最后我们带回去一竹篮花红，咬一口就让人感到是一种犯罪的少女粉脸。以后我继续经常对这种粉脸犯罪。他问我打算写什么作品，我告诉他想写《马兰》，并大体讲了《马兰》的情节，后来他写信问"马兰上山了没有"，我还不曾动手呢。

赵伊坪和弟弟赵晓舟

郾城是历史上的古城，唐朝末年已相当有名了。它东门大街的市房高大整齐，全上起排门，可以设想，在京汉路通车以前，它曾经繁华过；京汉路通车，漯河更加繁荣，它遂成了被遗弃的商人妇，在昔日的美梦中打发日子。郾城的确没有什么好玩的地方。它南门紧临着沙河，我们和他的小兄弟去洗过两次澡。沙河里有黑龙潭，黑龙潭里有水鬼，也是我从他那里听来的。他又特意雇了一条船，请我玩了澧河，两边高岸，实在毫无可观。有一天他陪我去看那座城头上的高塔，指着塔门嵌的夹着铁矿石的石头，讽笑说："这就是城里人传说的黑狗精的血！"

我在这狐仙欢喜的楼上住了半个月，白天风凉，夜里盖被单，点蚊虫香，没有蚊子，就是跳蚤太多，虽然不曾把人抬起来，躺下很久才能入睡。我住进去的第二天上午吧，伊坪牵着女儿莉莉的小手上来了。莉莉当时三岁左右，是个白胖小姑娘，很像她妈妈。大概从出生起没有上过这座楼，高兴极了，来不及喊爸爸教她叫的"伯伯"，立刻跳起来，拍着小手叫道："这儿真好呀！"我塞给她几只花红。伊坪关照女儿，不要乱跑，然后问我："你大概知道路某人吧？寒假曾经来过。"我不但知道而且认识这个"特殊材料造成的"人，去年我回杞县时，他正在杞县大同小学教书，伊坪可能领导过他。去年下半年他就应聘去洛阳一个私立中学教书，我已回到北平，还通过信。不久路某人被捕，做了叛徒特务。骤然间我感到奇怪：伊坪在豫东，路某人在豫西，从党内说没有上下级关系，他天寒地冻，特地来看伊坪做什么呢？

"来请求原谅，别的他还能讲什么！"伊坪说。

我自己不是党员，从不打听党员朋友在党内的职务。路某人做了叛徒特务，特地跑来求伊坪原谅，又似乎是上下级关系了。究竟是否如此，当时我无从断定。伊坪是个不喜欢表现自己的人，甚至竭力避免表现自己。可以设想，路某人曾向他痛哭流涕，他本人也曾劝告路某人以后不再陷害革命同志，这一切都不曾向我讲。只是我到上海后，他寄给我一篇散文诗，标题《保障》，署名"蔚灵"。内容是对叛徒特务充满憎恶之情，所谓做共产党员"没有保障"，显然是路某人来看他时亲自讲的。同时他还寄来一篇中篇小说：内容是写一个叛逆的寡妇，标题是《河》，署名"蔚灵"。我看完后，认为审查官老爷很难通过，写的也欠完善，寄回去请他改。他回信说实在太忙，没有时间修改，又说："文艺这行饭我吃不来。"

我在伊坪本家寡嫂家的堂楼上住了半个月，吃饭却在伊坪家里。他的全家人我都见过：他父亲是个老实农民，年轻时可能念过书；他小兄弟是个瘦弱少年，不多讲话；给我印象最深的是他夫人吕瑞芝，身材比伊坪略低，比伊坪白，比伊坪丰满，是个家庭妇女，但是个能干的贤惠家庭妇女，全家的饭得她来做，全家老小的衣裳鞋袜也得她来做。偶然碰见总是笑脸相迎，间或简短地招呼一声。我在伊坪家里住了半个月，总的印象，这是个充满友爱和睦的家庭。这里我还应该补充一句，我到的第二天也许第三天，伊坪谈到姚第鸿和朱慨夫。姚第鸿在日本，这是我早已知道的，只是和他通过信我却不知道。他说："其实，我们离开济南三四天，朱慨夫就回去了。"他讲的还是1932年我们去山东的事，事隔四五年，而朱慨夫化名"老祝"，1932年春节前后从南昌寄给我一张明信片，大概到苏区了。他言下不胜惋惜。我当时不明白他旧事重提的意思。直到1982年我收集到确实材料，才懂得他提出这件事的真正原因。

学校开学，我们便一同离开郾城，同行的有跟他去读大同中学的他的小兄弟，另外还有一位他的亲戚。我在开封住了一段时间，约二十来天，然后去杞县，在大同中学住了三天。第二天晚上，他悄悄送给我三期《蓓蕾》，并说编辑人是梁雷。梁雷是地下党员，过去不认识，是伊坪大同中学的同事。《蓓蕾》是铅印十六开本文艺月刊，翻开目录，见有评论、论文、杂文、小说、散文、散文诗、诗歌、通讯，内容比当时一般文艺刊物丰富得多！其中竟赫然有"芒种"的文章。"芒种"就是伊坪，我在北平时候，他曾用芒种这个名字寄赠一张照相。他说："凡是用蔚灵笔名发表的散文及散文诗、诗歌，用芒种笔名发表的论文、评论、杂文，全是他写的。"它的通信地址是北平，我在北平却没有看到过，显然是伪装。它的发行渠道、印刷厂，我当时没有问。就是刊物的存放地点，分明也在大同中学外面，否则他不必到第二天晚上才拿给我了。其中最引人注目的是评论沈从文作品的长文，笔名忘记了，我猜想是曾在大同中学教书，后来曾任郑州大学校长郭晓棠的手笔。这是河南地下党办的秘密文艺刊物，可惜我不曾保存下来，否则今天印伊坪的遗作会增加十几倍吧。但也不必悲观，难保冥冥之中，什么角落里还有存留也说不定。不必到北京查找，尽管它印的通信地址是北平，却是在河南发行的。

话得说回去，我在伊坪家居住期间，他曾叫我讲过《如果抗战爆发，知识分子应该怎么办？》，题目是他出的，听的人有两位，一个是他的堂兄弟，一个是进步中学生。现在我住在大同中学，他又请我向学生讲话，我过去从未教过书，友情难却，便硬着头皮走上讲台，面对坐满教室的学生，头上直冒汗，只好再讲我在郾城时他给我出的那个老题目了。

前面讲过，大同中学设在文庙里，大成殿似乎改成礼堂兼教员休息室，供七十二大贤的两廊改作教室，又添了一排新房子。它的东邻是县监狱的高墙。我离开杞县的前一天晚上，我大哥来找我了，见面头一句话，就是问我为什么不住在家里。我大哥是个既老实又愚蠢的人。这句话他本不该问，他不知道我对他的感情，竟然问了。我向他说明不回家住的理由，他得到一场无趣，悻悻地走了。实际上我也对这个小城从心底憎恶，住了三天，根本不曾出大同中学校门。如果不是伊坪在那里教书，我压根儿不会回去。那学校也确实办得进步，至少各教室、游艺室都挂着“哈尔滨”之类室名牌子。因为事前和上海朋友约定去车站接我，第三天吃过早饭，伊坪提着我的手提箱送上开往开封的长途汽车。我是带着我大哥昨天晚上给我留下的反感上汽车的。那汽车停在西门大街，要等到没有乘客再上车才开。我劝伊坪回去，他坚持要等到汽车开动，最后看到汽车一直停在原地，他看看表，只得说“到上海可来信啊”，挥挥手反身走开。

我到上海安顿好后立刻给伊坪写信。我和伊坪的通信，包括开封时的、北平时的、上海或总称为江南时的，毛估估总共有200封，也是我和朋友通信最多的一位。由于我没有“正当”职业，随时有被国民党警特查抄的可能，对于共产党朋友的来信，首先是销毁信封，再看内容，如有犯“时忌”的，看完后再行销毁。前者是怕牵连朋友，后者是避免自己被逼供。我现在保存下来伊坪的11封信，是屡次淘汰剩下来的。已被销毁的信，约在1936年10月间，他说他很不喜欢那个隔壁就是监狱的学校，已给朋友去信，希望能在那里找到工作。他已经在大同中学两年，跟监狱做邻居两年，怎么忽然想走了呢？只能有一个解释，他已觉察到敌人对他注意。敌人所以不敢立刻把他抓起来，是他平常工作谨慎，不曾拿到真凭实据。现在知道，他所讲的朋友：一位是曾经参加长征的彭雪枫，一位是在聊城的张维翰，全是他在北京育德中学的同学。山东是战略要地，但是山东很大，有的是山区，可惜他都没有熟人，只有选择鲁西平原的聊城。快放寒假时他又有一封信，说他准备去陕西一趟，暂时不要给他写信了。

有人讲他在党内任杞县县委书记兼豫东特委书记，最初我是相信的，直到1982年为写纪念另一位党员朋友的文章，我才收集到确实可靠的资料：河南省委和开封市委在1932年被破坏了！那位朋友是失去组织关系的张海峰和失去组织关系的吴芝圃、同样失去组织关系的偃师某私立中学杨校长，三个人组成临时党小组，以学校为中心向社会展开活动。这也就是数年之后，伊坪对我懊恼离开山东的原因。原来他带着济南市委转关系的信到了河南，已无处转交，只好长期放在口袋里。但是他并不气馁。没有上级领导，他按照党以当前形势制定的政策，以自己的远见卓识，团结周围的同志，继续为党的事业战斗。据我所知，当时仅在杞县大同中学、大同小学任教的党员就有六七位之多，还不包括学生，成立杞县县委、豫东特委是完全可能的，以他的资历，工作缜密，考虑周详，遇事果断，当选为县委书记、特委书记，也完全符合众望。只是这县委书记、特委书记是“民选”的，不是上级委派的，应加“临时”二字。“临时”党委对本辖区内有权表扬或处分党员，也有权发展新党员，还可以在本省内向有熟人的“临时”党组织介绍党员转关系。这就是成为叛徒特务的路某人特地求他谅解的原因。路某人大约是由豫东临时特委出证明转到洛阳地区临时党委的，是党内相当的负责人，以致成了特务后，洛阳许多党员被捕。但是这个临时党委，到了外省，而且就是本省内没有熟人的“临时”党组织，就不会被承认了。

他的目的地既然是聊城，为什么又去陕西呢？1937年春，在长时间中断联系之后，我忽然接到他从济南发出的信，极兴奋地讲，他去西安一趟，并附寄一首长诗《嘱咐》，说“写于渭南，改于济南”。我们知道当时西安设有中共中央办事处，他的老朋友彭雪枫同志正在协助叶剑英同志工作。他在西安住了两个多月，未必曾见到彭雪枫，否则当彭雪枫于同年 6 月奉中央的指示赴华北各地布置抗战工作，特地从济南去聊城看他后，便与他来信讲的“一位七八年不通音信的朋友，忽然从一片神秘的土地上来了”不合。也不是奉彭雪枫的指示去聊城的，否则彭雪枫不会劝他“搬家”，即改变工作地点了。只有一点是明白的，“西安事变”后，形势发生了变化，抗日战争有随时爆发的可能，党需要向全国各地派遣得力干部。证之张维翰遗著《聊城地区党史资料》：在和国民党 CC 派朱香亭的斗争紧张之际，北平育德同学赵伊萍（坪）从西安来了一封信，他在西安不能存身，要来聊城工作。我和牛连文商量，赵伊萍在 1927 年大革命时期，就是共产党员，我们和他关系很好……所以我们给他回信，叫他马上来聊城。

《嘱咐》这首长诗，按我当时和现在的理解，认为是用象征手法，歌颂长征。同时还收到他的一首纪念鲁迅的诗。两首诗均署名“蔚灵”。收到他送我的《蓓蕾》，才知道他用“蔚灵”这个笔名，发表过许多文学作品。在他也许是有用意的，犹之乎我用笔名“芦焚”，当时我不曾问他，自然也就不懂，便自作主张改署名“赵石越”。伊坪原来的学名叫赵石庵或实庵，孺名廉越，我只是把他的学名和孺名各选一字合起来罢了。得到他本人同意后，我把两首诗同时交给巴金、靳以主编的《文丛》月刊。我不敢把伊坪的地址告诉看“外稿”的靳以，尽管那时他已考进专员公署秘书处，也正因为他考进专员公署秘书处，我了解伊坪，靳以并不了解伊坪，担心他看到“专员公署”不肯采用。结果他只用了《嘱咐》，纪念鲁迅的那首诗没有录用，我想作者本人总会留底稿，不曾把原稿讨还。后来我一直懊恼，以为随着作者生命的消失而消失了，现在看到从《群鸥》过录的复印稿，才算放下心。《嘱咐》有几元稿费，我问伊坪是不是汇给他，他说“你花了吧”。我一直认为他在专员公署搞秘书工作，薪俸至少有 20 元，尽管他在提到专员最恨要钱那封信讲过，他不知道他的部下竟有拿八元工资的！我万万想不到这拿八元工资的竟是伊坪！按我当时的经济状况，不要说几元，就是几十元、一百元也支援得起呵！

赵伊坪、彭雪枫、牛连文、张维翰四人合影

彭雪枫的出现是伊坪意想不到的，可以想象，简直是一种狂喜。至今我还保存着张维翰担任中央体委办公室主任时寄给我的四人合影：伊坪、牛连文、彭雪枫、张维翰，可惜那张相片装在镜框里，经过“十年浩劫”的长期封存，相片粘在玻璃上，背后的题词也漫漶模糊了。

抗战军兴，伊坪曾去太原学习中央文件，回到山东，任职山东省政训处长，同时参加政训处工作的有姚第鸿、熊寄飘，当然还有其他许多党员，在短短两个月中，训练出数千名抗日干部，分批派赴山东各地，后来又办了一份“新”报纸[①]，约我去编副刊。我正在上海打点行装准备去济南，想不到“山东王”韩复榘，发表他如何乘装甲车亲赴黄河北岸冲锋陷阵的空头新闻，济南还没有听见日本人的枪声，竟率领他手下的虾兵蟹将，撒开脚丫子向鲁西南菏泽方向逃跑了。

济南失陷，我料想伊坪必赴聊城。聊城失陷，我以为他和范筑先父子与城同归于尽了。后来得到消息：范筑先自从与共产党合作后，以他的保安师为基础，改编成十个支队，分驻聊城辖区黄河西岸各县。聊城城内还剩一个团，形势吃紧，本来也要撤出去，但是突然被日寇四面包

① [原文注]“新报纸”，后来各种材料证明，正式名称是《救国导报》。原来国民党办报人员的生命值钱，济南沦陷前纷纷逃路，丢下“不值钱”的机器，共产党接收下来，继续办报纸。

围，只有打了。范筑先究竟不愧为民族英雄，最后和全团上下壮烈牺牲，包括政治部副部长兼宣传部部长姚第鸿。姚第鸿是我高中时期的同班同学，并暗中借给我过几期油印的《红旗》，为着纪念这段友情，请让我说几句和本文毫无关系的话。“文革”以前有人送我一张他亲自拍的照片，画面主体是刘白羽从陕北陪伴一位美国参谋视察聊城，陪同视察的有范筑先。

伊坪牺牲远在数月以后。1939 年 3 月，他随八路军先遣部队护送干部家属赴山东大峰山根据地，行至茌平县琉璃寺宿营，被日寇包围。夜间下着大雨，干部们经过商议，决定分两路突围：干部们骑马为一路，战士护送家属走另一路。下着大雨，他又丢失了深度近视眼镜，辨不出方向，所骑马乱跑，遂负伤被俘。他被俘后曾受过种种酷刑，并义正词严训斥日寇对待俘虏的残酷政策，最后敌人把他绑在枣树上，并浇上煤油……他壮烈就义的场面，大概是事后从群众中收集的，必然也是可靠的。在中国骄横如野兽的日本军国主义者，在杀害共产党要员之前，一定要招集居民大会，让他们看看反抗“皇军”的人的下场。

他没有留下遗体，却留下了精神。他是个对己严对人宽的人；他是个自己能吃苦却决不叫苦的人；他是个工作谨慎，考虑周密，一旦做出决定，立刻果断执行的人；他是个善于团结周围同志，没有上级领导，根据党的政策，估计当时的全国形势，有远见卓识，继续为党的事业战斗的人……

伊坪牺牲后，我曾两次去过他的家乡郾城。一次是我在河南参加土改后，从北舞渡去漯河，经过郾城城外，因为同行的还有其他人，不便进城，只能望望灰黑色的城墙，矗立城头上的塔。过了十年，1960 年冬天，我是专程去的，那时城墙已被拆除，留下一道土堤，城头上的塔依然耸立原处。穿过东门残留下来的缺口，一路上踏着拆城墙的断砖，约莫到了崇圣祠街五号的地方，我迷惘地站住了。原来崇圣祠被拆去了，左邻右舍也被拆去了。我站在一片荒场上，成了辽东鹤。一位放羊的老人惊讶地走上来，问我的来历，问我来的目的。我说明要看的人家，他指着只剩下两垛墙的门楼说：

“这就是的。不过他家里没有人了。”

不管他家有没有人，我仍旧走进去，我是专程来的，看看这位老朋友的家，对我是莫大的安慰。我看见的是什么呢？他祖母和父母住的三间堂屋变成了白地，他和他夫人及女儿莉莉住的三间东屋也变成了白地。他本家寡嫂家改成了中学。我寄居的三间堂楼依然现在，只是板窗外面的枣树已被锯掉，从根部又发出新的，长得有原来的大了。

只有本来是花红园的地方，盖了一片红砖瓦房子。

1986 年 6 月 28 日草成于上海

选自 1988 年 12 月《漯河文史资料》第二辑

附录:《果园城记·新版后记录》师陀

《新版后记》

校改这本小书的过程中，我但愿推开这些老印象，时作时辍，精神上老在斗争。今天再来看这些小故事是令人痛苦的。虽然没有按照计划写完，写的时候也只凭童年留下的印象，片面、肤浅，都是它的严重缺点，但是如果拿它来和我们今天的小城镇比一比，拿那个社会和我们今天的社会比一比，从反面——从对旧时代的憎恶中，也许倒能发生点积极作用。假使真能如此，那就不算白花时间了。至于写它的起因和经过，这小书原来有一篇 1946 年在上海写的旧序，全部重印既不必要，为省事起见，现在且择要节录在下面：

“民国二十五年七月底，我从北平来上海，绕道靠平汉路一位朋友祖居的小城。朋友当下把我安置在他家的破楼上，推开后面的板窗，从窗外结了青青果实的枣树枝隙中望出去，立刻可以看见挺立城头的塔。……有一天朋友牵着他刚会蹦蹦跳跳的小女上来闲谈，我告诉他想拿他们的小城写一本书。我当然不是天才，看那么十几二十天便自诩能了解这个小城，可恶的是它的果树，它们一开头就把我给迷住了。我生平还是头一回看见城里栽这么多果树，出去走走，沿城脚到处是花红园……”

“这就是我要写《果园城记》的缘起，可是并不曾马上兑现。数日后我们同时离开他的家乡，我即到南方，日子照例糊里糊涂混过去；他先在我的家乡教书，随后又上山东做官。天下真有许多怪人，我的朋友就是个现成的例子，过去他曾当过跟小兵差不多少的上士；夹过公事皮包；当过教员；跟土匪拜过把；也写过白话诗。据说有一年他正给什么警备司令当秘书，和上司弄得挺好，突然接到朋友的信，便不辞而去，跑到民团里去当兵。他就是这种人。不相识的可能把他想象成怒目横眉的浑汉，而实际上他为人忠厚谨慎，彬彬有礼，也没有野心。他的可爱处就在于撒得开。”

“接着是所谓的‘七七’事变，北方先打起来了。他丢掉官跑到济南办报，写来信说：‘肯不肯来热闹热闹？千万别相信报；你在《上海报》上天天看见济南轰炸，这边城上却是一片蓝空。’可是我这边还没来得及斟酌，他那里济南先失陷了，韩复榘发完两个月冲锋陷阵的空头新闻，自己终于向后转跑了。我以后再没有接到他的消息，自己从此也就流落洋场，如梦如魇，如釜底游魂，一住八载。”

“我自己也不知道这些日子都是怎么样混过去活过来的。民国二十七年九月间，我在一间像棺材的小屋里写下本书头一篇《果园城记》。这也并非忽然想起来要践约，只是心怀亡国奴之牢愁，而又身无长技足以别谋生路，无聊之极，偶然拈弄笔墨消遣罢了。第二年——民国二十八年更困难了，我搬进一间更小、更像棺材，我称之为‘饿夫墓’，也就是现在的‘舍下’的小屋。就在这‘墓’里，重新拾起《果园城记》……”

“这小书的主人公是个我想象中的小城……它在我心目中有生命、有思想、有见解、有情感、有寿命，像个活的人。我从它的寿命中切取我顶熟悉的一段：从前清末年到民国二十五年，凡我能了解的合乎它的材料，全放进去。这些材料不见得同是小城的出产，它们有乡下来的，也有都市来的，要之在乎它们是否跟一个小城的性格适合。我自知太不量力，但我说过，我只写我了解的部分。现在我还没有将能写的写完，我但愿能写完，即使终我的一生。”

“我还得提起我那位好朋友，好几年来我很有理由相信他早已在鲁西战死了，最近据辗转得来的消息，听说他直到现在还在山东。那么他假使有机会看见这本小书——果园城的一角，可能认为跟他的果园城大有出入。这是我的果园城。其中的人物是我习知的人物，事件是我习知的事件，可又不尽是某人的写照或某事的拓本……”

上面说“我的果园城”，并不是我真有过什么城；还有“我从它的寿命中切取我顶熟悉的一段：从前清末年到民国二十五年”的话，其实也是夸张。少年时期我的确在这种小城里住过几年，但也就是几年。后来每一回想，留下的印象总是好的方面少，坏的方面多。在解放以前，中国的县城本为就是大农村，很少例外。它们和普通农村不同的地方就在于豪绅地主更集中，做官的固然是他们，在社会上活动的是他们，开铺子的也多半是他们。大概从秦始皇时代起，土地就成了剥削阶级投资的主要目标，连纯粹的商人，一赚到钱也总是拼命买土地，居民中当然也有农民、行商走贩、商店职员、手工业者；解放以后，特别是合作化以后，这些人都生气勃勃地站起来了。但是抗日战争以前，局蹐在种种束缚和压迫下面，却很难使人寄予希望。虽然他们是好人，他们也有说不尽的痛苦、牢骚，本地也往往出几位革命家，可是在这浅“水”里根本不能存身，要么就得像徐立刚似的永远不回来，要么就得像我那位“怪”朋友，偶然回来，也只是悄悄住几天。我凭着印象写这些小故事。希望汇总起来，让人看见那个黑暗、痛苦、绝望、该被诅咒的社会。又因为它毕竟是中国的土地，毕竟住着许多痛苦但又是极善良的人，我特地借那位“怪”朋友家乡的果园来把它装饰得美点，特地请渔夫儿子的水鬼阿嚏来给它增加点生气。这是应该补充说明的一点。

按当时的计划，我预备至少写那么三四十篇，想起来就写，尽可能各方面都写到，对于这个小城大体上画出个轮廓。前不久偶然翻烂纸堆，从里头翻出个纸包，连我自己也想不起怎么会留下来的，纸包里有三份《果园城记》的目录，目录中有些题目是已经写成的，底下注着写成的日期；有几个题目一直没有写；另外还有几则零星札记。这些没有写的题目是渔夫的故事、地方戏艺人的故事、手工业者的故事，当然，还应该有铺子职员与学徒的故事、县官的故事、国民党老爷的故事等。但是我毕竟是个缺乏自知之明的人，我在旧序中说“但愿能写完，即使终我的一生”，事实上远在写序之前，我就应该知道写不下去了。远在日本人投降以前，新的形势在吸引我，我满脑子不切合实际的空想，没有法子勉强把自己按进旧的回忆里。随后，我和上海的普通居民一齐为胜利欢喜欲狂，可是立刻又掉进更大的痛苦里。后来有人赠给国民党反动派一副对联，叫作“好话说尽，坏事做绝”。若论他们丧心病狂的程度，抗战以前比胜利之后到底还逊色得多。即使从消极角度出发来写这些叫人诅咒或叫人同情的小故事，也没有必要了。我嘴里说要写下去，感情上却早已关了这小城的门，这是应该补充说明的第二点。

另外还有几点似乎也需要附带说明。第一，旧版共十八篇，删去1939年6月29日写成的《刘爷列传》和1943年4月写成的《孟安卿的堂兄弟》两篇，补入在上海等待解放时为消磨时间写的《北门街的好汉》，凑成十七篇。第二，原来旧序上说我不知道马叔傲是谁，这是不确实的，他把这小说贯串起来，同时又是其中一个人物。按原来计划，我是预备用最后两篇的篇幅来专门写他的：他因为历史上的关系，最后逃避搜捕，离开这个小城。因此，第三，马叔傲并不是我自己，虽然由现存的小故事看，他的观点和感情有一部分就是我的，安到他身上也许并不完全合适。

最后我还想应该对那位“怪”朋友加点解释，但从旧序上他的履历看，别人是很难理解的。其实他是共产党员，因为工作关系老像打闪似的调换职业。他到山东去做“官”是1937年春天，在聊城给范筑先当秘书，到济南办报，想来也是奉了党的命令去的。不久济南沦陷，因为这个关系，揣度他可能转移回到聊城。1938年，聊城被日寇包围，反动派已经丢尽脸，便拿范筑先领导的军队作为他们的军队向老百姓冒功，在报上宣布范氏与司令部全体壮烈殉国。我相信他战死鲁西也是因为这个缘故。当时写信向一位在皖北工作的朋友打听他的消息，也说早已失掉联系。过了七八年又来信说听“一位山东来人”讲他还在山东。希望他看见这本小书的话只不过是一种感情，其实只要人活着，看不看见又有什么关系呢？事实上“山东来人”的话也是传闻，解放以后得到证明，他在聊城战役中担任部队的政委，和范筑先同时在战斗中牺牲。[①]他叫作赵一平、赵伊坪、赵罗坪，可能还有别的名字。用赵石越、伊坪、蔚灵等笔名发表过诗。也就是那一回翻烂纸堆，发现他的一张变黄了的照片和几封旧信，大概可以算作我难得保存的最老的纪念品了吧。

1951年参加土改，从他家乡的小城城外走过，来不及停留，只见那座吓人的塔还在城头上，不知什么时候被炮弹打飞了“宝顶”。我有两种感情，快乐而又悲哀：人所期望所拥护的革命终于成功；同时，想到他已经不能和我们同享革命成功的快乐，又不得不为之“腹痛”……

现在想来，这塔应该和那代表封建势力的城墙一起被拆掉了。

1958年5月3日夜记于上海

原载1958年6月由新文艺出版社出版的《果园城记》

---

① 范筑先，原名金标，字夺魁，山东省馆陶人。1937年1月15日派为山东省第六区行政督察专员，兼保安司令。卢沟桥事变后，响应中共中央建立抗日民族统一战线的号召，与山东党组织合作抗战。1938年11月15日，聊城失陷，范筑先壮烈牺牲。此处称赵与范“同时在战斗中牺牲”有误。

从郾城走出的开国将军

——忆中央军委原炮兵司令部副司令员苏进

郾城区老促会

在伟大的中华人民共和国60华诞之际，开国老将军苏进在为新中国诞生所做的感人事业中，后人知之有限。本文将以生动的历史事实，使我们更加感到将军的可敬可爱、可歌可泣。

一、投身革命　毛主席安排入党

作为中国铁道兵的前身——东北人民民主联军护路军的司令员、中国人民解放军炮兵机关组建人的苏进，1907年7月28日出生在河南省郾城县裴城镇。苏进家境世代贫寒，少年有志的他不甘认命，决心走出一条自己的人生道路。1922年春，年仅15岁的苏进离家直奔开封，投奔了冯玉祥的西北军。在军中他勤奋学习，孜孜不倦地阅读孙中山、陈独秀等人的革命理论著作和宣传十月革命及马克思主义的小册子。他的学习精神很受冯玉祥的称赞。在冯玉祥将军的关心和支持下，苏进积极结识共产党人，接受进步思想，渐渐地苏进成了共产党人刘伯坚等的挚友、诤友，并积极参与北伐战争。

风云突变。正当大革命处于高潮之际，蒋介石发动了“4·12”反革命政变，大肆逮捕共产党人。1927年7月中旬，在这紧要关头，由于冯玉祥令苏进护送刘伯坚、邓希贤（邓小平）等人迅速转移，离开国民军，才为中国革命保存了重要的领导力量。1982年9月，在冯玉祥100周年诞辰之际，邓小平接见冯玉祥的子女时，回顾他与冯玉祥交往的情景，提到冯玉祥令苏进转送400块大洋“礼送出境”的故事。

1927 年 9 月，苏进在冯玉祥的鼓励下，报考日本军校，以优异成绩被录取，在那里苏进受到了正规的军事教育和军事指挥训练。1930 年 8 月，苏进以所学专业第三名的优异成绩毕业。当时，正值蒋、冯中原大战，为避免蒋军抓捕，苏进绕道塘沽回到郑州。这年 10 月，冯玉祥中原大战失败，见到苏进回来十分感慨地对他说：“历年来我们失败，就在于不懂政治，只会打仗。我的头发已经白了，以后全靠你们这批年轻人了。”

1931 年春，蒋介石令二十六路军南调江西，“围剿”中央苏区红军，想既消灭红军，又削弱非嫡系部队的实力。苏进面对此境，旗帜鲜明地保护红军。他和二十六路军参谋长赵博生，七十三旅旅长董振堂，七十四旅旅长季振同、团长黄中岳关系密切，经过共同商议，谋划了一个宴请仪式。在中革军委的直接领导下，于 12 月 14 日傍晚 6 时，一举将赴宴的二十六路军十多个团级以上军官缴械活捉，阻止了二十六路军的“剿共”步伐。这就是著名的“宁都起义”。这次起义，二十六路军的 2 个师共 6 个旅，19000 多人携带 2 万多件武器全部起义。12 月 15 日清晨，刘伯坚、左权随同中革军委副主席王稼祥站在村口迎接。只见苏进同他的战友们身穿灰布军装，头戴红星军帽，满面笑容地迎上去。接着宁都起义的部队被改编为红五军团。“宁都起义”的胜利和红五军团的诞生，极大地增强了红军的力量，红一方面军由第一次反“围剿”时的 4 万多人发展到 6 万多人。

1932 年 1 月上旬的一天，刘伯坚带着苏进、季振同和卢寿椿到叶坪中华苏维埃临时中央政府所在地受毛泽东、朱德等领导的接见。这是苏进第一次见到毛主席。毛主席微笑着问他到苏区后的感想、问他部队的情况、问他喜欢看什么书报……苏进感到毛泽东和蔼亲切，便毫无拘束地一一回答。

第二次见毛泽东是在几天之后。红五军团政治部主任刘伯坚领苏进到中华苏维埃临时中央政府大礼堂主席台东边的一间屋子里，毛泽东正坐在一张简陋的桌子旁边，拿着毛笔在写什么。苏进进去后，坐在毛泽东身边。毛泽东亲切地看着苏进，问他是什么地方人、什么文化、个人经历、家里几口人、家乡怎么样，甚至还问到结婚没有……苏进不知道毛泽东为什么问得这么详细，但还是如实地回答了。毛泽东还作了记录。毛泽东肯定了苏进在“宁都起义”中的骨干作用，鼓励他积极工作，建议他加入共产党，还建议他去找朱德总司令谈谈。

第二天，苏进和刘伯坚、卢寿椿要先回部队。毛泽东亲自把他们送到大门外，临时又叫住刘伯坚，苏进和卢寿椿牵着马先走。走出四里开外，刘伯坚策马赶来，兴冲冲地说：“毛主席说了，你们两个可以入党！”回到驻地，苏进彻夜未眠。这时候，他忽然明白，这就是毛主席要他去朱总司令那里的原因。想到这儿，他兴奋不已。第二天，苏进就向刘伯坚表达了自己要求入党的愿望。接着，刘伯坚（红五军团政治部主任）、左权（十五军政委）和高自立（四十三师政委）3 人成为苏进入党介绍人。在九堡，刘伯坚、萧劲光代表党组织与苏进谈话之后，左权又与苏进谈话，了解他的个人历史及思想变化过程，并要他写了一份入党申请书，回答为什么要入党。当苏进把入党申请书送交左权时，左权说：“从今以后，你就是一个共产党员了。你要记住，任何关系都不能超过党的关系！”左权这句话，深深地刻在苏进脑海中。那天，左权送给他《共产党宣言》《列宁主义概论》等 4 本书，要他很好地学习，做一名名副其实的共产党员。

事后苏进回忆说：“对入党问题，我是想都不敢想。起义前我在旧军队中任中校团副。根据党的六大规定，像我这样的人入党，必须经 3 个人介绍；一旦被介绍人出了问题，介绍人要被开除党籍。因此，介绍我入党是相当不容易的。”苏进入党后不久，中革军委将他由十五军四十三师一二七团团长提拔为红五军团十五军四十四师师长。

毛泽东、朱德等为争取国民党二十六路军起义，为教育、培养这支新生的革命队伍倾注了大量心血。在以后的革命斗争中，红五军团将士们用他们的英雄事迹，雄辩地证明了他们不愧为一支忠于革命的英雄红军部队。

二、三五九旅是模范　躬亲垂范载史篇

1934 年初，军委副主席周恩来找苏进谈话，将他调到红军大学特科学校任训练处处长。当时学员大多文化水平低。苏进以学专业带动学文

化、以学文化促进学专业，结合实战、精讲多练的教学方法，成功地为革命培养了一大批特种兵干部。这年10月，苏进踏上了两万五千里长征。1935年5月26日，苏进在安顺场和沿河阵地，指挥上级干部及政治科人员，阻止国民党援军，掩护毛主席、朱总司令渡过大渡河。

长征途中，苏进发扬冲锋在前的精神，以机智、勇敢的行动，带领指战员逢山开路、遇河架桥，越过了无数天堑和险阻；以不怕困难、不怕牺牲的劲头，度过了世人难以承受的雪山、草地生活，出色地保卫了党中央和中革军委的安全。

抗日战争开始后，为粉碎国民党顽固派的经济封锁，坚持长期抗战，时任八路军一二〇师三五九旅副旅长的苏进和全体官兵，积极响应毛主席“自己动手、自力更生、艰苦奋斗、克服困难”的号召，执行朱德总司令“军垦屯田”的指示，在王震旅长的带领下，“一把镬头一支枪，生产自给保卫党中央”，在陕北开展了著名的南泥湾大生产和大练兵运动。

1940年10月至1945年6月，苏进在三五九旅副旅长岗位上工作了近5年。他协助旅长王震，在组织领导南泥湾大生产和大练兵运动的同时，还组织指挥了保卫延安、保卫陕甘宁边区等作战行动。然而，苏进在那一时期的具体活动，一般人知之甚少。据苏进最后一任秘书讲：“苏进在这个时期，没有留下文字材料，也讲得不多。他总是说：‘王震同志是三五九旅旅长兼政委，是主官，这方面的事应多采访王震同志。应该宣传主官。’我理解他的意思是，自己做了些工作是应该的，不给自己摆好吧。”

对于这一段历史，尽管苏进本人没讲，历史还是留下了他的足迹。

据延安《解放日报》1942年12月12日社论《积极推行“南泥湾”政策》一文中记述：“三五九旅是执行朱德总司令屯田政策的模范。在旅长兼政委王震同志与副旅长苏进同志的领导下，全旅生产热潮达到了空前的高度……在各部队中涌现了无数的劳动英雄……他们胼手胝足、辛勤劳作。建筑了千余个平整光洁、舒适宽敞的窑洞，开垦了一万一千亩荒地，种植了粮食、蔬菜和棉麻，供给了自己的需要，节省了公费的开支……在今年七、八、九、十4个月中，除进行农业生产外，还利用时间进行军事学术科的教授与操练，教完队列条令，练习投弹及射击，进行特种部队教育，如通信、侦察、炮工等。该旅的战斗力和文化政治军事的素养都更为提高……三五九旅今年的生产与整年的成绩，是边区部队足以自傲的。”

《八路军一二〇师征战实录》一书中记述：“1941年部队到南泥湾地区以后，王震旅长兼政委还主持卫戍区和军分区工作，并统管全旅的工农业、商业和运输生产。副旅长苏进和副政委王恩茂在金盆湾主持生产练兵的日常工作。”

当年三五九旅教导营副营长黎元（后任兰州军区副司令员）回忆说：“当时向我们传达说：‘毛主席跟王震讲：我给你们请了一个有学问、有水平的副旅长。’苏进副旅长确实很有水平。他有知识、有文化，能文能武，有军事理论，又有政治理论，是很有水平的老红军。他到三五九旅也是补王震旅长之不足。王震老首长是工人出身，直率，处事果断，但有时不细致，苏进可帮助他。苏进对三五九旅在政治上、军事上的提高是很重要的。”

当年三五九旅政治部主任袁任远的秘书苗汝鹃（后任解放军防化学院院长）说起这样一件事：“1942年春节灯会，在绥德一条通到南关的街上，两边挂满了灯谜，其中有三五九旅和警备区领导的人物谜语。当时正是‘二次’大战，苏联和德国作战。有一条谜语是‘德军西撤’，打一领导人名字。‘德军西撤’，谜底是‘苏联进攻’，当然是指‘苏进’。那时苏进不仅在部队，而且在绥德社会上也是有影响的，名声较大。”

《毛泽东之路，毛泽东和他的战友》一书中记述：“我第二次再去南泥湾的时候……二十多里的山坡上，都是一排排崭新的窑洞……山沟里开出了一条宽阔的大路。路边修建了木工场、铁工厂、造纸厂、图书馆、医务所……简直成了延安地区的一个新兴市区。南泥湾满山遍野都是绿的，战士们种上了谷子、玉米、土豆、芝麻……与上次完全不一样了……秋风送爽的时节，我们又去了南泥湾……1942年的夏天，整个南泥湾已经呈现出了田间肥美、猪羊成群、窑洞满山、市场繁荣的动人景象……1943 年，开荒种地 10 万亩，全年收细粮 12000 余石，都是 1941 年的 10 倍……1944 年南泥湾播种面积已达 26 万亩，在延安要算肥得流油了。”

苏进协助王震率部在南泥湾大生产中取得了骄人的业绩。毛泽东、周恩来、朱德、任弼时、彭德怀、贺龙、徐向前、叶剑英、聂荣臻、董必武等领导同志先后到南泥湾视察，对三五九旅的屯田成绩以及官兵同甘共苦与困难作斗争的革命精神给予了高度赞扬。1943 年 10 月，毛主席等中央首长到南泥湾视察前夕，苏进亲自部署接待工作，在沿途设置警戒，派专人做饮食监督。26 日，毛主席、任弼时、朱德等在王震陪同下来到南泥湾。毛泽东高兴地说：“苏进呐，你们搞得很好哇！”

八路军南泥湾的屯田奇迹轰动世界。1944 年 6 月，美、英等国及国民党中央社等新闻媒体记者组成中外记者西北参观团来到南泥湾参观访问。爱泼斯坦等著名记者纷纷著书写文章，以敬佩的心情来描述、赞美南泥湾。脍炙人口，久唱不衰、百听不厌的《南泥湾》唱出了“南泥湾是陕北的好江南”，讴歌了“又战斗来又生产、三五九旅是模范”。

三、辽沈战役献良策　攻克义县建功勋

1946 年 5 月，国民党军队在南满各地向解放区大举进攻，占领四平，并沿中长铁路北犯。东北联军根据中央“变阵地战为运动战”的指示，决定放弃长春、吉林，撤至松花江以北……25 日，苏进指挥部队掩护东北民主联军最后一趟列车过江后，为阻止国民党军队过江，炸毁了陶赖昭松花江铁路大桥。炸桥前，苏进多次带着参谋和工兵排，沿着堑壕隐蔽地来到桥下，现场勘察。敌人的炮弹不时地在大桥周围水面爆炸，敌机在头上低空盘旋扫射，警卫员小安的左臂衣袖被弹片击破，情况很是危险……苏进镇定自若，反复察看桥墩，观察其结构状态，选择安放炸药的位置，仔细计算炸药用量，参谋梁勃说：“还算什么？要炸毁大桥多装些炸药就行了。”苏进说：“不行，要炸得恰到好处，桥墩还要

露出水面。现在我们撤出去，今后我们还要回来，只要桥墩露出水面就好修复。”作为指挥员，苏进想得很长远、很周到。他对解放战争的胜利充满信心。

果然，两年后，为打通解放军向南满国民党占领区进军的道路，又由苏进亲自指挥修复了由他自己指挥炸毁的陶赖昭松花江铁路大桥。官兵们对苏进的军事预见称为“诸葛亮式的神机妙算”。陈云称赞此桥的修复为东北人民修通了一条胜利之路。

1946 年 5 月 24 日，东北民主联军成立铁道司令部，苏进被任命为司令员。1946 年 12 月，铁道司令部改称护路军司令部，苏进任司令员、党委书记，并兼任中国驻中长铁路军事总代表。1948 年 8 月 7 日，中央军委电复，组建东北人民解放军炮兵纵队，归东北人民解放军炮兵司令部建制。10 日，苏进调炮兵司令部任副司令员兼炮纵司令员。

1948 年 9 月 12 日，东北野战军发起了辽沈战役。朱瑞和苏进率炮纵主力奔赴锦州地区，3 个炮团于 19 日至 24 日分别按预定时间抵达义县外围。义县位于锦州、阜新之间，城墙高大坚固，驻守城内的国民党武装 1.2 万余人，企图凭坚固守。合成部队首长对苏进等炮兵指挥员说：“你们炮兵把城墙打开了，就完成了一大半的任务。只要城墙打开了，步兵能进城，消灭敌人可以说不在话下。”28 日下午，朱瑞、苏进率炮纵团以上干部到义县南山侦察敌情、勘察地形，选定了义县城墙上的 3 个突破口，现场明确了阵地区域、射击任务等事项……为了保证成功地打开突破口，苏进组织发扬军事民主，决定集中火力攻打城墙腰部。这样炮弹洞穿之后，城墙上部就会塌陷下来，在底部内外各形成一个上下斜坡，便于步兵通过……

10 月 1 日 9 点 30 分，我军向义县守军发起总攻，上百门大口径火炮向义县县城猛烈轰击。一排排呼啸的炮弹犹如“破城锤”一样，打得城墙上下抖动、砖土横飞。顷刻间，城墙被撕开了三个四十米宽的裂口。在弥漫的硝烟中，步兵如猛虎般地冲进破口，扑向据守城内的国民党军队。经过四个小时的激战，全歼守敌，攻克义县。在战斗激烈进行中，司令员朱瑞进入义县外围察看敌情时，不幸踩雷牺牲。

1948年10月初，苏进率领炮兵纵队转战锦州。为更好地发挥炮兵威力，有力地支援步兵作战，苏进抵近前沿观察，发现原定炮位不能充分发挥火炮的威力，便给参谋长刘亚楼打电话提出意见，并请他到炮兵观察所看一看。刘亚楼约林彪、罗荣桓一起来到山上观察，认为苏进意见正确，就对炮兵阵地、主攻方向及突破口作了调整。10月14日10时，总攻开始，360余门火炮以摧枯拉朽之势对守军前沿阵地和炮兵阵地进行了猛烈的轰击……15日，苏进在老爷山炮纵指挥所，从望远镜里发现锦州城内市政府广场上有国民党队伍正在聚集，他断定这是敌人在组织反扑，即命令炮兵压制，结果把正在集结的国民党部队打得四处逃窜、溃不成军。

经过31个小时激战，我军全歼国民党守军，攻占锦州。

当我军攻占沈阳后，苏进在巡查炮纵缴获的武器装备时说："国民党别的炮团的炮我们都接收了，就是十五榴炮团还差一门炮。这门炮在哪里？"后来他在沈阳城外国民党的兵工厂里看到了那门炮。这个榴炮团的大炮算是全部被缴获上来，一门也不缺。吴松亭回忆说："苏进指挥作战，事事心中有数。他对国民党炮兵有什么装备，哪个炮团有多少门什么炮，都了解得一清二楚。"

《中国雄师第四野战军》一书称："共产党就是神了，几乎是赤手空拳出关的炮兵干部们，入关时带回的则是五大野战军中最强大的特种兵纵队。"

辽沈战役结束后，炮纵部队未及休整，于1948年12月2日，苏进带领浩浩荡荡的炮兵，装甲兵和工兵队伍随东北野战军主力踏上了向关内挺进的新征程。部队在行进途中接到了中央军委12月9日的命令，将东北炮兵和炮兵纵队领导机关合编为中国人民解放军东北野战军（即第四野战军）特种兵司令部，肖华任司令员，钟赤兵任政治委员，苏进任第一副司令员兼参谋长。

1949年1月31日，古都北平（北京）和平解放。人民解放军定于2月3日举行盛大入城仪式。第四野战军四纵一个师和特种兵六个团承担了入城仪式的任务。中央军委派四野参谋长刘亚楼为入城仪式总指挥，特种兵第一副司令员兼参谋长苏进负责指挥特种兵。

2月3日早晨，天刚蒙蒙亮，参加入城式的特种兵部队开始发动车辆。7时左右部队出发，开到永定门大街摆好队形。虽然天气很冷，大街两旁却早已站满了夹道欢迎的群众。苏进一行一进永定门，热情的老百姓和学生就围上来抢着问："这是谁？"参谋孙家骏说："是苏司令。"当时，学生就喊口号："欢迎苏司令！"苏进马上解释说："不要这样喊。应该喊'欢迎解放军'。"从此，全北京城都高喊："欢迎解放军！"

9点半，林彪、罗荣桓、聂荣臻、叶剑英、刘亚楼及特种兵领导苏进登上前门箭楼。10时，4颗信号弹升上天空，庄严隆重的入城式开始了……苏进指挥的特种兵、装甲车、坦克车犹如钢铁洪流，隆隆驶进北京城。欢迎的人群沸腾起来……

1949年3月23日，毛主席率中共中央机关和中国人民解放军总部离开河北平山西柏坡向北平进发。25日上午抵达北平清华园。下午5时，在北平西苑机场，毛泽东、朱德、刘少奇、周恩来、任弼时、林彪、罗荣桓、聂荣臻、叶剑英等领导检阅了参加平津战役的人民解放军部队。那天，苏进与刘亚楼站在同一辆车上，陪同毛泽东、朱德、周恩来检阅了受检部队。

四、新中国炮兵组建人　矢志不渝强炮兵

中华人民共和国成立伊始，毛主席提出"为建立一支强大的人民炮兵而奋斗"。1949年12月9日，中央军委致电第四野战军："军委急需建立炮兵司令部……拟调四野特纵副司令苏进来任炮兵副司令……"1950年3月10日，聂荣臻在给毛主席的报告中称"苏进为炮兵副司令员兼参谋长（苏已到京）"。4月25日，军委任命陈锡联为炮兵司令员。因其正担任第三兵团司令员和重庆市长，不能马上到任，因此负责筹建工作的重担一时全部落在苏进肩上。毛泽东、周恩来、朱德等中央领导同志对筹建工作给予了极大的支持和关怀。毛泽东亲自审阅了苏进呈送的组建炮兵的请示报告。

1950年6月，朝鲜战争爆发。7月，中央军委副主席周恩来在中南海主持召开新中国成立以后第一次国防委员会会议。会议开了两天，苏进代表炮兵与中央军委及各总部各兵种负责人朱德、聂荣臻、林彪、罗荣桓、肖华、李涛、杨立三、萧劲光、刘亚楼、许光达、滕代远等一起参加会议。8月初，周恩来传达了中央军委决定，为准备抗美援朝，由各大军区抽调8个步兵师，改装为炮兵师，改装任务由苏进主持实施。

苏进受命后，为使抽调的步兵部队尽快掌握炮兵技术，领导组建了8个训练基地进行改装训练，干部集中到炮校短训，其他人员在基地培训。仅用了3个月的时间，就完成了8个步兵师改装为炮兵师的任务。这次改建、换装，规模之大，速度之快，前所未有。朱总司令在中南海居仁堂接见了炮兵司令部干部，肯定了炮兵领导机关成立以来的工作成绩，强调了炮兵的重要作用和发展时期的繁重任务……

苏进协助陈锡联司令员，向军委提交了炮兵作战实用方案，组织了15个炮兵师，61个炮兵团和64个独立高炮营分批入朝作战。还统一领导了全军通用枪炮弹药管理工作，筹划战时装备器材、弹药补给措施，为前线作战提供了可靠保障。1950年、1951年和1953年，苏进先后共8个多月以军委炮兵副司令员身份，亲临朝鲜前线检查指导工作。

苏进在半个多世纪的革命生涯中，有30多年在军委炮兵机关工作。他从始至终兢兢业业，为炮兵建设事业殚精竭虑、鞠躬尽瘁。苏进从事军事教学和院校管理工作多年，曾兼任炮兵学院筹备委员会主任委员，积累了丰富的军事院校工作经验。1958年，军委颁发了《国防科学技术研究工作十年规划纲要》。5月，炮兵军事科学委员会成立，苏进任主任委员。1957年3月6日，毛泽东和军委总部领导接见炮兵积极分子代表。苏进前排就座，与毛主席仅隔了3人。

选自2009年9月《漯河文史资料》第十七辑

彭干青与路西支队

吕向阳[①]　弯河桩[②]　刘志甲[③]

路西支队创立于1947年11月，是由当时舞阳、郾城、临颍、襄县、叶县交界地区的地方人员组成的一支革命武装，这支武装后来成了中国人民解放军的一部分。路西支队的创始人是当时担任豫皖苏第五专署副专员的彭干青同志。

彭干青（1899—1982），又名彭国桢，舞阳县太尉乡吴庄村人。他1916年参加冯玉祥的西北军，先后任排长、连长、营长、团长、旅长、副师长。1944年入国民党赵云祥部，任干训总队长。1945年8月，在中国共产党政策的感召之下毅然率部参加盐城起义，从此投向革命，并于1945年12月加入中国共产党。解放战争初期，他历任中国人民解放军第四军军校校长、苏北四军十二师师长和苏中七纵五十七团团长等职。

1947年11月，彭干青受华中局邓子恢同志的指示，到豫中地区剿匪反霸、开辟新区。豫皖苏第五专署成立后，他担任副专员。五专署为中原军区第五分区，地委书记王其梅，副书记施德生，专员是施玉民，后管寒涛，分区司令员王其梅兼任，后王建青接任，副司令员王发祥，政治部主任华楠，参谋长路耀林。当时的豫中大部地区已被我军解放，但尚有部分地区，尤其是城镇仍被国民党顽军据守。已经解放的地区，反动势力也尚未肃清，刚刚建立的地方革命政权时刻受着威胁。为了配合解放战争，建立和巩固地方政权，上级指示五专署尽快建立地方武装，以便壮大自己，打击敌人。五专署根据当时的情况决定在京汉铁

---

① 吕向阳（缺）。

② 弯河桩（缺）。

③ 刘志甲，河南舞阳县人，1933年出生。曾任县法院审判员、县检察院检察员、县报社编辑、法律顾问处主任、县委党史办公室秘书等职。

路以西地区组建一支武装力量并取名“路西支队”。

彭干青同志对郾城、舞阳、叶县、襄县、临颍一带的情况较为熟悉，而且他本人也在舞阳北部一带有一定影响。鉴于这种情况，路西支队的创建工作就由他具体负责。当时的情况是既无人又无枪，加之时局动荡，要“平地起鼓堆”建立一支武装，的确不是一件容易的事，唯一的办法就是借助地方上的头面人物把手中有枪的人组织起来，然后再加以改造使之成为一支革命武装。彭干青就是以此行事的。他接受任务之后，首先与当时在舞阳北舞渡镇伪指挥部任副指挥长的王兆麟取得了联系。王过去也参加过西北军，并担任过团长，与彭干青是老相识。彭干青利用这层关系找到王兆麟，王很信任彭，待彭说明自己的打算后，王答应愿意出面帮助彭干青组织人马。不久，王兆麟便到郾城县东大张村找到保长张建甫，对他说：“老彭（干青）回来了，现在是豫皖苏五专署的副专员，他要我们赶快把咱这一带的有枪人联合起来，建立一支地方武装，为的是不让家乡老百姓受害。”张建甫也是这一带有一定影响的人物，此人交际甚广，他有一个特点就是热心为人办事，既为共产党做事，也为国民党做事，属于墙头草随风倒人物。张听了王兆麟的一番话，也表示愿意出力。王最后对张说：“具体怎么办，你在家等我的信儿。”过后没几天，王兆麟带来了（彭干青交予他的）一枚上刻“中原军区五分区司令部路西支队”字样的印章，王把印章交给张建甫，嘱托他尽快把人马组织起来。这枚印章等于是五分区给路西支队的正式委任。于是张建甫就以王兆麟副指挥长的名义，把周围郾城、舞阳等地的乡绅、保长召集到郾城县境的苏侯学校布置任务，向他们要钱、要枪、要粮、要人，规定每个保出法币100万元、1000斤粮、10个人、10支枪。由于是以副指挥长的名义分派的任务，所以乡绅、保长们无不从命。不到三天时间就招募了800余人，随后，又有不少有枪的前来加入，很快人数达到1000余人。人员集中之后，在裴城洄滨中学召开大会，宣布路西支队正式成立。最初，支队下辖5个大队。一大队大队长彭甲信，二大队大队长寇紫静，三大队大队长曹书生，四大队大队长王晋臣，五大队大队长马济芝。王兆麟为支队长，张建甫任支队副官长兼粮食科科长。这时新的人员仍不断增加，专署和分区也派来了一批同志，因此，宣告成立的第五天，支队又在裴城东南门集会，重新宣布了支队领导人，除王兆麟仍为支队长、张建甫仍为副官长兼粮食科科长之外，又增补了支队政委杨广耀（中共党员）和参谋长李凤梧（中共党员），杨与李也是当地人，他们是受专署和分区之命前来支队任职。这时支队总人数已达2000余人，装备已有马150匹、机枪42挺和步枪、手枪近2000支。因为是临时聚集起来的地方武装，故队员均着便装，已有的枪支大部分也很破旧。支队部设在裴城街，队员们分散居住，居所很不固定，有时甚至食宿无着。

路西支队的支队长虽然名义上是王兆麟，但实际上真正的领导是杨广耀和李凤梧。王兆麟出身地主家庭，虽然参加过西北军，但与彭干青走的却不是一条道路，他退出西北军后，在山东等地当过国民党保安团长，思想一直停留在反动的一面，本质上是一个反动的人物。路西支队成立时他身为当地反共势力的副指挥长，仍然是与人民为敌的。他之所以愿意出面组织路西支队，一方面是出于对彭干青的义气，另一方面是他看到了国民党大势已去，天下终将是共产党的，想给自己留条后路。担任路西支队的支队长，他只是挂名而已，偶然的活动也是秘密进行的。有时支队的人找他接头，他不让接头人到他家中，害怕给自己招来麻烦，怕关震亚①等人抓住他的把柄。后来，王兆麟因有罪恶民愤被我革命政府镇压了。

路西支队成立后，在杨广耀、李凤梧等同志的领导下开展工作，当时支队的主要活动是进攻地方上的反动势力，主要是搜捕一些罪大恶极的乡、保长。当时支队一个重要的活动意图是增加枪支，扩充装备。而打击乡、保长可以得到一部分枪支。据统计，当时被路西支队处决的罪恶分子不下200人。支队的活动基本上是在夜间进行，分头行动，十几、二十几人组成一个行动集体向预定的目标进攻。据当年的支队队员

① 关震亚，亦称吴振亚。抗战胜利后，国民党华北地区招抚使熊斌收编伪军，委任关为新编第七十五师师长。1946年2月，新编第七十五师番号取消，关改任绥靖第一总队总队长。同年4月，绥靖总队撤销，关改为郑州绥靖公署参议。

回忆，支队曾有这样几次典型的活动。一次，支队让家住庙张村的队员张紫芳打探本村保长张子纯的行踪，支队准备干掉张子纯。一天，张紫芳得知张子纯当晚在家，于是就向支队报告。夜里，中队长彭国正带着姜会亭等七名队员前往庙张村捉拿张子纯，当他们走到庙张村北头时，月光下看见从村里走出来几个人。对方也看见了他们，于是，先向他们开枪射击，他们也迅速还击。混乱中对方很快逃脱了。后来支队得知这几个人是关震亚和他的贴身随从，他们已在庙张村的张寿伍家中躲藏几天了，当晚是向别处转移。无意中遇上关震亚，但却让他逃掉了。支队的人很是惋惜，因为关震亚正是路西支队寻觅已久的进攻目标。当晚，不但关震亚逃脱了，张子纯听到村外的枪声也逃掉了。因而支队这一次行动没有得到任何收获。王湾村的保长尚永安，家中藏有十多支枪，路西支队想夺取这批枪支。一天深夜，支队的20多人前去攻取，队员们把尚永安的院子包围住。尚发觉有情况，急忙爬上房子想逃跑，一名队员手疾眼快，举手就是一枪。尚被打中，“哎哟”一声从房坡上栽了下来。队员们打开院门，冲进去四处搜索，发现尚的爪牙们吓得钻进了草堆。支队的人把跟尚干坏事有罪恶的一些家伙捆绑起来，并收了他们的枪支，后来把他们拉到麦场上全部处决了。

鉴于路西支队人员的成分复杂，专署和分区早有整顿改编路西支队的打算。为了整顿队伍，1947年12月彭干青副专员和王建青司令员专程一起从五分区所在地鄢陵来到裴城。他们先听取了杨广耀、李凤梧对支队情况的汇报，接着召集支队全体人员大会。会上，彭干青和王建青分别讲了话，他们讲的大概内容是当时的形势和建立路西支队的意义，随后提出了一些要求。会议的次日，支队的全体人员开始向鄢陵开拔，到达鄢陵后，住在五分区的干部学校“中州学院”内。中州学院在鄢陵城北。支队开往鄢陵的目的是为了整编。支队人员到达鄢陵的第二天，五分区的领导主持召开了支队的干部会议，会上王其梅政委说：“我们这支队伍是以地方武装为基础拉起来的，不少人参加进来是为了朋友情面，因此成分很复杂，大部分成员还对党的政策不了解。如果不整顿，弄不好随时都可能发生问题。”根据王政委的意见，会议决定支队干部一律调整，并对所有人员进行清理整顿，整编就这样开始了。第一天把队伍中过去作恶多端、民愤极大的曹应才、魏文林、关华亭、戚书长、陈老六、杜世良、翟洪亮、翟洪恩八人处决了。这八个人多数都当过保长，都残害过无辜，分区领导决定处决他们是非常坚决的，当时分区领导召集支队人员开会，王其梅政委当场公布他们八个人的名单和罪行，随即把他们五花大绑起来，然后把他们装上卡车，拉到城外野地活埋了。

整编后的路西支队，干部编为五分区中州学院教导大队，中州学院院长路延龄兼任大队长，分区政治部主任徐道生兼任教导员。张建甫、彭甲信、马济芝、芮培华、秦晋生、赵迪生等人作为教导大队高干班，彭甲信任班长。连级干部编为第一队，王晋臣任队长。排职干部为第二队，袁子修任队长。每个队人员多少不等。整编结束之后开始学习，由于条件艰苦没有教室，上课学习均在院内的大树下进行。在一次学习会上，教导员徐道生讲："同志们到这里来很辛苦，咱这里条件很差，希望大家要勇于吃苦，克服困难，安心学习。八路军的工作方法一是嘴，二是腿，三是笔，四是水，一张嘴好讲话，一支笔好写字，有了腿好走路，渴了有水喝，其他一无所有。虽然苦一些，但我们是共产党毛主席的队伍，为了广大劳苦大众能过上好日子，再苦再累也值得。"由于这些人中，有的是旧军人，有的当过保长，有的家庭富裕，过不惯这样的艰苦生活，因此一些人的思想波动很大，部分人员甚至要求解散学习班，好早点回家。针对这种情况，分区领导进行了分析，决定尽快结束学习。徐道生教导员代表分区领导对大家说："我们的学习班是一天一毕业，愿干的就留下，不愿干的可以走，回家没有钱的发给路费。"当时果然有十几个人离开了队伍，走的人当中有坚持反动立场的，有想家不愿干的。这些人走后，队伍情绪安定了，也更纯洁了。

1948 年 2 月，路西支队大部改为中原五分区独立第十团，成了中国人民解放军正规部队的一部分，团长由一位从野战军调来的姓毛的同志担任，政委由原五分区政治部主任徐道生同志担任。独十团后来参加大部队在中原区与国民党军队作战，路西支队的另外一部分后来作为地方武装回到当地，配合地方政府剿匪反霸、土地改革。当时，裴城一带曾建有沙北县（1948 年 11 月撤销），所辖地区即现在舞阳沙河两岸地区与郾城、临颍、叶县的一部分，县长宗显民（后曾担任河南省水利厅副厅长）。回去之后的路西支队那一部分同志，在沙北县委、县政府的领导下，在当地剿匪反霸、土地改革中曾发挥了很大的作用，保卫了地方政权和人民生命财产。1949 年 2 月改编为独立十团的路西支队又划归中原军区警卫团，驻守在开封。路西支队的前后经过就是这样。

（本文根据张建甫、张紫芳、姜令亭、彭国正等人口述整理）

选自 1993 年 6 月《漯河文史资料》第五辑

抗战功勋万代流芳

——纪念中国人民抗日战争胜利五十周年暨缅怀蔡永令同志

李 辉

蔡永令

1995年是中国人民抗日战争胜利五十周年，也是世界反法西斯战争胜利五十周年，放眼全球，一片欢腾。中国是反法西斯战争的主要国家之一，中国人民在中国共产党的英明正确领导下，经过八年浴血奋战，用自己的血肉筑成了新的万里长城，终于打败了日本侵略者，为世界反法西斯战争的胜利作出了不可磨灭的贡献。现在，让我们翻开历史的篇章，拂去岁月的风尘，来追忆熠熠生辉的抗日场景，这对于我们建设社会主义两个文明，缅怀先辈，教育今人，启迪后代，都具有不可估量的历史意义和现实意义。

一、日寇的暴行

郾城车站（现为漯河车站）处于中原腹地，是平汉铁路的要段之一。1944年4月18日，日本帝国主义为了挽救其在太平洋战场上的失败，援救侵入南洋的孤军，首先从河南发动了打通大陆交通线的作战。5月初，位于郾城沙河南岸的漯河镇被日寇染指。日寇所到之处，实行了惨无人道的“三光”政策，“小沟张大屠杀”“火烧老应”等事件接踵而至，郾城全县人民处于水深火热之中。5 月 4 日傍晚，日军一部侵入郾城东北的五里庙村。天黑时，日军与驻防在附近仅有 14 户人家的小沟张村的汤恩伯部某团卫队接火激战，战斗持续了一夜。天快亮时，国民党军队溃逃。日军进村后，横冲直撞，进行了灭绝人寰的大屠杀，除战场上被打死的国民党士兵外，无辜群众被残害者达 101 人：其中外地来的民工 80 人，大半是郾城大同乡（即今商桥镇）的，村民 15 人，国民党军队抓来的小夫和探亲的 6 人，毁坏房子 12 间，各种家具无数。5 月 11 日上午，驻孟庙关庄村的一个日本兵窜到老应村奸淫妇女未遂被村民打死。第二天，从漯河开出了一队日本兵，他们带着大批汉奸闯进了老应村，放火烧掉了已收到麦场的 2400 多亩麦秧和 1300 多间房子。正待鬼子架枪准备对村民进行集体屠杀时，漫天大火招来了十几架飞机低空盘旋，日寇怕挨炸才慌慌张张窜回漯河，但整个村子早已成了一片焦土。这样的事情真是太多了，日寇对郾漯人民犯下的滔天罪行，真是永远也说不清。

二、在旋涡中诞生的抗日游击队

郾漯沦陷之后，国民党军队望风而逃，深重的灾难像磐石一样压在了郾漯人民头上。当时的情况是：一方面是日寇驻郾漯的分支机构像一张大黑网，妄图一下子把这里罩得严严实实。这些机构是:（一）九一师团司令部，司令官大龟。这里是日军准备南下侵略的军、政、财、经、枪械、弹药、粮草的后方基地。（二）军政部。负责装备、物资的管理供应，协助组织日伪皇协军，往各地派招抚使指导日伪地方政权。（三）日本宪兵队。执行监督管理日军风纪事宜，监视日伪特务情报人员。（四）日本指导官室。是受军政部直接领导的机关，指导官旭腾，翻译官王一夫，控制郾漯地方上的军、政、警、宪、特、财、建、教、工商、青年团体和伪乡、镇、保、甲等基层组织的活动。（五）日本九一师团情报处。由日本士官学校毕业的大尉中野负责，由翻译官 1 人（朝鲜人)、谍报人员数人组成。(六)富士机关。是由日本国内统一指挥的特务情报机关的派出单位。(七)田公馆。由九一师团派出。(八)西山公馆。由日本重要特务头子西山直接指挥。(九)万祥公馆。是由日本人直接领导的庞大的地方特务谍报机关。此外,日寇又派出鬼子护卫守路等。被日寇垂青和豢养的一切封建社会的渣滓、官僚政客、土匪流氓、豪绅恶霸等也纷纷出笼粉墨登场了。他们摇身一变,又成了日寇的座上客。日寇一到郾漯,就首先成立了维持会,维持会会长李子芬,秘书李子芳,情报科长薛慎之,民政科长魏鹤仙,军事科长袁公存,教育科长宋学斌。河南绥靖军总司令寇英杰也派绥靖军长邱三宁来到漯河,抢占地盘,扩充实力。洪福堂充任漯河伪警察局长,又兼任绥靖军十七师师长;张星跃[①]充任绥靖军十六师师长;宋屏轩也被委任皇协军师长;商务会长邵集五;漯河镇长张祥三;郾城青救会长许宛如;漯河自卫团长张公照;经济汉奸王翠屏(女,外号"半斤粉")、王品三、周子俊、黄寿山等人。在郾城城内,由九一师团派出大山翻译官坐镇指挥,建立了维持会,维持会会长杨祥安;城内警察局长赵昆亭;中孟乡长何国欣;天仙妙道仁义社社长肖子祥夫妇;公正乡长靳绍鲁;指挥乡长柴子立以及城内招抚使署等敌伪组织。另外,郾城东南部被朱春芳、陈自俊霸占,东北部被宋屏轩霸占,陶子扬准备投奔驻北舞渡的关振亚[②]部去当旅长,娄登甫、翟竞成乘机抢占了郾城的西北部……这些坐地汉奸乘机哄起,杀人越货,抢劫掳掠,横行乡里,闹得人人自危,社会极不安宁。在大敌当前,困难当头的情况下,是"以眼还眼""以牙还牙""血债必须用同物偿还",还是甘当敌人任意宰割的羔羊?在这种犬牙交错的矛盾旋涡里,我们的回答显然是前者。早在1926年秋季就加入中国共产党的蔡永令同志,1942年刚从国民党开封监狱里释放回县,坚信着"解放全人类"的崇高信仰,一方面积极寻找党组织,一方面依仗他在地方的影响,在郾城县大刘镇一带拉起了地方武装。这支地方武装成

① 本书《回忆蔡永令游击队的几次战斗》一文中作"张星耀"。
② 本书《彭干青与路西支队》一文中作"关震亚"。

立的思想基础是：蔡永令积极响应党的抗日民族统一战线政策，团结一切可以团结的力量，建立武装力量进行抗日。这支武装力量的兵员组成是：大都是大刘镇、空塚郭一带的农民。在他们当中，既有贫苦的农民，如蔡百川、陈秀华等，也有相当数量的共产党员，如刘克明、王树德、李铁等，亦有一些保甲长，如乔芳轩等，甚至也有地方上的大户如王玉玺等。这支武装力量的活动方式是：游击队委派胡开化、王树德常驻郾城、漯河，及时向游击队提供情报，使游击队能“知己知彼”“百战不殆”。养兵于民，寓兵于民。敌人来了，一声号令，游击队员以保甲为单位组成中、小队立即奔赴战场作战；敌人走了，游击战士放下枪杆扛起锄头干农活。这支武装力量的斗争策略是：大搞伏击战、游击战，“敌进我退，敌驻我扰，敌疲我打，敌退我追”。故而，游击队能“招之能来，来之能战，战之能胜”。蔡永令同志领导的这支游击队，由小到大，由弱到强，在战斗中诞生，在战斗中成长，夺取敌人的武器武装自己。游击队成立伊始，用的大多是大刀、长矛，还有百十支从民间捐来的和国民党军队遗弃的破枪，后来发展到 2100 多人，16 个中队，炮 4 门，轻重机枪 23 挺，达到了一人一枪的武装力量。到了 1945 年 8 月，我新四军五师撤离嵖岈山时，游击队从战利品中上交子弹 50 箱（每箱 1000 发），食盐 3000 多斤，战马 2 匹，A，B 蓄电池各一部进行支援。

三、在斗争中锻炼成长

游击队成立后，遵照毛主席“集中优势兵力，各个歼灭敌人”的军事思想，打了很多漂亮的伏击战。1945 年 7 月，西山公馆的日寇便衣特务数人，在空塚郭一带刺探游击队的军情后回漯河，适逢日寇中尉平岗孝一和国联妇女委员梅山静子（日本人）坐一辆大车，带一排日本鬼子由舞阳奔赴漯河，当时因雨后路途泥泞，走到栾庄时车轱辘上沾满了泥巴走不动了，平岗孝一和梅山静子便跳下车在栾庄饭店休息，一面叫车夫收拾车辆，一面叫特务和鬼子兵先行开路。当鬼子兵一离开，四处都睁着警惕眼睛的游击队立即冲了出来，把二寇正法后推倒到洼董村的井里。在战斗中，游击队充分利用地理环境熟悉的优势，善于打伏击战。同年春，日寇一迫击炮中队由漯出发援助南阳之敌，行至大刘店，适逢大雨，日寇被迫停止前进。游击队接到情报后，蔡永令率领游击队战士事先赤脚埋伏在大刘店以西苏堂周围，日寇来到伏击圈后，游击队向鬼子一齐开了火，惊恐万状的敌人只好扔下辎重顺着公路狼狈逃窜。此次战斗计缴获日寇迫击炮 3 门、炮弹 5 车、部分军用器材。游击队不仅能攻，而且善守，有勇有谋，使鬼子的多次围剿“破产”。1945 年农历正月初一的夜间 11 点钟，日寇调动郾、舞、临、西（西平）顽敌 5000 多人，采取步、骑、炮联合作战，将我游击区四面包抄，妄图一举消灭。特别是对于蔡庄、小曹、大陈、杜庄等村子，搜查得更为仔细。在这种情况下，蔡永令通过各保甲长（他们实为抗日游击队的中、小队长）命令游击战士将枪支隐蔽好，敌人最终还是找不到一个游击队员。因为这些游击队员就是当地的农民。日本鬼子只好抓走了十多个战士家属押到漯河警察局囚禁，后又转到维持会关押。无奈，数月后只好将他们释放了。

蔡永令领导的抗日游击队，从成立到日寇投降一年多的时间里，对日伪作战 30 多次，击毙日伪官兵数百人，打死日伪团级以上的反动头目 15 名，其中包括一个副司令。游击队击毙的日寇指导官有平岗、松本，绥靖军十七师师长兼漯河公安局长洪福堂，十六师师长张星跃，日伪大队长李耀东，皇协军中队长崔发子，皇协军团长廉青山，日伪警察局传达长王大坤，日寇大信公司经理周定庄、秘书李仙洲，枪杀了维持会会长李子芬等多人；炸毁平汉路上九孔铁桥 1 座，商桥铁桥 1 座，其他桥涵无以数计；割毁日寇电线 3000 多斤，截获食盐 48000 余斤；炸毁日寇军车 20 多辆，火车头 1 个；缴获战马数十匹，其他军用通信器材无数。更重要的是，游击队从敌人手中夺回了武器，武装了自己，发展了自己，壮大了自己。连日伪自己也不得不胆战心惊地说：“谁要再横，让他到西南乡（指大刘店一带游击区）出差去！”

总之，在抗日战争期间，郾城人民作出了卓越的贡献。我们回顾战斗的历史，更加缅怀在抗日战争中捐躯的英烈们。让我们继往开来，永葆革命精神，为振兴中华，实现先辈们未竟的四化大业而开拓前进，并以此来纪念抗日战争胜利五十周年，世界反法西斯战争胜利五十周年，缅怀抗战志士蔡永令同志。

选自 1995 年 11 月《漯河文史资料》第六辑

回忆蔡永令游击队的几次战斗

郾城县政协文史科　乔聚坤[①]　李　辉　杨天祥口述

伏截盐车

1944年10月中旬的一天，6个日本鬼子押送一队盐车，由漯河送往设在舞阳的郾（城）舞（阳）西（平）日伪联防司令部。抗日游击队队长蔡永令得知这一情报后，迅速召集机枪中队集合。他在战前动员中义愤填膺地对游击队战士说："日伪扭在一起，欺压咱中国人民，掠夺我人民财产，我们决不答应！对这些凶残的外国侵略者和认贼作父的民族败类，我们决不轻饶！今天有20多辆盐车经过我们家门，我们决不能让一辆漏网！"末了又补充道："但我们不能伤害老百姓。"然后进行了战斗部署。游击战士听了这一席话，个个精神抖擞，迅速进行了战前准备。

大刘镇位于郾漯的西南部，是漯舞公路上的重要据点，四周寨墙比较完整，四门有炮楼耸立，寨墙外面有壕沟，将镇子包围得严严实实。公路紧靠寨墙东门，划一道两华里的弧形通过南门直奔舞阳。如果敌人通过此地，由于车队拉得较长，正是游击队大显身手的好地方。于是，机枪一分队埋伏在寨南门东，二分队埋伏在寨东门以西，三分队埋伏在两者其间。

下午3点多钟，敌人的一帮高轮马车满载食盐一股脑儿地涌来。一霎时，尘土飞扬，车轮隆隆，鬼子兵喝声阵阵；当头一辆马车行进到

① 乔聚坤，1942年生于源汇区大刘镇皇寓村。中国曲艺家协会会员，市政协一、二届委员，郾城县政协一、二届委员，曾任郾城县文化馆馆长。

接近南门刘家门的菜园时，车队正好进入我伏击圈。严阵以待的游击战士，眼里喷射出复仇的火焰。这时，蔡永令见时机已到，忽地从阵地跃起，手枪“叭”的一甩，战士们按照事先约定好的冲锋信号，一个个似猛虎下山，跳越寨墙，高喊着“冲啊！”“缴枪不杀！”的口号奋勇上前，迅速将这帮盐车包围，车上的几个日本鬼子猛醒过来，企图窜到离公路20米远的坟地里进行顽抗，但被我游击战士全部击毙。

这次伏击战打得干净利索，只用了半个多小时就结束了战斗。共截获盐车24辆，食盐48000余斤，6名鬼子被当场击毙，又活捉3名伪军，收缴短枪2支，长枪10余支，而车夫、牲畜无一伤损，并让车夫们吃饱后回家。他们感激地说：“还是中国人爱中国人呀！”

活捉张星耀

“真是冤家路窄，路窄，路窄！”这是日伪绥靖军十六师师长张星耀毙命前发出的几声哀叫。张星耀，西平人，曾任军阀韩复榘的手枪旅旅长。郾漯沦陷后，张星耀认贼作父，投靠日本人，当上了日伪绥靖军邱山宁的十六师师长，驻防西平合水一带。他助纣为虐，残酷迫害当地群众，派粮要款，奸淫烧杀，无恶不作，当地群众提起张星耀，无不切齿痛恨。

1945年1月间，张星耀带着5个日伪汉奸到漯河开会。由于张星耀惧怕蔡永令的抗日游击队，不敢走大刘店，而绕道望天岗、黄李北坡。蔡永令得知这一情报后，即派7名游击队战士，分两路将张星耀一伙包围捕获。缴获敌手枪5支，八音手枪1支。审讯后，将张星耀一伙当场击毙。审讯张星耀时，张星耀神情沮丧地说：“真是冤家路窄，路窄，路窄！”这真是善有善报，恶有恶报，张星耀终于得到了他应得的可耻下场。

皇寓锄奸

1944年农历九月的一个早晨，皇寓村死一般寂静，鸡不鸣，犬不吠，只有一缕缕炊烟从破房陋院升起，无声无息地在村子上空盘绕。突然，几声震耳的枪声，惊得村民们家家熄火，户户掩门，莫非日本兵进村骚扰？

不到一个小时，消息传开，原来蔡永令领导的抗日游击队和日伪汉奸干起仗来。

几天前，皇寓村来了个摩登女郎，这个女人20多岁，打扮得妖里妖气，穿旗袍，抹口红，操着一口“京腔”，一进村，逢人就打听罗伯忠的消息。当时既是伪保长，又是抗日游击队中队长的乔芳轩听说后，引起高度警惕。他知道罗伯忠是地下共产党员，为了便于工作，专门在皇寓和一个地主的女儿结了婚。蔡永令一再指示，对罗伯忠要千方百计加以保护。这个不明不白的女人要找罗伯忠干什么？乔芳轩立即把情况报告给住在大刘镇的蔡永令，当蔡永令让乔芳轩盘问那个女人时，那女人早逃之夭夭了。蔡永令指示，一让老罗速速转移，二是做好准备，防止敌人突然袭击。

果然第三天下午，皇寓村来了3辆黄包车，3个车夫鬼头鬼脑，3个坐车的家伙凶神恶煞，特别是领头的那个家伙满脸横肉，一说话就瞪眼，6个人全带手枪。他们见到保长乔芳轩后，一要交出罗伯忠，二是皇寓拿出一大笔款支援皇军。他们声称是日本驻漯九一师团派下来的，如果不交出罗伯忠，不给款，得罪了皇军，要不了三天血洗皇寓。那个满脸横肉的家伙还说，如能顺利交出来，拿来款，还保乔芳轩提升呢。这帮家伙的威胁利诱没有使乔芳轩受骗上当，他一边端茶递水热情招待他们，一边派人到大刘镇与游击队长蔡永令联系。蔡永令闻讯，亲自带领8名游击队员悄悄进了皇寓村，包围了联保处，时刻准备聚歼敌人。

谁知这几个家伙相当狡猾，他们一直把乔芳轩留在身边，除此之外，还抓了副保长乔林川和他的妻子，甲长师建忠等人。如用强攻的办法，势必伤害自己的同志。蔡永令命令游击队员，紧盯敌人，伺机行事。

夜幕降临大地，沦陷后的村庄家家老早闩上门，和衣睡觉。只有这8名游击战士紧围联保处，眼睛直勾勾盯着敌人的动静。游击战士一夜没眨眼。待天亮，日伪汉奸看交不出罗伯忠，得不到款，恼羞成怒，生了毒计，捆了乔芳轩、师建忠等人要押往漯河作人质。

机会终于来了。正当日伪汉奸掂着手枪往黄包车上绑人时，乔装打扮的蔡永令和扮演村民的游击队员涌上前来。蔡永令像一个绅士，头戴礼帽，身穿纺绸大衫。为怕汉奸认出他剿匪时脸上留下的伤疤，把礼帽拉得很低。蔡永令首先贴近领头的那个家伙，彬彬有礼地说："有啥慢慢说，没有锯不倒的树，何必捆人呢？"领头的家伙举起手枪，对准蔡永令恶狠狠地说："你是何人？"就要开枪。蔡永令猛地跨前一步，奋挥左臂，推开敌人右臂，只听"叭"的一声，敌人的子弹望空呼啸而过。旋即，蔡永令手举枪响，领头的家伙脑袋开花，应声倒地。游击战士一起动手，只几分钟，6个家伙击毙5个，一个因藏在秫秆垛里，钻孔逃窜。这次战斗，没伤我方一根毫毛，获敌手枪5支，黄包车3辆。

后来得知，这6个家伙原是漯河万祥公馆的日伪特务，他们是奉命捉拿共产党员罗伯忠和敲诈皇寓村民的。

洪匪被歼记

"提起洪福堂，人人咬碎牙，坐地大汉奸，咱誓把钉子拔。"这是蔡永令领导的游击队队员们经常挂在口头的顺口溜，也是他们为民除奸的誓言。

日伪坐地汉奸洪福堂，在漯河沦陷之前曾任漯河国民党中央直接税局的事务股长，后家移住在杨店寨内。一次在日军空袭时，他怀中揣面镜子，向低空盘旋的敌机发信号，被群众发现知道他有汉奸行为。郾漯沦陷后，他迫不及待地跳了出来，认贼作父，充任漯河伪警察局局长，又兼任绥靖军（即日本豢养的汉奸武装皇协军）十七师师长。他觉得自己有日本这个靠山，自己的羽毛也日渐丰满，便飞扬跋扈，不可一世。扬言非将大刘店抗日游击区踏平不可！

“以眼还眼，以牙还牙”，蔡永令选派蔡百川打入洪匪魔窟——漯河警察局，寻找时机，予以歼灭。

这一天终于来到了。1945年六七月的一天，骄阳似火，天上没有一丝云彩，只有树上的知了在拼命地叫着。这天正是洪福堂在舞阳三县联防司令部开会回来的日子。蔡百川立即将这个重要情报向蔡永令进行了汇报。蔡永令问蔡百川，“他带的还有什么人？”

蔡百川答道：“还有一帮人马。”接着又补充说：“咱们趁机干掉他，也好出出这口恶气。”蔡永令听到后，沉思半天，一点不动声色。半天他才说：“洪福堂也是中国人嘛，也算是朋友嘛，理应好好招待，今天要多带几个弟兄，敞开酒量，酒喝不好我可不依！”当时大刘镇公所设在大陈，蔡永令正是在镇公所内向蔡百川一帮人讲这番话的。大家一时买烟的买烟，掂酒的掂酒，做菜的做菜。有的人尽管心里疙疙瘩瘩的，但以往跟蔡永令打过交道的人都知道，这位游击队领导人有勇有谋，肯定又有什么新招数。于是，他们就找了几个有“海量”的游击队员作陪。单等洪福堂一到，立即开宴。

不一会儿，走得人困马乏的洪福堂的一帮人到了。他带的有骑兵，有步兵，还有一辆马车，马车上坐着洪福堂的三姨太。蔡永令假意把他们让进镇公所，先递上“天津白”香烟，又端出清凉茶。开始，洪贼的警惕性还蛮高，让卫兵不离左右，后一见“招待人员”（实为游击队员）的那股热情劲儿，就把“警惕”二字甩了脑后。他带的那帮匪兵，一见香气四溢的酒菜，早就馋涎欲滴了。一听“招待人员”叫摆饭，就迫不及待地自己动手拉开了两张八仙桌，吆五喝六地往肚子里灌起来“辣水”。对洪福堂几位“陪客”你一盅我一盏地频频向他“敬酒”，把个洪贼不一会儿就灌得晕晕乎乎，忘乎所以。

但是，老奸巨猾的洪福堂害怕其中有诈，脸红脖子粗地吼了一声：“不要喝了，赶紧上路，到漯河再喝个痛快！”那帮匪兵们一见主子的脸变成猪肝色，很不情愿地离开了桌子。各找自己的枪支，各牵各的马匹，顶着毒日，像久旱的秋苗一样耷拉着脑袋上路了，有的东倒西歪地打着瞌睡。殊不知，蔡永令的游击队早已张开了大网在前头等着他们的到来!

原来，蔡永令一得到情报后，一面派人假意进行“招待”，一面派人于12点以前赶到大陈东北方向的翟桥进行埋伏。下午两点一刻，洪贼一伙摇摇晃晃地来到翟桥，进入了我预先布置好的三角形的伏击圈内。霎时，游击战士杀声四起，机枪、步枪一起向匪兵射击，洪贼一见不妙，赶快翻身下马，拿着望远镜四处张望。而他带领的那帮人马，本来就是些乌合之众，一听枪响，就稀里哗啦地四下逃命去了，甚至那些骑兵也丢掉战马四下逃窜。正待洪福堂准备上马逃跑时，只听“叭”的一声枪响，洪福堂应声倒下。这个可耻的汉奸，终于受到了应有的惩罚。

这次战斗，除了打死匪首洪福堂外，又击毙匪兵30多人。缴获战马4匹，手枪3支，步枪10多支，战刀2把，掷弹筒2个，望远镜1架等许多战利品。

问十战斗

问十战斗发生在1945年7月。这天上午，一队有30多人的日本鬼子从舞阳来到问十镇，停在镇北面的一个饭铺里吃饭休息。抗日自卫队队长蔡永令得知情报后，立即命令抗日游击队一个中队前去歼灭这伙敌人。

中队长宁俊川带领七八十名游击队战士跑步向问十镇急进，中午时分抵达问十。根据蔡永令的指示，兵力重点部署在北面、西面，蔡永令命令西平县的一支游击队在新安店一带阻止从舞阳增援的敌人；东面，蔡永令已命令一个中队埋伏在大刘店以东，以阻击从漯河来增援日本鬼子的日伪军。宁俊川把队伍布置好后，带几名战士登上寨墙察看敌人的动静，果然发现鬼子把枪架在一起，甩去上衣在饭铺中休息，饭铺门口还有一个打瞌睡的日本兵抱着枪在守岗。看后，宁俊川对随行的几个战士说，“我们要多派几个人，以向鬼子送鸡、送鸡蛋、送酒肉的名义接近敌人，趁鬼子不备以迅雷不及掩耳之势收缴鬼子的武器，一举把它歼灭。”可就在这时，一个战士的枪不小心走了火，鬼子听到枪声，很快占领了饭铺后边的高地小赵庄祠堂，“叭叭”开枪向我游击队射击。此刻，已有几名战士挂了彩。蔡永令这时亲自带领一个机枪中队和一个直属中队赶来支援。游击队火力虽然很猛，但日本鬼子龟缩死守在祠堂不出来，使游击队无法接近，一时解决不了敌人。蔡永令命令宁俊川带领几十名战士，采取大迂回的办法，从梁家坟的南边包抄敌人。宁俊川带人正在行进，从舞阳增援问十的三卡车敌人已经赶到，向宁俊川的中队猛烈射击，宁俊川中弹受伤……敌众我寡，战场形势对游击队极为不利。蔡永令当机立断，利用游击队熟悉地理的有利条件，迅速撤出战斗，以减少伤亡。

与此同时，埋伏在大刘店以东为阻击漯河增援问十的日军的一个中队与鬼子接上了火。这些鬼子分乘四辆汽车，游击队员们首先炸毁了翟庄桥，切断了敌人退路，打毁了鬼子的全部汽车。鬼子兵摸不清游击队的情况，害怕遭到被歼灭的下场，躲到路沟里，借着天黑逃回了漯河。

问十战斗从下午 1 点一直持续到夜里 10 点。这次战斗计击毁日本鬼子汽车 4 辆，受伤之敌无计。我方阵亡 5 人，伤 10 余人。

虽未取得全胜，但也沉重地打击了敌人的嚣张气焰，鼓舞了郾漯地区人民的抗日热情和士气。

夜炸九孔桥

大地沉睡了，广袤的田野一片寂静，四周的一切都笼罩在神秘的夜幕中。

这是 1945 年 8 月的一天，夜里八九点钟，蔡永令领导的抗日游击队四个班的战士，在中队长杨天祥的带领下，神不知、鬼不觉地从杨店村往蔡庄出发了。虽然是夜间，但这对于善打夜战的游击队战士来说正是消灭敌人的大好时机。没有一个人说话，只有战士们疾行的脚步声和高粱叶子在夜风吹拂下的沙沙声和谐地交织在一起。杨天祥一边走着，一边又回忆起上午和游击队长蔡永令的谈话和白天的活动情况……

在大刘镇蔡庄村的一间小屋里，蔡永令悄悄地对天祥说："根据情报人员透露，今天夜里有一列老日的军用列车南下，经过九孔桥，当列车通过时，你带人将九孔桥炸坏，把车头给它端了，叫龟儿子哭天吧！"接着永令就搬出一箱炸药，共 24 小块。天祥感到爆炸力不大，永令就笑着拍着天祥的肩膀说："我只有这么多这玩意儿，不中了你想办法，或者再捆上几颗手榴弹也行。"当天祥出门的时候，永令又告诉天祥，为了防止炸桥后日寇到九孔桥附近的村庄进行扫荡，要事先动员附近武岗、李庄的群众撤出来。天祥回到杨店后，一方面布置游击队的四个班携带好蔡永令交给的那一箱炸药，又加上 2 个地雷和 8 支雷管前往九孔桥。另一方面又对战斗进行了布置：李振芳带领一个班扛一挺机枪在大郭村和武岗村一带警戒；李茂亭带领一个班到李庄村堵截西平来的日军，不遇意外情况一律不许开枪；分队长陈久安带一个班扛一挺机枪到九孔桥东五百米处隐蔽下来，听到爆炸声，机、步枪一起向列车射击，使敌人误认为我们是在东面进攻的，任务完成后到约定地点海朱村集合；杨天祥亲自率领一个班去炸桥，并让张光灼、阎庆宇立即去武岗、李庄动员群众撤离。杨天祥布置好任务以后，就带领游击队战士神速地扑向九孔桥。

"屏住气，九孔桥到了！"杨天祥招呼着他的战友们。可不，借着远处尚王车站（即现在的人和车站）朦朦胧胧的灯光，九孔桥像一尊巨兽伏卧在那里。九孔桥西边的芦苇滩里，有一段三尺多深积水的 400 米宽的洼地。战士们一声不吭，涉水上岸，渐渐接近了九孔桥。天祥让战士们把炸药放下，又加上 2 个地雷和 8 支雷管，放置在九孔桥上两根铁轨接轨处的压板旁，单等敌列车一到，就引爆发火。这时，时间已是晚上 10 点 40 分了，战士们此刻只嫌时间过得太慢，恨不得立即将九孔桥和敌人的列车炸成两段，方解心头之恨。

11 点多钟，远处传来了"隆隆"的声音，日寇的列车就要到了，战士们的心马上提到了嗓子眼儿，浑身的热血奔涌起来。不一会儿，列车像一条长龙驶过来了，离九孔桥一大截路，它就放慢了车速。狡猾的敌人，为防止意外，在车头前边又挂两节空车皮，“好，咱们正好利用空车皮遮住灯光好炸它的车头。”天祥和大家一嘀咕，没有马上引爆，而是第一节车皮过去，第二节车皮上桥后，战士们把对日寇的仇恨倾注在一起引爆了炸药。只听“轰隆隆”一声巨响，接着是火光闪闪，列车四周冒起了浓烟，九孔桥被腰斩两段，像断了脊骨的巨兽成了“V”字形，日寇的三个司机被炸飞得四崩五散；车头也炸坏了，一些被炸破损不堪的部件卡在了“V”字形的桥上。在爆炸的一刹那，杨天祥带领的一班战士们迅速撤离到海朱村去，在铁路东陈久安带领的一班战士听到爆炸声后，机枪、步枪一齐朝列车猛烈开火，子弹尖叫声呼啸着，划破了长长的夜空。列车后面押车的日本鬼子一看大事不妙，就“叽哩哇啦”地跳下车，盲无目的地往铁路东扫射。陈久安带领战士边打边退说：“让鬼子们放瞎枪吧，叫他们也尝尝咱游击队的厉害！”不一会儿，李振芳、李茂亭带领的两班战士也很快在一起会合了。大家都禁不住胜利后的喜悦，忘掉了浑身的疲劳，纷纷笑着说：“让小日本到桥边的芦苇洼里摸鸭蛋去吧！”

两点钟光景，从漯河开出了一辆满载鬼子的装甲车，到达九孔桥时，鬼子因不知我方虚实也不敢下车，只是在九孔桥附近胡乱地放了一阵空枪。而我们的游击战士，在茫茫的夜色中早已消失得无影无踪了。

选自 1995 年 11 月《漯河文史资料》第六辑

中共首届郾城县委委员田方牺牲前后

孟凡坤[1]

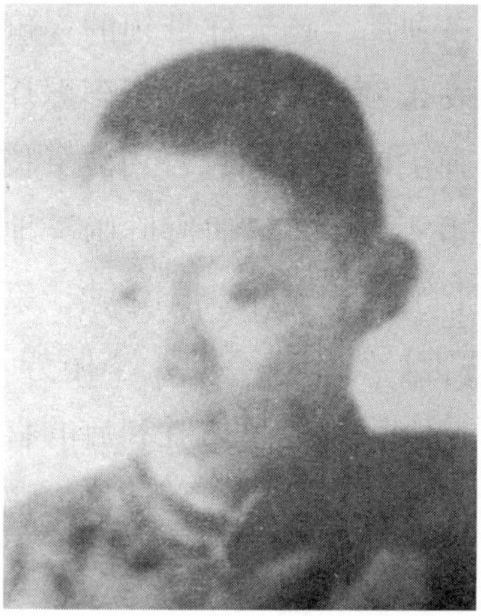

田方

1943年的春夏之交，随着一声刺耳的警报声，郾城县城的大街小巷立刻像炸了锅，老百姓扶老携幼、拖儿带女南来北往，迅速而焦急地躲避着日军飞机的滥炸。此时，一个中年汉子突然闯入北街口路东的我家。这汉子三十四五岁的年纪，中等身材，目光炯炯，脸色红润，体魄健壮，全身充满了活力。只见他气喘吁吁、满身是汗。一进大门，也不知是为了降温消暑，还是有什么别的意思，立即扯开他的外褂，露出上身的汗衫，汗衫上印着镰刀斧头图案，颜色鲜红耀眼，显得十分醒目。父亲看见后十分严肃地咳了一声，一边叫着他的名字，一边急忙上前代他拉严上褂，掩盖了白汗衫……几十年来，这画面一直定格在我的脑海里。此后，这汉子经常出入我家，家中兄弟们亲切地称他叫田叔。据大哥说，他叫田方，是父亲的好朋友。随着时间的推移，我弟兄几个和田叔越来越亲近。至于他在做什么事，作为一个9岁孩子的我，一概不知。

那时，我只知道父亲和田方及其胞兄田敬斋的关系相当密切，可谓深交多年的好朋友，并不知道田叔的真实身份。

原来早在1927年10月，田叔就已经担任了中共郾城县委委员兼王

① 孟凡坤，河南省郾城县人，1935年出生。曾任《青海日报》记者，中共郾城县委对台办主任，县政协二、三届委员。

岗寺支部书记。1944 年 5 月，日军占领郾城。王岗寺支部在田方的带领下，着手组建抗日游击队。6 月 22 日晚，田方和几名党员同抗日骨干在自己家研究如何行动的问题，不慎泄密。当晚，田方送走其他同志后，和衣睡在宅院里麦秸垛旁，被日伪便衣队队长田宝典发现，并当即去商桥镇公所告密。伪商桥镇镇长王辑五、镇中队长陈西珍带领中队悄悄包围了田叔的家，并连续投掷了十几枚手榴弹。田叔壮烈牺牲！

田叔牺牲后，田叔的妻子刘素清觉得天塌地陷了。田叔撇下一家四口人，除妻子外，还有长女田培芝、长子田保仁、次子田保义。一个弱女子带着 3 个均未成年的孩子，生活艰难则不必多说，令人担心的是在暗处杀害田叔的刽子手们，能放过这孤儿寡母吗？他们能不斩草除根吗？想着这一切，和田叔深交多年的父亲不能坐视不管。父亲明明知道，此时关照、亲近田叔遗属很可能会带来麻烦和风险，甚至引来杀身之祸，但父亲根本不顾自己和家人的安危，毅然决然挺身而出。田叔 6 月 23 日晨牺牲，正值炎热盛夏，当务之急是掩埋田叔。父亲背着家人，第一时间赶到田叔的家，用荆篮收起了他被炸得七零八落的尸首，入殓

田方故居　摄影者：牛靖

下葬。

料理完田叔的丧事后，田叔妻子儿女的人身安全成了最揪心的事。经过再三揣摩，权衡利弊，父亲认为还是三十六计——走为上策。于是父亲毫不犹豫地把她们孤儿寡母 4 人接到我家。当时我全家 6 口人，即父母和我兄弟 4 人。一家生活费用全靠父亲开的一个小杂货铺，铺里生意清淡，平常的收入仅能勉强维持一家人的最低开支。如今突然增加了四张嘴，生活的艰难可想而知。他们偷偷离开田庄老家时，担心招来风险和意外，只好秘密地净身出户，衣物、粮食、家具甚至连一针一线、一草一木也没带出来。所以给后来的生活起居带来不少困难，如晚上休息，我家原来根本没有那么多床铺，只好把他们母子安排到东楼，打个地铺将就着睡觉。

此时，田叔的长女田培芝正上中学，待一切安排就绪后，父亲便迅速让她入学就读，直到后来她去开封读高中时才离开我家。

得道多助。田叔家乡的父老乡亲深为情所动，及时地伸出援助之手接济他们。东孟、老官田等村的好多老乡，经常带些粮食、红薯送到我家。田叔的胞兄田敬斋更是不断登门，来时总不忘拿些食品之类。

世上好人多。与我家为邻的马德超，时任县警察局巡长，从不找我家的麻烦，他带人查户口总是三过其门而不入。这是田叔遗属入住我家后，全家人最为担心、也最为欣慰的一点。警察局隔三岔五半夜敲门查户口是常事。一旦发现家里住有黑人、黑户，就要反复盘问，甚至把人带走。我家突然增加了 4 个陌生面孔，如果没有巡长马德超和刘秀敏夫妇的暗中帮助，那是绝对住不下去的。

由于田叔家乡的支援，亲友邻里的庇护，我们这个由孟田两家十口人组成的大家庭也渐渐安生了。一家十口人，相依为命，相互关照，和睦团结，虽然日子过得清苦艰难，但也其乐融融。

从 1944 年 6 月起，田家孤儿寡母 4 口人一直和我家吃住在一起，直到 1947 年郾城解放前夕，许昌地委把他们母子接走，其间长达三年之久。

1948 年，郾城解放，开封城仍被国民党军队盘踞。在开封读高中的田方长女田培芝，虽然只有十五六岁，但穷人的孩子早当家。为了尽早逃离虎口，她不怕危险，只身闯过国民党戒备森严的封锁后，站在开封城头，向下望去，几十米高，纵身下跳，万万不成。怎么办呢？此时，她沉着冷静，经过仔细观察后，发现身旁有一根铁缆，从城墙上直通城外地面。她急中生智，迅速脱下棉袄，包住双手，然后紧握铁缆，纵身顺线滑下。当滑到城外地面时，由于棉袄与铁缆剧烈摩擦，棉袄着火，双手严重烧伤。围攻开封城的解放军叔叔一看顺线而下的是一位双手带伤的小姑娘，立刻把她抱在怀里。待弄清小姑娘系烈士田方的后代后，立即派人把她送到许昌，与母亲刘素清和两个弟弟团聚。新中国成立后，在人民政府的关怀与帮助下，三个子女相继就读、就业。母亲刘素清也当了许昌市幼儿园的园长。

选自 2010 年 9 月《漯河文史资料》第十八辑

青山为碑

——宋盘铭烈士的生前身后事

杨新红[①]

“洪湖水，浪打浪，洪湖岸边是家乡……”20世纪60年代，随着这优美的旋律，位于湖南、湖北西部边界地区以洪湖为中心包括湘鄂边、巴兴归、襄枣宜等根据地在内的湘鄂西革命根据地（亦称湘鄂西苏区）的革命斗争业绩逐渐被人们所了解和熟知。土地革命时期，湘鄂西苏区是中国共产党领导的主要革命根据地之一，在中共党史上占有重要地位。那时，无数革命志士从“五湖四海”来到这里，在河港湖汊间为了崇高的信仰和理想浴血奋战，最后血洒洪湖。

为纪念湘鄂西人民的伟大功绩和悼念英勇牺牲的烈士，1978年10月，中共湖北省委在洪湖市西南郊建了湘鄂西苏区革命烈士陵园——在陵园吊唁厅两侧的展室里展出了116位烈士的遗像、遗物和简介。其中一位这样写道：河南人，大革命时期加入中国共产党，曾任湘鄂西中央分局委员、军委主席团成员、湘鄂西省共青团书记，红三军七师、九师政委。1933年，在湘鄂西肃反中被错杀。这个没有标注确切生卒年月和籍贯的、曾是湘鄂西中央分局和红三军重要领导人的“河南人”，就是从中原大地走出去的漯河人民的优秀儿子宋盘铭。

源汇区阴阳赵乡大楼魏西张庄，距市区仅十几分钟车程。像中原地区的无数普通村庄一样，她平静而安详。在村子西头一个寂静的院子里，几蓬衰草在风中摇曳。1909年，宋盘铭就出生在这里。

宋家是一个贫苦家庭，父亲宋同甫在汉口宗关水厂做工。七八岁时，宋盘铭被送到本村私塾念书，“能把书背得烂熟”。大概在1923年

① 杨新红，女，郾城人，1968年出生。漯河市史志档案局党史科科长。

11 月，和宋同甫一起在汉口宗关水厂做工的宋盘铭的堂叔宋国堂回老家探亲，把宋盘铭带到了汉口，先随父亲在宗关水厂做工，后进入日商办的申新纱厂。在纱厂，少年宋盘铭不堪忍受资本家和封建把头的残酷剥削与欺压，加入了劳动童子团，积极参加到工人为反剥削、争人权、增工资而进行的罢工、捣毁机器、驱赶工头等各种反抗斗争中。大革命失败后，武汉一片白色恐怖，很多在工人运动中抛头露面的共产党员和积极分子纷纷转移外地或被迫离厂。宋盘铭和七八个同志辗转到了上海。

大约在 1929 年春夏之交，宋盘铭被党组织派往莫斯科中山大学学习。在这所为培养中国革命人才而创办的学校里，宋盘铭如饥似渴地学习各种知识和课程，不仅开阔了视野，也为他日后的革命生涯奠定了深厚的政治和理论基础。

1931 年 1 月 7 日，中共六届四中全会以王明为代表的“左”倾冒险主义统治了中共中央后，决定向各根据地派遣中央代表，建立中央派出机构，改造各地党组织。2 月，夏曦被派到洪湖地区组织中共湘鄂西中央分局。6 月，从苏联学习归国的宋盘铭被派任中央分局委员，负责“管理 CY 的工作”，也就是共青团工作。

6 月初，宋盘铭按照中央指示从上海前往洪湖。转道武汉时，回到了家乡。此时，宋盘铭的母亲已去世多年，年幼的妹妹跟随祖父生活。看到爷爷和妹妹缺人照料，宋盘铭心里非常难过，按照爷爷的心愿和一位贫家女结了婚。宋盘铭在家住了三四天，就辞别新婚的妻子、幼小的妹妹和年迈的爷爷，踏上了为信仰而奋斗的征途。临别时，宋盘铭依依不舍，拉着妹妹的手，哭着叮嘱她要听爷爷和嫂子的话。

1989 年 5 月，在湖北省嘉鱼县，抗战时逃出家乡到汉口、沔阳一路落户此地现已 70 岁的宋盘铭的妹妹宋秀芝仍清楚地记得当时的情景。这是兄妹俩最后一次会面，也是宋盘铭最后一次回到家乡。此后，宋盘铭再也没能踏上故乡的土地。

6 月底，宋盘铭到达洪湖。他积极投入到湘鄂西根据地抗击水灾、恢复生产的各项工作中。作为团中央代表，宋盘铭对湘鄂西团省委的工作给予了全面指导。到达洪湖后，宋盘铭立即对湘鄂西共青团的组织及工作情况进行认真了解和调查研究。7月3日，即他到达洪湖一个星期后就湘鄂西团省委的工作情况和存在问题向团中央写出了书面报告，并提出了自己的意见和建议。根据宋盘铭的意见，湘鄂西团省委加强了对青年工作和儿童工作等各方面的领导，在根据地和红军中建立健全各级团组织，开展宣传教育活动，出版《列宁青年》《红色青年》等宣传刊物，举办“少共”模范团训练班，轮训600多名青年，采取竞赛的方法，开展各种活动。青年团的工作“有了很大的转变……在团的组织上也有相当的发展和成分的改造，以及新干部的提拔，都表现了相当的成绩”。据1932年4月湘鄂西青年团第三次代表大会文件记载，此时团员发展至1.7万余人。他们团结广大青年群众，开展反封建势力、移风易俗、支援前线以及参军参战等活动。仅在2个多月内就动员团干84人到襄河北岸的新区工作，团员及青年4800余人参加了红军，团员20余人打入白军开展秘密工作，还派干部到国统区建立秘密组织，成为湘鄂西革命根据地的一支重要力量。

宋盘铭还向团中央建议：“建立武汉的工作，先建立产业支部。”并经父亲宋同甫联系，与中共既济水电公司宗关水厂党支部书记吴少云保持密切联系。1931年12月中旬，吴少云派宋同甫、肖朗三等到洪湖苏区参加了湘鄂西省第三次工农兵代表大会，并向宋盘铭请示武汉方面的工作。1932年7月，宋同甫受武汉党组织委派，押送30桶柴油到洪湖苏区。下旬，宋同甫完成任务乘船返回武汉时，在码头被告知宗关水厂党组织遭到破坏，“不能回厂，回厂危险”。宋同甫匆忙和交通员换过衣服，辗转回到家乡，帮人做工，勉强维持生计，直到解放。

此时，中央分局书记夏曦自3月到达洪湖后，便在“反立三路线”和“拥护国际路线”的口号下，否定湘鄂西党、政府及红军在长期斗争中所取得的成就，工作独断专行，引起湘鄂西苏区党政军各级干部强烈不满，与他们产生重大分歧。夏曦一意孤行，不顾宋盘铭等其他中央分局委员的不同意见，在湘鄂西临时省委11月扩大会议上，围绕红九师行动问题、江南失守问题和红三军向北发展问题，同万涛、段德昌、潘家辰等发生激烈争论。经万涛提议，中央分局和省委决定派宋盘铭到上海向中央汇报，请中央主持公道、判断是非。

下旬，宋盘铭来到上海，并于22日向中央作出了书面汇报。在这份《关于湘鄂西情况给中央的综合报告》中，宋盘铭从目前湘鄂西的政治形势及党的任务、最近湘鄂西党的组织状况及土地问题的解决、水灾时期党的工作及灾后问题的解决、军事方面的情形及现在的位置、苏维埃政府的工作、湘鄂西财政经济状况、目前几个要解决的问题等9个方面汇报了湘鄂西中央分局及湘鄂西省委的有关工作，并建议中央加强湘鄂西中央分局的领导，要求中央尽快解决湘鄂西根据地存在的问题。根据宋盘铭的汇报，中央很快作出决定。12月下旬，宋盘铭回到洪湖苏区，带回中央指示，批评了夏曦处理九师问题的一些错误，也不同意撤销红三军各师师部，指示把红三军整编为两个师和一个独立团，贺龙仍任军长。但在总的方面，中央支持夏曦，认为湘鄂西中央分局成立以来的路线是“正确的”。在此情况下，争论有所缓解。

1932年5月，蒋介石纠集10万兵力，对湘鄂西革命根据地进行第四次“围剿”。此时，中央分局委员红三军政委关向应因病到后方休养，宋盘铭代理政委。23日，贺龙和宋盘铭指挥红三军主力，向襄北皂市附近张家场一带的敌四十四师一三二旅及补充团发动突然进攻。经过七天七夜的激战，毙伤旅长于兆龙及其部下800余人，缴获了大量的枪支弹药。战斗持续到30日，敌人援兵陆续赶到，红军主动撤出战斗。6月初，川军集中10个团，分3路进犯洪湖苏区。贺龙和宋盘铭闻讯后，立即率红三军主力由襄北回师洪湖。

7月底，敌军以绝对优势兵力准备大举进犯洪湖中心区，洪湖苏区形势十分险恶。8月中旬，湘鄂西中央分局决定成立襄北独立团，任命原红三军骑兵大队长贺炳炎为团长，宋盘铭为政委。贺炳炎、宋盘铭率领部队从新沟咀出发，日夜兼程，向襄北大洪山地区进发，一路艰苦行军，在9月间到达大洪山区。在这里，他们立即安置群众，并将转移来的天汉游击队、鄂北游击队、天潜游击从、钟祥游击队、京山游击队以及与红三军失散的部分武装编入襄北独立团。此时，襄北独立团辖三个营、一个警卫连、一个骑兵连、一个手枪连，计1200人。

大洪山区群山连绵、林木参天，进可恢复襄北根据地，相机返回洪湖；退可凭借大洪山与敌周旋，是开展游击战的好地方。襄北独立团以此为依托，一面四处活动，筹粮筹款；一面主动袭击附近敌人据点，配合洪湖苏区军民的反“围剿”斗争。9月下旬，敌八十五师辎重营企图进入钟祥客店坡地区。襄北独立团埋伏在孙罗家桥两侧的山上，当敌人全部进入伏击圈后，独立团猛扑过去，全歼敌军，缴获大批子弹、粮食、衣服、西药、骡马，大大改善了独立团的装备，鼓舞了指战员的战斗热情。10月间，襄北独立团趁大部分敌人在随县跟踪红三军主力之机，返回洪湖。这时，已经丧失的洪湖根据地经过“清剿”，粮食被抢得一干二净，无数村庄被烧成废墟，许多共产党员和革命群众被杀害。襄北独立团失去了立足之地，在新沟咀、浩子口、沙岗一带来往转战，一日数仗。终因形势日益恶化，于一周后退出洪湖，在岳口附近渡过汉水，再度北上，回到耿家寨、张家集一带，坚持襄北的游击战争。

1932年10月，宋盘铭、贺炳炎率领独立团第一、第二两个营和贺龙、关向应等率领的红三军主力与夏曦率领的从洪湖突围出来的一部分队伍在随县大小洪山一带会合。下旬，湘鄂西中央分局在枣阳王店召开有夏曦、关向应、贺龙、宋盘铭4人参加的扩大会议。经过争论决定，“采取恢复湘鄂边区，准备恢复洪湖苏区的路线”，红三军全部由豫南西进，经陕南，避开敌军主力回湘鄂边。月初，红三军自随县以北翻越桐柏山进入豫西南，开始了远征转移。9日，红三军在豫南地区遭到十五路军马鸿逵部一〇三旅以及河南泌阳、方城、南阳等县反动武装的连续袭击。在敌人正规军和地方武装不断袭扰、追击、堵截下，红三军且战且走，交替掩护，部队伤亡很大。没有粮食，战士们只好以柿子、核桃、高粱秆子和树皮、草根充饥。隆冬季节，指战员还穿着褴褛的单衣，饥寒交迫，缺医少药，伤病员急剧增加。红三军不得不由南阳以北的石桥镇渡白河，再经南河店进入伏牛山区，仅凭着一张从教科书上撕下来的小地图在伏牛山中奔突，每日行程不下百里。直到11月下旬，部队在临近西峡口打退了马鸿逵部马英才旅的追击，又在陕西武关击溃六十四师刘镇华部一个团，歼灭其一个营，才稍微缓解了敌军的围追堵截。后来因红四军西进，中央分局不得已放弃了与红四军会合的计划，改由旬阳、安康之间渡过汉水，经神河街、牛头店翻越大巴山进入四川境内，再沿鄂川边境南下。12 月 21 日，越过巫山，在官渡口南渡长江，攻克巴东县城。经野三关进入巴东、建始、鹤峰边界地区。至此，红三军历时两个半月，计程 7000 里，完成了从鄂北向湘鄂边转移的艰巨任务。

1933 年 1 月上旬，为了吸取红三军第四次反“围剿”的失败和丧失洪湖苏区的沉痛教训、确立红三军的行动方针，湘鄂西中央分局在鹤峰毛坝召开了扩大会议。对于贺龙、关向应提出的恢复湘鄂边的方针，夏曦没有提出异议。但他认为红三军内部“成分不纯”，必须重新进行一次彻底的“肃反”和“清党”。他认为第四次反“围剿”的失败，洪湖苏区的丧失，红三军的挫折，客观上的原因是敌人力量的强大和红军战略指挥上发生的个别错误；而主观原因则是“反对机会主义斗争不彻底和对反革命的警觉性异常不够”。夏曦还指责要求停止“肃反”、集中精力恢复苏区的意见是“右倾”。宋盘铭和贺龙、段德昌反对夏曦的主张，和夏曦发生激烈争论。

会议上，两种观点无法得到统一，最后决定先打桑植。1 月 13 日，红军占领县城后，发动群众进行分粮斗争，迅速恢复了县和部分区、乡的革命政权。这时，盘踞在桑植、永顺、大庸一带的国民党军队湘西新三十四师师长陈渠珍，慑于红军实力，表示以让出桑植、大庸一部分地盘为条件，与红军达成互不进攻的协议，企图在红军与国民党中央军之间保存实力。贺龙、关向应认为，红军目前极度疲劳，应利用敌人内部矛盾来获得一个休整与发展的时机，因而主张在不损害红三军利益的前提下与陈渠珍谈判。段德昌、宋盘铭、王炳南等人纷纷赞同，但遭到夏曦的反对，强令红三军向装备较好又以逸待劳的新三十四师发动进攻。26 日，进攻失利的红军被追至桑植撤退，回到毛坝休整。

桑植战役的失败，使夏曦对红三军七师、九师极为不满，认为桑植的失利是“改组派”的“阴谋破坏”。于是，在第二次毛坝中央分局扩大会议上，夏曦又提出“清党”和继续“肃反”的问题，要解散红三军中的党团组织及政治机关，“创造新红军”。这些提议和主张当即遭到宋盘铭及贺龙、段德昌等人的坚决反对。宋盘铭及贺龙、段德昌等人不同意进一步“肃反”，对夏曦解散党团组织和“创造新红军”进行了严正的驳斥。宋盘铭严正指出：“红军是党领导的，党是穷苦人民的救星，解散红军我坚决不干。”贺龙、段德昌纷纷责问夏曦。

在走马坪停留期间，红三军进行了整编。全军编为第七师、第九师和一个教导团，由叶光吉、盛联均担任七师师长、政委，段德昌担任九师师长，宋盘铭担任九师政委。每师下辖三个团，每团三个营。原独立师撤销，一部分编入七师和九师，一部分编入教导团。整编后全军约有5000人。

在恢复湘鄂边根据地的过程中，夏曦继续坚持在两次毛坝会议上提出的“清党”的主张。在1933年3月24日金果坪会议上，悍然作出了解散党团组织的决定，并宣布“省苏维埃是反革命把持的团体”，提出建立以他为首的湘鄂西革命军事委员会，制定了《湘鄂西苏区及红三军中国共产党员、青年团员清洗条例》，不仅一批地主、富农出身的党团员被清洗出党，而且一大批工、农出身的党团员也被赶出了党团组织。结果造成了只剩下他自己和贺龙、关向应、卢冬生4个党员，一切党的基层组织都陷于解体的局面。金果坪会议的第二天逮捕了正在执行任务的湘鄂西军委主席团成员洪湖苏区创始人之一的红九师师长段德昌，紧接着又逮捕了九师参谋长王炳南等数百人，掀起了第三次“肃反”高潮。5月1日、6月20日，段德昌、王炳南先后被处决。从3月到6月，短短3个月的时间内，湘鄂边苏区恢复后县、区两级党政干部就被撤换80%。

第三次“肃反”结束后，在“清党”过程中，由于宋盘铭在实际工作中的不满和抵制，“对清党消极与形式的执行”，被夏曦认为是“改组派”的首领。正在这时，得到“情报”，说宋盘铭在上海的熟人中有人投敌叛变。6月初，夏曦便迫不及待地抓了宋盘铭，并以此为开端，开始了第四次“肃反”，先后逮捕了七师师长叶光吉、政委盛联均等172人。宋盘铭被捕后，虽受尽折磨、遍体鳞伤，但仍据理力争，同夏曦当面争论。痛斥夏曦："以势压人并不意味着你掌握有真理。请你记着，革命是千千万万人的事业，你并不是革命的化身。我反对你的意见并不是反对党、反对革命，恰恰相反，我是为了革命的事业、党的事业。"夏曦硬说宋盘铭犯有反对"清党"和"肃反"的错误，并无中生有地说宋盘铭早在1931年洪湖水灾以后就动摇而加入了"改组派"，并且担任了"改组派"的军委主席，"把改组派组织又恢复起来"，参与了"二十七团团长联合二十五团团长等主要反革命分子企图举行的军事叛变"。对宋盘铭的被抓，贺龙极力反对。贺龙认为，宋盘铭一家三代都是工人。本人从小参加革命，表现很好，不可能是"改组派"。但夏曦一意孤行、不听劝阻，拒不释放宋盘铭等人。

此时，蒋介石委任徐源泉为湘鄂边"剿匪"总司令，对湘鄂边进行"围剿"，很快占领中央分局和红三军军部驻地红岩坪。中央分局在烧巴岩召开紧急会议，红三军兵分两路，在夏曦带七师离开麻水时，贺龙做主释放了宋盘铭。11月，红九师与红七师会合于鹤峰石灰窑，夏曦再次逮捕了宋盘铭。宋盘铭痛斥夏曦："你这样多次残害革命同志，无故怀疑革命同志，在这艰苦的形势下，削弱党的力量，要逮捕我必须到中央辩论清楚以后，我死而无怨。"但夏曦根本不听宋盘铭的申辩。

12月19日，湘鄂西中央分局在湖北省咸丰县小村乡大村召开了具有转折意义的"大村会议"，决定"创造湘鄂川黔新苏区"。22日，红三军在贺龙的指挥下，一天行程200余里，三战三捷攻占了黔江县城。被捕后押在特务班随军部行动的宋盘铭也被一路押解到黔江。29日，川军达风岗旅，大兵反扑。红三军决定主动撤离黔江。清晨，夏曦不顾贺龙的反对，主持公审会，草草公审后，在县城大北门外棺山杀害了宋盘铭。

对宋盘铭的被杀，贺龙一直非常痛惜。在《回忆红二方面军》一书中，贺龙说："宋盘铭是个很好的同志。"

对中国共产党而言，"肃反"永远是一个沉痛的话题。与中央苏区和鄂豫皖苏区相比，"湘鄂西是搞得最'左'、损失最惨重的一个"。（贺龙语）万涛、段德昌、潘家辰、柳直荀、彭之玉、段玉林、王炳南……

这些在中共党史和军史上熠熠生辉的名字都是在这里陨落的。

曾任湘鄂西临时省委秘书长的谢觉哉是洪湖苏区的四大文豪之一（周逸群、万涛、孙子涛），也在“肃反”的黑名单中，后因被俘幸免于难。他曾写诗叹道：“自残自古伤心事，功罪忠冤只自知。姓字依稀名节在，几人垂泪忆当时。”

历史总归是公正的。1944 年 4 月 20 日，中共六届七中全会通过了《关于若干历史问题的决议》，对建党 20 多年的历史问题、特别是对以王明为代表的“左”倾错误做出结论，宣布对一切被错误的“肃反”所迫害甚至被冤杀的同志给予昭雪。1952 年，毛泽东亲自签发了中华人民共和国中央人民政府第一号烈士证，而这共和国第一位烈士就是宋盘铭的亲密战友、被洪湖人民誉为“火龙将军”的段德昌。

1953 年，根据贺龙、许光达的建议，宋盘铭被追认为革命烈士。1984 年 11 月，中共黔江土家族苗族自治县委员会、黔江土家族苗族自治县人民政府在新建成的河滨公园修建了“宋盘铭烈士纪念亭”，纪念这位血洒黔江的英烈。

郾漯地区解放后，和党组织失去联系多年的宋同甫在舞阳接受了半年的培训，回到郾城后先后被分派到五里庙村、桐刘村组织成立农会。1949 年底又组织成立大楼魏村农会。而自洪湖一别十年没有消息的儿子始终是他内心最深的牵挂。为了寻找儿子，宋同甫先后数次到武汉、北京寻找相关人员，打听儿子下落。“解放后，我父亲去北京寻找哥哥的下落，找着宋九令（音）。部队安排了吃住，过了一个多月，部队给父亲换了一套衣服，还给了一个被包，买了火车票回河南老家……我父亲心里很悲痛：‘找活人没找到，找了一个死的’！”1989 年，接受调访时宋秀芝曾回忆了父亲寻找哥哥的经过。根据相关材料分析，宋秀芝提到的宋九令（音）应该是宋任穷。宋同甫还几次找到贺龙。时任西南局书记的贺龙热情地接待了他，深情地告诉他：“老人家，我们都是您的儿子！”1953 年，贺龙给宋同甫写了亲笔信，称赞宋盘铭是“人民功臣”。8 月 1 日，郾城县人民政府根据贺龙的信制作了“人民功臣”匾额送到了张庄。淳朴的乡亲们用自己的方式迎接了它。宋同甫的侄子宋满川在1990年接受民政部门的调访时详细回忆了当时的情景："匾是1953年'八一'建军节时贺龙来信指示叫送的。那天是提前通知，我们在村头敲锣打鼓迎接的。来了有七八个人，还开了会。会上念了盘铭哥的事。匾是木框，玻璃面，长2尺半，高1尺半，天蓝底，红漆字。上面一行小字：'赠宋盘铭烈士'；中间大字是：'人民功臣'；下面有三行小字，大概是县人民政府和年月日。"

痛失唯一的儿子，宋同甫按照农村的风俗，把侄子宋世勋过继到膝下。曾随解放军南下作战并在战斗中负过伤的宋世勋转业后到郾城县民政科工作，后曾任郾城工商局副局长，1988年因病去世。20世纪50年代中期，郾城县开始筹建烈士陵园（即现漯河市烈士陵园）。经宋同甫联系贺龙，朱德欣然为郾城烈士陵园题词："革命烈士永垂不朽"。1960年烈士陵园建成后，宋同甫成为墓园的第一任守护者。从此，宋同甫精心照护着墓园，默默地陪伴着这些像儿子一样为了理想和信念英勇献身的英烈们，直到1964年6月去世。在安葬老人时，宋世勋将宋盘铭的烈士证，还有那块"人民功臣"匾额一起放入墓中，陪伴父亲。几天后，宋满川又把匾扒了出来。可惜的是，在1975年的那场大水中，这块匾也失落了。

"那块匾原来就在我们家堂屋挂，洪水后一直也没找到。"现任郾城区裴城工商所副所长的宋文礼是宋世勋的长子。从长辈们的口中，宋文礼知道了大伯的一些事，对这位从未谋面的大伯充满了崇敬。"将军年少志远，长大从军报国。苏联留学锻陈，战时荡平敌顽。创立襄北独立团，王明、夏曦肃反，元帅贺龙啼泪，德昌、盘铭遇难。师长政委虽死，还有战友贺炳炎。贺龙挥笔授予，人民功臣美名传"。宋文礼写的"小作"请人书写后挂在客厅里。为了了解更多的关于大伯的事情，2004年宋文礼到了武汉，在湖北省档案馆、湖北省电力工会等地查找有关档案和资料。他的最大心愿是到大伯的牺牲地黔江祭拜。2008年，他再次安排计划，清明节到黔江，最后因种种原因没能成行。

让人叹息的还有贺龙的亲笔信和朱德题词的下落。"1953年左右，贺龙来了亲笔信。当时的民政局副局长毛炳离曾亲眼看到过，还曾写过一篇回忆文章。后来这封信被工作人员整理文件时烧掉了。朱德给烈士陵园的题词现在在郏县，九几年我去时亲眼看到过。”在郾城东街的一栋临街小楼里，曾任烈士陵园管理办公室主任的刘令辉的叙述让人更多的是痛惜和愤慨。1988 年从部队转业到烈士陵园的刘令辉接触到宋盘铭的事迹后，坚持把他写在烈士事迹展板上。此时《湖北省电力工人运动史》编写组的编辑人员来到郾城调访宋同甫父子的材料，刘令辉陪同他们先后几次到张庄寻找知情人。1990 年左右，刘令辉和同事曾到洪湖、监利查找宋盘铭的资料，并以此为根据形成了对宋盘铭的简单介绍，陈列在烈士陵园。

时光流转中，全面系统地收集整理宋盘铭的有关材料，弘扬烈士的光辉事迹，一直是党史部门和党史工作者的夙愿。早在 20 世纪 90 年代初期，原郾城县委党史办公室就开始了对宋盘铭相关资料的搜集。但因为少小离家，长期在外从事革命活动，又英年早逝，宋盘铭留给家乡的印记始终是片段而又零碎的。终于，经过多方奔走，在市委副书记张社魁的关心和支持下，2007 年 11 月在主任马恒祥、副主任陈兆强的带领下，市委党史研究室一行几人踏上了西去调访之路。从武汉到洪湖到监利，沿着烈士的足迹，从历史遗留下的蛛丝马迹中寻觅烈士在血与火中滚打的身影。当我们到达黔江时，距离宋盘铭牺牲已经过去了整整 74 年。

黔江，地处渝东南中心，是一块古老而美丽的土地。这里是湘鄂西苏区和红军创建人之一、曾任红三军前委书记兼政委万涛的故乡。正是在黔江党史部门征集资料特别是搜集整理万涛英勇事迹的过程中，收集并详细考证确认了宋盘铭牺牲在此的史实。曾任宋盘铭警卫员的原武汉军区副司令员兼湖北省军区司令员张秀龙还在 1979 年代表湖北省委参加来凤、鹤峰两县成立土家族苗族自治县时，专程到黔江寻访宋盘铭墓地。他说，“若能找到宋政委的遗骨，可送到鹤峰去，同红九师师长段德昌葬在一起。”

“我们曾调访过很多老人，寻找宋盘铭的遗骨。有人说就地挖坑埋了，但一直没有找到。”黔江党史研究室主任何泽碌的介绍让我们心中非常遗憾。

在黔江区党史研究室同行的陪同下，我们来到了位于黔城西沙桥头民族小学围墙外的河滨公园，因为修建黔江闸桥，“宋盘铭烈士纪念亭”搬迁到这里。纪念亭高5米左右，四方形，灰瓦白柱，在深秋的阳光下显得古朴而又肃穆。亭内竖立长方体石碑，正面上书“宋盘铭烈士纪念碑”大字，下刻宋盘铭简介和事迹。亭外，修剪成团形的万年青郁郁葱葱。淳朴的黔江人民给了这个外乡人崇高的礼遇。据何泽碌介绍，黔江市民非常敬仰宋盘铭烈士，每天有专门的人员负责纪念碑的管理和维护。每当逢年过节，纪念碑前总是摆满一束束鲜花、一对对花篮。机关、学校纷纷组织人员来祭奠英烈。何主任的话让我们心中的遗憾顿时释然。“天若有情天亦老”，青山着意化为碑。宋盘铭烈士已和黔江的万叠青山融为一体，任由岁月流逝、沧海桑田，英灵永存！

位于重庆黔江区的宋盘铭烈士纪念亭

选自2009年9月《漯河文史资料》第十七辑

罗进才等烈士牺牲现场目睹记

戴满经[1]

罗进才

1948 年夏天，小麦刚开始收割，中国人民解放军攻打郾城顽敌的炮声不时传到我们那个穷乡僻壤。穷苦百姓虽即将迎来解放，然而人心却还是惶惶不安，忧虑重重。何故？城内蒋军负隅顽抗，城外匪霸在他们行将灭亡之际以百倍的疯狂进行着垂死的挣扎。

我家住在戴湾村，辖属舞阳县，位于澧河下游南岸的一个月牙湾里，距郾城县城仅 30 华里。这里不临大道，远离集镇，交通不便，消息闭塞，村子很小，仅有五六十户穷苦庄稼人。由于这些原因，在战争年代里这里曾出现了一种相对的“平静”。

我家的麦场在村北，紧挨麦场的一块麦地就是家的坟地。当时场里已经进了一些生麦秧子，晚上我随父亲露宿在场里看麦。半夜里父亲急促地把我推醒，我朦胧中一睁眼看见村里到处是手电灯的光束。这种情况在我们那里出现，不是匪就是兵，预兆着祸事来临。我一句话没说便跟着父亲钻进了麦棵里。几乎是同时，手电光也照到麦场里，接着有几个黑影在我的眼前经过，我紧张得大气都不敢出。村里传来咒骂、犬吠和门户被撞击的声音。在慌忙中我和父亲走散了，我感到孤独、恐怖，

① 戴满经，男，1933 年出生，大学文化，高级讲师，任初、高中校长 37 年。原郾城二高退休。

便慢慢钻到麦棵深处躺下来，细听着周围的动静……

天亮了，我走走停停试探着回家，急待知道家中的情况。刚进村口就有人大叫："干什么的？"接着有两个穿便衣的持枪人急步到我跟前。我说是在地里看庄稼了，家就在前边。他们掀开我的破袍子搜查一番，没有发现什么东西，看着我年龄又小，就放我进村了。

村上住满了不知名的便衣队，四周布满了岗哨，只准进不准出，小村与外界隔绝了。

从人们的密谈中得知，这伙人是郾城城西大匪首陶子阳的匪兵。他手下的人都是当地的土豪劣绅、地主恶霸子弟和一些不务正业的地痞流氓，系乌合之众，也是我们常说的"地主还乡团"。他们专门袭击残害解放军的筹粮人员和伤病员，寻机报复为解放军报信、引路或分了他们财物的穷苦人。他们每到一个地方，能吃即吃，能抢即抢。动辄以"通共"的名义任意杀害。群众怒称之为"比日寇还坏的匪祸"。

村西头有一个叫赵秋的农民，在他家的三间西屋里捆缚着一群身份不明的人。其中一个还被带出来向外传话说："谁能帮他给郾城某地捎个

罗进才故居

信给银洋五块。”村上一个叫赵锷的老长工承担了此事，但不知后果。

晚上，被捆缚的人们遭到了严刑拷打，惨叫声撕心裂肺，村上人在惊怖中熬过了一夜。听大人们讲，这些被拷打的都是“土八路”。当时我对这说法似懂非懂。

早晨阴森森、雾蒙蒙，凉意甚浓。这些遍体鳞伤的人被绑缚着拉往村西北河坡里，一路上毒打、恶骂声不断。我们这些小孩儿们胆怯地在远处跟随着想看个究竟，但不能近前，也看不清楚。只听到一进河坡就有人高呼大喊，还骂不绝口，间或有零星的枪响。不久随着一阵密集的机关枪声，河谷里霎时出现了可怕的平静。

“兵”走了，人们拥向河谷，在大堤内的二坡里横竖躺着十七具尸体，其惨状令人目不忍睹。死者大部分光着上身，袒露出斑斑条条被拷打的血迹。其中一个留小平头的年轻人，单独躺在另一个地方，传说他是“土八路”的排长，由于他英勇反抗和高呼口号先被处死。一个驼背老者，有人说他是个打鱼的，从他脊梁上遍布被阳光暴晒的紫斑来看，显然是个穷苦劳动者。死者姿态各异，呈现出抗争姿态，说明都是在做最后的反抗斗争中倒下的。去看现场的人都绝少说话，人们的表情是惊愕、是同情、是悲愤，还是痛恨，难以捉摸，给我印象最深的是老人们的长吁短叹和深沉的泣诉。

村民们就势把他们集体埋葬于河坡坍塌的沟壑里。以后死者的家人陆续来到，又把他们挖出来分别运走。

解放后，我参加了工作。1954 年，在郾城县政府门前我看到了一张处决罪犯的布告，文中提到该犯在解放前夕组织地主武装，抗击我大军南下，乘我政权未稳，在舞阳县戴湾村北澧河坡里集体屠杀我“路西支队”战士和地方村政干部 17 人。这时候，我才彻底明白了上述那 17 位牺牲者的真正身份及那场惨案的真相和性质。之后，在瞻仰郾城县烈士纪念馆的时候，从《悼词》中得知郾城有名的罗进才烈士即殉难于此案。

烈士们用宝贵的生命换来了郾城的解放。

选自 1998 年 6 月《漯河文史资料》第七辑

南征北战的孟维平

何锦州[①]

孟维平，原名孟宪温，河南省漯河市舞阳县人，1909年出生，青少年时代在故乡读书。

1934年，孟维平考入燕京大学（今北京大学）。学习期间，他与同学们一起坚决反对日本帝国主义强占我国东北三省。

1935年10月，日本帝国主义制造华北事变，在河北省香河县成立“冀东防共自治政府”，使冀东22县脱离中国。12月9日，北平爆发“一二·九”运动，孟维平随燕京大学、清华大学等大中学生走上街头游行，高呼“打倒帝国主义”“停止内战”“一致对外”等口号。军警用水龙向学生队伍扫射，并挥舞皮鞭、枪柄、木棍殴打学生。孟维平来到郊区农村，宣传反对日本帝国主义侵略华北、反对军阀打伤爱国学生。

1937年7月7日，日军炮轰北平卢沟桥，抗日战争爆发。这时，孟维平已在燕京大学学习三年了，可他毅然决定离开燕大，到达中共中央所在的革命圣地延安，考入中国人民抗日军政大学（即抗大）第四期学习。他看了毛泽东为抗大题词“坚定不移的政治方向，艰苦奋斗的工作作风，加上机动灵活的战略战术，便一定能够驱逐日本帝国主义，建立自由解放的新中国”，受到深刻教育和极大鼓舞，决心努力学习，为驱逐日军而战斗。学习期间，他与师生们一起高唱校歌：黄河之滨，集合着一群中华民族优秀的子孙。人类解放，救国的责任，全靠我们……

这时，孟维平是抗大第三大队六队学员，任副班长。毕业后，留任抗大第三大队党务干事，后任抗大第三分校干训队指导员。

① 何锦洲，1933年4月出生，中山大学本科毕业。曾任中共广东省委党校党史教研室副主任、教授，党史专业研究生指导组长、导师。

1938年8月，孟维平加入中国共产党。

1939年7月10日，延安党政军机关、中央党校、马列学院、女子大学、抗大第三分校等万人，敲锣打鼓，挥舞彩旗，夹道欢送抗大东进华北的队伍。孟维平与三分校师生高呼："到敌人后方去！""保卫华北！""打倒日本帝国主义！"等口号。高唱《延安颂》《延水谣》《毕业上前线》等歌曲。

随后，孟维平到陕北绥德，先后任抗大总校干训队第三大队六队、第一大队一队政治指导员。

抗日胜利后，根据中共中央关于《建立巩固的东北根据地》的指示，孟维平离开陕北，奉命进入东北，任东北民主联军六十六团政治处主任。在吉林省、黑龙江省，他与部队一起清剿土匪、支援土改，与敌人进行艰苦斗争，壮大了解放区。

1948年，孟维平任东北人民解放军第二师五团政委，先后参加东北人民解放军四次解放四平的英勇战斗和成子街战斗。

同年9月至11月，孟维平与团长率领全团指战员参加了辽沈战役和辽沈追击战。

1949年1月，孟维平任中国人民解放军第三十八军第二师五团政委，参加了平津战役，并活捉了敌军指挥官陈长捷。这是孟维平在辽沈、平津两大战役中参加的第二场战斗。

同年春，孟维平随中国人民解放军第三十八军南下，转战河北、河南、湖北，到湖南长沙后，任第三十八军两广工作队政委。

1950年，孟维平进入广西，任广西军区百色军分区政治部主任。参与清剿股匪和消灭敌军残余部队的战斗。当时，百色地区生活条件艰苦，他带领官兵深入群众、战胜困难。随后任广西军区百色军分区政委、第二政委等职。后调任广西军区军政干部学校任副政委，不久任政委。1955年，被授予三级独立自由勋章、二级解放勋章和上校军衔。1960年，晋升为大校，正师级。当时，他在南宁任广西军区政治部副主任。

1965年，孟维平转业到地方工作，在广州担任中国科学院中南分院副院长、党委副书记。

1972 年后，孟维平任中共广东省委党校副校长、革委会副主任。

1980 年 11 月，孟维平年老离休。病重时他留下遗言说:“老年去世，是自然现象，也是喜事。后事新办，唯物不唯心，不留骨灰。望有生气的相片留几张作纪念，足矣！希望家里今后勤俭节约、团结和睦、尊敬老人、爱护幼儿。”

最后还署上“维平草书”。可见他对待生活、对待工作都是非常严肃、认真的。孟维平是德高望重的老干部，享受副省级待遇。1997 年 2 月 17 日，因病与世长辞，享年 88 岁。

孟维平在大半个世纪的革命生涯中，无论是革命战争年代，还是在社会主义革命和建设时期，始终牢记全心全意为人民服务的宗旨，始终保持坚定的共产主义理想，为中国人民的解放和社会主义建设事业贡献了自己毕生的精力。他一生忠于党、忠于人民、光明磊落、刚正不阿；他努力学习、热爱学习、勇于探索、实事求是；他作风严谨、兢兢业业、真诚奉献，从不居功自满；他艰苦朴素、廉洁奉公、作风正派、为人坦诚；他注重理论联系实际、密切联系群众，为军队教育事业、为科学研究事业作出了应有的贡献；他不愧为我党的优秀党员和优秀政治工作者，他的革命精神、崇高品德、光荣业绩，将永远铭记在人民群众心中。

选自 2007 年 9 月《漯河文史资料》第十五辑

漯河“民先队”的发起者和领导者闵毓华

陈庭苕[①]

闵毓华

“民先队”是“中华民族解放先锋队”的简称，成立于1936年2月北京爆发的“一二·九”学生爱国运动之后，是中国共产党领导下的革命青年群众组织。由于国民党反动派的残酷镇压，国统区的“民先队”全部转入地下活动。到1936年11月，漯河也建立了“民先队”组织，属“民先队”第十九分队的一个小队，这个小队的发起者和领导者就是闵毓华。

在一次老干部、老红军座谈会上，我了解到一些有关闵毓华的革命事迹，得知他二十几岁正当青春年华、风华正茂之时，竟为国捐躯，很是惋惜！座谈会后，我的心久久不能平静，下决心再访知情者，把闵的事迹收集起来，整理出来，以慰烈士，教育后代。

1985年秋，我同一位肖同志一道走访了首都北京等几个大中城市，找到了闵毓华唯一的一位遗属——他的妹妹闵淑贞。她已经年过花甲，只身一人住在北京市宣武区牛街的一个四合院里，人们并不知道她是烈士的遗属。我们走访了曾任国务委员、中共中央统战部部长、全国政协副主席、国家民族事务委员会主任杨静仁同志。事先，我们把调访有关闵毓华情况的介绍信交给他办公室的同志，求他同杨部长约定时间接见

① 陈庭苕，郾城县人，1933年出生。1950年参加工作，曾任漯河市党史办副主任、科长等职。

我们。

在金秋十月的一天上午，杨部长在百忙中抽出整整半天的时间接见了我们，他对我们的来访表示热情的欢迎，并且语重心长地说：“由于历史的种种原因，闵毓华同志的革命事迹已经在人们的心目中几乎忘却了。新中国成立初期，闵的遗属还被接到中南海做客，受到毛主席和中央领导人的接见。后来特别是‘文化大革命’十年动乱，‘四人帮’搞乱了一切，闵家的情况就不得而知了。这次你们调访很有意义，希望您把闵的情况挖掘得深一些、透一些，这是对同志负责，也是对革命事业负责。”

按照杨静仁同志的嘱咐，我们又经过多方调访，才将闵毓华的生平事迹整理成文，曾在北京大学党史校史研究室主办的《北大英烈》第一辑上发表。现就作为漯河“民先队”的发起者和领导者向漯河人民作以介绍。

闵毓华，字荣轩，化名马玉华，回族，北京市宣武区牛街人，1913年4月30日出生在一个城市贫民的家里，自幼过着贫苦的生活。父亲闵德春，是一个卖杂货的小商贩，为人正直；母亲马氏，是一位贤良的家庭妇女。闵毓华自幼在父母的影响下，养成了忠厚朴实、磊落大方的优良品质。

闵毓华13岁前读过二三年私塾。他少年有志，经常主动求人指教，加上他天资聪颖，勤于自学，于1928年8月以同等学力水平考入北京回族中学（后改为西北中学），并取得免费入学待遇，其学业成绩每期都在全班名列前茅。由于他性格温和，待人忠厚正直，办事认真，得到了广大同学的爱戴和尊敬，因而在1930年下半年学校成立学生自治会时被选为自治会主席。从此，他立志做一名社会改革者。1930年秋，他在学校进步教师的启发下，组成一个以改革宗教为目的的小团体——“追求学会”，吸收校内外回族青少年参加，办了一个会刊，名为《追求》，发表了一些探讨和研究真理的文章，在回民中产生了良好的影响。这是闵毓华踏上政治生涯的第一步。

“九一八”事变以后，闵毓华和他的同窗挚友为了探索救国救民的道路，孜孜不倦地阅读鲁迅和郭沫若的著作以及其他社会科学书籍。1933 年春，闵毓华又在本校进步老师马孟择和陈志澄的指导下，成立了一个秘密组织——“读书会”，学习马列主义和科学社会主义理论，从而认识到只有社会主义才能救中国的道理。

1934 年夏，闵毓华以优异的成绩考入北京大学物理系，是当时北大享受助学金的优秀生之一。闵毓华正在北大攻读二年级时，北京爆发了轰轰烈烈的“一二·九”和“一二·一六”学生运动。在党的领导下，闵毓华成了北大学生运动的积极参加者和组织者。1936 年 2 月，闵毓华在北大参加了“中华民族解放先锋队”。

1936 年春，闵毓华迫于家境极度困难中途休学。休学后，遵照民先总部的号召，南下深入民众，宣传民众，唤起民众。经北大同学回永和介绍，来到河南漯河厉行中学任教。

漯河私立厉行中学①，是爱国人士高靖侯为教育救国而创办的一所完全中学。高靖侯是曾在日本九州帝国大学深造的中国留学生，他倾向进

厉行中学旧址

① 厉行中学：在本丛书有关记述中多记作“励行中学”。

步。1935年至1936年先有多名共产党员，以朋友关系到校当教师。因此，学校的政治空气非常之浓，抗日救国之情绪十分高涨。闵毓华来到这里后，如鱼得水，不久，就同几位党员教师取得了密切的联系。在他们的启发和支持下，学生中大力开展了抗日救亡运动。闵毓华利用自己年纪较轻，容易接近学生的有利条件，迅速同学生打成一片，教唱抗日歌曲，给学生介绍北京“一二·九”运动，进而在学生中组织抗日宣传队，深入大街小巷和附近乡村宣传抗日。闵毓华还积极支持学校几位党员教师发起成立“学生自治会”，指导学生写进步文章，在漯河《警钟日报》上开辟文艺副刊《心曲》，用文艺形式宣传抗日救亡，向学生分析国内外形势，讲述我党“八一宣言”的要点和抗日民族统一战线的内容，说明抗战必胜的道理，鼓舞学生的斗志。

厉行中学的抗日救亡宣传运动引起了地方反动当局的恐慌，他们以“煽动民心、制造动乱”为罪名，勒令校长高靖侯整顿校政、禁止师生出校宣传抗日，连抗日救亡歌曲也不准再唱，否则将采取强制行动。闵毓华等根据形势的变化，改变了斗争策略，5月以后，他发动老师和同学集资和献书，订购了很多进步书刊，如《华北呼声》《世界知识》《大众哲学》《永生》《大众生活》等。在闵毓华的联络下，北京学联也常寄来一些学联的机关刊物和油印宣传品，在全校掀起了广泛的课外读书活动。闵毓华把读书会的积极分子作为重点培养对象，常同他们个别谈话，向他们介绍北京“民先队”的组织活动情况。到11月，闵毓华认为时机已经成熟，便秘密发展中学生中的先进分子八人为首批“民先队”队员，属民先第十九分队的一个小队。“民先队”成立后，学校的抗日救亡活动更加高涨。这一情况引起了地方反动当局和国民党驻军新五师粗暴干涉，他们派特务进驻学校，对学生强制进行军训，在学校周围设岗放哨。12月中旬，“西安事变”发生后，新五师政训处长和郾城县党部要员到校向学生搞欺骗宣传。他们歪曲“西安事变”真相，骂张、杨二将军，攻击共产党，声称“中央要实行武力讨伐”，威胁全校师生“不得有越轨行动。要师生派代表组成‘请愿团’赴西安请愿，让张、杨释放蒋介石等”。他们的可耻行径，引起全校师生的极大愤慨。

以民先队员为骨干，与他们展开了针锋相对的斗争，揭露国民党反动派勾结日本帝国主义发动内战的阴谋，抗议反动当局和驻军在学校周围布岗放哨的恐怖行动，拒绝组织“请愿团”去西安。于是反动当局便采取了卑鄙手段，以莫须有的罪名传讯闵毓华等四名进步教师，并要将其逮捕查办。校方为了缓和紧张局势，决定采取让步措施，邀请当地开明绅士和校董联保，并答复本学期课程结束后解聘以上四名教师，闵毓华等才免遭毒手。

1936 年底，闵毓华等含泪告别了厉行中学的全体师生离校返回北京。临行前，闵毓华邀集“民先队”骨干，秘密安排了“民先队”的工作，要他们继续在信件上用暗语保持密切的联系，以求得北京民先总部的及时指导，并运用鲁迅的一句名言鼓励民先队员说：“石在，火种是不会绝的！”要他们努力工作，尽可能多地发展队员，坚持到斗争的最后胜利。他说：“只自己是先锋并不能获胜。”闵毓华回北京后，继续在北大求学，并参与领导了北大和牛街民先组织的活动。

1937 年春季，厉行中学开学后，学生中的民先队员与闵毓华保持着密切的联系，“民先队”的工作仍十分活跃。他们秘密开会讨论目前形势和如何扩大民先队伍，研究对付新五师的办法，并继续在校内外宣传抗日。不料新五师伙同地方警察与当局暗中拆阅他们来往的信件，发现了他们之间的秘密联系，便于 4 月间传讯了该校学生中的民先队员谭西海、陆秀芳、段威林、杨文哲等人。新五师政训处长刘凤鸣审讯威胁他们交待学校的党团组织，被这四位学生断然拒绝，使其阴谋破产。这四名学生回校后气愤不过，谭西海为此写了篇日记“爱国有罪、卖国有功”被特务查获，于 5 月 7 日将谭逮捕，送进开封监狱，并把校长高靖侯解职，强行赶出了漯河。高离漯后，反动绅士黄 ×× 继任校长职务。黄拉进几个亲信充当教师，对学生严密控制，弄得全校人心惶惶。为了应付这一紧张局势，民先队员暗中加紧活动，趁课余和星期天分散出校，驾小舟荡漾于沙、澧之中，秘密开会，研究对策，鼓舞斗志。在学生和校方的尖锐对立下，学校一片混乱，不能正常上课，校方只得解散高中班。民先队员在离校前，趁夜间在校园里贴满了反对校方、反对反动派无理拘捕学生和主持抗日的标语。这件事轰动很大，市面上传说“厉行中学闹共产党了”。

民先队员分散前，商定以陆秀芳家为联络点（陆秀芳是同北京闵毓华联系的人），然后各自回到自己的家乡，有的还在家乡发展了一批民先队员。6月，闵毓华给他们来信，让他们到北京去，陆秀芳接信后到达北京。当第二批正要去北京时，适逢“七七”事变，火车不通，他们只得停在郑州，辗转开封求学。

“七七”事变发生后，闵毓华挺身而出，参加了抗日救亡的行列。在北京由他发起一个“华北回民抗敌守土后援会”。他不遗余力地工作着，大声疾呼着，号召市民和学生不分男女老幼，动员起来一致对外，齐心协力抗击日寇，保卫华北，保卫家乡，保卫全中国！并亲自拟定《抗日守土宣言》（以下简称《宣言》），他第一个在《宣言》上签名，《宣言》刊登在1937年8月的《北京晨报》上，日军攻入北京后下令通缉他。在我地下党的保护下，他离开了父母兄妹，带着党的嘱托，从北京先到青岛，又到南京。他在南京给开封“民先队”负责人孙家骏写信，把在开封求学的几位原漯河厉行中学的民先队员介绍给他，并营救谭西海出狱，使这批同学大部分走上了革命道路。闵毓华于是年11月曲折辗转，从西安到达延安，被党安排在抗日军政大学学习，正式加入了中国共产党。1938年夏，由中央组织部分配到西北回民地区工作，任兰州回民特支委员，协助杨静仁同志做宣传工作，负责编辑《回声》杂志，掩护职业是兰州清华小学教师。他一丝不苟地执行党的统战政策，结识了许多兰州国民党的上层人物，1939年底，当闵毓华正在接触国民党甘肃省党部委员马述尧时，一个特务突然发现了他。原来这个特务为了跟踪闵毓华，从北京经河北等地赶到兰州。此时闵毓华正在省党部委员家中做客，特务不好下手，后在马的掩护下转危为安。中共甘肃省委为了闵毓华的安全，便将他立即转移到宁夏银川。1940年春，日军飞机对银川进行狂轰滥炸时，闵毓华被弹片切中腹部，以身殉职。杨静仁等领导同志得知消息后，心中万分悲痛，当即把噩耗报于甘肃省委郑西侠，并报中央，在兰州回民同志中作追悼纪念。1949年杨静仁调北京工作后，把闵毓华牺牲一事通知了闵的遗属，并以国家民委的名义给予优抚。1961 年，杨静仁调任宁夏回族自治区党委第一书记时，向区党委组织部谈了闵毓华牺牲的情况，并肯定为烈士。

选自 2004 年 7 月《漯河文史资料》第十二辑

女革命家张乃一

范子文[①]

张乃一

张乃一（1913—2004），女，原名张蕙茹，曾用名张乃毅、桃冰红，漯河市源汇区寨内村人。她自幼生性聪敏、天资过人、体魄健壮、勤奋好学，在诸姊妹中，深得父母喜爱，因而起名乃一（只有这一个最聪明之意）。其父张之慎，名绅，曾任源汇寨段长（当时地方行政组织：县—区—段—村，后废“段”改“乡”），富有之家，通诗书、知礼仪、教子有方。张乃一6岁开始在家聘师读经书，攻书法，颇有成就。

1925年，张乃一于郾城女子小学（今伊坪小学，原在城内新街北头路东，今迁原址北）毕业，以成绩优秀保送河南省立女子中学（开封）上学。毕业后，又以成绩特别优秀直接保送河南大学（开封）。在河南大学上学期间，她受到了进步人士鲁洪锦校长（中共党员）、教导主任陶次如的影响，入学不久，就加入了中华民族解放先锋队。又与其他爱国青年一起成立了“进步学生读书会”，学习研究革命理论和马列著作，积极宣传抗日，组织抗日宣传队到漯河及周口等地，宣传党的抗日政策，深受群众欢迎。1937年2月，中共河南省委书记刘子久直接批准她加入中国共产党，时年24岁，因工作需要被派往杞县大同中学教书。

① 范子文，郾城商桥镇人，1921年出生，大学文化。1949年2月参加工作，曾任郾城一中（今漯河四高）、二中（今郾城实验中学）、孟庙、商桥等乡镇初中、高中教师，1985年离休。

“七七”事变后，张乃一奉命辞去杞县大同中学教员职务，回开封任河南大学党支部书记，主要任务是团结进步学生，发展党的组织，很快发展了一批党员，她的才能和智慧得到了充分的发挥。后又奉豫东特委书记沈东平（舞阳人）的指示，她回郾城、漯河开展抗日救亡工作。回漯后，她组织了抗日救亡宣传队，利用各种形式在郾城县、源汇寨内、车站街头开展广泛的抗日宣传，打破了死气沉沉的局面。在紧张的工作中又接河南省委通知，要她去郑州参加会议，汇报工作。省委书记刘子久听完她的汇报后，认为张乃一不宜再回漯河，决定另派她到开封扶轮中学工作。

1938 年夏，日本逼近开封，党组织派张乃一到西华县参加抗日救国训练班学习。训练结束后，沈东平从学员中组建了一支抗日游击队，张乃一参加了游击队，要亲手杀敌。

同年 9 月初，党组织决定派张乃一带领抗日救国训练班的教员、学员去延安学习深造。临行前组织上再三嘱咐，所写的介绍信一定要交给中央组织部李富春部长。张乃一等急速乘车北上，经郑州、洛阳，直达西安。找到了八路军驻西安办事处，办事处将他们同汇集的全国各地爱国青年几百人编成一个大队，张乃一任副大队长，奔赴延安。9 月 10 日启程，夙兴夜寐，历尽艰辛，经十多天，到延安把信交给李富春，参加了中央组织部举办的训练班。训练毕业后，张乃一被分配到中央妇女工作委员会，后又调到了陕甘宁边区妇联工作。

1940 年，张乃一进入中央党校学习，结业后被留在中央党校工作，任教务处干事。当时中央党校由毛泽东主席任校长，彭真任教育长、副校长。张乃一是中央党校仅有的几名女教员之一。

1942 年，延安整风运动中，有人揭发张乃一参加了康生搞的“红旗党”（意思是外红内黑）。张乃一坚决抵制、申辩。党中央觉察到运动中的偏差，毛泽东亲自到党校鞠躬道歉。张乃一的种种“罪名”全部洗清，尽管受了极大委屈，但她毫无怨言。

1945 年日本投降后，为迎接革命高潮到来，中央党校作出决定，组织学员和部分教员到前方第一线工作，张乃一被分配到太行山革命根据地——河北省涉县。不久，经太行区党委第二书记王维纲、晋冀鲁豫中央局组织部长王众吾，又经刘伯承、邓小平等领导亲自关心过问，张乃一与李达（后任中国人民解放军副总参谋长、国防部副部长等职，1955年授予上将军衔）相识，结为伉俪，时年32岁。

1946年春，国民党发动全面内战后，李达为晋冀鲁豫军区参谋长，又担任第二野战军参谋长，肩上担子更重，张乃一的工作也更繁忙。

1949年4月，南京解放，张乃一被调至南京市委机关党支部任书记。9月，第二野战军奉命进军大西南，张乃一随军前往。李达任西南区副司令员兼参谋长，张乃一分配到重庆市委工作，任重庆市企业部宣传科长。

1951年，西南军区决定办一所子弟学校，邓小平提名卓琳任校长，张乃一任副校长。开课后，张乃一仍回重庆市委工作。

1953年4月，李达奉命赴朝鲜，担任中国人民志愿军参谋长。这时，张乃一任重庆市委宣传部副部长。李达从朝鲜回国后，张乃一于1954年4月调回北京，任中共中央监察委员会直属处监察员、党支部副书记，继任北京女子一中党委书记。

1966年8月，“文化大革命”开始后，李达、张乃一的处境困难重重，被造反派批斗毒打，关押审查长达四年之久，四年中被抄家十多次。

张乃一坚定对党的信念，曾三次给周总理写信、打电话反映情况，在总理的关心下，李达、张乃一的问题得到解决。

周总理生前曾对李达说：“你知道吧，你的夫人运动中为了你的事曾几次与我联系，你的夫人很好！”十一届三中全会后，平了反，补发了工资，张乃一以李达和她本人的名义，主动向党组织交纳了1000多元的党费，张乃一被誉为有重大贡献的将帅夫人。此后，张乃一一直住在北京，2004年11月逝世，享年91岁。

张乃一的一生是革命的一生、战斗的一生。她忠于党、忠于人民、忠于马克思主义，勤奋好学、努力工作。她说：“我永远是人民的公仆，永远是一个普通的共产党员。”这是她工作、生活的最高准则。

选自2013年12月《漯河文史资料》第二十辑

苗宝泰的革命生涯

刘志甲

苗宝泰

苗宝泰于1916年1月7日出生在舞阳县南大街一个书香世家。父亲苗星南是开明士绅；母亲李氏，淳朴善良，温顺贤德。宝泰兄妹三人，宝泰居长，七岁入学，先后就读于街道私塾、县立小学、初级中学、开封省立第一初级中学、北平市立第四中学（高中部）。他天资聪颖，加之勤奋好学，颇为师长器重，为同学们敬佩。他高中时所作《春游》一文，老师阅后赞不绝口，并给以“文如高山流水，一泻而下”的批语。苗宝泰不但学业成绩突出，而且追求真理，早在中学时期他就偷偷地阅读进步书刊，靠近共产党组织，接受马克思主义思想。从那时起，他就立下了为中国人民解放事业献身的革命志向。由于他学习成绩优异，1935年高中毕业后，便轻而易举地先后考上了清华、平大和燕京三所大学。最后，他决定入清华就读。

1935年暑假之后，苗宝泰专心致志地攻读外国文学。此时中国国势衰危，日寇侵华野心更加膨胀。他们囊括满、蒙，进犯华北，觊觎平、津，并筹划组织“冀察政务委员会”，企图建立满洲国第二。日本帝国主义对我国的疯狂侵略，激起了中国人民的极大愤怒。12月，在我党领导和组织下，北平爆发了举世闻名的“一二·九”学生爱国运动。苗宝泰所在的清华大学广大爱国学生克服种种险阻，冲进北平城联合各大中学校学生举行游行示威。他们高呼“停止内战，一致抗日！”“反对华北自治！”“打倒日本帝国主义！”国民党反动当局对示威运动惊恐万状，立即派出大批军警对示威学生进行镇压。苗宝泰爱国心切，不畏强暴，置身游行队伍前列。当游行至王府井大街时，示威学生遭到反动军警的大刀、棍棒、水龙袭击，不少学生受伤或被逮捕……

苗宝泰匆匆来到汇文中学，找到同乡同学陈麟堂，讲述了爱国学生示威游行情况，参加了“学生联合会”。之后，苗又到其他学校，动员同乡同学积极投身于伟大的学生爱国运动。

1936 年 1 月，平、津学生沿平汉铁路南下，准备深入广大农村开展抗日救国宣传活动。国民党反动政府得悉后，马上派出军警沿途拦截，强迫学生返校。广大学生因激愤于爱国没有自由，抗战反而有罪，便在中国共产党领导下组织成立了“中华民族解放先锋队”。是年 3 月，苗宝泰加入了“民先”组织，并担任小队长、队部委员。

寒假期间，苗宝泰回到了家乡，联合本县由北平、开封、信阳等大、中学校返乡的学生臧自修、陈麟堂、胡田希等，于 1936 年 1 月 7 日组织成立了“舞阳留外学生假期救国宣传会”，并由苗宝泰、臧自修等拟稿向全国发了通电。电文说：

“敝县留外学生深感国家之危急，救亡运动之迫切，并受命各地学生救国会之议决案，同学离校旋里后应继续救国宣传运动。‘舞阳留外学生假期救国宣传会’特负下列之使命：

一、报告此次学生救国运动之意义及经过，俾各界同胞深切了解与认识。

二、扩大宣传，唤起各界同胞共负此救国之责任。”

“舞阳留外学生假期救国宣传会”以苗宝泰等留外学生为骨干，联合本县各中、小学学生组织宣传队伍，深入街道、学校、农村，以各种形式，大力宣传抗日救国。

1937 年“七七”事变后，抗日战争全面爆发，国家危在旦夕，满腔热血的广大青年学生，谁还有心思蹲在学校念书？苗宝泰更是心急如焚，他匆匆离开清华校园，绕道天津，辗转旅途，于 1937 年底回到了家乡舞阳。

早在这年10月，已由共产党员陈遗指导，经先期留外返乡学生臧自修、陈麟堂、胡田希等组织筹备，成立了“舞阳县青年救国会”（简称“青救会”）。苗宝泰回到舞阳时，“青救会”已在中共舞阳县委的领导下进入了一个新的发展时期。苗宝泰和周家森、胡田希、臧自修等取得联系之后，便立即加入“青救会”。

为了加强宣传工作，“青救会”除成立话剧团、歌咏队利用群众喜闻乐见形式深入街道、学校、农村进行宣传外，1938年2月还创办了《救国三日刊》，宣传我党抗日救国十大纲领，揭露日本帝国主义侵华暴行，发行量多达两千余份。除发往本县各青救组织外，还发往全省各县以至外省。1938年6月，冯玉祥将军视察来到舞阳时，特地接见了“青救会”领导人胡田希、张复生等，并欣然挥笔为《救国三日刊》题写了刊头。

苗宝泰不遗余力贯彻党的统一战线政策，团结全县各族各阶层人民共同抗日。他曾亲自出马，说服国民党县长熊笃文支持群众、支持“青救会”的抗日救亡活动。鉴于苗宝泰抗日救亡工作表现突出，1938年6月由高达士、李炳之介绍，经中共舞阳县委批准加入了中国共产党。

1938年5月，舞阳县国民党当局为争夺群众抗日团体的领导权，组织“抗敌后援会”，特派胡灿宇拟定候选人名单，要大家按照指令选举。中共舞阳县委坚决反对，并针锋相对地推举苗宝泰为候选人。

苗宝泰被选为“抗敌后援会”主任之后，根据县委意图，组织了几个较大的巡回调查团，分赴各地调查劣绅保甲长的贪污舞弊、鱼肉乡里的恶劣行径。

苗宝泰对党组织的无限忠诚，对革命工作的积极负责，得到中共舞阳县委的充分肯定和同志们的一致称赞。为此，1938年12月，苗宝泰被提拔为中共舞阳县委青年部长，后任宣传部长。

1939年初，根据中共豫中地委的指示，由苗宝泰负责，组织成立了“中华民族解放先锋队豫中总队”，苗宝泰任总队长。同时，还帮助建立了“民先舞阳小队”，先后由柴凯、彭应（臧宝兴）负责，发展队员200多人。

1940年10月，蒋介石发动第二次反共高潮。为了保存革命力量，防止国民党突然袭击，豫中地委决定：苗宝泰、李在藻等撤离舞阳去延安中央学校四十五班学习，结束后留党校干部处任干事。1942年1月，任中央图书资料室研究员。1943年至1944年任中央军委军政研究室研究员、总政宣传部秘书。在这段时间内，他对马列主义、毛泽东思想进行了深入系统的学习与研究。同时，由于他外语基础较好，在中央图书资料室和军政研究室工作期间，曾为毛泽东主席翻译整理了不少有关军事、政治、经济、外交等方面的外文资料。毛泽东主席也从这时认识了苗宝泰。1961年，毛泽东主席的女儿李敏去沈阳治病，回北京时辽宁省委派公安厅长的爱人护送，毛主席接见了护送李敏的她。问她："在什么单位工作？"答："在省委党校。""党校谁的校长？"答："苗宝泰。"这时毛主席高兴地说："苗宝泰，他是我在延安时的老朋友了。"临走时毛主席特地送给她两盒（铁盒装）"大中华"香烟，并说"回去后请送苗宝泰同志一盒"。苗宝泰收到"大中华"香烟非常感谢毛主席。烟呢，随即拆开分给同志们吸了。

1943年苗宝泰参加了伟大的延安整风运动，受到了深刻的马列主义、毛泽东思想教育和党性原则教育。

1944年底，苗宝泰从延安随王树声、戴季英、刘子久所率领的河南军区南下河南。

1944年5月，舞阳县境沦陷后，日寇在舞阳南部、西南部的朱兰店、栗林铺、大朝庄设立据点，奸淫烧杀无恶不作，强迫民工在将军墓铁山等山头修筑工事。全县人民处于日寇的铁蹄蹂躏之下。新四军五师豫中挺进兵团，于1945年2月至5月击溃了"扫山"的日军小队，给日伪顽军以沉重打击，给广大抗日军民以极大鼓舞。苗宝泰所在的河南军区三支队同新四军豫中挺进兵团胜利会师，并在此建立了中共豫中地委，苗宝泰任地委宣传部部长。

1945年7月，苗宝泰奉命回到舞阳，任县委书记兼县长，李华任县委组织部长兼财粮科长，王方风任副县长，直至抗日胜利。

苗宝泰故居

1946年3月，苗宝泰调中原军区任一纵队民运部长。同年6月，蒋介石撕毁停战协议，大举围攻我中原解放区。这时，中原局和中原军区决定转移，派苗宝泰赴苏北负责疏通道路。遵照领导指示，苗宝泰圆满完成任务之后，也由苏北经华中、山东辗转来到了祖国的大东北。

苗宝泰来到东北之后，先后任安东三地委、四地委和辽东省通化地委宣传部长、副书记，从事土地改革和支前工作，为东北的全部解放特别是“辽沈战役”的伟大胜利作出了积极贡献。

为适应东北地区经济、政治和各项事业发展，为培养马列主义、毛泽东思想理论干部，1950年7月，苗宝泰奉命调党校工作，先后任中共东北局党校高级部主任，中共中央第一中级党校第一副校长，中共辽宁省委党校校长、党委书记。一干就是几十年，直到1984年病逝。

苗宝泰病逝后，没有给儿女留下存折，也没有什么珍贵细软之物，甚至连件像样的衣服也没有。真可谓：革命一生无长物，只给儿女几架书！

选自2005年7月《漯河文史资料》第十三辑

记抗日英雄杨天祥的英勇事迹

杨天祥口述　范子文整理

杨天祥，郾城县空塚郭乡后杨庄人，目光炯炯有神，人们近之，不禁有一种畏敬之感。我与之有些姻亲关系，久仰其英勇杀敌精神。为使其英雄行为永垂后世，启迪来者，我怀着敬慕的心情，与之在漯河工作的小儿之家面晤，寒暄之余，询问牛寨杀敌详情，天祥记忆犹新，面带自豪娓娓不倦地谈起来。

（一）

1944年5月（民国33年4月），郾城沦陷，广大人民处在日寇践踏蹂躏之下，过着暗无天日的生活。原中共地下党员蔡永令（郾城大刘乡蔡庄人）在郾城西南部组织起了抗日游击队，目的是消灭敌人，打击日本侵略者，保卫人民生命、财产的安全。游击队总部设在大刘店东三里的小曹村。控制的范围：东到宋集、叶岗南北一线，西至舞阳县吴城，南到西平县权寨，北至夹河（沙、澧河）里阴阳赵，东西、南北各距约40里。这里，一来地理条件好。北有沙、澧河，中有马沟（流经大刘店北—指挥寨南入西平境）、漯舞公路（土路），南有淤泥河（西平境），这种条件便于活动。二来地理环境熟悉。三来有良好的群众基础。

1944年7月游击队初成立时，仅有6个中队，每个中队有百余人（1945年后扩大）。为了便于活动，各中队分片包干：

西部　吴城、闫十一曹店，王玉玺中队负责。

中部　大刘周围。南起西平县权寨，北到阴阳赵，东至小曹，西到曹店，由陈自饮、蔡殿华、蔡向荣三个中队负责。

东部　由杨天祥、宁俊川两个中队负责。

在6个中队长中，蔡永令对我特别器重，因而把守东部的重任交给了我。记得在安排我的工作时，永令特别对我面谈说："天祥老兄啊，这东部地区，靠近漯河（如控制区的指挥寨距漯河只6里）且又靠漯西公路（当时公路由漯河寨牛行街→干河陈→小村铺→牛寨→西平境）是日本鬼子、伪军经常出没的地方，特别是牛寨的伪军与你相隔只一个坡。这个任务特别大，你感觉如何？"我毫无畏惧地慨然应诺了。回队后，时刻寻找时机，准备消灭敌人。

（二）

在我中队驻扎地到前袁村东南西平县境内，设有归漯河日寇指挥的豫南总部，下属皇协军一个师，师长应其昌盘踞在郾西交界一带；一个直属大队驻在牛寨。牛寨在我驻地东南，相距只七八里，中间不隔村庄。直属支队长（敌自称司令）崔发子（西平县人），司令部设在牛寨地主牛百已的闲楼院。崔发子在此纠集了一些土匪、汉奸、地痞流氓等200余人，并委任了什么副司令、参谋长、副官等狐群狗党作他的忠实帮凶。他还在不断继续扩充自己的势力，想拉我们过去。起初，他们仅活动在牛寨周围，如武岗等一些村庄，以后往北逐渐扩充到大郭、郭店、宋庄一带，离我驻地越来越近。这伙汉奸队伍，到处派粮派款，抓夫抓丁、抢劫财物，并向各村要枪，限期内不交者，即绳捆吊打。附近群众不断向我部队反映崔发子的罪行，我经数次派人到该地调查，全属事实。我立即向蔡永令总队长汇报。永令召开了各中队长会议，决定要消灭这伙汉奸，为民除害，但不能莽撞从事，一定要寻找有利时机，出奇制胜。这个重大的任务，蔡永令交给了我。

我反复思考，崔发子的直属大队有日本人作靠山。据了解，他有兵200多人，步枪180支，轻机枪1挺。我方武力（当时有步枪680支、轻机枪12挺、重机枪1挺。1945年春队员增至2100人，16个中队，炮4门，轻重机枪23挺）固能压倒他，但不能实行包围。夜袭，枪声大作，会引起漯河日本鬼子来增援，到那时，后果难以设想。打伏击、阻击吧，日伪军不常出来，即使出来，他们也有戒备，和它硬拼，于我们不利。只有等待，见机行事。

（三）

机会终于来了。1944年11月（阴历十月）上旬的一天，我弟弟杨丕成到前袁村中队部找我说："他有一个过去的同学潘丙仁，在牛寨皇协军里当文书，奉崔发子的参谋长之命（潘和参谋长有亲戚关系）来劝降，因和你不认识，来找我想说服你们，叫你们游击队归顺他们哩！"我一听又惊又喜，做梦也没有想到会有这事，可当时也不敢向弟弟暴露自己的真实思想，冷静一会儿，只应付一句："好，商量商量再说吧！"紧接着在当天夜晚，我孤身到小曹见了蔡永令，把这事情叙述了一遍。蔡永令亦喜出望外，仰面长笑说："此乃天助我也！"又沉思良久，坚定地说："天祥，这可不是小事，咱就将计就计杀他个措手不及。你要沉着应战，全盘计划。要学诸葛亮，出奇制胜。事情成败全在你身上。我们游击队的声誉，在此一举。"我慨然地答应了他。

第二天，我叫弟弟丕成主动到牛寨崔发子司令部找潘丙仁，说愿意归顺，带全部人和枪去投奔，并叫潘丙仁再来一趟，商量一下详细办法。

果然，停了两天，潘丙仁又找到我弟弟一起到了前袁村我的中队部。相见以后，潘丙仁和弟弟是熟人，态度很从容，从语言和神色看出，他的话并非虚诈。我详问了他在崔发子处担任的职务、崔发子司令部的人员等，他都作了如实的回答（其实，他那里的一切情况我们早都掌握了）。我邀他一起到游击队总部去，他很高兴地接受了。

我们步行走了一个多钟头到了小曹总队部见到了蔡永令，永令很礼貌地接待了潘丙仁。

谈话中，我们尽量地显示出来愿意投奔的诚心，不使潘丙仁有所疑惑。最后，潘丙仁很满意地说："我回去就报告司令，我们就做迎接的准备。”潘丙仁又问去的时间，蔡永令说：“你回去给崔司令说了以后，你们定吧！定好以后，再来通知我们。”潘丙仁说：“好，我回去不停多长时间即来。”

（四）

潘丙仁联络员走后，我们于当日晚即召开了各中队长紧急会议，决定“投奔”崔发子。全体同志精神抖擞，斗志昂扬，决心要打好这一次漂亮仗，坚决消灭这伙日伪汉奸。

果然，潘丙仁隔了一天，于阴历十月十四上午又到我中队部说：“一切都安排好了，今夜专等你们去哩！”我说：“好，我到总队部同蔡队长一起召集人员，按你们的计划办事。”

我先稳住了潘丙仁，并暗地里派两个战士监视着他，我到了总队部同蔡永令立即召集蔡殿华等中队长，作好战斗部署：

总指挥　杨天祥

副指挥　蔡殿华

战斗员　由杨天祥、蔡殿华两个中队，挑选有战斗经验、勇敢机智的精兵强将。

组　织　杨天祥中队组成两个班，蔡殿华中队组成 4 个班，共 6 个班，80 余人。

武器携带　手枪 20 支、轻机枪 5 挺、步枪 58 支、子弹若干（人人携带武器）。

战斗具体任务

杨天祥　打入敌人内部，消灭敌司令部所有人员。

蔡殿华　带步兵、手枪班负责消灭敌司令部外 200 多名伪军。

王茂亭　机枪班长——指挥三挺轻机枪，控制敌司令部办公楼上三个楼花门（旧式楼花门，不到 1 米高）。

宋冠生　战士——“神枪手”，带步枪准备在敌办公室外打灭对门办公桌上吊的煤油罩灯，趁室内光暗，便于和敌人战斗，消灭敌官兵。

（敌联络员：潘丙仁——负责带路，答“口令”进崔发子所住的牛百已楼院，办公室。）

时　间　所有战斗人员，自带武器，于晚10时到前袁村中队部集合，出发。

（五）

部署以后，下午1时，我迅速回到前袁中队部，见到潘丙仁，向他说明晚上去的时间、人员等，并要求他一定要把路带好。我对他特别警惕，防止他有变化。夜晚10时，人员集合齐，武器准备好后队伍向东出发，潘丙仁以为我们一定要去“投奔”了，丝毫没有疑惑。

夜，月光皎洁，星斗满天，虽在严冬，我们热血沸腾，并不觉得寒冷。我当时才26岁，年富力强，浑身是劲。潘丙仁走在前，我们紧跟在后，路上静悄悄的，走过无一点声音。

牛寨在我中队所在地前袁村东南方，相距不过七八里，到牛寨后，按原来部署，蔡殿华带4个班56人，手枪12支，轻机枪2挺，步枪42支；我带2个班27人，手枪8支，轻机枪3挺，步枪16支，分道歼敌。

我们到了牛百已楼院（闲院，未住家属）大门外，站岗的两个卫兵问口令，潘丙仁接着答上了并说：“自己人来了！”我们跟着潘丙仁进了大门，后边的游击队战士立即把两个门岗的枪摘下，并限制了他们的行动，但不敢叫有一点声音。王茂亭机枪班、宋冠生“神枪手”也进了院，分别按计划的地点控制着。战士们有的在大门外，有的在院内堂楼两旁墙边暗处（院内前后、左右约有30米），人人子弹上膛，严阵以待。

潘丙仁领我走到堂楼门外，高声喊：“司令，都来到了（原来一群伪军官正在等候着我们）。”接着，我们进了堂楼门，崔发子立即站起走到门口握手相迎，随后按宾主位置坐下。堂楼三间，下边两间是套间，垒有墙，正中和东边两间空着，楼中间是木棚板，东南角有一个楼梯，梯上有柏门[1]，可自由掀盖。迎门是旧式的条几、方桌、椅子。我坐在东边上席，面西，崔发子坐西边，面向我，其他参谋长、副官坐在崔发子南边，三个敌伪兵立在崔发子等后边。敌伪副司令因害眼在楼上休息，没下来。

我们坐下后，潘丙仁把敌军官向我一一介绍。崔发子问我游击队人员来的情况，我说："主要的人员、武器都来了，蔡队长他们明日就来，我先来给你说一下，武器也都带来了，司令可以等会儿检查一下。"说着说着，我看崔发子神色异常，警惕性很高，我也立即做应战的准备。我腰中塞着头把盒子，顶膛火，我趁崔发子不防，把右手沉下去，手握枪把儿。这时大门外的蔡殿华带着 4 个班控制了敌司令部的东西两院，先解决守岗的卫兵，接着把伪兵们住的地方包围起来。伪兵都在睡觉，这时枪口对着他们说："你们的司令部已被消灭了，快起来投降！"伪兵们迷迷糊糊从睡梦中醒过来，吓得目瞪口呆，都穿好衣服坐在屋里不敢动弹。

蔡殿华带着战士们，把一二百名伪兵控制以后，他焦急地等候院内情况，但听不到动静，立即带不少游击队员从大门进了院。院大门和堂楼门正对照着，只有二三十米远，在月光下看得清清楚楚。崔发子远处看到进院的成群战士，行动异常，人人手端武器指向堂楼，他悟出情况有变，立即举起手枪，向我头部"嘣"的一声打来，我机灵地脖子一闪，只觉一热，子弹从脖子旁穿过（后来检查，棉衣领被打了一个窟窿）。说时迟，那时快，我拔出手枪，向崔发子头部一梭子打去，崔发子应声倒下。"神枪手"宋冠生在楼门外举枪把楼下的煤油罩灯打灭。我把枪一调头向伪参谋长、副官、三个卫兵扫去，都栽倒在地。潘丙仁吓得魂不附体，倒于桌子下，我们没有理他。

楼上的伪副司令听到下边枪声大作，知道中我之计，从东楼东间花门上掷出了手榴弹。王冠亭机枪班战士时刻警惕着楼花门，当敌副司令身影一在楼花门出现时，"嗒……"一阵机枪声，结束了他的性命。手

① 柏门，当地俗称，一种简易门。

榴弹虽爆炸，因战士们事前有防备，隐蔽地点离楼较远，也没有发挥它的作用。枪声、爆炸声响成一片，我们外边的战士除看守伪兵以外，都进了楼院，用手电一照堂楼下的伪官兵，除潘丙仁外，全部被击毙。

我立即命令所有游击队员及200余名伪兵到牛百已楼院紧急集合。趁着月光，检查了缴获的武器，计步枪150支、轻机枪1挺、手枪4支。其中好钢枪60支，其余90支老式套筒不管用的，当场烧毁。对投降的伪兵进行了我党抗日政策的教育。

战斗结束后，我们立刻带着战利品迅速撤离了牛寨。这次战斗打得干净利索，前后仅用了半个多小时，击毙敌头目（司令、副司令、参谋长、副官）4人，伪兵（堂楼下卫兵）3人，共7人。我游击战士无一伤亡。

我们回到小曹总队部时，已经是后半夜两点多钟了。刚到村东，蔡永令及一些同志正在等候我们的佳音。我把歼敌的经过详细地汇报了一下，永令敬佩说："天祥啊，你们真正地为人民立了一次特大的功劳呀！我代表咱队特向你们祝贺！"接着召集全体参战人员，蔡永令讲了话，表扬了战士们勇敢杀敌的精神并鼓励战士们再接再厉，再立新功，为郾城人民出气，为中华民族争光！

牛寨歼灭战，是继1944年10月（阴历九月）在大刘店伏截日本自漯河往舞阳运的24辆盐车、消灭6名日本鬼子后的第二次较大的战斗。从而郾城西南抗日游击队声名大振，日伪再不敢到郾城西南地区来骚扰了。

选自1995年11月《漯河文史资料》第六辑

抗日英雄支天雷

邢富功[①] 孟凡坤

支天雷，生于1921年，郾城城关南街人。自幼好学上进，富于正义感和同情心，因家境较殷实，故而常常接济周围邻里及贫苦群众，深得大家的好评。

1944年春，日寇的铁蹄踏进中原，驻守郾城的汤恩伯部一触即溃，郾城很快便陷入日寇手中，40万人民陷入沦陷的水深火热之中。日本鬼子到处奸淫烧杀，大肆掳掠，无恶不作，特别是火烧老应庄，血洗小沟张、五里庙村的残忍行径，激起了支天雷的满胸怒火。他对知心好友说“国碎家破人忧愁，山河难保，日本帝国主义侵我领土，杀我同胞，中华男儿无法容忍……”他还多次对家人说：“一个小日本，占我们大半个中国，我能坐当亡国奴吗？”因此，他通过各种渠道、各种关系暗中帮助支援蔡永令领导的抗日游击队。对日寇的暴行，他忍无可忍，决心亲自动手，为民报仇，为国杀敌。一天，支天雷找到好友潘勇亮商量，“要给小鬼子一点厉害看看，叫他们知道中国人不是好惹的。我们国家和人民被日本侵略军糟蹋这个地步，豁出命也得和他们拼，拼死一个够本，拼死两个赚一个，不能再忍了。”二人的想法不谋而合，约定待机而行。

1944年5月末的一天夜晚，支天雷怀揣一把斧头，告辞了父母家人，与潘勇亮出了城。在城北门外寻找杀敌的机会。不多时大路上驶来了一辆日寇军车，他们二人急忙在路沟边隐蔽下来。车来到跟前，支天雷借汽车灯的余光，发现汽车车厢里只有一个日本兵，恰好这时汽车上

① 邢富功，漯河寨内人，1930年出生，1949年参加工作。曾任区政协副主席，区老促会会长。

坡、车速减慢，支天雷趁机跃上了汽车，潘勇亮紧跟而上，未等那个日本兵反应过来，支天雷的斧头已经照着敌人的头砍了下去，那个鬼子应声倒下，鬼子司机听到车上有声音，拉开车门探头后看时，支天雷的斧头又狠狠地劈在了他的头上，这个鬼子也立时毙命。

支天雷和潘勇亮解决了两个鬼子兵后，原打算把车开走，可因为不会开车，弄了多时也开不动。正当他们两个将要离开时，后面的鬼子汽车赶到了，车灯照在他们的身上，支天雷和潘勇亮急速跳下汽车往南跑，听到后边车上的鬼子吼叫“八格牙路”。他们两个往城内跑怕被鬼子截击，又转身向西北跑去，到离城二里多路的阮庄，追击的鬼子连连放枪，而阮庄也有鬼子，他们夺得鬼子的两匹战马，又向城西南奔去，行至沙河南岸观上（指观西刘、观东刘村）时，鬼子兵从四面围来，终于寡不敌众，落入了敌人的魔掌。

支天雷和潘勇亮被关押在郾城日伪维持会院内，敌人看他们两个年轻，先是严刑拷打威吓，并加以引诱，想从他们俩身上找出后台，特别是想查到中共地下党组织的情况，审讯中有一个日本军官伸出大拇指对支天雷说：“年轻人，你是中国人的这个，只要投靠我们大日本国，好处大大的有，你的明白。”鬼子军官的话刚出口，支天雷的眼都红了，厉声斥道：“你们是小日本，今天杀了我一个人，会唤起千百万人抗日。你们可以杀我，但你们绝不可能灭亡中国。再过二十年老子还是一条好汉。你们可以打烂我的衣服，打烂我的皮肉，但动摇不了我抗日的心。”

支天雷被关押的一个多月中，以胡开化为首的进步人士曾联络各界知名人士，用取保的方式做过两次营救，终因案情重大，直接杀日本人，都被拒绝了。日寇声称：“今后谁再有此举，将以追究。”支天雷的妹妹支天兰多次到关押所送饭，每看到受刑的哥哥，总是两眼热泪滚滚下流，问哥哥啥时候能回家，支天雷面对妹妹的愁容，总是摇摇头，交待妹妹：“我不在家，你要听爹妈的话，替哥哥孝敬父母……”

敌人对支天雷软硬兼施，都遭到失败，恼羞成怒，决定下毒手了。

1944 年 7 月 15 日（农历五月二十五日），日本鬼子押着支天雷往城东北角应家塚子，潘勇亮以胁从罪名陪刑，支天雷一边大义凛然地走着，一边痛骂日寇。受过支天雷家帮助的四邻好友等300多人赶到法场活祭送行。邻居李路冒着生命危险，抱着支天雷不满三岁的女儿支提成走到他跟前，支天雷对不懂事的孩子连连点头，接过来抱抱，又亲了亲，然后交给李路，回过头接过一碗酒一饮而尽，昂首挺胸，高呼“打倒日本帝国主义”的口号，从容就义。时年仅24岁。

选自1995年11月《漯河文史资料》第六辑

回忆邵蛤蟆队长

吴金榜[①]口述　范振江[②]整理

1947年底，舞阳县城解放没几天，我就参加了中国人民解放军。在中原野战军四纵十一旅三十三团三营九连当兵，后改为二野四十二师三十三团，我们的团长叫崔振三。团部驻武功镇北头花门楼（现武功粮所），后勤供给处在现在武功乡政府院。我参军没几天，便调我到邵蛤蟆大队给指导员李中尉当通讯员。全大队100多人，队长邵蛤蟆，党支部书记沈振甫，司号员孙赖子。1949年，就是孙赖子介绍我加入了中国共产党。邵蛤蟆的大名叫邵政甫。他1926年出生，属虎，比我大两岁。他家离俺庄不远，住西平县吕店乡邵湾村（现在也叫邵庄）。他家很穷，十来岁没了父亲，全靠母亲纺织养活他和弟弟。他上过二三年小学，因为家穷就不上了。后到吕店卷烟厂封烟多年，饱尝了地主资本家的压迫和剥削。他长得非常魁梧，大高个，白净子，性情刚毅，办事果断，好打抱不平。据他自己介绍：在吕店烟厂当封烟工时，和工友团结非常好，厂方不敢怎么欺压他们。但是，工人中有个吕建坤非常坏。依仗他是吕店街人，人多势众，常欺压其他乡村来的工人。邵蛤蟆就组织这些家在外地的工人兄弟起来和吕建坤斗争，从此和吕建坤结下了冤仇。我们这里解放前夕，地方上很乱。吕建坤乘机拉起了游击队，杀人越货，打家劫舍并投靠了国民党的十一师，人多武器好，就剿了邵蛤蟆的家。从此邵就无家可归，终日带着母亲、弟弟到处躲藏。不久，舞阳县城解放，派中原野战军四纵十一旅三十三团留地方剿匪。邵蛤蟆就参了军，并奉命回乡约来不堪吕建坤欺压的一帮青年80来人，一起参加了解放军。

① 吴金榜，1928年出生，舞钢市武功镇人，1947年底参加中国人民解放军。
② 范振江：舞阳县人，舞阳县史志档案办公室党史股股长。

通过整顿教育，加派了指导员和一些骨干力量，就编为团里的一个独立大队。从此，邵蛤蟆就走上了革命的道路。

邵队长精明强干，能打能拼。1948 年春节前后，大队奉命配合三营吃掉驻在西平袁坡的国民党十一师的 1 个营。我们从出山镇出发，连夜行军几十里，拂晓前包围了袁坡寨。邵队长带领我大队从西门主攻。他身先士卒，摸掉敌人岗哨，攻入西门。经过战斗，俘敌 200 多人，其他多被击毙。就在打扫战场，清点俘敌，收缴、打捞武器弹药（有的敌人把枚弹扔进了坑里、井里）之际，国民党的增援部队又把我们包围在寨内，枪声响成一片。邵队长向首长请战，我大队又担任突围突击队的任务。他说："我们既能打进来消灭敌人，就能打出去消灭敌人。"他把从敌人手里刚刚缴来的十来挺机关枪组成机枪突击队，他亲自率领，打开西门一齐向敌人冲去。加上寨墙上掩护部队的猛烈射击，敌人一下垮了下去。我们的突围突击队一下变成了攻击突击队，向敌人发起了猛烈的进攻，突围的成功，换来了战斗的胜利。寨内的俘敌不但一个不少，增援的敌人又留下几十具尸体，仓皇逃走了。这一仗确实打出了邵大队的威风，受到了领导的嘉奖。邵大队英勇作战、敢拼敢战的精神，很快在部队传开，但是我们大队伤亡也不小，有十几人牺牲，二十人受伤。

邵队长胆大、果敢，常带领我们做一些出人意料的举动。1948 年春节过后，根据形势的需要，邵大队改为工作队，编余人员调出。工作队由 30 人组成，队长邵蛤蟆，指导员李中尉。这个工作队是武工队的性质，轻装、机动、迅速、灵活。团里还有个侦察排，经常配合行动。活动的地区很大，解放区、非解放区我们都去。舞阳、西平、遂平、泌阳、驻马店、方城等地都去活动，形式多样，有时穿便衣，有时穿军装，有时步行，有时骑马、骑车。总之根据任务进行化装。当时的任务也很多，打老财恶霸、分果实、发动群众、剿土匪、侦察敌情、割电线、扒铁路等。这些工作任务都适合邵队长。国民党十一师的联络电话线我们割过多次，去西平扒铁路两次，都顺利地配合了大部队的活动。去南山剿匪，去吕店捂吕建坤都是彻夜不眠。一天晚上，邵队长带领我们穿便衣，连夜去南山捉夏金才（大匪首），一连找了好几个地方都没找着，只在灯台架逮住了夏金才的小老婆。后来一直找到白石崖，还在明石墙上写了一幅标语“来到白石崖，活捉夏金才”。有时邵队长还领我们一直摸到敌人的驻地割电线、盗枪支、抓“舌头”，或进行骚扰性的袭击，每次任务都完成得非常好。

邵队长忠于革命，为人民洒尽一腔热血。1948 年 3 月间，早大麦开始打苞了。我们工作队去西平执行任务，晚上住在合水[①]，喝了汤说有敌情，我们立即转移到吕店宿营。刚找好地方，有的还没躺好，有情况说，国民党十一师的突击营追来了。我们人少，都是步枪和手枪，就又连夜转移到安寨。休息一下，我们又撤到寺山黄村。这里离武功团部只有十来里路，想借助洪河和寺山与敌人战斗，仗打起来，大部队也好支援。这时天都快明了，准备找个地方先睡一觉。忽然哨兵报告说：“安寨有个拾粪的人说：‘有十几个土匪进了安寨，正在进行抢劫’。”邵队长一听就要去打。李指导员说：“我们跑了一夜情况又不很清楚，还是了解一下再作决定。”邵队长认为，我们的任务就是剿匪，保护人民利益，现在敌人近在眼前，我们决不能坐视不理。他就马上通知侦察排走常寺北地攻安寨南门。邵队长率工作队攻西门，务要全歼敌人。我们走古垛李跑步接近西门。这时天已大明了。寨门开着，还有赶集的人进寨。邵队长也恐怕中敌人埋伏，把工作队分成三个战斗组。二、三组作掩护，一组迅速从西门进入寨内。邵队长已接近西门，正准备率二、三组攻入寨内。就在这时，意外情况发生了。寨门突然被敌人关闭，寨内、寨墙上突然出现敌人，轻重机枪加着小炮一齐向我们袭来。邵队长马上命令撤退。他迅速跃到西门外陈永秀家的房子西边，组织火力掩护同志后撤。但由于敌人火力太猛，打得我们抬不起头，死死封住撤不下来。在这万分危急的时刻，邵队长突然从房后跃出，“飞”往麦地里的坟头。由于他的突然出现，吸引了敌人的火力，同志们乘此机会，借助坟地掩护，边打边撤了下来。但是，我们的邵队长却身受重伤倒在麦地里，血流如注。他以惊人的毅力仍在边打边爬。当指导员和我冲过去架他撤退时，

① 合水村，位于西平县西部与舞阳县交界处。

他已不省人事。我们架着他，边走边对付敌人的进攻。这时敌人已从安寨西北角下来，顺海壕对我们发起了攻击。一阵机枪扫过来，邵队长又身中数弹，光荣地献出了他宝贵的生命，时年仅22岁。指导员臂部受伤，我的大拇指被打断。当我们撤到古垛李北地时，我们的增援部队赶到投入了战斗。整个战斗形势急转直下，敌人垮了，我们一直追击到西平县的许寨，歼敌几十人。

这次战斗虽说最后胜利了，但我们牺牲了六七位同志。先冲进寨内的十来个工作队员，有五人壮烈牺牲，其他被俘。从南门进攻的侦察排牺牲、被俘的也有。营街张根玉就是那一次被俘。后来，他们都从驻马店跑了回来。

这次战斗失利，主要是没弄清敌情，中了敌人的埋伏。后来才知道，敌人去安寨的是国民党十一师的突击营和吕建坤的游击队，兵力近600人，加之他们隐蔽进村，是以散匪抢掠、埋伏待机的战术，引诱我们中计而造成。但邵队长能随机应变，英勇善战，在危急关头，不惜暴露自己，掩护同志们撤退，转败为胜，确实是值得我们永远学习，永远怀念的革命烈士。

邵队长的忠骨，1958年我在民政局时从武功北寨外迁到舞阳烈士陵园，受到了全县人民的祭扫。

选自1998年6月《漯河文史资料》第七辑

英才辈出

漯河历史人物传略

李满堂[①]

漯河地处中原，历史悠久，人杰地灵，英雄豪杰、文人学者、知名人士辈出，因篇幅所限，本文选其今人知之较少者中的八位，予以简传。

一、潜心著书立说的荀爽

荀爽（128—190），字慈明，东汉颍阴（今河南临颍县）人。荀爽的父亲荀淑（83—149）、侄子荀彧（166—212），都是我国东汉时期的名人。其父荀淑为战国荀卿第十一世孙，品行高洁，博学多识，有“神君”之称。荀爽兄弟八人俱有才名，当时被人称为“荀氏八龙”。荀爽是荀氏八龙中的第六位，若论才学，则数第一，当时有“荀氏八龙，慈明无双”的评赞。

《后汉书·卷六十二·荀韩钟陈列传第五十二·荀爽传》记载：“荀爽，字慈明，一名谞。幼而好学，年十二，能通《春秋》《论语》。太尉杜乔见而称之，曰：‘可为人师。’爽遂耽思经书，庆吊不行，征命不应。颍川为之语曰：‘荀氏八龙，慈明无双。’”

汉桓帝延熹元年（158），太常赵典向朝廷举荐荀爽为孝廉，拜荀爽为郎中。在对朝廷应办之事，荀爽述曰，按照过去圣人创制的礼仪，就是区分尊卑，确定上下，所以《孝经》上说“安上治民，莫善于礼”，

---

① 李满堂，男，汉族，漯河市召陵区人，出生于1959年11月，中国地质大学经济学专业，大学学历。先后在漯河市统计局、国家统计局漯河调查队、漯河市农机局工作；2012年5月—2019年11月，曾任漯河市政协学习文史委主任、港澳台侨委主任。

如果人人能克制私欲，尊奉礼仪，福庆就会来到。反之，废礼从欲，则祸患也会随之而至。我听说当今朝廷后宫，光是宫女就有五六千，这还不包括为后宫服务的从官侍使在内。为了养活这一帮人，每年冬衣夏服，早餐晚食，需要耗费的布帛，用掉的库藏，数量成倍增加，拿着向老百姓凭空征收的赋税，用来供养无用的宫女，民众怎么会不日益贫穷？上天怎么会不屡示灾异？因此，我建议凡是未经过正式礼聘、未曾幸御过的宫女，一律遣返出宫。这样，一可解除宫女的怨旷之怀；二可节省朝廷的财用，充实府库；三可修治礼仪，有利于延年益寿；四可阴阳得宜，子孙繁衍；五可减轻赋税，安抚黎民。这五点如能行之，就是国家的弘利，民之大福啊！荀爽将此呈上之后，就主动弃官返乡了。

汉桓帝延熹九年（166），“党锢之祸”发生，荀爽也不能幸免，为了躲避缉捕，他隐遁汉水之滨达十余年，专以著述为事，被人称为硕儒。汉灵帝光和二年（179），党人禁锢解除。朝廷中五府一致举荐荀爽，大司空袁逢也推举荀爽为有道（即道德高尚，为四科之首），荀爽都不应召。

189年，汉献帝即位，董卓辅政，又一次征召荀爽，荀爽欲逃遁不应召，但由于地方官吏持之不放，并且就地拜荀爽为平原相，无奈，才去赴任。启程以后，行至半路宛陵，再升爵至光禄勋。荀爽到任事职仅三天，就第三次提升为大司空。自征召之日至登上最高的三公之位，前后仅95天。

初平元年（190），荀爽扈从献帝迁都长安，他见董卓残暴，料其必然会危及国家社稷，遂与众良臣谋划，欲共同除掉董卓。可是，恰在此时，荀爽突然罹病不起，义举未遂，即离开了人世。卒年63岁。

荀爽博学多才，一生大部分时间潜心于著书立说，留下的著作很多，主要有《礼》《易传》《诗传》《尚书正经》《春秋条例》等。此外，搜集汉代政事成败、可资借鉴者著成《汉语》一书；将《公羊问》《辩谶》和其他论、叙等合辑为《新书》，皆传于世。

二、士人代表范滂

范滂（136—169），字孟博，东汉汝南郡征羌（古县名，在今郾城县东南一带）人。其父范显，曾任龙舒侯（古国名，国都在今安徽舒城县龙河口）相。范滂受其父影响，从小就聪颖好学，憎爱分明，青少年时期即磨砺出高洁的节操，受到郡县和乡里人的钦佩。161 年，范滂 25 岁时即被推举为孝廉（即敦厚、逊让、质朴、节俭四种品德高尚的人）。

163 年，范滂被任命为郡公曹（官名，相当于郡守的助理），他忠心耿耿，尽职尽责，办事大胆而又周密细致，政绩初步显现，声名逐渐传开，甚至在朝廷里也有知晓，深得郡府信任、百姓称赞。

165 年，范滂被朝廷任命为清诏使（即使臣），负责到冀州巡视督查地方官员的执政情况。而此时，冀州地区发生严重的灾荒，地方官员不作为，老百姓衣食无着，盗贼肆虐，民不聊生。范滂心系黎民百姓，慷慨激昂，甚至舍生忘死，走马赴任。到冀州后，当地官员早就听说这位年轻的汝南郡公曹厉害，而且都明知自己贪污受贿，心中有鬼，还没等范滂有动作，都自动辞官而去。范滂在那里做了详细的调查了解，并把调查结果报告给朝廷，朝廷很快下令，对冀州地区的官吏进行了清查整治。

因巡查有功，范滂升迁为光禄勋（官名，掌管宫廷杂务）主事。又过了不久，皇帝下诏，要求三府的官员呈报反映官吏好坏的歌谣，于是范滂举奏了 20 多个刺史和享有 2000 石俸禄的权贵。

范滂任人唯贤。范滂的外甥——西平人李颂，是王侯之家的子弟，为人不够检点，被同乡的人所不齿。中常侍（官名，皇帝近臣，侍奉皇帝的官吏）唐衡把李颂请托给宗资，宗资任命他做小官。范滂却认为他外甥李颂品行不好，不适合做官，就把这件事压下不办。

后来，无事生非的人诬告朝中有人结党营私，范滂获罪被拘禁在黄门北寺监狱。不久范滂的案情查清，范滂被无罪释放，于是他返回乡里。在返乡途中路过南阳时，当地官员和数千老百姓夹道迎接他，就像欢迎凯旋的英雄。

建宁二年（169），朝廷大肆诛杀同党之人。皇帝亲自下达诏书，紧急缉捕范滂等人。督邮（考察地方官员过失的使臣）奉命来到征羌缉拿范滂。到了征羌驿站，督邮关上门，抱着诏书伏在床上大哭起来。驿站的人听到哭声，都不知道是怎么回事。而范滂听到这个消息后说："我知道督邮一定是为了不忍心抓我才哭的。"于是，他就主动跑到县里去投案。县令郭揖也是个正直的人，他见范滂来了，首先是非常吃惊，然后走出官衙，丢下官印，拉着范滂要和他一起逃走，范滂怕连累县令而不从。

囚车把范滂押送到京都洛阳，此时正值隆冬，风雪交加，而京都成千上万的太学生围住囚车齐声呼喊：范滂先生无罪！强烈要求释放范滂。见此情景，范滂只是摇头，叹息道，你们这是向朝廷示威呀，这样只会加快我的死亡！果不出范滂所料，他一押进北寺监狱，没有经过审问就被杀害了，时年仅 33 岁。

《后汉书·党锢列传》对范滂作了详细记述。中国现代历史学家范文澜的《中国通史简编》称赞"范滂是士人（有学问、有涵养、有志向的人）的著名代表"。1999 年出版的《漯河市志·人物卷》将范滂列为许慎之后的第二号人物，足见其短暂而不平凡的一生。

三、三国时期政治家陈群

陈群（？—237），字长文，颍川（今临颍）人。三国时期著名政治家、曹魏重臣，魏晋南北朝时期的选官制度"九品中正制"和曹魏律法《魏律》的主要创始人。

陈群早年任豫州刘备的别驾（别驾，官名，一州的副长官。因在州刺史出巡时另乘一辆车随从，故称"别驾"，相当于现今的秘书长）。此时徐州那个地方无人把持，有人建议刘备去管控徐州，因陈群了解那里的情况，便规劝刘备不要去徐州。陈群对刘备说：袁术现在坐镇江淮，力量正强，早有鲸吞徐州的野心，你去徐州，他一定不会善罢甘休，甚至会发生争斗，你虽然一时得到了徐州，恐怕也难以保住。但刘备不听劝阻，硬着头皮去了徐州。果然不出所料，袁术兴兵攻打刘备，吕布也在同时袭击刘备的后方，两面夹击，刘备寡不敌众，遂弃其领地而逃。此时方才明白，后悔当初没有听取陈群的意见。

198 年，曹操入主徐州，发现了陈群，认为陈群很有才能，遂予以重用，官至御史中丞（御史中丞，官名，秦朝时开始设置，汉朝为御史大夫的次官，主要职责是接受百官的奏章呈递给皇帝，并且有考评百官的权利，相当于现在的办公室主任）。当时，朝廷内部曾一度出现恢复割肢、鞭杖、夹指、火烤等残酷肉刑的议论，曹操征求群臣意见，陈群坚决反对，极力劝说曹操，要有人情、人性、人义，善待罪犯，人犯了罪，够死罪的就赐死，不够死罪的就予以监禁，不要恢复使用惨无人道的肉刑，以换取民心。于是，曹操采纳了陈群的意见。

延康元年（220），陈群官至尚书，接受朝廷的旨意，制定九品中正任命官吏的制度，即先在各郡推荐有声望的人出任中正（中正，官名，秦朝末年陈胜自立为楚王时开始设置，掌管纠察群臣过失的官吏），然后由他们将当地士人（有学问、有涵养、有才能的人）按才能分为九等（九品），最后，由官府按等选用。这也叫作“九品官人法”。这一制度一直延续到隋文帝初年，前后达四百年之久。该制度建立之初，还能够遵循曹操的“用人不计门第”的原则，起到了选贤任能的作用。但是后来就变了味，品级的评定逐渐被豪门士族操控和把持，成了他们操纵政权的工具，从此，“上品无寒门，下品无势族”，好制度变成了以“家世”为重的腐败制度。

黄初七年（226），魏文帝曹丕病重，陈群与曹真、司马懿等受文帝之托辅佐明帝。陈群进封颍阴侯，任司空（官名，相当于宰相），掌管尚书的工作。

魏明帝执政以后，陈群上书，请求朝廷崇尚道德，惠恤百姓，尽快纠正地方官吏不作为、贪污腐败、官官相护等行为。同时，防止朝廷内部明争暗斗、互相毁誉、不利团结等现象的发生。这些意见，反映了陈群清廉爱民、关心社稷的政治观点。

青龙年间（234—237 年），魏明帝为追求享乐，竟不顾农时，强征大批农夫，营造宫殿。陈群不怕触犯皇帝，上书诤谏，他说：夏朝开国之君大禹，勤政爱民，不准为自己建造高大的宫殿，不吃好饭，不穿好的衣服。现如今，国家正处在战乱之后，人口稀少，百废待兴，况且吴蜀二国依然存在，国家尚未统一，我们更应该讲武劝耕，为统一全国积蓄力量。陛下不顾江山社稷和统一大业，却先营造宫殿，老百姓因服役而丢掉田地不管，他们何以生存，而且一旦有了战事，怎么去对付敌人？魏明帝见奏，强词夺理，执意要建。陈群便再一次上奏：人想做一件事，总会找出理由，何况您身为皇帝，您的想法无人敢违抗，真要建谁也没办法，但是老百姓心里是有数的，希望陛下能三思而后行。魏明帝自知理屈，不得不裁减、停建了一些项目。

237 年，陈群病逝。陈群历仕曹操、曹丕、曹叡三朝，以其突出的治世之才，竭忠尽职，为曹魏政权的礼制及其政治制度的建设，做出了突出的贡献。陈群撰有文集五卷，今已失传。

四、唐代剑舞第一人公孙大娘

公孙大娘，盛唐时郾城人。唐代最杰出的舞蹈家，舞艺超群，常在民间献艺，观者如山，极负盛名。又多次被召入宫，表演剑舞技艺，无人能比。是唐代见于记载中，既活跃于民间，又闻名于宫廷的少数著名舞蹈家。据最早的《郾城县志》明嘉靖三十三年（1554）版本记载：“唐公孙大娘郾城人，其‘剑器舞’‘浑脱舞’抑扬顿挫，独出冠时”。另据史书记载，杜甫自幼年随家居住郾城后，经常同大人一道观看公孙大娘的剑器舞。

若干年以后，因时局动乱，杜甫离开了郾城，颠沛流离到了夔州（今重庆奉节），寄住在一个朋友家，又观看到了剑器舞，当得知舞者李十二娘是公孙大娘的徒弟时，不由回想起当年在郾城观看公孙大娘舞剑的情景，遂赋诗一首《观公孙大娘弟子舞剑器》，称赞公孙大娘动作娴熟，舞姿优美，刚柔并济，惟妙惟肖，让人叹为观止。杜甫并为这首诗作了序，他在序中说，吴人张旭（唐代书法家、诗人）喜欢写草书，自从看了公孙大娘舞剑器，受到启发和感悟，其草书有了很大长进。于是，吴道子（史称“画圣”，今河南省禹州人）得知张旭草书之妙得益于公孙大娘，他也遂借助于此，将自己画作的用笔技巧变为舞线游丝般细描，运用人物卷褶飘带，极其轻盈洒脱，颇有公孙大娘舞剑的韵味。郑处海（唐代诗人）在其《明皇杂录·逸文》中说：“公孙大娘舞剑，僧怀素（唐代文学家）见之，草书遂长，其顿挫势也。”段安节（唐代文学家）的《乐府杂录·舞工》中也说：“公孙大娘善舞剑。”

因此，诸多唐诗与史籍记载都表明，公孙大娘练就一身好舞技，她的表演技艺高超，独具特色，在当时是首屈一指，十分诱人。其舞能引申到观众的思想深处，大有荡魂摄魄之感，使得诸多书画爱好者观后深受裨益，引发出豪放激情，狂草跌宕起伏，妙笔生花，以致成为书画名人，被后人称为大家。公孙大娘的舞蹈，能对书画这一行当产生直接积极的影响，堪称我国古代一奇。

公孙大娘原为一个没落的名门仕女，小时候曾在棠溪（今属西平县）亲戚家生活过，而该地是剑器之乡，不乏舞剑之人，时至今日那里还在铸造剑器，名曰“棠溪宝剑”。公孙大娘耳闻目染，又具备舞剑的先天身体条件，所以她从小就喜爱上了舞剑。她练就的西河剑器舞，便是源于当地流传的剑技和西河儒家的分支，原为剑器和浑脱两种舞，剑器源于春秋战国时期中原地区的剑术，浑脱源于西域的“泼寒胡戏”演变来的健舞风姿，经过公孙大娘多年的演练，将二者糅合为一。由此可见，公孙大娘剑器舞善于博采众长，从而把武术、剑器、舞蹈等动作完美地结合起来，形成自己独特的套路、流派。公孙大娘剑舞表演，初期在郾城古城（今郾城西南古城村），后移至县城西街，并且收了很多弟子在此聚集学艺。表演时动作娴熟而紧凑，节奏循序渐进，伴以鼓乐歌声，时而单人独舞，双手各持一剑，舞步轻快，剑疾如风，舞姿升腾；时而双人对舞，刀光剑影，各自争雄。以致远近闻名，吸引不少仁人志士前来观看。杜甫于唐玄宗开元五年，6岁时就随大人一起观看公孙大娘表演剑舞，后写诗大加赞赏，诗的开头一句便是“昔有佳人公孙氏，一舞剑器动四方”。诗中又有“先帝侍女八千人，公孙剑器数第一”。

公孙大娘生卒年份不详，但据推算，应该年长于杜甫十多岁。

至于公孙氏为什么叫大娘，则是多说并存：一种说法是尊称，学生弟子称老师为“大娘”，其他人出于对公孙氏的尊敬，也跟着称大娘。这有记载为证，杜甫年少时称公孙氏为大娘，50多岁时，观公孙氏弟子舞剑，还是称她大娘；而书法家张旭年近花甲，也称公孙大娘。另一种说法是排行第一，在她姊妹几个中，公孙氏是老大，也就是大姑娘的意思。还有一种说法是公孙大娘真名公孙兰，是“红鞋子”组织（成员都是女子）的首领，因她是开元盛世时唐宫第一舞人公孙大娘的后代传人，所以知道她的人也都叫她公孙大娘。尽管说法不一，但是有一点是可以相信的，那就是公孙氏剑舞成熟出道时不是已经上了年纪的老大娘，而是二十来岁、年轻貌美的大姑娘，从杜甫诗中称其为佳人也证明了这一点。

五、平民皇帝王建

王建（847—918），字光图，许州舞阳（今河南舞阳县王城岗）人。年少时家贫，中年外出闯荡，晚年称帝，建立前蜀国，定都蜀川，被世人誉为平民皇帝，是唐末五代时期的杰出统治者之一。

王建年轻时家里贫穷，有杀牛、偷驴、贩卖私盐之陋习，常干些偷鸡摸狗之勾当，在人们眼里是个不务正业的人。虽然年轻时名声不好，也是为生活所迫，但王建的相貌却很出众，人也很强壮。为了寻求生路，王建30岁左右时离开舞阳，在战乱时期（王仙芝、黄巢农民军起义），他也和其他人一样投军去了，参加了本地的唐忠武军。起初时为军中一卒，因他骁勇善战，足智多谋，善于笼络人心，被升为队将（官名，相当于一股部队的领队）。

881年，农民起义军领袖黄巢攻打占领了长安（今西安），唐僖宗（原名李俨，唐懿宗第五子，唐朝第十八位皇帝）被迫出逃到了四川。于是忠武军与黄巢军作战，黄巢战败而逃。忠武军把所属八千军队分成八都，每都一千人，王建被任命为都将（都将，官名，也就是都尉。战国始置，职位次于将军的武官。《史记·陈涉世家》：“陈涉自立为将军，吴广为都尉。”），因最小，所以为“八兄”。平定叛乱之后，又把唐僖宗接回了长安。王建等人因为护驾有功，被任命为禁军的将领，负责宫廷的护卫。当初投奔唐僖宗这一步算是走对了，王建在皇帝身边积累了很丰富的军事和政治经验。

887 年秋，王建受排挤出任壁州（今四川通江）刺史，开始了他在四川的生涯。当地是个民族杂居的地方，有个溪洞部落骁勇善战，王建采纳谋士的建议，便将他们收归自己属下，扩建成了一支八千人的部队，先后攻下了附近的两个州：阆州（今四川阆中）和利州（今四川广元）。王建以此为基础，又与东川节度使顾彦朗联合，攻打西川节度使陈敬瑄，攻而胜之，遂得西川之地。897 年，顾彦朗病死，王建乘机出兵，很快占领了东川。这样，他的地盘迅速扩大，四川全部及陕西西南部、湖北西部、贵州西部都被王建统一。

899 年，王建被封为中书令、琅琊王。900 年，王建受封为西平王。903 年，王建晋封蜀王。906 年，王建趁乱攻下夔州（今重庆奉节东）、施州（今湖北恩施）、忠州（今重庆忠县）和万州（今重庆万县），又大大扩充了自己的领地。

907 年，朱温（生于 852 年，卒于 912 年，唐末黄巢起义军叛将，后梁王朝的开国皇帝，后梁太祖）推翻唐王朝，建国号梁，中国历史从此进入了五代十国时期。这年 9 月，戎马生涯大半生、已年过六十的王建在成都称帝即位，定国号为蜀。

王建在位期间，蜀地具有天险而富饶，加上他尊重和使用人才，以致中原腹地很多文人志士都投奔于他，而且得到重用。在中原干戈之际，蜀国却礼贤纳士、人文荟萃，形成了社会安定、经济繁荣、兵精粮足、文化鼎盛、人民安居乐业的和平局面。以致前蜀成为历史上唯一一个被中原政权承认对等并奉为尊长的南方之国。

王建在位十二年，于 918 年病逝。卒后葬于今成都抚琴台路。其墓冢高大，被后人误传为汉司马相如之抚琴台。1943 年，抗日战争期间，挖防空洞时，意外发现抚琴台是王建墓，当时予以回填保护。1978年，对王建墓进行了整修，建设王建博物馆，并对外开放。1991年10月，成都王建博物馆等六家单位联合发起，召开了首次两蜀（王建前蜀和孟知祥后蜀）文化研讨会，对王建和前蜀文化给予了充分肯定，以示对这位平民皇帝的纪念。

六、博学多才的掌禹锡

掌禹锡（992—1068），字唐卿，北宋许州郾城人。北宋时期著名的博学家。

掌禹锡爱好储书。其储书的爱好是缘于他喜好学习，而对书籍珍爱有加。不论是过去的还是现实的、本地的还是外地的各种书籍，只要见到或者听到，他都要想方设法搜集或购买回来，精心珍藏，并进行分类研读，做到去伪存真，去粗取精，有些粗略浏览，有些认真精读。而且他具有很好的记忆力，以至于获得了非常渊博的知识。

掌禹锡中进士后，先后任道州司理参军、大理寺丞、屯田员外郎、并州通判、侍御史、秘书监、太子宾客、集贤校理、直集贤院兼崇文院检讨、光禄寺卿、工部侍郎等官职。

掌禹锡任参军时，考试评为第一。

任侍御史时，掌禹锡曾上书朝廷，对西羌只加强防备，不主动出击。因为当时朝廷中有一种倾向，对西羌进行举兵讨伐，但掌禹锡不同意这种观点。于是他引用历史经验教训来劝说宋仁宗皇帝："周宣王时，对于外敌的侵扰，采取自卫防守的政策，结果是减少了战争，人民得以安居乐业；汉武帝时，由于屡次主动兴师动众与匈奴打仗，结果弄的是民不聊生，人民不得安宁啊！"于是宋仁宗采纳了掌禹锡的建议，不主动出兵作战。之后，掌禹锡又对戍守边疆官吏的任命提出了一些好的建议，都被皇帝采纳。

掌禹锡学识渊博，曾负责管理中央最高学府国子监，也因此多次由他命题考试开封国学进士。他的命题奇特而深奥，参加考试的士子都害怕他出的考题，被考生戏称为“难题掌公”。

掌禹锡精通地理，参与编修了《皇祐方域图志》《地理新书》等。皇祐三年（1051）书成上奏皇帝，编修负责人王洙推举掌禹锡，说他在编修中起主要作用，皇帝念其稽考有劳，遂赐三品官服。宋仁宗时代，王洙、司马光奉诏纂修《类编》，掌禹锡任校对。

掌禹锡还是北宋时代的医药学家。嘉祐二年（1057）与林亿、苏颂、张洞等共同奏请于直贤院设校正医书局。同年会同医官秦宗古、朱有章等以《开宝本草》为蓝本，参校诸家本草校证补充，撰成《嘉祐补注神农本草》（简称《嘉祐本草》）二十卷，于嘉祐五年成书，共收药物1082种，其中新补药82种，新定药17种。他在校对《本草》时查阅了大量文献资料，订正其中很多谬误。并将《神农本草》所载300多种药物的形状、名称汇编为《图经》，使采药人不致误采，用药人避免误用。由于掌禹锡对医药学的贡献，南阳张仲景医圣祠曾刻其像于石上。

另外，他还著有《郡国手鉴》一卷，《周易集解》十卷。

宋英宗时，有御史认为掌禹锡年老多病，已不能正常执事，呈奏章于皇帝，建议予以免官，但皇帝欣赏其博识才能，不想免去掌禹锡的官职。掌禹锡在中书省看到了弹劾自己的奏章，于是主动请求辞去职务，皇帝答应了他的请求，遂在尚书工部侍郎的位置上退下来，结束了自己的仕途生涯。

掌禹锡为官数十年，对人谦恭，居家勤俭，吃饭自己盛，出行自己骑马。但亦有缺憾，平时不讲究衣着，不修边幅，加上言谈举止憨态可笑，以致同僚对他轻慢和取笑，甚至有时路人也会指指点点看他的笑话，但这些他全然不在意，一笑置之。他以正气置身，不去计较细枝末节，为后人树立了好榜样，留下了好名声。《宋史·列传》为掌禹锡作了详细传记。

七、明代大学士贾咏

贾咏（1464—1547），字鸣和，自号南坞主人，河南临颍县人。

贾咏祖籍河南新郑郭店乡，元末兵乱时迁居临颍。贾咏的曾祖父贾景山，元末曾任陕西行中书省（简称行省或省）参政（相当于省长），因朝廷腐败、兵荒马乱而弃官避居临颍。其祖父、父亲皆精通经史。

贾咏自幼聪明好学，才思敏捷，乡里闻名。12岁师从吕韬启蒙读书，一年多便通晓《论语》。14岁时，提学副使陈选看出他的奇才，遂选入其门下为弟子。同年考中秀才。23岁经许州知州邵宝初试选为全州第一，所作文章常被学生奉为范例。明弘治二年（1489），参加河南省乡试，考取第一名，是为解元。

弘治九年（1496）及第进士，中二甲，改任庶吉士（官名，亦称庶常，是明、清时翰林院内的短期职位，为皇帝近臣，负责起草诏书，有为皇帝讲解经籍等职责），授予翰林院编修。明武宗正德元年（1506年）任经筵讲官，因他举止端庄，讲话流畅受皇帝嘉奖。

贾咏为官清廉，正身修己，从不阿谀奉承、依附权贵，曾因得罪了大宦官刘瑾，被降职为兵部武选主事，后又改任礼部员外郎。直到刘瑾被惩办后，官复原职，他的仕途才开始平坦顺利。

正德六年（1511），任左春坊中充兼翰林院修撰。正德八年任应天乡试主考，次年复任武主考，11月任侍读学士，掌管南翰林院事。正德十一年，任南京翰林院侍读学士、国子监祭酒（官职，相当于最高学府的校长），为国家培养选拔了不少人才，严嵩、徐阶等都是他的门生。正德十三年转任北国子监祭酒。正德十六年（1521）五月，升任礼部左侍郎。明世宗嘉靖元年（1522），被任命为承天题主，翌年任会试主考官。嘉靖三年改任吏部左侍郎。同年以吏部左侍郎兼翰林院学士入内阁，掌管诏书詹事府事。适逢编修《武庙实录》，他又任史馆副总裁。此时嘉靖皇帝朱厚熜年轻，才十七八岁，知识尚显浅薄，常请贾咏给他讲论诗书。因为贾咏知识渊博，讲得又好，嘉靖皇帝对他很敬重，曾赐诗“日与圣贤伍，终听凤凰鸣”以褒奖他。

明嘉靖五年（1526）五月，以原官兼翰林学士入阁专理诰敕、掌参事府事。七月《武庙实录》编修成书，又加封光禄大夫、柱国、少保。八月，晋升为礼部尚书兼文渊阁大学士、参预机务、武英殿大学士，再加太子太保，达到了仕途的顶峰。

不久，贾咏因病告老还乡，回到临颍，在县城东南盖了一处宅院，名曰“南坞”，一直居住了20多年。每日在南坞小酌读书，整理旧时诗文歌赋，著有《南坞集》流传至今。他不与地方官员来往接触，与乡邻和睦相处，谁家有困难，他慷慨相助，并设义冢以济贫穷死不能葬之人。

嘉靖十七年（1538），皇帝游中岳，河南官员齐聚钧州（今禹州市）接驾。此时贾咏已经75岁高龄，行动迟缓，接驾来迟，御史参他对上不尊，被免去了柱国、太保等散官衔。嘉靖二十二年，贾咏八十大寿，皇帝遣钦差问候祝贺，赐羊、酒等物，恢复其散官各衔，并在大十字街立“天恩存问”石坊一座。嘉靖二十六年（1547）八月，贾咏偶感脾疾，是月三十日病死，卒年84岁。皇帝为悼念他，停止视朝一日，并派官御祭9坛，葬于南坞之阳（家宅的南边）。

八、清代书法家孔广脉

孔广脉（1773—1846），字京贯，河南舞阳县侯集乡宁庄村人，清代著名书法家、诗人，史称“怪才”。年幼时家庭贫寒，父母无力抚养，寄送其姑家抚养，随姑家姓，起名张武长。直到考中秀才才返祖归宗，回到老家，于是给自己起了个外号叫“两田”（两个故乡、故土）。

孔广脉10岁时就喜欢上了书法艺术，而且是爱不释手，无论是数九寒冬，还是三伏盛夏，他黎明即起，夜深方才止笔，持之以恒，勤学苦练，笔耕不辍，20多岁时其书法就闻名遐迩。

清朝的科举制度中有一种优秀人才选拔制度，叫做拔贡。即由各省学政从生员中考选，每府学二名，州、县学各一名。清朝初期为每六年选一次，乾隆中期改为逢酉一选，也就是十二年选拔一次，选中者保送入京，任命以官职。清嘉庆十八年（1813），孔广脉拔贡，获取一小京官。后因其厌恶官场上的尔虞我诈、钩心斗角，遂辞去官职，返回故里，终身不再考虑当官的事。

孔广脉回到家乡后，继续悉心研究书法艺术，且其爱好扩展至诗词、绘画领域，终日以诗词、书法、绘画为伴，自娱自乐，而且不吝其学识，收了很多徒弟，热心传授技艺。孙广脉的书法，其基础来自王羲之、褚遂良，又采纳吸取欧阳询、柳公权之长，遂自成一体。他的书法，用笔刚劲峻拔，笔画方润整齐，结构开朗爽健，既有精心安排艺术匠心，又没有做作雕琢的痕迹，自然天成。他为北舞渡山陕会馆彩牌楼书写的“浩气英风”和背面的“忠肝义胆”匾额，字大尺许，笔势超迈，字体遒媚，代表了他的书法艺术特色。

彩牌楼（北舞渡）

孙广脉存世的书法作品还有《乐毅论》《养心铭》《百字箴》《祀文昌帝君榜文》《花甲咏怀》和临摹的《兰亭序》碑帖等。存世的诗作《两田诗草》，辑录了他写的162首诗，其中包括写景、述事、怀古、言志、记游、题画等方面的作品，而且都由他亲手用心抄写，广传后世。他的写景诗清新明丽，表现了他对祖国河山和家乡故土的热爱。

孙广脉大半生设馆授徒，闲暇时还乐于外出游览，登嵩岳、宿少林、渡黄河、游龙门，饱览了大自然的风光，丰富了他的创作素材。他一生修身养性，洁身自好，无意功名，平凡而有意义。

选自2016年《漯河文史资料》第二十三辑

古颍河畔英雄多

范子文

颍河为中原地区古老的河流之一，是淮河最长的支流。该河呈西北—东南走向，自发源地登封少室山逶迤东南流，经禹州、许昌市、漯河市、周口市、界首市、阜阳市至安徽颍上东南入淮河，全长750公里。在漯河市，自临颍县繁城镇西司庄入境，东流经繁城镇急转南流至杜曲镇、台陈镇，复转东流郾城区商桥镇、李集镇、临颍县皇帝庙乡、陈庄乡，于陈庄乡黄连城东出境，此段长49公里。沿途流经七个乡镇、大小90多个村落，流域面积350平方公里。

漯河市位于古颍河之滨，地处中原腹地，历史悠久，物产丰富，气候适宜，物华天宝，人杰地灵，魏武帝曹操曾以“何汝颍奇士之多”而大加赞叹！诚然，漯河市古颍河畔是一个有悠久光荣革命传统的地方。公元前209年，陈胜、吴广进军关中，行经漯河市古颍河畔，人民夹道欢迎，犒劳诸军。唐黄巢起义（875—884年），大军行至古颍河畔，人民“箪食壶浆”以迎义军，从而士气大振，力量壮大，打下直捣长安的基础。明末，1633年李自成农民军占据古颍河畔，人民提供军用物资，支援北上。1853年，太平军捻军在古颍河畔与清军大战，人民不惮劳苦，不怕牺牲，支援战斗。特别是在近代、现代革命史上，漯河市古颍河畔为了中国的革命事业，涌现出了一大批革命英雄、优秀的共产党员和革命烈士。他们当中，有抗击外国侵略、保卫疆土的爱国将领；有大革命时期，为了党的革命事业而被敌人惨杀的革命志士；有抗日战争时期，身经百战、英勇不屈的抗日英雄；有抗美援朝时期，为保卫祖国、浴血奋战的革命烈士。革命前辈和先烈们矢志祖国和党的事业的崇高精神；前赴后继、百折不挠、英勇顽强的革命精神；为了党和人民的利益，无所畏惧、奋斗终生的英烈业绩，直可惊天地、泣鬼神，与日月争光、同山川增辉；更应彪炳青史，永垂千秋。先烈们功绩之丰伟，史实之感人，确实是今天进行党的优良作风和革命传统教育很好的、有地方特色的教科书。我们应继承发扬，“永矢弗谖”。

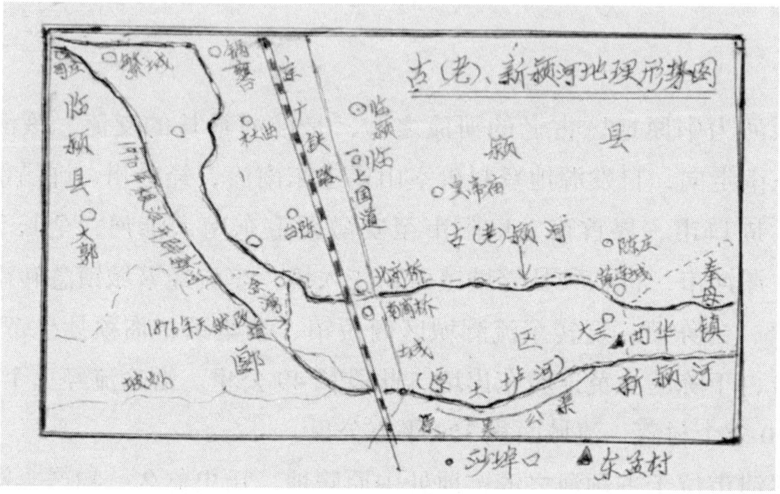

现将选录的漯河市古颍河畔12位革命英雄、先烈的光辉业绩，概述如下。

杨再兴

杨再兴（1104—1140），江西吉水人，祖居河南相州（今汤阴）。幼年家贫，随父以打鱼谋生。18岁入曹成义军，后升为曹成部将。南宋绍兴二年（1132），岳飞剿灭曹成，杨再兴遂投岳飞抗金。

绍兴十年（1140），金兵元帅兀术带兵十余万欲取江南，淮北一带土地沦入金人之手。在此危急时刻，岳飞以河南北诸路讨使衔，率兵自襄阳北上，连续克复邓、唐、蔡、陈各州，七月，到达郾城，与兀术发生激战。岳军在黑龙潭、五里岗获胜后，兀术愤甚，复屯兵十二万于临颍，准备与岳军展开一场大规模的厮杀。

七月十日，大战开始。岳飞部将统制杨再兴十分骁勇，身先士卒，自率三百骑，冲入敌营，在小商桥战场，杀金兵二千余人及万户萨巴（金将名），千户百人。兀术闻风丧胆，屡战屡败。杨再兴乘胜追击，不幸战马陷于小商河（郾城商桥镇颍水一段名）淤泥中。金兵万箭齐发，流矢猬集，将军壮志未酬，壮烈殉国，时年 36 岁。

岳飞在郾闻将军战殁，至小商桥获杨再兴尸焚之，得箭镞二升（约数百个），葬将军于小商河北岸（今址），复用箭头镌刻“杨再兴坟墓”五个大字，立于墓前（今在，“杨”字已泯没）。有诗赞曰：

一

单骑横冲兀术营，壮怀克日复西征。
伤心武穆商桥恨，哭罢将军再勒兵。

——明 · 吕邦耀《商桥忠墓》

二

商桥河畔有忠泉，血溅捐躯古今怜。
断镞二升酬主帅，孤坟三尺在荒烟。
黄云故垒丹心炯，暮雨空祠铁骑旋。
筑工重题碑上字，一天秋日照新阡。

——清 · 临颍县令沈近思《商桥忠墓》

三

英雄杨再兴，无愧宋将军。
赢得沙场死，千秋慕美名。

——1927.5.27 贺龙《杨再兴墓》

（注：二次北伐，贺龙司令部设商桥北寨杨再兴祠内）

（附）杨将军墓修建经过：

1. 原墓仅“一抔黄土”、岳飞镌刻的一通石碑。

2. 元朝因战乱废。明初，小商桥（北）田、邢二姓，因争地界，掘土挖出岳飞镌刻的石碑，证明了原墓址（今址）。

3. 明成化十二年（1476），墓地为村民所占，辟为耕地，仅余墓碑。

4. 清康熙四十九年（1710），临颍知县沈近思为表扬忠义，对杨将军开始修墓，“覆土高三丈”（今在），并立石碑二通（今在）。

5. 清道光二十五年（1845），小商桥名绅田清玉（北寨人）、李永河（南寨人）募资于墓前修拜殿（卷棚）三间（今在）。

6. 道光二十七年（1847），临颍知县王焕辰续修杨再兴墓：筑围墙（花格）数百丈（抗战中毁）、修墓门一座（今在）、栽柏 300 余株（清末毁，后又栽），墓园周栽杨树百余株（1927 年，商桥绅士售予开封火柴厂）。

7. 清同治十年（1871），田清玉、李永河于墓北建祠三间（民国军阀战争中毁）。

8. 民国时期，墓地成了牧场，无人管理。

9. 1952 年、1957 年，河南省人民政府、临颍县人民政府先后对墓园进行整修。

10. 1962 年，陵园被列为河南省文物保护单位。

11. 1963 年 6 月 20 日，河南省公布为第一批文物保护单位。

12. 十年动乱时期，拜殿、墓门被捣毁。粉碎“四人帮”后，河南省人民政府于 1978 年、1979 年再次拨款重修。

13. 1992 年初，临颍县委、县政府以杨再兴墓为依托，建“杨再兴陵园”，采用全仿宋建筑风格，建成了牌坊、山门、东西厢房、忠烈殿、岳杨宫，成为漯河市小商桥旅游区一大景观、青少年爱国主义教育基地。1993 年 1 月，对外开放。

14. 临颍县委、县政府 2011 年 10 月至 2012 年 5 月，历时半年，投资 8000 万元，在杨再兴陵园南建成了小商桥景区，占地 160 亩，陵园成为其中的主要景观之一，2012 年 10 月 1 日正式对外开放。

陈星聚

陈星聚（1817—1885），字耀堂，临颍县台陈镇台陈村人。青年时期目睹清政府内忧外患，民不聊生，十分愤慨，立志苦读诗书，献身救国。清道光二十九年（1849）中举，同治三年（1864）后，历任福建省顺昌、建安、闽县、仙游、古田知县，同治十年（1871）升任台湾淡水同知，五年后又调任鹿港同知。光绪四年（1878）升任台北知府。

陈星聚任诸县知县时，“兴利除弊，宽严并济，泽及于民，政绩颇多”。任台北知府时，看到英、法等帝国主义纷纷入侵中国，台湾受到威胁，即在台北团结各界人士，修筑加固台北府城池。中法战争（1884 年 4 月）爆发后，他竭尽全力筹集款项，购置弹药武器，扩充军队，准备一旦战争扩大到台湾，坚守台北。1884 年 8 月，法军第一次进攻基隆，失败。9 月，第二次进攻基隆。10 月 1 日，基隆失守。接着分兵两路进攻台北和淡水，形势十分危急。时年已 68 岁的陈星聚义愤填膺，无所畏惧，决心与台北共存亡。他让妻子、女儿坐守在府中花园水井旁边，准备城破后即全家投井殉国。陈星聚身先士卒，日夜坚守在城防前线，督战指挥。几经生死搏斗，终于打退了法军的多次进攻，守住了台北。当他得知镇南关大捷（1885 年 3 月），清政府与法军订立了丧权辱国的《中法条约》时（1885 年 6 月），十分气愤，加之积劳过度，背部毒疽发作，忧愤而死，时年 69 岁。

陈星聚死后，台北各界人士在台北为他修建了一座“陈公祠”，年年追悼祭祠，清政府追封他为“三品道台”。遗体运回台陈，安葬祖茔（今在）。临颍人民为了纪念他，将他的家乡陈村改名为“台陈”。

1982 年，临颍县政府重修了墓园、碑楼。2007 年，漯河市委决定修建“陈星聚墓园”（陈星聚文化园），将其打造成青少年爱国主义教育基地、促进祖国统一的平台、推动旅游事业发展的景观。2008年，被河南省政府公布为第五批省级文物保护单位。

贺　龙

贺龙大战小商桥。第一次国内革命战争（1924.1—1927.7.15）时期，奉系军阀张作霖以北京为中心，于1927年2月至3月间，调动十万大军进占河南，分兵两路对武汉国民政府采取包围之势：一路由郑州出发（中路军），前锋直达遂平；另一路由朱仙镇出发，先后占领了鄢陵、西华、上蔡（东路军）。为了打破反革命的军事包围，武汉国民政府于1927年4月19日在武昌东湖举行了第二次北伐誓师大会。会后，20日北伐军陆续出发，到驻马店后，兵分两路迎战。沿京汉铁路北进的是军长何键的第三十五军和刘兴的三十六军；东路上迎敌的是张发奎的第十一军及其所辖叶挺的七十三团、贺龙的独立十五师。

沿京汉铁路的北伐军，在遂平取得胜利后，5月26日，占领郾城。中路奉军退至小商桥（北寨，临颍境）北三里马沟河一带，准备死守马沟河（今在）。东路北伐军于上蔡等地接连取得胜利后，奉命于5月27日到达马沟河南，担任主攻任务。5月27日晚，双方战斗开始。28日上午，十五师全体官兵奋不顾身，向奉军猛冲。奉军凭借马沟河的有利地形，发挥机枪威力，双方战斗极为激烈。29日上午，十五师配合刘兴的三十六军，冲破了奉军的中线阵地。贺龙师长命令第五团加入东线战场，与奉军展开了白刃拼搏。原该团四营十二连，合计1800人，战斗结束，贺龙亲点人数只余366人。下午，奉军全线撤退。

贺龙军队临颍小商桥大捷威震中外，临颍群众赞以“铁军”称号，当之无愧。

海观澜

海观澜（1910—1933），郾城区李集镇海庄人。1927年，在河南省立开封一中加入中国共产主义青年团，次年加入中国共产党。在学校期间，曾为学生联合会的主要负责人。为抗议学校当局开除进步学生，组织罢课斗争并取得胜利。1930年高中毕业后，任中共豫中特委秘书，后到中共河南省委技术机关（即印刷机关），负责刻印党的秘密文件和各种传单。1932年夏，因省委遭到严重破坏，海观澜带领部分同志，转移回郾城家乡，以小学教员身份继续从事革命活动。1933年春，又与新建的省委取得联系，并将印刷机关安置在许昌城内北大街开展工作。同年5月，海观澜等4位同志因叛徒告密被捕，关押在河南省绥靖公署第一监狱。敌人对他软硬兼施，严刑拷打，海观澜总是怒目而视，闭口不言。任凭皮开肉绽仍坚贞不屈，毫不吐露党的任何秘密。同年秋，海观澜在刑场从容就义，时年22岁。

海观澜故居大门　摄影者：牛靖

田 方

田方（1908—1945），原名田德甫，曾用名田秋侠，郾城区李集镇田庄村人，中共党员。1925 年毕业于郾城县高等小学，同年夏考入河南省立淮阳三中，于此加入党组织，积极参与党的各项宣传活动。1927 年秋，学校被勒令停课，田方返回郾城，任中共郾城县委委员兼东北区党小组组长。次年 6 月调开封共青团河南省委秘书处工作，后又到罗山、豫北等地开展革命工作。1930 年 7 月，回开封任团市委书记。

1931 年，白色恐怖笼罩开封，省委、团省委、团市委组织遭到严重破坏。田方和一批党员干部、革命群众被捕入狱，1935 年获释。次年 3 月，赴淅川县与全廉朴一起建立党的地下组织。1938 年返乡，经豫南特委韩庚尧介绍恢复组织关系，在家乡从事革命活动。1944 年，根据党的指示，组织农民抗日救国队。次年 6 月 23 日凌晨，国民党商桥镇长王辑五密谋策划，由日伪汉奸田宝典（田方侄）做眼线，带领 100 多名暴徒，把田方团团围在家中柴草院内，隔墙投掷多枚手榴弹，田方左胸中弹而亡，时年 36 岁。

1986 年 10 月，被河南省民政厅追认为烈士。

谢 征

谢征（1930—1950），原名谢丙然，郾城区李集镇老官田村人。初中毕业后，在中共地下县委领导下，以小学教员的身份作掩护，进行革命活动。1938 年加入中国共产党，同年，其叔谢树发（林恺）从武汉回延安，途经郾城时，带谢征到延安。1940 年正式入伍。在中央军委第三部做机要工作。曾任组长、股长、科长、队长等职。淮海战役中，立大功 1 次，中央军委授予锦旗 1 面。1950 年率中央军委工作队赴越南，支援胡志明领导的民族解放战争。同年 12 月牺牲于越南战场。其遗体运回北京后，安葬于八宝山革命公墓，并立碑记述其生平事迹。

邢剑五

邢剑五（1906—1966），临颍县皇帝庙乡商桥村（北商桥）人。幼年家贫，靠父亲做小生意来维持一家人的生活。1922年,16岁的邢剑五，到临颍冯玉祥招兵处当了兵。1924年被提拔为班长，1925年又被提拔为有线电信队分队长。1927年被委任为某部司令部副官。邢剑五与好友十旅司令部参谋杜新民，被中国共产党的革命精神所感染，对共产党产生了感情。

1931年，杜新民当了团长，由杜推荐，邢剑五到南昌担任少校团副。“七七”事变后，邢剑五随杜新民参加了娘子关大战（1937年9月）、台儿庄大战（1938年春）等，以战功卓著，升为营长，并秘密加入了中国共产党。

1944年3月，杜新民被任命为六十八师师长，邢剑五调任七十团团长。1945年9月20日，杜、邢举行了武装起义，率5000多名官兵，开进永城，受到邓子恢、张爱萍、张震、吴芝圃等首长的欢迎。

邢剑五像

1946年初，邢剑五担任中国人民解放军独立第二军第一旅旅长，5月又任七十七团团长，不久，调任九纵队司令部副参谋长，参加了解放战争。在灵璧、泗县，歼敌立功。涟水战斗七战七捷。1948年，被任命为济南城区警备司令员，解放济南。1949年2月，改任华东区铁路警备司令部参谋，6月，邢剑五结束了军旅生活，转业到地方。在新中国铁路建设事业中，他先后担任济南铁路管理局公安处副处长兼党委委员、铁道部公安局第三处处长、铁道部设计总局东北设计分局局长等职，把全部精力献给了人民铁道事业。1966 年 4 月 4 日，邢剑五因患癌症病逝，享年 60 岁。

林　恺

林恺像

林恺（1908—1974），原名谢树发，郾城区李集镇老官田村人。1926 年 5 月加入中国共产党，后在其家乡组织老官田农民自卫队，痛击奉军。次年春，由党组织派遣赴苏联莫斯科东方大学军事政治班学习。1934 年回国，赴中央苏区任中央军委军事工业局政治委员。次年跟随毛泽东长征，任中央纵队二梯队政治部主任。翌年，红军到达延安后，任中央军委翻译。1940 年任党中央农村工作部国际交通处处长。次年二次到莫斯科，从事秘密电信联络工作。1947 年回国，任晋冀鲁豫军区第三纵队八旅副政委。1950 年任河南省航空站政委，1951 年任中南军区营房建筑部政委、潢川军分区副政委。1956 年任中国人民国防体育协会副主任，1964 年任国家体委办公厅主任等职。曾荣获二级八一勋章、二级独立自由勋章、一级解放勋章，定为军级。

林恺长期患肺源性心脏病，医治无效，于 1974 年 4 月 4 日在北京工农兵医院逝世，终年 65 岁。

林恺故居正屋　摄影者：牛靖

沈甸之

沈甸之（1920—2016），郾城区商桥镇商桥村西街人。1935年在国民党第二十九军当兵。1938年3月逃离该部，参加八路军，同年5月加入中国共产党。历任班长、排长、连长、营长、团长、师参谋长。1950年入航校学习后，任志愿军空军指挥所所长、空军学院科研部、训练部副部长、成都军区空军指挥所副参谋长、民航总局副参谋长、兰州民航局副局长、军委空军训练部副军职顾问等职。参加过“七七”卢沟桥抗战、百团大战、中原突围、挺进大别山、解放武汉、进军大西南等战役、战斗及抗美援朝战争。1955年被授予二级独立自由勋章，获朝鲜二级国旗勋章、二级独立自由勋章，1958年被授予大校军衔，1983年离休，享受行政10级待遇。

张洪宾

张洪宾（1921—1949），郾城区商桥镇大张湾村人。1937年参加革命，1940 年加入中国共产党，历任班长、连长、营长等职。张洪宾同志参加革命后，在党的培养下，一贯工作积极，作战勇敢，出生入死，曾多次荣立战功。在淮海战役（1948.1—1949.1）围歼黄维兵团的韦子湘战斗中，他身先士卒，率部队在硝烟弥漫中英勇向敌人冲击时，不幸中弹，光荣牺牲，时年 29 岁。

王发祥

王发祥（1910—1974），郾城区李集镇渚阳寨人。幼年家境贫寒，兄弟三人，长兄王狗儿，二哥王兰，发祥行三，乳名王夯（以身体魁梧命名）。弟兄们因生活贫困，从小出外唱戏讨饭。长大后，王发祥出外当了国民党军队士兵。由于作战勇敢，智谋超人，连任班长、排长、连长、营长、团长、师长等职。1945 年，随国民党暂编第四军盐城起义后，参加了革命队伍。1948 年，任中国人民解放军豫皖苏五分区副司令员（司令员王其梅，副司令员王建青、王发祥，参谋长路跃林），驻鄢陵。新中国成立后，历任陕西军分区副司令员、河南省水利厅厅长等职，1974 年病逝。

葛洪臣

葛洪臣（1927—1952），临颍县台陈镇王曲村人。幼年家贫，父亲以“找头发换针”小生意来维持一家八口人的生活。1942 年大灾荒时出外当兵，1948 年在福州一次战役中，被中国人民解放军解放。1949 年 4 月，中国人民解放军渡江作战、进军大西南，葛洪臣在战场上表现得很出色，常受到首长和战友们的好评。1950 年 12 月参加了中国人民志愿军，1951 年 3 月底开赴朝鲜，4 月 22 日第五次战役打响，葛洪臣作战勇敢，受到上级表扬，24 岁的葛洪臣加入了中国共产主义青年团，后升为排长。1952 年 10 月 10 日，在上甘岭战役中，葛洪臣率领全排战士和侦察连的一个排向敌人反复冲杀，最后全排只剩他和一名战士。敌人不死心，四面围攻，激战中，他孑身一人，忍着多处伤痛，同数百倍于他的强敌展开顽强战斗。子弹打光了，敌人从四面八方围了上来，他用枪托打死了最前面的两个敌人。下午 2 时，敌人在飞机大炮的掩护下，又冲了上来，葛洪臣与战友们连续六次打退了敌人。激战中，葛洪臣腹部受了重伤，肠子从腹腔中流了出来。葛洪臣这个铁打的硬汉，他把流出的肠子塞进腹内，用纱布包扎好，继续同敌人作战，最后阵地上只剩下他一个时，还击退了敌人的两次反扑。后来，敌人发觉阵地上只有他一个人，即以四个班的兵力四面围攻，想在第十次反扑中活捉他。这时，子弹打光了，葛洪臣手中只剩下一颗手雷。敌人号叫着包围过来，待敌人逼近时，葛洪臣这位中国人民的好儿子，志愿军的钢铁战士，猛然从地上跃起，扑入敌群，拉响了最后一颗手雷，以自己的壮烈牺牲，消灭了进犯的敌人。

上甘岭战役结束后，中国人民志愿军司令部、政治部为葛洪臣追记了特等功，并授予二级英雄称号。热血洒沃土，英名垂千秋，葛洪臣烈士抗美援朝的英雄事迹，将永远留在中朝两国人民的心中。

注：老颍河，自有文字记载至光绪二年（1876 年），已有数千年的历史，在郾城区商桥镇西余湾，自然改道南入土垆河（今新颍河）。

新颍河，1969 年冬—1970 年春新开辟的河段。该河自司庄入境呈半弧形，经沙埠口至李集镇东南出境至西华县奉母镇，汇入老颍河。该河长 45 公里，宽 76 米，深 4.5 米，堤高 1.5 米，堤距 190 米。

参考书目：

《中共漯河党史人物传》1997 年版；

《漯河市志》1999 年版；

《临颍文史资料》第四期；

《郾城县志》1997 年版；

《临颍文史资料选》1984 年版。

选自 2014 年《漯河文史资料》第二十一辑

范滂传

张福祥[①]

范滂像

东汉末年，宦官、女后、外戚专权，瘟疫、灾荒、战争频发，黎民百姓陷于水深火热之中。本篇的主人公范滂就生活在这样一个多灾多难政治动荡的时代。146年，范滂刚满10岁，就经过了汉顺帝、汉冲帝、汉质帝三个皇帝。这三个皇帝或弱冠登基、或在襁褓孩提时拉来算数。冲帝、质帝不到10岁就被外戚梁冀害死。所谓外戚大半是皇帝的岳父、内兄、内弟们。

159年，范滂23岁的时候，汉桓帝刘志不甘心当外戚梁冀的傀儡，他与宦官单超等五人密谋，派近卫军1000多人突然包围了梁冀的府第，迫使这位跋扈将军和他的夫人自杀。从此，外戚的声势削弱，但是，宦官的气焰却嚣张起来。年轻的范滂深为震惊，原来国家的事还这么复杂。范滂25岁的时候，被家乡父老乡亲誉为"光禄四行"。意思是，他的人品道德已达到"敦厚、质朴、谦让、节俭"的完美高度，不久当上了孝廉。

范滂28岁的时候，被汝南太守宗资提拔为郡公曹。他在任郡公曹时，忠心耿耿，尽职尽责，办事大胆而又周密细致，深得宗资的信任。凡范滂呈办之事，请示宗资，宗资连看都不看，总是说，中！行！可以！南阳郡的郡公曹岑至的工作作风与范滂很相似，而南阳太守成晋也

① 张福祥，漯河市人，1932年生。1950年参加工作，先后在漯河市文化馆、文联、干部学校、供销社工作。1983年后曾编写《漯河地方志》供销、牲畜部分。

像汝南太守宗资信任范滂那样信任岑至。当时，豫州的老百姓有这样的歌谣："汝南太守范孟博，南阳宗资主画诺，南阳太守岑公孝，弘农成晋但坐啸。"宗资是南阳人，成晋是弘农人，孟博是范滂的字，公孝是岑至的字，歌谣的意思是，范滂、岑至二人名为郡公曹，实际上是真正的太守。

范滂与太守宗资仅有一次的意见分歧是，范滂有个外甥名叫李颂，是个浪荡公子，为乡里父老所不齿，他托宦官唐衡通过宗资想安排个官位，范滂知道李颂的为人，坚决不用，宗资无奈逮住具体办事人朱零训一顿出气。由于人事的安排问题，范滂很得罪了一些人，这些人指称范滂重用的人为"范党"。

范滂在汝南任郡公曹两年，政绩显著，政声显赫，在全国小有名气。他 29 岁时，被朝廷任命为清诏使，负责到冀州巡视督查地方官的执政情况。当时，冀州发生大饥荒，老百姓背井离乡，逃荒要饭，而地方官视人命如草芥，贪得无厌，搜刮民财。范滂是抱着"扶大厦之将倾，解黎民于倒悬"的宏伟志向去冀州的。《后汉书》说他"登车揽辔，慨然有澄清天下之志"是很确切的。他高高地坐在马车上，手握着马缰绳，展眉舒目，气宇轩昂，要一展胸中所学。他心里装着社稷的安危，黎民百姓的生存，他要为创造一个太平世界而不遗余力，甚至舍生忘死。冀州的地方官早就听说这位年轻的汝南郡公曹的厉害，他还没到冀州境内，贪官污吏们就已逃之夭夭。范滂到冀州做了详细的调查，并把调查报告呈报给朝廷。满朝的文武大臣，认为范滂出使冀州干得很漂亮，太尉（军政部长）黄琼指名要范滂当他的秘书。有一次范滂参加评议薪水在二千石以上的大官员，他秉持公心，指责时弊，无私无畏、毫不留情地对豪门权贵进行抨击，有严重违法乱纪者范滂还进行了弹劾。尚书认为他做得有点过火，怀疑他有私仇，范滂义正词严地对尚书说："我所抨击揭发的都是目无王法、残害百姓，早就声名狼藉的奸佞之人，这就好比农夫锄草，把恶草锄掉了，好庄稼才能茂盛生长，忠臣除奸，王道才能昌盛。上级若发现我有私心，查出来我甘愿受最严厉的处分。"以范滂的胆识和口才，我们相信，他这次的评议是很中肯和出色的。若把他当时的发言记录下来，汇集整理，完全可以出一本《范滂评论集》。令人忧心的是，他所抨击的人大半是宦官们安插的亲信，他已经陷入了政治旋涡。

在这里有必要把宦官的来龙去脉及其本性加以简单介绍，这有利于年轻的读者了解本文的时代背景，有助于理解宦官们的行为特征，否则就无法阐明正义与邪恶为什么对立。

宦官又叫太监，是男子受过“腐刑”的人。所谓“腐刑”，就是把男子的生殖器割掉，使他们变为无性欲的人，所以又叫阉宦。这些人在皇宫里为皇帝服务，即便是他们接近后宫的佳丽，皇帝也放心。他们是一群不学无术的人，本职是皇宫的佣人，身份相当卑贱，但是，由于他们能接近最高领导层，所以他们又是有特殊地位的人。东汉的宦官都有官衔，名叫中常侍，本来这一职称，在秦朝和西汉就有，职责是传谕皇帝的诏书，掌管皇宫的机要文书。到了东汉，这一官职必须由宦官担任，他们的权力大过三公九卿。《后汉书·宦官列传》说他们“手握王爵，口含天宪”，意思是，显贵的职位在他们手里握着，朝廷的诏书、命令在他们嘴里含着。他们极善于蒙蔽皇帝，讨好皇帝，专门诱导皇帝纵欲享乐。昏庸的皇帝既信任他们又感激他们。所以，汉灵帝说：“张常侍是我父，赵常侍是我母。”另外，他们还是一群心理变态者，他们崇尚邪恶，容不得正义。他们精神空虚，但在物质的追求上又穷奢极欲。他们拥有香车宝马，良田千顷，广厦千间，奴仆成群，以填补无性欲带来的缺憾。

与宦官对立的一面，是在朝任职的士大夫与在野的士人及太学生。他们对朝政昏暗、宦官专权，普遍感到压抑和愤慨。名士中的在职者与在野者联合起来主持“清议”，抨击时政，与宦官作不屈不挠的斗争。促成联合的手段是“标榜”。在职的太尉陈蕃（字仲举）、司隶校尉（检察院院长）李膺（字元礼）居官正直，深受太学生的敬慕。他们编成口碑颂扬道：“天下楷模李元礼，不畏强暴陈仲举。”太学生领袖郭泰、贾彪、太尉掾范滂等一大批讲气节、守道义的士人互相推崇、结聚，形成一股与宦官集团对抗的势力，这就是宦官加在他们头上的所谓“党人”。

“党锢之祸”，实际上就是清议（评论）标榜（士人相互推崇）之祸。

“党锢之祸”包括两次事件，一次发生在汉桓帝时，一次发生在汉灵帝时。汉桓帝延熹九年（166）李膺任河南尹，河内郡有个叫张成的术士，据说善于推算祸福，占卜吉凶，靠妖术结交宦官，汉桓帝对他也很信任。张成推算朝廷将有赦令，就教唆自己的儿子杀人。李膺派人将他的儿子抓起来，这时果然来了赦令，李膺愤恨难消，竟不顾赦令，根据古训和法律，“杀人抵命”，把张成的儿子处死。张成又唆使他的弟子牢修上书诬告李膺等人“养太学游士，结交诸郡生徒，更相驱驰（奔走效劳），共为部党，诽讪朝政，疑乱风俗”。桓帝见表大怒，传令各郡逮捕士人。被捕名单送到太尉陈蕃那里，陈蕃一看，皱眉捻须说：“被捕的人，都是忧国忧民、驰誉四海的名士，他们有什么罪过呢！”遂将名单送还，不肯签名。桓帝更怒，亲自下令将李膺罢官系狱，接着又将杜密、范滂逮捕，牵连入狱200多人。许多人望风而逃，官府悬赏捉拿。陈寔并未惹宦官，只因为名望太大，也在追捕的名单中。有人劝他逃亡，陈寔说：“我不就狱，众无所恃。”遂挺身入京城洛阳，自请下狱。范滂被捕后，昂然入狱，狱吏对他说：“犯官入狱应先祭拜皋陶，汝为何不拜？”范滂正色答道：“皋陶是古代的正直之臣，要是知道我范滂无罪，一定替我上诉天帝，要是我范滂有罪，拜他岂不多余！”被捕的士人听范滂这么一说，大家都罢祭不拜。

大批士人被逮捕的消息震动朝野，营救的呼声此起彼伏。最有影响的是太尉陈蕃直接给汉桓帝的上书：“……伏见司隶校尉李膺、太仆（中央官吏，掌管皇帝的舆马）杜密、太尉掾范滂等，身正无玷，死心社稷，以忠忤旨，横加考掠，或禁锢闭隔，或死徙非所，杜塞天下之口，盲聋一世之人，与秦焚书坑儒何异？……今陛下临政，先诛忠贤，遇善何薄，待恶何优？……”这篇措辞激烈的上书，汉桓帝看后并不以为然，反而认为陈蕃是其同党，罢其太尉之职。这样又过了一年。汉桓帝永康元年（167），太学生领袖、著名学者贾彪，眼看朝廷还没有释放名士们的意思，仰天叹道：“看来我要是不往京都走一趟，问题难以解决。”于是，不顾家人的劝阻，毅然决然、义无反顾到了洛阳。贾彪还是很讲策略的，他先找着城门校尉（京城卫戍司令）窦武与尚书霍胥和他们一起上书进奏："……近闻中常侍、黄门（小宦官）互为祸虐，欺蒙陛下。朝政日衰，奸臣日盛，臣恐秦二世之难，必将复及，赵高之变，不朝则夕，妖人牢修，造设党议，遂收前司隶校尉李膺、太仆杜密、太尉掾范滂，逮考连及数百人。旷年拘系，事无佐证。臣惟膺等皆国家贞士，朝之良佐，建忠抗节，志在王室，而为奸臣贼子所诬枉，天下寒心，海内失望，唯陛下留神澄省，即时释放……"窦武将奏章连同自己的大印一并交给桓帝，自愿罢官，桓帝不许，仍将印绶发还。尚书霍胥又上表请求。36 岁的汉桓帝身得重病，行将就木，迫于舆论的压力和耿直大臣的反对，只好允许释放士人。他令中常侍王甫去处理李膺等人的案子。王甫到了北寺监狱，见在押的政治犯一个个"三木囊头"（就是颈、手、足都戴着刑具，头上蒙着麻布），形体虚弱，奄奄一息。王甫逐一审问，有几个沉默不语，有几个略微辩白，唯有范滂主动向前，态度不卑不亢回答王甫的提问。王甫说："君为人臣，不知尽忠报国，反而勾结部党，互相举荐，无端妄说，评论朝廷，究竟意欲何为？宜供出实情，不得隐瞒。"范滂答道："孔子说'见善如不及，见恶如探汤'。滂欲使'善善同其清，恶恶同其污'。我这种做法，本来以为会得到朝廷的鼓励，却没想到反被认为是在结党。古人修德养善，可以为自己谋福；现在积善修德，却惹来杀身之祸。我死后，希望能把我的尸首埋在首阳山侧，上不负皇天，下不愧伯夷、叔齐！"范滂这段大义凛然、义愤填膺、铿锵有力、掷地有声的表白，如天章开奏，如石破天惊，如电闪雷鸣，如拨云见日，把个中常侍王甫说得哑口无言，怦然心动。范滂的答辩为历代史学家津津乐道，只要写"党锢之祸"，他们都不惜笔墨把范滂这段义薄云天的辩词全盘写出来。《后汉演义》的作者蔡东藩在该书第五十四回单独列出书目："驳问官范滂持正。"他在后记中评道"范滂对薄之词，上质鬼神，下对衾影。"另外，王甫在审问李膺的口供中又牵连出宦官亲属也有加入士人之中的。宦官们怕引火烧身，以日食为借口，求汉桓帝赦免党人。于是，桓帝下诏，大赦天下。李膺、杜密、范滂、陈寔等士大夫 200 多人都被遣送回家乡，时间是桓帝永康元年（167）六月。

但是他们的姓名却登记在太尉、司徒、司空三府之中，终身不许再出来升学、做官。

范滂释放回家路过南阳，南阳的士子们数千人驾车夹道迎接他，他们兴高采烈地对着范滂鼓掌欢呼，就像欢迎凯旋的英雄。范滂的眼睛湿润了，他为有这么多人理解他、热爱他而感动。但是，他马上又意识到，士子们的这种行为，很可能加重自己的罪过。于是，他向欢呼的人群挥挥手，表示感谢，更多的意思是制止。他推开护拥在身旁的人，下车从小道回到了原籍郾城征羌。

范滂回到家乡后，先祭拜父亲龙舒君的遗像，然后又拜见母亲龙舒君夫人。在家乡他与妻子、弟弟仲博、儿子一起生活倒也平静。有一天，弟弟仲博对范滂说："哥哥，门外有一位道家模样的人说是要来见你。"范滂当即到门外，看到果然有一位仙风道骨模样的人。此人自我介绍道："我乃申屠蟠是也，孟博别来无恙乎！"范滂连声："啊！啊！原来是高士申屠蟠先生，久闻大名。"申屠蟠进屋对范滂说："君高风亮节，名闻天下，今日见到你实感荣幸。我有一言，先生不知以为然否？今阉人当道，是非颠倒，皂白不分，先生早应避世远寓。愚以为，宦海浮沉终非学者所宜，以先生之资聪，何不效仿贵老乡许慎先生，潜心研究学问，定有成就。"范滂说："先生的意见很对，我出狱后在家闲居，也想把同乡许慎老师的《说文解字》认真地研读一番，我还想把张仲景的《伤寒论》好好学习学习，不为良相，但为良医嘛。"申屠蟠四处张望一下，怕是有人听见，旋即就离开了。从此，范滂在家过着半耕半读的生活。

汉灵帝建宁二年（169）夏，太傅陈蕃、大将军窦武密谋诛杀大宦官曹节的计划泄密，陈蕃被杀，窦武自杀。

李膺、范滂等人出狱之后，他们的威望和声誉不但没削弱，反而被士大夫和太学生更加看重。他们把当时有名望的35人称谓"三君""八俊""八顾""八及""八厨"。"三君"是陈蕃、窦武、刘淑。"八俊"是李膺、杜密等。"八顾"是郭泰、范滂等。"俊"的意思是人中俊杰，"顾""及""厨"的意思分别是能以道德引导人，能以言语劝导人，能以钱财救助人。有很多士人学子以加入他们的行列为荣，认为是“鱼登龙门”。宦官们认为，这些人的存在是对他们的潜在威胁。于是，曹节建议汉灵帝重新逮捕李膺、杜密、范滂等人。年仅13岁的汉灵帝还是个孩子，他问曹节：“什么是钩党，为什么叫钩党？”曹节答：“钩党就是相互勾结，结为党羽。”灵帝又问：“党人有什么罪恶要杀他们？”曹节答：“因为他们图谋不轨。”又问：“什么叫图谋不轨？不轨是什么意思？”曹节答道：“就是这些人密谋策划要推翻陛下你的江山社稷，他们来坐。”汉灵帝听了点点头说，要是那样的话，你们看着处理就是了。《后汉书·宦官列传》在评论宦官时，说他们还有一个特点，就是：“构害明贤，专树党类……同敝相济，故其徒有繁，败国蠹政之事，不可殚书。”宦官们在污蔑诽谤的用心上，是真正的小人，但是，在污蔑的技巧上，他们却是大师。因为他们善于颠倒黑白、制造事端而毫无愧色。

宦官们派出爪牙逮捕李膺时，知情人给他通风报信，让他赶快逃走，李膺说：“有事不能推辞，有罪不能逃刑，这是当忠臣的气节。我年已六十，去就去吧。”汝南郡的督邮（司法官）吴导前往郾城征羌逮捕范滂，到了旅馆，抱着逮捕令，闭上门，爬到床上哭开了。全县的人都不理解他为什么要这样，唯有范滂说：“这位督邮太善良了，他不忍心加害我。”于是，范滂主动去县衙投案自首。县令郭揖一见范滂大惊失色道：“天下这么大，你哪去不了，来这干啥？我情愿把印交出来与先生共同逃亡，我们还是赶快跑吧！”范滂阻止他说：“岂不闻‘一人逃死，祸及万家’，我死不足惜，怎么能连累先生呢？再说，还有老母！”正说之间，范旁的母亲龙舒君夫人、妻儿以及弟弟仲博都来了。范滂一见母亲，扑通跪在她面前，泪流满面说：“我这次去，若有什么不测，你只当儿子去到那遥远的地方了，或只当儿子有病死了，千万不要过于伤悲，影响你老人家的健康，你若有什么三长两短，儿子九泉之下也会心中有愧的！”老夫人抱着范滂的头泣不成声道：“我儿与李膺、杜密先生齐名，天下士人景仰，就是死了，万世流芳，也是值得的。我当母亲的，为有你这样的儿子感到自豪，我不会悲伤的！”范滂站起来又对弟弟仲博说：“你对母亲一贯孝敬，我去之后，你要更加孝敬她老人家。”仲博低头也泣不成声。范滂又对妻子说:“你可能要被罚到边远的地方。死生有命,但你要坚强、挺得住,说不定有朝一日还能回来。”妻子已哭成泪人。范滂又抚摸着儿子的头说:“我本来想教你学恶,可是,我平生疾恶如仇,怎么可能呢!我又想让你学善,可是我学善的结果,却落个这样的下场!”说罢,再次跪到母亲面前拜辞。范滂一家人,儿哭娘声,娘哭儿声,弟哭兄声,妻哭夫声,儿哭爹声,惊天地、泣鬼神,令所有围观的人为之动容。

汉灵帝建宁二年(169)冬,一辆囚车载着范滂进入京都洛阳。时值隆冬季节,天上布满了愁云惨雾,阴风阵阵,雪花飞舞。京都的太学生成千上万围住范滂的囚车山呼海啸:范滂先生无罪!“强烈要求释放范滂先生!”范滂的眼睛猛地一亮,热情而亲切地瞥他们一眼,但是,很快地他又陷入浩茫的忧伤,他把眼睛眯缝起来,皱皱眉、摇摇头,叹息道,你们这是政治示威呀,只会加速我的死亡!果不出范滂的所料,他一投入北寺狱中,没经过审问,就被杀掉,时年 33 岁。

东汉末年的桓、灵之世,士大夫好名誉、重节义。在两次“党锢之祸”中,面对宦官的迫害,许多人大义凛然,舍生忘死。北宋大史学家司马光在《资治通鉴》中称赞士子们的大无畏精神是“臧否人物,激浊扬清,撩虺蛇之头,跷虎狼之尾。”明末清初著名学者顾炎武对东汉末年名士们的高风亮节和不怕牺牲精神给予高度赞扬:“朝政昏浊,国事日非,而党锢之流,独行之辈,依仁蹈义,舍命不渝。风雨如晦,鸡鸣不已。”(《日知录》卷十三)

现代史学家范文澜在其所著《中国通史》中称赞:“范滂是士人的著名代表。”新出版的《漯河市志·人物卷》把范滂列为许慎之后的第二号人物。他的一生是短暂的一生,他的一生又是悲壮的一生,他的人格魅力将永远彪炳史册。

选自 2004 年《漯河文史资料》第十二辑

中州廉吏刘校

刘文斌[1]

漯河市召陵（原郾城县召陵）东南五里、归村西二里处有墓群，有石羊、石马、石人，有墓道，有牌楼，有碑楼，松柏林立，郁郁葱葱。可惜，这已是昔日景象！1958年大炼钢铁年代，这些石器全用于烧石灰了。孩童时听长辈们说这就是明朝廉吏刘校大人的墓址。他的美德和为官轶闻，几百年来在民间广为传诵。

刘校，字宗夏，郾城县召陵乡（今漯河市召陵区召陵镇）人，祖辈皆在京城为官。校自幼苦读四书五经，出类拔萃，明朝正德六年（1511）考中进士，后授刑部主事。正德十四年（1519）四月二日卒，享年43岁。明世宗嘉靖皇帝即位，追赠谏议大夫、尚宝司卿。刘校一生仁孝有名、为官清廉、严明执法、刚直不阿、一身正气。

刘校小时非常诚实，天资聪慧，长辈们格外器重。年龄稍大，嗜学经书不分白天和深夜，常常忘记吃饭。母亲胡氏对他管教甚严，见他学习稍一懈怠，就罚他跪下。一年春，几个学友邀他一起外出踏青，时间长了，回家后，母亲罚他跪了半天。由于刘校父母教育有方，他在仁孝方面也是出了名的。一次，刘校大便时，发现弟弟一件心爱的器具掉在那里，捡后藏了起来。到了晚上准备睡觉时，自己拿起一束牙签，忽然警悟道："呀！这些牙签不都是同出一竹吗？我和弟弟乃一母同胞，弟弟的心爱之物，我怎能占为己有？"随即把它还给弟弟。明朝正德七年（1512），刘校官授刑部主事，就职不久，出于对父母的孝心，准备接父

① 刘文斌，男，1951年12月生，漯河市召陵区归村人。曾任中共漯河市委办公室文职秘书、中共源汇区委办公室副主任、政策研究室主任、源汇区委党校校长、源汇区政协学习文史委主任。

母到京城官邸奉养。可是在迎接双亲途中，年迈的父亲不幸病亡。刘校得到消息，急速赶往发事地点河北定州，抱起父亲的尸体痛哭欲绝。稍一苏醒，看见父亲脸上沾有尘土，就用舌尖润湿后擦拭干净。随后，把父亲送归乡里厚葬。

刘校在刑部为官多年，以清廉为本，依法办案，从不以上官的意向为准。上官对他虽十分不满意，但表面上也不敢轻慢他。一次，上官给他交办一案件，只说了句“吏部尚书对此案非常关注，你好好办理！”刘校回去仔细审阅了案宗，发现此案有误。心想怪不得上官如此交代，原来此案犯是吏部尚书的亲戚。然而，我是朝廷命官，理应秉公办案，绝不能徇私枉法。刘校抓住疑点，调查取证，弄清案情，依律判处该案犯为毒死民女罪。

一年夏季，家乡沙河决堤，河水泛滥成灾，百姓苦不堪言。县令组织全县民工加固河堤，一工头因故毒打民工张山致死。县令为了包庇罪犯，不了了之，引起极大民愤。十几个乡亲凑齐银两，一起进京找刑部刘校大人伸冤。刘校盛情接待乡亲，问明案情。当乡亲把一包银两交给刘校时，刘校执意不收，说：“请乡亲们放心！我一定替乡亲申冤，讨回公道！你们回去吧！”不到一个月，刘校大人奏明圣上，督办州官，终于将县令以包庇罪犯和贪污赈灾款罪革职查办，并将罪犯工头绳之以法。家乡人无不为之拍手称快，赞誉有加！

明朝正德十四年（1519）春，明武宗荒淫无度，玩腻宫中美女后，又要南巡物色。为了阻止明武宗南巡，避免江南州郡招祸，刘校同刑部等 25 位大臣，不顾个人安危，一齐进谏皇上。刘校第一个站出来，语言中肯切直，触怒了武宗，当廷杖刑数十，并罚跪午门五天，夺去俸禄半年。等跪到五天快要断气时，年迈的母亲和 11 岁的儿子元娄见状痛哭不绝！刘校稍一苏醒，张目叱之，并用尽力气朗诵文天祥“人生自古谁无死，留取丹心照汗青”的诗句，语毕气绝。

明世宗嘉靖皇帝即位后，对刘校等 25 位进谏大臣的冤案进行了平反昭雪，并一一追奖。追赠刘校为谏议大夫、尚宝司卿。派遣官吏在刘校家乡重建陵墓，雕刻刘校石像，铸金头厚葬，举行隆重祭礼，宣读圣谕："凡朝中大臣途经刘校大人墓前，文官下轿，武官下马！"又将刘校的儿子元娄录为国子生。

选自 2007 年《漯河文史资料》第十五辑

“杨青天”杨旦

孙发义[①]

杨旦，漯河市召陵区老窝镇穆杨村人。大清乾隆年间进士，先任舞阳县知县，后任苏州知府，享年83岁，葬于故土。一生为官清正，深受百姓爱戴，人称“杨青天”。

杨旦少时家贫，一边种地，一边读书，有报国安民的胸怀大志。杨旦妻白氏，是个贪图享受的人，不知道体贴丈夫。一时少吃没花，就拿家中衣物变卖。后来把家中仅有的几亩地也背着丈夫卖掉，带着钱财回到娘家去住。一天，有个姓李的学友听说杨旦家庭的状况，很是同情，特意送来一些米面和银两。眼看过年了，妻子仍住在岳父家不肯回来，杨旦实感不是滋味。为此，他向邻居借来一辆毛驴车前去接妻。岳父岳母一家人都不喜欢他，杨旦好说歹说总算把妻子接回来了。白氏出手大方，没多久，又把米面钱财挥霍一空。她见杨旦没明没夜地读书写字，一点也没有发怒的样子，走过去一把夺过杨旦手中的诗篇，痛骂道：“你这穷酸鬼，连老婆都养活不起，还有脸在世读书。”一边叫骂，一边撕书，然后收拾几件衣服又去娘家了。

白氏走后，杨旦心中苦闷难忍，一时想不开，半夜时分，顺手拿了根绳子，去到村东树林里寻死。绳子系好，刚挂脖子，咔嚓一声，绳子断了。正好一个侠士走来，问明情况，非常同情，便从腰中掏出一个元宝递给他，安慰杨旦后，告别而去。有了元宝，杨旦买了些礼物又去岳父岳母家接妻。岳父岳母见他这次来带了不少礼品，态度比以前热情多了。可妻子白氏却不问青红皂白，破口便骂：“你这个贼，偷了人家的

① 孙发义，郾城县人，1961年参加工作，先后任教师、教育局办公室副主任、县志办副主任、县志主编、县史志档案办公室副主任等。

东西还来装排场。”说啥也不愿与丈夫同回，杨旦只好闷闷不乐地独自走了。

转眼间到了次年春天，京城皇榜下来，召集天下文武举子进京应试。得知这一消息，杨旦心中高兴，备些行李银两，托人照看门户，便进京了。三场考毕，杨旦中了第十名进士。乾隆皇帝降旨，要杨旦去河南舞阳县任职，众亲友无不贺喜。

舞阳县，过去冤魂不少，听说来了个新知县，纷纷前来告状。杨旦秉公办事，对每个案件，他都要细查细访，掌握实据，把那些平日作恶多端、图财害命的恶棍一一处死。为冤者除了心头之恨，众百姓无不拍手称快。

一天，杨旦带人整修县衙，从地下挖出不少银钱。杨旦将一部分入了国库，一部分赈济贫困百姓，又拿出一些钱加固了舞阳县城墙。

杨旦妻子白氏听说丈夫做了县太爷，就来舞阳寻找丈夫。杨旦听说妻子来了，心中十分欣喜，立即给她安排舒适的住宅。白氏来到县衙后，整日疾病缠身，饭吃不香，觉睡不好。杨旦请来名医为她医治，总不见好转，不上三个月便亡故了。后来，杨旦又娶了一个姓刘的小姐为妻。这位妇人，美如仙女，聪明贤惠，很会帮杨旦料理事务，夫妻俩把舞阳县治理得有条有理。

一天，杨旦突然接到一桩人命案子，告状的是舞阳县北舞渡镇一位年过花甲的老太太王李氏，被害的是她的儿媳马凤兰。王李氏跪在大堂上哭诉说："青天大老爷呀，民妇大清早起来做饭，听见儿媳房里有呻吟声，以为儿媳病了，急忙去看，儿媳已倒在血泊之中，只给我说了声'小偷'二字便去世了。民妇守了半辈子寡，吃尽了千辛万苦，才把儿子拉扯大，娶了个媳妇，本想指望抱孙子过好日子哩，不想儿媳却被人杀害，儿子又不在家。恳求大老爷做主，缉拿凶犯，为儿媳报仇雪恨！"

杨旦在被害人马凤兰卧室细查细看，见血泊中的马凤兰身边有一把杀猪的尖刀，吩咐衙役把刀藏好。经检查发现马凤兰身上有三处刀伤，头上、脖子上各一刀，肚子上一刀最惨。杨旦暗暗骂道："凶犯，杨爷不找到你，誓不为人！”

杨旦见地上有枚铜钱，床头三斗桌已被打开，桌面上有血迹，明白这是一桩图财害命案。根据杀人凶器判断，这桩案子定与屠夫有关。于是找到庄上地保，调查了解情况。得知庄上屠夫有张、王、郑、李、许几家。杨旦命地保将他们一一叫来，又让衙役把杀猪刀拿出来，让他们辨识，都说这刀是屠夫许毛的。杨旦问：“你们怎么知道是许毛的？”他们说：“我们几个常在一起杀猪，所以认识。”杨旦问地保，屠夫许毛为什么不来，地保说他外出买猪去了。杨旦急忙派人速拿许毛归案。

那天，许毛正在一个庄上买猪，突然来了几个公差，不由分说，捆绑了，押回县衙。杨旦升堂：“你叫许毛吗？”“小民正是。老爷，小民历来安分守己，一不杀人放火，二不偷盗劫路，不知老爷把小民带来为何？”杨旦把杀猪刀扔到许毛面前：“这刀你可认识？”许毛拿起杀猪刀，看了看说：“这把刀正是小民的，不知道咋会落到大老爷手里，莫非出了啥事？”杨旦把惊堂木一拍，厉声道：“好你个许毛，图财害命，杀死王李氏儿媳马凤兰，逃罪外出，今日归案，还有啥可说。不动大刑，你是不会招认的。”一声令下，动了大刑，许毛死也不从。杨旦暂且把他关在大牢。

杨旦找来许毛的邻居了解情况，都说许毛为人忠厚、守本、没有恶迹。又从许毛老婆刘氏口中得知，许毛外出买猪时，家中还有一大块猪肉没卖完，走时再三吩咐刘氏，要去集上卖掉。他走后第二天一大早，刘氏就到集市上卖肉，因肉膘不好，到集散时，还没卖完，又因家中有小孩需要照看，便把没卖完的猪肉托付给集上开杂货店的表哥王义代卖，然后就急忙回家了。

杨旦又派衙役把刘氏的表哥王义带到县衙询问。王义说：“确有此事。我上了年纪，眼又不好使，不知啥时被哪个没有良心的人把刀和肉一块偷走了。我说的都是真话，如若欺骗，天打雷劈任处治！”

杨旦看王义上了年纪，说话又上气不接下气，不像凶犯样子，也就没有给他动刑。杨旦又问刘氏：“你往店里送肉时可有他人知道？”刘氏想了想说：“见人不少，其中有个叫郑三的，问肉多少钱一斤？我说最低也得十个皮钱。那人反转看了，说‘不值！不值！’就恋恋地走了。”

经调查，郑三是个单身汉，平日里就好偷鸡摸狗，背地里人们叫他“小偷”。杨旦听到“小偷”二字，不由回想起王李氏老太太说过，他的儿媳马凤兰临死时只给她说声“小偷”二字便咽了气。莫非这个杀人犯是郑三不成，如若是他，真的就冤枉了许毛。

杨旦认真回忆，那日在马凤兰卧室看察，见桌上的血手印是四个半手指头，杀人犯如若是郑三，他必是四个半手指无疑。为了抓到真正的凶犯，杨旦微服私访。来到郑三庄上，见一对夫妇从田间干活刚回，便借喝水为由来到他家，询问郑三情况。这家正好与郑三是邻居，说郑三外号叫小偷，前年因偷了市上老马家肉铺的肉，被当场抓住，苦打了一顿，还剁了他半截指头。就这样，还不改，前几天不知又从哪偷来了肉，成天煮着吃。这两天不知又去哪了。杨旦回县衙命人捉拿郑三，几天也没捉到。去他家搜捕，不见人影。为了引郑三露面，杨旦吩咐衙役张贴告示，说杀害马凤兰的凶犯许毛已经捉到，上司批文已下，单等秋后开刀问斩。

郑三杀死了马凤兰，打开抽斗拿走了银钱，知道官府必然要捉拿凶犯，在家两天不敢久留，把偷来的肉吃完后，便急忙离家出走躲避。在外一段时间，所带之钱已经花完。正无奈之际，听人说杀死马凤兰的凶手许毛已被官府捉到，秋后开刀问斩。郑三心里的一块石头落了地。暗自发笑说：“许毛啊许毛，你杀人不杀人你知、我知，天知、地知，你就去当替罪羊吧！”于是放着胆子回家去了。刚要进门，就被守候的衙役们抓住了。送到县衙一阵酷刑，郑三便说了个干净。

那天，郑三看见刘氏把肉放在王义店里，口馋得很，因来往人杂，没空下手。夜里趁人稀少，又欺王义眼不好使，就把肉袋弄到手，回家饱食一顿。夜晚躺在床上翻来覆去睡不着，想起马凤兰丈夫外出不在家，又认为他杀猪有钱，就带上偷来的那把杀猪刀，溜进了马凤兰的院子，轻轻地将门拨开，进屋还没偷着东西，就被马凤兰发现。郑三怕马凤兰吆喝，便用尖刀向马凤兰刺去。马凤兰还没出声，就倒在地上，再也爬不起来，眼睁睁地看着小偷把钱拿走了。杨旦让郑三画押后，打入死牢。

凶手拿到，真相大白。杨旦却很惭愧，眼含热泪把许毛从牢中接出，赔礼道歉。许毛忍痛说："大老爷，你错打了我，我不怪你，我知道你是个清官。"杨旦从这一案中吸取了教训，挥笔写下"良民百姓如父母，遇事认真细中细。"挂在卧室，告诫自己。从此以后，杨知县再也没有判过错案，至今舞阳县人民仍把他的事迹当佳话传颂。乾隆皇帝爱其才德，三年后，杨旦被提升为苏州知府。

选自 2007 年《漯河文史资料》第十五辑

台北知府陈星聚

张翠华 [1]

1869 年（清同治八年）3 月的福建闽县，阴雨绵绵。英法要在穿石乡海口强筑炮台的消息撕扯着知县陈星聚的心，他毅然拒绝洋人建立炮台。然而，陈星聚却因此被免去闽县知县。历经两次鸦片战争的清朝政府已经不敢违抗外国侵略者的意思了。当时，西北边疆、西南边疆面临严重危机，东南海疆也已经敞开在外国侵略者的面前。

陈星聚铜像

此前一年的 5 月 14 日，陈星聚调任闽县知县，10 月 1 日到任。这个地处福建省东部、福州市西南侧、呈月牙形拱卫省城福州的闽县有着

① 张翠华，女，1966 年，1987 年毕业于郑州大学历史系。历任漯河市档案馆馆长，漯河市史志档案局副局长等。

悠久的历史，素有“八闽首邑”之称。任闽县知县后，陈星聚首先清理词讼，使积案冤狱得到彻底处理，不但人民称颂，也受到省督抚沈文萧、王文蕙二公的称赞，称他为“纯儒循吏”。

就在陈星聚去职闽县知县三个月后，福州船政局制成了质量接近当时世界造船先进水平的中国第一艘木质运输轮船“万年青”号。福州机器局也已设立，开始制造军火。这对于正处在危机中的东南海疆来说，无疑是两个振奋人心的好消息。此时，陈星聚到任仙游知县。北望中原，已经 53 岁的陈星聚难免感慨万千。他似乎看到了那个位于颍水河畔的故乡陈村，从儿时的苦读，想到道光二十九年（1849）中举的喜悦；从练乡团数百人征剿捻军，以军功被保举知县，想到 1864 年（清同治三年）2 月任福建省顺昌县知县，从中原到福建，千里迢迢，一路上有数不尽的艰辛。到任后，正遇到地方江右之乱，百姓田产被掠夺，民不聊生。他不靠武力，设法清厘、平定匪乱，还人民以安谧的生活环境。那时县辖九龙山集聚了很多匪寇，他们依仗地势险要，不断地出来掠夺，20 余年间远近不得安宁。百姓以此为患，官府对此也束手无策。当时闽浙总督左宗棠督促福建发兵围剿匪寇。陈星聚主动要求先用劝导的办法，轻装简从，入山面见匪寇，与匪寇斗智斗勇，获送匪首数名，其余也都归顺，并且给他建立生祠，表示悦服。为此左宗棠对他大加赏识。1866 年（清同治五年）10 月，以其“听断缉捕、矢慎矢勤、宽猛协宜、舆情悦服”报请清政府军机处留名升用。第二年，陈星聚任福建省建安县知县，当地人与外来人冲突不断，他悉心调剂，使大家和睦相处。又捐献除正俸之外的养廉银，增建仕子应试考场，创立书院义塾，使文风蒸蒸日上。

陈星聚到仙游县后，了解到县民素好打官司，动不动就发生械斗。于是他亲赴各乡委婉劝导。所到乡的父老子弟围着他问寒问暖，亲如家人。陈星聚苦口婆心劝谕他们要以读书、耕田为乐。特编写了“八戒十劝”诸歌，要他们相互传诵，百姓感激得痛哭流涕。这时，陈星聚因陕甘军务捐饷有功，奏请赏戴花翎。

1871 年（清同治十年），陈星聚任福建古田县知县。古田县大东乡地处僻远，乡风蛮悍，抗税习以为常。陈星聚先抑强扶弱、审结词讼，再为诸生讲论文字、劝诫善恶。很快乡俗大变，主动交纳赋税，无一滞欠。水口乡面水背山、土地贫瘠，百姓生活非常艰苦，平常靠接上游木植为生，但却被邻邑势绅强夺。陈星聚不避嫌怨，力为争复。县民感激他，在古田水口乡为他建生祠。《古田县志》记载，他"甫至，厘剔粮胥，积弊豁然清。试童子军，关防严密，无敢作奸"。获闽浙总督、福建巡抚的表彰。称他"洁己爱民、实心任事，会荐卓异"。

陈星聚在赴台之前，已经在福建顺昌、建安、闽县、仙游、古田等县任过知县，历时八年有余。所到之处政声卓著、百姓称颂。所以，后来他被清政府委以重任，跨越台湾海峡，到台湾任职，一去就是十几年。

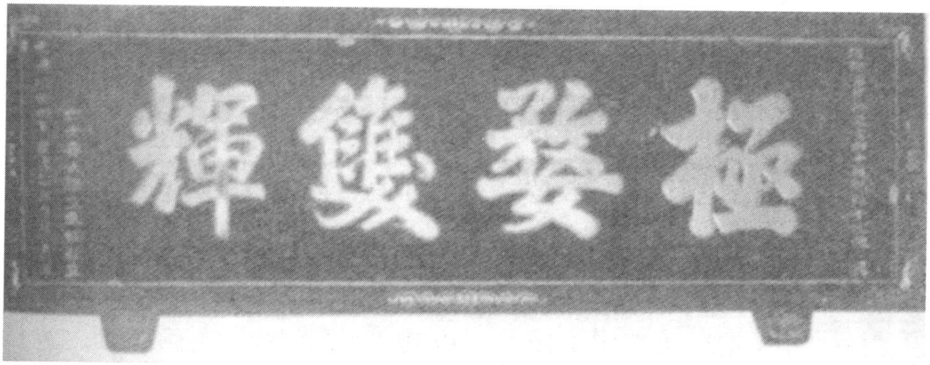

陈星聚题写匾额

2008年，在顺昌县郑坊乡郑坊村村民张昌培家发现了陈星聚在顺昌任知县期间的题字寿匾。该匾宽2.6米、高0.85米，书写"极婺双辉"四个鎏金大字。匾额左上方署为"特授顺昌县正堂加十一级纪录十二次陈为"，右下方落款为"六十岁太学生张根旺立——大清同治四年岁次乙丑冬月吉旦"。福建省美术家协会会员、顺昌县文化馆馆长说："大字行楷字形美，粗犷，厚重，富有张力；小字行楷严谨，颇见功力。"对顺昌传统文化颇有研究的饶文英认为：题匾者陈星聚十分谦虚，只写自己的官职、功名和姓，却不落名字。据临颍县有关人士介绍："这是发现的第一块由陈星聚题写的匾额，从中我们也似乎看到了 100 多年前陈星聚在福建任知县时具体而生动的生活场景。”

1872 年（清同治十一年），陈星聚以“守洁才优、实心任事、在闽年久、熟悉海疆”被闽浙总督、福建巡抚奏请荐为台湾府淡水厅同知。清代设立的淡水同知是掌管海防的官职，正五品。该淡水海防同知所驻办事处称淡水厅。陈星聚设官的第二年八月赴任淡水同知。就在此时，日本谋侵台湾。桦山资纪由神州转入淡水登陆，探知台情。

淡水厅辖横亘七百里，溪流交错，山险林深，古代是投放罪人的地方。南有铜锣湾、北有三角涌、大科嵌等皆逼近内山，为盗贼渊薮，劫杀案件频繁发生。前任同知多次被弹劾而去。陈星聚到任后厉兵秣马、增固营垒、严加防御，并亲率精锐入山。盗匪没有想到陈星聚会亲自前来，于是乱作一团，著名盗首吴阿来被捕获。陈星聚又率众往北乡捉获数犯，盗风为之一清。淡北教民恃势横行，陈星聚找准时机，诛戮一二，遂皆渐渐敛迹，百姓得以安宁。

就在陈星聚赴任淡水同知的前一年，在台湾南部与台北相隔数百公里的地方发生的一件事影响到陈星聚的命运，也是促使台北建城的原因。琉球船民因风漂流到台湾，其中 54 人被台湾土著杀害，其余 12 人由清政府护送回国。当时的琉球是清朝附属国，而日本却找借口攻打台湾。1874 年（清同治十三年）5 月，日本派陆军中将西乡从道率兵侵犯台湾、劫掠焚杀。当地居民据险反击。福建巡抚沈葆桢以钦差大臣身份处理事件后，根据当时只有一个台湾府属福建管辖、地方行政机构下设四个县、两个厅鞭长莫及的情况，奏禀皇廷，要改革地方组织、加强防务、发展经济。当时，台湾外销的大宗靛青、煤、茶、樟脑“皆出于淡北”，而当时的艋舺与大稻埕也早已成为北台的经济中心。清政府终于明白，台湾是遏制日本侵略中国的前哨，于 1875 年（清光绪元年）批准了沈葆桢《台北拟建一府三县》的奏折，1878 年（清光绪四年）正式设立台北府。这在行政文书上“台北”一词首度出现。

台北府设立后，林达泉出任台北知府。为求防务需求，经实地探勘，林达泉初步决定在艋舺与大稻埕之间的未开垦荒地构筑台北城。他上任后约半年，即因积劳弃世于任。陈星聚继任，还暂以淡水厅署为府署，也就是说府治设于新竹。1879年（清光绪五年）闰三月，淡水、新竹分治，他才开始移治台北，积极筹建台北府城。他是首任“开府台北”的知府，也是与府城的建筑相始相终而“劳瘁不辞”的知府。

台北城位于大稻埕东南、艋舺以东。台北设府以后，将这三区合成台北，称为“台北三市街”。当时三者实未相连，遍见稻田、沼泽、池塘、墓地横亘其间，居民无几，一片荒凉。1878年（清光绪四年），艋舺人洪祥云、李清林等向该地豪商吴源昌租地，在府后街建店。继而大稻埕人张梦星、王庆寿等在府直街建屋，府前街也续建店，街衢渐成。陈星聚任台北府知府兼淡水县知县后，贴出广招人民在城内建街的告示，要求每座民屋应深二十四丈、宽一丈八尺，现备现销地基银十五圆，每年仍交地租两圆。一经交足，听其立时起盖。台北府城也开始筹建。因台北基地松软，陈星聚在预定的城墙线上植竹培土。直到两年后岑毓英任福建巡抚巡视台湾防务时，还奏称台北府“尚无城垣……不足以资捍卫”。1881年（清光绪七年），陈星聚不辞劳瘁、躬任其难，集士绅耆老林维源、陈霞林、李清琳、潘成清、叶逢春等筹募银二十万两以建城。接着又禀准勘定街道、奖建店铺。几年后，台北城“碧瓦连云、朱篱栉比，俨然巨邑矣”。1882年（清光绪八年）1月24日，台北城兴工，两年后完工。城周一千五百余丈。其中北门名承恩门，城郭额铭“岩疆锁钥”四字。城垣多以坚石堆砌，中层为砂土。全城略作长方形。壁垛合高一丈八尺、宽一丈二尺，面积达1.4平方公里，是当时中国最具新气象的海疆城市。因为是台北府所在地，所以又称为台北府城。

中法战争爆发后，慈禧做了重大的人事变动，罢黜奕䜣。军机处的权力掌握在奕谖和孙毓汶手中，执行的仍是奕䜣的对外妥协政策，完全寄希望于“和谈”，不可先发开衅。作为台北知府的陈星聚忧心如焚，竭尽全力筹集款项、购置武器弹药、招募青壮年、扩充军队，准备一旦战争扩大到台湾时，坚守台北。法军在谅山战败后，法海军中将孤拔率领法国舰队驶抵闽江口，要求进入福建水师基地马尾军港停泊，向台湾基隆发动进攻，企图登陆占领基隆炮台。督办台湾防务刘铭传的部队进行抵抗，击退了法军。接着发生的马尾海战，使福建水师的军舰和运兵船只在很短的时间内几乎全被击沉、击毁，清朝当局不得不对法宣战。9月中旬，孤拔率主力舰队再次进犯台湾，占领了基隆炮台。刘铭传被迫率部退守淡水，认真布防。在袭击淡水失败后，孤拔宣布对台湾进行封锁。台湾与大陆海运交通被隔绝，形势十分危险。面对法舰封锁，刘铭传电请李鸿章派北洋舰队前来解围。李鸿章却按兵不动。危急关头，年已68岁的陈星聚义愤填膺、无所畏惧，决心与台北共存亡。他让妻子、儿女坐守在后花园水井旁边，准备一旦城破，即全家投井殉国。他本人则日夜坚守在海防前线，激励士气，督战指挥，英勇抗击法国侵略军。台湾军民在全国人民的声援下，严守淡水，并几次击退自基隆向台北进犯的法军，保住了台北。但是，清朝政府却在镇南关大捷之后，签订了丧权辱国的《中法条约》。陈星聚得知后十分气愤。由于气劳双侵，背部毒疽发作，遂含愤而死。终年69岁。

陈星聚去世当年，1885年（清光绪十一年）10月，清政府将台湾改为行省。刘铭传为第一任巡抚。

无论是陈星聚的果断围剿匪寇还是英勇抗击侵略者，都可以看出陈星聚堪称铁血知府，但他同时又十分体恤民情。陈星聚洁己爱民、实心任事。“每断死刑，必为涕泣。”“性笃厚，宽以接物，人有欺之者，从不记其过，然行事多奇气。”曾有一美而知礼的孀妇，被一富豪劫持。陈星聚听说后，走十余里路到富豪家劝说其要有仁义之心，终于救出孀妇。

我们有幸从淡新档案中看到陈星聚在台湾任职时的公务文书。淡新档案是清代台湾淡水厅与新竹县的官方档案，也是前清时代台湾府县档案之唯一幸存者。陈星聚爱民如子、疾恶如仇，俸禄虽薄但见义必为。添设义塾，增加书院，创建养济院，还捐廉银二千圆存放生息，作为乡试诸生的盘费。三举厅试所得之士都是当时优秀人才。众人都夸奖他、佩服他，认为他很有远见。淡水任内，政绩颇多。考核中因为“诚恳笃实、洁己爱民”和“志坚守洁、慈惠爱民”受到表彰。

陈星聚从清同治三年（1864）走出临颍，在外做官20多年，但一直心系家乡人民。在他任台北知府的前一年，河南大旱，加上蝗灾，“道馑相望。星聚捐谷千石，又赈本乡数百石”。因此，家乡人民亲切称呼他为“陈官”。“陈官”的美名至今在民间盛传不息。因他在台北为官，又追封为“道台”，为了纪念他，家乡人民就把他的家乡陈村改为“台陈”。

陈星聚到台湾后，外出巡视，发现当地有收“埋葬税”的陋规。很多人由于交不起“埋葬税”，只好让尸体在家里存放多年，腐烂发臭。有些穷苦人家，甚至放几具尸体都不能埋葬。陈星聚查明之后，下令废除“埋葬税”。规定：凡家中存放尸骨者，限三天之内一律运出埋葬，不交“埋葬税”；过期不埋者，加重罚款。上任第一年，就建立了艋舺养济院，又在艋舺街学海书院内建淡水县儒学。这种为民造福的措施，得到了台北人民的拥护。

1880 年（清光绪六年），夏疫秋霖，民不聊生。陈星聚看到这种情况，果断地说：“吾但活吾民，罔顾利害也。”遂发仓谷赈灾。陈星聚在大南门内建台北儒学，又捐养廉银八百圆，购旧屋建新竹县养济院，容纳贫废疾穷民。

“黄氏节孝坊”是现今台北市难得一见的有百年以上历史的古迹。这是 1882 年（清光绪八年）陈星聚在东门街所立，旨在旌表王妈黄氏守志抚孤之劲节。他挥笔为黄氏节孝坊题写对联：清节历冰霜，辛檗半生，幸有遗徽型海上；湛恩深雨露，贞珉一片，长留明德在人间。

陈星聚的女儿在台北长大成人后，嫁给商水县邓城镇的叶百渊（海容）。叶氏先祖叶绍颐在明朝移民时从山西洪洞县迁居商水。当时沙河航运发达，行旅商贾多在邓城码头留宿中转。叶绍颐在码头开小饭店维持生计，后因拾金不昧，与遗失珠宝包裹的珠宝商结为异姓兄弟。珠宝商多次赠巨款为叶氏置田，并资助其他经营，加之叶绍颐勤劳持家，成为当地巨富。

建于明末的叶宅，仿故宫明清建筑，后规模扩大，至清乾隆年间达到鼎盛。叶氏庄园的后堂楼就是叶海荣与叶陈氏的洞房。

陈星聚不会想到，在他离世 80 多年后，他女儿的曾孙叶魁会因为他曾在台湾做官被打成右派。叶魁曾在西华一高任教，是我的语文老师兼班主任。他曾写信告诉我当时被审问时的情景：

“你有什么海外关系？”

“没有。”

“台湾。”他们提示道。

“那叫海内关系，台湾属海内。”

“你与姓陈的官僚政治家什么关系？”

“现在我搞不清楚，将来我一定会搞清楚再回答不迟。”

我给叶老师寄去了陈星聚的有关资料，叶老师在《西华文史资料》上曾撰文纪念陈星聚。漯河有线电视台拍摄“大槐树寻根”漯河十大姓历史名人系列节目时，我和有线电视台工作人员一起到台陈陈星聚的墓园进行拍摄。据叶魁老师回忆，曾祖母知书达理，言谈举止既有别于大家闺秀，又有别于小家碧玉。儿时曾祖母曾让他们观赏从台湾带回的楠木家具、竹席、阿里山草帽等陪嫁品。

陈星聚逝世后，其遗体由海运转入运河，到西华县逍遥镇，又陆运转至故里安葬。清政府追封他为三品道台，并在墓园树立“御赐祭葬如例”蛟龙碑一通，供过往官民拜谒。明清时墓碑的形制是体现墓主身份的标志：一品为螭首龟趺，二品为麒麟首龟趺，三品为天禄、辟邪（传说中的两种神兽）首龟趺。墓地的大小也有具体的规定，清三品为七十方，高十二尺。明清两代规定：二品以上置石人、石马、石羊、石虎、石望柱各二件；三品置石虎、石羊、石马、石望柱各二件。从这些规定中可以想见陈星聚墓园初建时的大致样式。

陈星聚墓园在“文化大革命”期间遭到破坏。1982 年，临颍县政府对墓园进行了修葺。台北各界人士敬仰陈星聚抗法功绩，在当地为他建造了一座“陈公祠”，年年追悼祭祀。近年来，台湾部分陈姓人还到临颍县拜谒陈星聚墓园。2005 年 7 月，台北新竹市原副市长蔡仁坚专程到临颍县收集有关陈星聚的资料。

省委书记徐光春就陈星聚墓园保护修缮工作先后作出重要批示。按照 4A 级文化旅游景区标准建设面积为 30 亩的陈星聚纪念馆开馆在即，新编历史剧《台北知府》也已经搬上舞台。

两岸骨肉同胞在对台北知府陈星聚的共同缅怀中，思索着，也期盼着……

选自2009年《漯河文史资料》第十七辑

附:《八戒十劝歌》

八戒十歌到处传，社会平定都喜欢。
一戒械斗睦邻里，四海一家保平安。
二戒骄傲谦受益，和衷共济心相连。
三戒贪婪知足乐，不义之财手莫沾。
四戒淫欲固元气，身心双修享万年。
五戒嫉妒能上进，人人有长也有短。
六戒贪吃俭为贵，丰时莫把灾荒忘。
七戒暴怒仁为本，心平气和三冬暖。
八戒懒惰勤为美，哪怕千险和万难。

一劝爱国固海疆，拿起猎枪打豺狼。
二劝忠孝骨肉亲，养育之恩似海洋。
三劝读书作君子，学习圣贤好榜样。
四劝家和万事兴，一代更比一代强。
五劝人品要端正，诚信处事人敬仰。
六劝为富应多仁，义举善行大发扬。
七劝取财要有道，千万莫有非分想。
八劝心平气和善，不会吃亏和上当。
九劝修身固元气，精神旺盛体健康。
十劝勤俭满地金，家喻户晓齐传唱。

此歌转自《临颍县文史资料》第十一辑

爱国知府陈星聚和台陈镇

张临跃[①] 蒋玉良[②] 李自堂[③]

清末台北知府陈星聚，在中法战争战火蔓延到台湾时，坚决抗击法军入侵，英勇保卫台北，爱国主义精神可歌可泣！

陈星聚（1817—1885），字耀堂，河南省临颍县台陈村人。清朝嘉庆二十二年（1817）生，道光二十九年（1849）中举，同治三年后历任福建省顺昌、建安、闽县、仙游、古田知县，同治十年（1871）升任台湾淡水同知，五年后又调任鹿港同知，光绪四年（1878）升任台北知府。他性情刚毅，急公好义，体恤民情，热爱祖国，励志图强。在中法战争中，英勇保卫台北，对祖国人民做出了卓越贡献，是一位深受台湾人民爱戴的民族英雄。

陈星聚于同治三年（1864）到顺昌任知县，据《顺昌县志》记载：他“兴利除弊，政绩颇多”。他在闽县任知县时，“洋人”要在闽县海口强筑炮台，严重威胁我国海防安全，陈星聚虽官小职微，却敢提出抗议，据理力争，加以制止，因而得罪“洋人”，被清朝政府调往仙游。同治十年（1871），陈星聚任古田知县，《古田县志》记载，他“甫至，厘剔粮胥，积弊豁然清。试童子军，关防严密，无敢作奸”。

陈星聚到台湾后，外出巡视，发现当地有收“埋葬税”的陋规，就是人死以后，还得交重税才能安葬，否则罚款判罪。很多人由于交不起“埋葬税”，只好让尸体在家里存放多年，腐烂发臭，有些穷苦人家，甚至放几具尸体都不能埋葬。陈星聚查明之后，下令废除“埋葬税”，并

① 张临跃，男，临颍县政协干部。

② 蒋玉良，男，临颍县政协干部。

③ 李自堂，临颍县人，1956 年 11 月生。1975 年参加工作，大专文化，临颍县政协社会法制委副主任。

规定：凡家中存放尸骨者，限三天之内一律运出埋葬，不交“埋葬税”，过期不埋者，加重罚款，以后死人埋葬，一律不交“埋葬税”。这种为民造福的措施，得到了台北人民的拥护。

当时，清政府腐败无能，英、法、俄、日等帝国主义纷纷入侵中国。陈星聚看到“洋人”气焰嚣张，步步进逼，清朝政府奴颜婢膝，丧权辱国，甚为忧愤，于是省简政务，集中精力，修筑加固台北府城池。中法战争爆发后，他又竭尽全力筹集款项，购置武器弹药，招募青壮，扩充军队，准备一旦战争扩大到台湾时，坚守台北。法国侵略军在凉山战败后，恼羞成怒，又加派海军进攻福建、台湾。光绪十年（1884）八月，法国海军第一次进攻基隆，一度登陆，后被赶下海去。九月，法军第二次进攻基隆，十月一日基隆失守，他们又兵分两路，进攻台北和淡水，台湾与大陆海运交通被隔绝，形势十分危险。这时，年已六十八岁的陈星聚义愤填膺，无所畏惧，决心与台北共存亡。他让妻子、儿女坐守在后花园水井旁边，准备城破后全家投井殉国，他本人则日夜守在城防前线，激励士气，督战指挥，英勇抗击法国侵略军。几经生死搏斗，终于打退了法军的猖狂进攻，守住了台北，为祖国争了光，为人民出了气。但是，清朝政府却在镇南关大捷之后，签订了丧权辱国的《中法条约》。这使他十分气愤，同时，由于劳累过度，背部毒疽发作，遂气愤而死。时光绪十一年（1885）夏，终年69岁。台北各界人士对陈星聚十分敬仰，在台北为他修建了一座“陈公祠”，年年追悼祭祀。同时，联名奏请清政府，要求对他旌表晋级，清朝政府追封他为三品道台“御赐祭葬如例”。他的遗体由海运转入运河，又转陆运到河南临颍，在他的家乡陈村安葬。

陈星聚在外做官20多年，对家乡人民十分关爱。据《临颍县志》记载，“光绪三年大饥，道馑相望，星聚捐谷千石，又赈本乡数百石”。因此，临颍的人民亲切称呼他为“陈官”，“陈官”的美名至今在民间盛传不息，津津乐道。因他在台北为官，又追封为“道台”，为了纪念他，就把他的家乡陈村改为“台陈”，即现台陈镇所在地。

现在，陈星聚墓犹在，临颍县政府曾拨款加以修缮保护。在台湾的陈星聚后人亦与他的家乡保持着密切的联系，关心着家乡的发展变化。

选自2004年《漯河文史资料》第十二辑

附录：

台北知府陈星聚研究述评

黄治国

陈星聚是河南省漯河市临颍县台陈镇台陈村人，在清同光两朝仕宦闽台20余年，历任福建顺昌县、建安县、闽县、仙游县、古田县县令，淡水厅同知、鹿港厅同知、台湾府中路抚民同知、台北府知府等职。在任期间，陈星聚清正廉洁、关心民瘼，兴利除弊、重视文教，宽严并济，造福一方，深得百姓爱戴。特别是在任台北知府期间，他修筑城池抵御外侮以身许国，最后卒于知府任上，为台湾北部的建设做出了自己的贡献，是台湾历史上产生重要影响的人物之一。近年来，随着两岸交流的日益频繁，陈星聚作为连接两岸民众感情的纽带之一，其学术研究也逐渐受到关注。新史料不断被挖掘，新成果不断涌现，关于他的研究逐渐走向深入并呈现蓬勃发展之势。对相关研究成果进行认真梳理和客观分析，不仅有助于陈星聚研究的深入，而且有助于拓展豫台之间交流的渠道。近年来关于陈星聚的学术研究主要体现在以下几个方面。

一、综合性研究

有关陈星聚的综合性研究，代表性成果主要是《台北知府陈星聚》《台北知府陈星聚评传》两部学术专著。谭建昌先生的《台北知府陈星聚》是近40万字的文史资料，系统介绍了陈星聚的事迹。该书对于全面宣传陈星聚英雄事迹，弘扬陈星聚精神，加强海峡两岸交流，增进两岸一家亲、同根同祖情的民族认同感，起到了积极的推动作用。任崇岳先生《台北知府陈星聚评传》一书作为中国河洛文化研究会的研究成果，2013年由河南人民出版社出版。该书利用庋藏于台湾的档案文献，钩沉发微、爬梳剔抉，积数年之功写成，是近年陈星聚研究的标志性学术成果。

二、陈星聚对闽台的治理

陈星聚为官主要在闽台地区，任职地方多达9处，其政绩在其曾为官的地方县志中多有记载。

他的第四代嫡孙陈守信先生长期研究先祖陈星聚，整理出版了大量有关陈星聚的资料，主要有《曾祖陈星聚的史书摘抄》《缅怀曾祖陈星聚》《台北知府陈星聚》《祖国人民开发台湾历史纪实》《陈星聚遗体归葬小记》《台北设府筑城简史》等10多篇文章。张临跃等的《爱国知府陈星聚和台陈镇》论述了陈星聚在中法战争中坚决抗击法军入侵、英勇保卫台北的爱国主义精神，并记述了他的家乡陈村为纪念他而改名“台陈”的经过。陈颖在《怀念台北知府陈星聚》一文中，回顾了自己的曾祖父陈星聚创建台北府城、抗击法国侵略军的事迹，再次验证了台湾与大陆的血肉亲缘关系。杨海中《台北首任知府陈星聚》一文对陈星聚担任顺昌、闽县、建安、仙游、古田等地知县的为政简史进行了回顾，特别对陈星聚在淡水同知任上消除匪患、兴办教育、治理大甲溪发展农业、修建台北府城，守城并抗击法国侵略者的历史事迹进行了论述。文末还介绍了陈星聚墓园的建设情况。任崇岳先生曾发表两篇论文对陈星聚治理闽台的功绩进行述评。《陈星聚治理闽台的功绩》一文对陈星聚先后任福建省顺昌、建安、闽县、仙游、古田县令期间及担任台湾府淡水同知，代理台北知府、任台北知府期间，关心民瘼、兴利除弊、兴文重教、抵御外辱、以身许国的卓越表现进行了论述。该文还对陈星聚在家乡与捻军作战的历史是否需要回避的问题和陈星聚是否首任台北知府两个问题作了初步辨析。《台北知府陈星聚治台功绩》一文则论证了陈星聚经营台湾淡水期间，编练保甲、戡定匪患、革除陋习、严禁赌博、禁宰耕牛、平抑米价等施政措施取得的卓异成绩。在台北知府任上，陈星聚营建台北、兴建学校、赈寡恤贫、整饬吏治，为台北治理费尽心力。面对法军入侵，他领导修筑炮台、招募丁壮、守御台北，为国纾难。总结陈星聚在台湾期间的历史功绩，可以说他既是循吏，也是民族英雄，更是开发建设台湾的功臣。孙炜《陈星聚其人其事》论述了陈星聚创办书院为国培养人才、兴利除弊维护百姓安居生活、抵御外敌入侵保卫国家安全的事迹。

任崇岳先生《从〈淡新档案〉看陈星聚治理淡水的功绩》一文论述了陈星聚在同治十二年（1873），因考核政绩卓异，擢升为淡水同知，任职期间，恪守官箴，鞠躬尽瘁，关注民瘼，兴利除弊。该文依据台湾大学图书馆度藏的《淡新档案》中的相关记载，总结陈星聚在淡水的功绩大致有三点：一是革除陋习，严禁赌博；二是关注农业，禁宰耕牛；三是打击奸商，平抑物价。

三、陈星聚的农本及教化思想

作为一个传统的农业大国，农业的发展、农民疾苦的妥善解决是国家社会长治久安的基石，作为一位有着民本思想的循吏，陈星聚深知要解决好辖内民众的生存问题，就要以民为本，关心民众疾苦，兴利除弊。赵黎君《陈星聚的农本思想》一文认为，陈星聚在闽台为民尽力为国尽忠的施政措施，无不蕴含着他的农本思想，即勤政为民、以德治民和爱国爱民的思想。该文同时指出，陈星聚为官一任，造福一方，深受百姓的爱戴和帝后的好评，堪称为官者的榜样。他在台湾筑城、废除埋葬税、开仓赈灾、保卫台北等，为台湾的发展做出了很大贡献，是海峡两岸一家亲的历史见证。

教化是我国传统官吏治理地方的基本措施。陈星聚曾长期担任地方官吏，注意对地方的教化也是他执政的重要特点。他长期亲身实践并形成了丰富的教化思想。李志坚在《陈星聚的教化思想及实践》一文中考证了陈星聚的教化思想及实践，指出其教化思想主要体现在发展教育、倡导德治、举办慈善、亲民为民和处理教案等方面。他认为陈星聚的教化思想及实践构成了其治理地方的重要内容，促进了儒家文化在台湾的普及和深入，加强了台湾与大陆联系的紧密性，在当时的时代条件下具有重要的历史意义。

四、陈星聚与台北府城的修筑

台北城兴建于清光绪年间，位于台北大稻埕与艋舺两地之间，面积达1.4平方公里。光绪八年（1882）在陈星聚及台湾道刘璈等官员的合作下开始兴建，光绪十年（1884）正式完工，成为台湾史上唯一全部用优良石条所建的石城，也是唯一的长方形城池，为台北宗教与政治中心。李乔先生《清代台北府城设置与开发考略——兼论陈星聚在台北府城建设上贡献》一文，对台北府设置的原因、过程、府城的建设、经费的筹措等问题进行了论述。他认为清同治十三年（公元1874年），台湾南部发生的牡丹社事件使清朝政府失去了琉球宗主权，也使清政府认识到台湾的重要性，从而对统治台湾的态度发生极大转变，台湾的建设问题日渐受到重视。在此背景下，清廷开始改变台湾的行政设置，在台北艋舺地方添设知府一缺，名为台北府。而在台北府城的选址、规划、建设过程中，陈星聚功不可没。芦敏《陈星聚与台北府城的修筑》一文对台北府城修筑的时代背景、修筑过程中陈星聚所起的重要作用进行了评述。他认为由于台湾岛与大陆相隔窎远，清初政府并不主张在台湾筑城。然而，从19世纪中期开始，面对海防危机不断加剧的情势，尤其是“罗妹号事件”和“牡丹社事件”的接连发生，台湾直接暴露在列强的炮火之下，清政府才开始转变政策，在台湾推行筑城运动以保卫海疆。作为实质上首位履职的台北知府，陈星聚以其卓越的个人品质成功地完成了历史赋予他的使命，带领台湾人民筑起了台北府城，遏制了列强的入侵，捍卫了祖国的领土。

五、陈星聚作为名人资源的利用与开发

在豫台交流史上，有不少值得挖掘的历史人物。宋楚瑜先生曾说：“台湾历史上有许多做出突出贡献的河南人，台湾人都知道北有陈星聚、南有曹瑾。”基于陈星聚在台湾的巨大影响力，河南省委提出了“把陈星聚纪念馆打造成爱国主义教育基地、促进祖国和平统一的平台、弘扬中原文化的载体、推动旅游发展的景观”的构想，在陈星聚墓园基础上规划建设了陈星聚纪念馆。纪念馆修建了牌坊、正门、掖门、西配殿、石桥、飨堂、浮雕画、木雕楹联、题词碑廊、青史林，特别复制了陈星聚修筑台北城墙时镶嵌在北门的“岩疆锁钥”石匾并增添了台北历史文化展室，真实再现了陈星聚伟大的一生。台湾记者在瞻仰陈星聚纪念馆

后说:“两岸共为陈星聚设庙立祠，供后人追悼祭祀，这充分说明两岸同胞血肉之亲，难以割舍。”涉台名人资源的合理开发利用，为两岸文化交流搭建了一个崭新的平台，取得了巨大的社会经济效益。

孙炜、刘瑶《历史名人的形象建构与资源开发——以首任台北知府陈星聚为例》以陈星聚的核心形象建构为例，分析在历史名人资源的保护与开发中，建构历史名人的核心形象之必要性。文章认为，陈星聚的核心形象在于他是海峡两岸命运与共的重要见证。他来自河南，又是河南与台湾源远流长之历史联系的继续谱写。

六、陈星聚资料文献的搜集整理与利用

相关资料文献是陈星聚研究的基地。有关陈星聚档案文献整理利用的成绩主要表现为对《淡新档案》的整理和《台北知府陈星聚资料汇编》一书的出版。

《淡新档案》是台湾淡水厅、新竹县与台北府三个行政单位的行政与司法档案。时间涵盖乾隆四十一年（1776）至光绪二十一年（1895），共有财政、抚垦、田房、钱债、财产侵夺、人身自由、风化等类1163案，档案包含了文书、图册共19123件。其中保存光绪、同治年间的档案数量最多，占全部档案的85%。光绪年间888案，占全部档案的72.73%；同治年间149案，占12.20%。这些档案比较完整地记录了清代台湾北部的社会情况。档案数量最多的同光两朝正是陈星聚在淡水、台北任职的时间。李乔先生《〈淡新档案〉与台北知府陈星聚研究》一文，对《淡新档案》进行梳理后发现，台湾大学图书馆公开的19243件档案，通过关键词检索，共检索出与陈星聚直接相关的档案1583件，再加上逐件翻阅档案检出的与陈星聚有关的档案文件169件，两者合计1752件。所以，李乔认为，《淡新档案》中蕴藏着丰富的与台北知府陈星聚有关的档案，是研究陈星聚的第一手资料，具有极高的史料价值。作者还利用《淡新档案》纠正史志文献之谬，考证了陈星聚出任淡水同知、台北知府的时间问题。他指出，陈星聚出任淡水同知的时间是同治十二年（1873），在光绪四年（1878）十月已经署理台北知府，即已经出任台北知府。李乔先生《台北知府陈星聚资料汇编》一书全面、详细搜集整理了陈星聚的生平资料，不仅包括官方文献资料，而且包含一些原始档案。这些资料的重要价值将会随着陈星聚研究的深入而愈加彰显。

七、进一步研究的空间

综上所述，陈星聚研究已经得到海峡两岸学者们的充分重视，并已取得丰硕成果，但在取得以上成绩的同时，尚有进一步研究的空间，需要学者们开展更为深入细致的工作。

第一，原始档案史料使用比例偏低。以往关于陈星聚的学术研究，学者们所使用的资料多为《顺昌县志》《建瓯县志》《古田县志》《临颍县志》《台湾省通志》《新竹县志》等地方志，以及《台湾文献丛刊》、连横的《台湾通史》和地方文史资料《临颍文史资料》等，使用第一手的原始档案资料进行研究的比例明显不足。目前已出现可喜的转向，如河南社会科学院任崇岳、李乔两位先生的两篇论文即是使用《淡新档案》来研究陈星聚治理淡水的功绩和纠正史志文献中的错误，肯定了这批原始档案在陈星聚研究中的积极作用。

从已有研究成果看，资料运用方面仍然有可补充之处。有些研究虽不失开创之功，但由于史料的局限，仍然有粗糙遗珠之憾。要想在陈星聚研究领域进一步深化，除转换研究视角外，利用档案史料进行研究是一个突破口。在中国第一历史档案馆藏有相当数量的涉台满汉文档案，其中关于陈星聚的内容亦有不少，目前尚未引起足够重视，亦未被充分利用。笔者曾专程到中国第一历史档案馆查阅有关陈星聚的档案，查阅到部分有关陈星聚的奏折，内容涉及陈星聚在台湾的任职情况、施政措施、建设台北城的情况、补台北知府缺的时间、闽浙总督对他的评价和请求清廷奖励议恤情况等。这些档案部分已由中国第一历史档案馆和海峡两岸出版交流中心编纂，九州出版社出版。但亦有相当部分尚未得到有效整理利用，如果能够将第一历史档案馆藏这批最具权威性的原始档案整理并充分利用，必将推动陈星聚研究的进一步深入。

第二，关于陈星聚任职的问题尚未达成一致。关于陈星聚是否首任台北知府、任台北知府的具体时间，史籍记载不一，目前学界尚未达成一致意见。关于陈星聚是否首任台北知府，任崇岳先生曾进行考证。他认为：台湾第一任知府是林达泉，在台北知府任上仅 7 个月便一病不起，他的府衙设在竹堑，他自己从未去过台北。第二任知府是福建巡抚丁日昌荐举的向焘，也是从内地调往台湾的官员，府衙暂设鸡笼，为时甚短便去职。第三任是赵均，他是台湾知府兼台北府知府，以一身而二任。台湾府的府治在台南，赵均也未去过台北。光绪七年（1881）二月，赵均丁母忧去职，闽浙总督何璟在给光绪帝的奏折里极力推荐陈星聚补台北府知府，光绪帝允如所奏。陈星聚从光绪四年（1878）便代理台北知府，至此才名正言顺地成为正式知府。鉴于他的前任均未去过台北，他才是真正的台北首任知府。任崇岳先生从是否实际莅任角度分析，认为林达泉是署理台北知府，向焘在任时间甚短，赵均是台湾府知府兼台北府知府，他们虽是陈星聚之前任，但均无重大建树，而从政绩和实际办理台北府事务来看，陈星聚实际任事是首任台北知府。当然若从清朝的文官选任制度角度来看，林达泉、向焘、赵均均是陈星聚的前任。其他学者有的从陈星聚署理台北知府计算，有的从实际任职时间计算，因选取的时间节点不同、视角不同，结论亦不相同。

陈星聚出任台北知府的时间，有光绪三年、光绪四年、光绪五年、光绪七年几说。李乔先生利用《淡新档案》对上述问题作了辩证。他认为光绪四年（1878）十月，陈星聚已代理台北知府，亦即陈星聚在光绪四年十月已经出任台北府知府，但直到光绪七年（1881）十月才正式成为台北府知府。根据笔者在中国第一历史档案馆查阅的档案资料看，陈星聚是在光绪七年五月二十五日，由闽浙总督何璟奏请朝廷以台北府中路抚民同知陈星聚升补台北府知府。光绪七年六月二十二日吏部议奏，获朝廷批准，谕令陈星聚补授台北知府。关于陈星聚出任淡水同知的时间有同治十年、同治十二年等多种说法。李乔先生利用《淡新档案》考证，陈星聚出任淡水同知在同治十二年（1873）四月初九日吏部带领引见，五月二日到省，二十二日奉藩宪札饬赴淡水新任，八月二十九日接印视事任职。闽浙总督何璟等奏折《请以淡水同知陈星聚补授台湾府中路抚民同知》中在介绍陈星聚的履历时也记同治十二年八月二十九日到任淡水同知。此可以和《淡新档案》互相印证。

陈星聚的仕宦经历中，后人对其任台北知府时的事迹研究成果较多，对其前期在福建的施政实践研究较少，关注不够。当然这是因为陈星聚在台湾任台北知府时级别最高，赶上台北筑城、法军入侵等重大历史事件。但要完整地认识和评价一个历史人物，他的早期从政履历对其以后的施政思想也会产生很大影响，所以也应该引起足够的重视。

第三，海峡两岸的田野调查尚待深入。陈星聚在台的英勇事迹至今仍在台湾地区流传，虽然正史对其事迹记载不多，但相关的传说、遗迹仍有留存。如陈星聚病逝后，台北各界人士对陈星聚十分敬仰，在台北为他修建了一座“陈公祠”，年年追悼祭祀，同时，还联名奏请清政府，要求对他旌表晋级。清朝政府追封他为三品道台“御赐祭葬如例”。但“台北知府陈星聚的研究虽然已经开展多年，但有深度、有分量的研究成果廖廖无几。究其原因，还是关于陈星聚的资料太少。为了更深入地进行研究，就应该使用田野调查与历史研究相结合的方法，既要加强文献资料的收集整理，又要重视口述史料和非纸质资料的收集使用，可以尝试到河南漯河与台湾台北两地开展实地考察，采取查阅档案、实地考察的方法广泛收集相关史料，悉心收集整理民间传说、历史遗迹资料等，获得有价值、可借鉴的非纸质历史资料。其实有不少问题如果不进行田野调查就无法梳理清楚，比如陈星聚在当地的影响、民众对其历史功绩的敬仰情况等。2005 年 7 月，台北新竹市原副市长蔡仁坚专程到临颍县收集有关陈星聚的资料。临颍县政协的有关工作人员不畏艰辛，追踪陈星聚一生奋斗的足迹，辗转 10 余省市，翻阅大量史籍，走访社会各界人士，搜索资料，力求反映陈星聚生平资料全貌。可以说这都是有益尝试的典范。

最后，一些成果在陈星聚研究上存在简单化趋向，论文架构陷入政绩铺叙、简要结论的撰述模式中，没有深化创新，这要求我们要有更多的分析视角、更新的理论指导。我们相信通过两岸学者们的共同努力和相关学科之间的合作，有关台北知府陈星聚历史研究方面的成果一定会更丰硕。这些成果对推动豫闽台之间的经济文化交流与合作的资鉴性也一定会更强。

原载《河南科技大学学报（社会科学版）》2017 年第 3 期

清代郾城叔侄进士陈伟勋和陈金台

孙发义

新中国成立前，在郾城县学界，只要一提起陈伟勋和陈金台，无人不知，无人不晓，人人赞之，他们是全县唯一的“叔侄进士”。

陈伟勋原名传恩，字山铭，号佩简。郾城县大刘乡大陈村人，为明嘉靖湖广按察司副使陈玑的第11代孙，出身于世代书香的官宦之家，自幼受到严格的家庭教育。清光绪乙酉（1885）科拔贡，辛卯（1891）科举人，壬辰（1892）科进士。曾任四川会理州知州，为四品衔，清朝当局恩赏戴花翎，荫赏其三代二品。

陈伟勋自幼聪慧过人，他中举以前，就是郾城县有名的“才子”。他向王荣甲借《二十四史》的故事，至今在大刘一带广为流传。王荣甲，字乙垣，郾城湾王人，清光绪辛卯（1891）科举人，曾任郾城县志局局长，是当时郾城县首屈一指的大“文豪”。他目中无人，架子大得怕人，对经、史、诸子百家的著述颇有研究。据述，当时全县只有他一家藏有一部《二十四史》，以此炫耀自豪，从不肯轻易借给别人。那时，全县有学识的人，就连历任知县、县长在内都尊称他为“王老师”。一次陈伟勋慕名来到王家借阅《二十四史》，而王荣甲对陈伟勋的才智超人早有耳闻，所以也不好推却，但只答应先借给他一本。并再三嘱咐，看这书要爱惜，又要求看后及时归还，并规定借期为一旬。对此，陈伟勋一一答应。

借书后的第三天，陈伟勋提着礼品，用布把书包好，送到王家，向王荣甲道谢。然后说：“书已看完，特来奉还！”王荣甲一听，不敢相信，他以长者的身份自居，拉着长腔慢条斯理地说：“读《二十四史》要细心认真，才能有收益。你说你看完了，我来问几句，你能答上来吗？”陈伟勋谦恭地说：“请王老师提问。”于是王荣甲在陈伟勋所借的那本欧阳修等撰的《新唐书》中一连提出三个问题，却不料陈伟勋对答如流。王还以为陈是侥幸遇巧才答上的，打算继续再问。不料陈伟勋却说：“王老师，您别再问了，让我把全书背诵给您听吧！”当陈伟勋背诵不到三分之一时，王即摇手让他停背。王荣甲连连赞叹道：“好小子！我这一生今天还是第一次遇到你这样的学生，真是后生可畏！后生可畏！”于是王荣甲一面热情地接待着陈伟勋，一面吩咐着家里的佣人：“快准备轿车，把咱家的那部《二十四史》送到大陈村陈贤契家中，让他看完了咱再藏起来也不迟。”事后王荣甲曾对别人说：“在郾城县，我只佩服伟勋一人！”此事当时轰动全县教育界，多年来，一直传为美谈。

陈伟勋由于才能超群，在中举的第二年（1892）又考中进士。不久，他就出任四川灌县、屏山县知县，旋升任会理州（今会理县）知州及涪州（今涪陵县）知州。陈伟勋在四川会理州任内，勤政爱民，政绩卓著，当地百姓爱之如父母，曾为之建立生祠。辛亥革命后陈伟勋由任所返回郾城，邑人皆劝他设学馆与诸生讲授经史。在众人的支持鼓励下，他在郾城县城设立了学馆，县内各方学子得知后，皆竞相来此受业。故此，郾城名士多出其门下，可谓“桃李满郾邑”。后来，王荣甲在陈的学馆前立了一通碑，他亲自撰写碑文，记述陈伟勋执教的始末及事迹。

陈伟勋的侄儿陈金台，字延堂，号燕卿，14岁补为博士弟子员，光绪壬午（1882）科举人，己丑（1889）科进士，任户部四川司主事、陕西司主事、顺天府乡试誊录官，光绪甲午（1894）任会试内收掌试卷官。宣统庚子（1910）选授安徽直隶滁州知州。辛亥革命发生后，卸任返回郾城。民国4年（1915）续修县志，与其叔父陈伟勋一起成立郾城县志局。民国5年（1916）9月后，相继任河南省议会第二届、第三届议员。民国11年（1922）补任众议院议员。

陈金台为官清正，怜爱百姓，滁州人民称金台为“贤刺史，不可多得”。从滁州返回郾城后，致力于地方教育事业，当时郾城教育落后，众乡绅支持他设堂馆为桑梓培育人才。金台深感“绵力薄才”，颇有难色，其叔父伟勋严肃地对他说：“士大夫解职回乡，不能为乡里表率，教育学子，读书何用？其他事可以不管，难道你不能为生员们做点事吗？”听叔父训导，尤感惶愧，后被推举出任县劝学所所长，不久又在县城设立孔道会，结合同仁，按月轮流主讲。民国6年（1917），在金台倡议，邑人刘云汉、佟世楷赞助下，以郾城“契尾”、学田款为经费，创办郾城县有史以来第一所女子小学，使女子与男子有同等受教育的机会。清末民初，民间买卖房地产，经办人从中徇私舞弊，上匿国税，下渔民脂，金台建议设契纸发行所，专司其事，长期私弊从此根除，群众无不称好。

陈金台晚年竭尽全力，纂修《郾城县志》。郾城从明嘉靖三十三年（1554）赵应式纂修《郾城县志》，到乾隆十八年（1753）傅豫纂修《郾城县志》，近200年计修县志5种版本。此后，至民国元年（1912），长达160余年无人续修县志。金台自安徽返里后，邑咸以修志事相属，其叔父伟勋适值卸任四川会理州知州，后客居四川开县，得知此事，即致书金台，表示极力赞同。民国4年（1915），叔侄二人经筹划创设郾城县志局，开始纂修《郾城县志》。时隔二年，其叔父病故，金台独担修志重任。他参考旧志，取长补短，“博访通人”“相助搜集”。曾求教于业师陈祥南，又专程赴南阳请教著名方志学家张中孚。后在李寿堂、杨心芳、郭子廉、顿尉南、石廷箴、陶向渠、赵镇恒等人的多方协助下，搜集资料，“循其义类、宗其会归、屏其孳乳、昭其次第”。至民国10年（1921）《郾城县志》脱稿。全书包括20多个门类，共30卷。据与陈金台相处20年的同僚、吏部郎中秦树声回忆，金台病重时，犹摘志稿中疑事二则见询。因经费、人力等问题，未能当即出版，直到民国23年（1934），才由郾邑官绅梁冠英等114人捐款5530元（银圆）以木版刊印于开封。

陈金台死后一年，经当时北京政府内务部核准，陈金台与其叔父伟勋被附祀郾城县乡贤祠。

选自 2004 年《漯河文史资料》第十二辑

张锡伦 60 年经商之道

张福祥

漯河市农副产品贸易中心贸易部经理张锡伦，被漯河商业界尊为“无冕之王”“经营之神”。宋照肃副省长任许昌地委书记时，握着张锡伦的手对在场的人员说：“他是我们大家的老师！”原郑大政治经济系主任王政祥教授与张锡伦促膝而谈三天三夜。教授叹曰：“张老，你的经营之术足可以写一部书！”

他出生在豫东沈丘县槐店镇一个商业世家。14 岁起就出入店铺行栈，他不但对店规章法倒背如流，而且还能身体力行。青年时代在商旅的征途上跋山涉水、栉风沐雨、坎坎坷坷，磨炼出刚毅的性格和精明干练的办事能力。披星戴月，风餐露宿，南买北卖，东购西销，使他积累了丰富的经商经验。他坐在电话机旁对贸易部的外出业务人员指挥若定。采购员李玉海从柳州到南宁把提包刚放到南宁朝阳旅社的寄存房里，还未喘息就接到张锡伦的电话，问他在路上是否平安。并要李玉海把房间号给他，以便随时联系。李玉海把电话放下，骂了一声张老锡的眼真“贼”！他好像看见我似的。一点不错。采购员、推销员、讨债人，不管他们在长城内外、大江南北或边疆口岸，张锡伦对他们的行踪，都了若指掌。

成都贸易货栈积压工业用猪油 200 吨，苦推销不出去，加之天气渐热，一旦溶化损失不堪设想。这个栈的经理来漯河找张锡伦。老张跟山西某肥皂厂联系，使“待嫁”的 200 吨猪油很快找到了合适的“婆家”。

杭州硬化油厂硬化油大积压。老张给他们联系到湖南衡阳新衡日用化工厂，该厂购进硬化油 200 吨，很快缓解了硬化油厂的资金问题。

现在，他们通过电话、电报、信函、商情交往等形式，同全国各地建立了自己的业务联系点。他们对买卖双方所要购进或推销的商品品名、数量、质量价格心里都有谱。在张锡伦周围总有一群南腔北调的客人在同他交谈。安徽亳州有一位传奇式的老太婆刘某奔波于豫、皖两省，行走在穷乡僻壤，把一家一户斤二八两的油收起来，然后用汽车星夜兼程运到漯河农贸中心。有人想买她的油，她说："非漯河的张锡伦我谁也不卖！"几年交往，她深知张锡伦买卖公平、价格公道、不赊不欠，是个信得过的人。张锡伦对他的伙伴们说："干我们这行的不能用行政手段，靠的是信誉、是热诚服务，必须把客人真心实意地当成'上帝'。"

很多人都想知道张锡伦的经商之道，很多人都想挖掘他的经营诀窍。我几次采访中也想了解他这方面的"奥秘"，结果他只给我道出了一副传统的商业对联："主因信实千金托，客为公平万里投。"

张锡伦认为，做生意的人都想赚钱，但问题也恰恰在这里。那些唯利是图的人，以为只要随心所欲地漫天要价就能发大财；有的更是一锤子交易，捞一把就收家伙；更有甚者，坑蒙拐骗，盗名欺世，掺假兑杂，从古到今有所谓奸商者就是指这类人。他们全然不懂经商之道。我经商的原则是信义为本，用信誉招揽天下客。我绝不图谋一时之利而丧失长远之义。利在义中，以义换利而达到义利双收。"一分利客户满门，十分利路断人稀。"做生意不骗人但也要谨防人骗。去年跟南方某市签订购买白糖500吨的合同，对方要求款到发货。张锡伦派业务员杨国庆拿着汇票的复印件让他们看，说只要发货我们的钱是现成的，对方还是迟迟不发。不久真相败露，原来对方玩的是场骗局。

自从改革开放以来，神州大地百家经商，有多少人把张锡伦当成摇钱树而不惜重金聘请："老张，到我们这里吧，每月给你300元！""老张。到我们这里，每月给你500元，还管吃管喝。"张锡伦摇摇头，一笑了之。如果纯粹是为了钱而干，那他早已是腰缠万贯的富翁了。他在这个单位已有30多年的历史，这是他一生从事信托业务时间最长的单位。这里是他的根，这里有他深厚的爱，他的创业精神在这里得到充分体现。他有时望着巍巍农贸大厦，心中总有一种自豪感，这是农贸人的丰碑，其中不也有自己的一份功劳吗！

每天早晨，张锡伦手提菜篮在菜市场转来转去，因为集市是市场的晴雨表和价格的敏感器。他发现漯河市场这几年食用油供应不足，就从南方买进一种棕榈油。此油产地东南亚一带，胆固醇含量低，价格便宜，色泽明亮，有独特的风味，当地人对吃法却不得要领。他和贸易部的人首先用来炸油馍、炒菜，拿出样子给消费者作示范，使这一新品种很快畅销，几年来供应市场和市民棕榈油上千吨，改善和丰富了群众生活。

“问廉颇老矣，尚能饭否？”一个74岁高龄，经商60年每天还能工作十几个小时的人为何有如此旺盛的精力？他说：“能吃，凡是中吃的都吃。能吃是身体好的一方面，更主要的是报答农贸中心总经理唐鸿云的知遇之恩。”是的，在他古稀之年是唐鸿云把他请出来委以重任。只有独具慧眼的人，才能发现余热之矿；只有晴朗的蓝天白云，才能使耀眼的夕阳放射出灿烂的晚霞。有人问他，怎样使自己的事业后继有人？“姚建伟三十露头是棵好苗，待人接物、洽谈生意像那回事。”他决然聘姚为副经理。还有李国庆、李静宇、张书元、吕新亮等都很能干。这群对事业满腔热血的后生，在张锡伦的影响下，大都能独当一面。当时，经济滑坡市场疲软，他们怎样？截至当年11月底。他的货栈纯利润达125万元，在全省同行业名列前茅。

选自2008年9月《漯河文史资料》第十六辑

怀念漯河市农业劳动模范万炳炎同志

邢富功

万炳炎是我的好友，2007年2月14日清早，他到我家，很有礼貌地问我好，说："快春节了，给老领导拜个年。"可是两天之后，那次见面竟成了我俩终生的永别。

炳炎同志走了，笑着走了，走得自然，走得快活，走在大笑之中……

万炳炎，1936年10月生于漯河市源汇区翟庄乡翟庄村一个贫苦农家，自幼随父务农。1955年以来，曾先后担任村青年生产队队长、生产大队党支部书记、市郊青年试验场场长、良种繁育场场长、乡党委副书记、乡管委会主任、乡人大常务委员会主任等职。

万炳炎从小生活在食不果腹的年代，过度的贫困促发了他的早熟，六七岁的他就懂事地帮父母干力所能及的事，养成了吃苦耐劳、勤奋努力的精神。在他珍藏的一大堆相片中和厚厚的札记里，记录着他不凡的足迹：

1960年，和李瑞环、丁凤英、廖初江等28人在北京参加了全国学习马列主义毛泽东著作观摩团，到全国12省市巡回演讲，作报告86场，听众达十多万人。

1964年6月，出席共青团中央第九届代表大会，当选为大会主席团成员和团中央候补委员。

1966年9月，新中国成立17周年国庆观礼期间，被邀到中南海做客三天。10月1日，在天安门城楼上受到毛主席等党和国家领导人的接见。

1984年8月，和王惠杰、梅登林等市领导一起出席了中共河南省第四次代表大会。

万炳炎在农业战线上奋斗了近40年，坚持走农、林、牧、副、渔全面发展的路子。1970年首先在本村发动群众，办起了豆腐房、酱油醋厂、农业机具综合厂、竹木加工厂、运输队、车马店、缝纫组等八个村办企业。同时，又发动各生产队先后办起了不同类型的小型企业。全面开花，满头结果。1972年全村劳动日值达1.5元。由于前期基础打得好，给接任的新班子铺平了带领群众奔向富裕的道路。1991年底经上级检查验收，翟庄村成为源汇区第一批小康村，1994年又成为亿元村。

1974年组织上调他到离市12华里之外的邓店筹建良种试验场。拨给他300亩耕地，50名男女青年，900元建场经费。他带领男女青年睡地铺、住民房、喝开水、啃干粮，苦干两个月，完成250亩小麦三圃田的播种任务，还建起26间房屋。他以场为家，一干就是七年，其中六个春节都是在农场度过的。场里每年可向市邻提供10万公斤小麦良种和玉米杂交优质种子，这不能不算是漯河农业史上的奇迹。1980年他离任时，试验场已有相当规模，拥有4台农机、牲畜8头，仓库、办公室等80余间，修硬渠400米，架高压线2.6公里，建提灌站1座，成树4200棵。

1996年6月，年近花甲的万炳炎带病赴江苏省华西村、张家港、扬州市广陵区考察。回到家乡后，他奋笔疾书，写下了长达万字的考察报告，结合翟庄的实际情况，提出了“攀亲拜师、广交朋友、加深感情、立足发展”的十六字方针，这对翟庄以后的发展具有十分重要的意义。

有人曾问他：“和您当年一起去北京的青年现在有的在中央、有的在省里当领导，而您却当了一辈子农民，不后悔吗？”他自豪地笑了：“中国的发展离不开农业，我知道农村更需要我，咱共产党人无论在什么地方，只要把人民时刻放在心里，为人民尽心尽力、尽职尽责地办好事、办实事、谋福利，在哪儿还不都是一样！”

他在农村基层工作近40年，没有在群众家喝过一杯酒，没有吃过群众一次请，没有用手中的权力为自己办过一件私事。他对他的亲友说：“要正人，先正己，在一人面前失去原则，就会在千万人面前失去发言权和说服力。”他是这样说的，也是这样做的。他的六个弟弟妹妹都在农村，有多次经他办的进城工作的指标，他都没有为自己家人办一个。群众称他是“农业战线上的硬汉子”“一身清干部”。

由于他处处以身作则、廉洁奉公，自1955年以来被评为“漯河市农业劳动模范”“先进工作者”、学“毛选”积极分子36次，被评为许昌地区河南省农业模范先进工作者四次，被团省委命名为“青年突击手”和标兵，还当选为共青团漯河市委员会候补委员，并两次受到毛泽东、周恩来、刘少奇、朱德等党和国家领导人的亲切接见。

万炳炎同志在农业战线上奋斗了一生，无私无畏，是一个一心为公的优秀共产党员。2007年新春来临之际，在给友人的拜年中，因兴奋过度，患脑出血，医治无效，笑着走了，终年72岁。

选自2008年9月《漯河文史资料》第十六辑

漯河市“五一劳动奖章”获得者——李清洋

胡民安①

李清洋，1942年生于郾城县阴阳赵乡后寨村一个贫苦农民的家庭，自幼勤奋好学。1964年郾城高中六个毕业班近300名毕业生，进入高等院校的只有50来人，李清洋就是其中之一，考入了百泉农业专科学校。毕业后，在那动乱的年代，他去过部队、下过农村、当过教师。所用皆非所学，所干皆非所宜。直到1979年“拨乱返正”后，才被调入郾城县种子公司。这才算如鱼得水，有了施展自己所学专业的机会。在这里，他很快地当上了公司经理。后因成绩显著，又很快地被河南省农业系列“高评委”评为高级农艺师，并由河南省人民政府颁发了“河南省专业技术人员任职资格证书”。1991年，被中共郾城县委任命为县农业局副局长。现已退休。

一天，李清洋给我送来一份材料，题目是《往事略影》(下称《略影》)。我想，这一定是他从岗位上退下来以后写的回忆录，便饶有兴趣地一气将它读完。这时我才知道，《略影》里真正属于清洋自己动笔写的文字不多，多的是他从报纸上、杂志上或有关文件中剪下来影印的、他所在单位的，准确地说应该是他所领导的郾城县种子公司的工作情况、工作成绩、工作经验以及农民群众、新闻单位和上级领导部门对他和他们的认可、赞许和表扬。由此，我联想到目前我正担任的《漯河文史资料》责任编辑的工作，便觉得《略影》的东西很有存史价值，应该成为其中的一篇。但限于篇幅，不能全录；限于体裁，不能褒扬。这

① 胡民安，郾城县人，1934年9月出生。1956年漯河高中毕业考入河南师范学院（今河南大学）中文系学习，毕业后先后在唐河高中、郾城中、漯河铁路中学任教。1984—1993年，受聘漯河职工大学教书。

时，我想起了《焦点访谈》"用事实说话"。于是在征得清洋同意后，便决定采用擢录其要、不增不删、不修不改的办法。下边的内容就是这样形成的。

1984年9月，李清洋接任郾城县种子公司经理兼支部书记。当时公司的情况怎样？后来公司的变化怎样？其中他们的做法怎样？请先读李清洋自己写的如下文字。题目是《不轻松的使命》：

"1990年5月8日，《漯河报》这样报道：'郾城县种子公司在1983—1984年间，由于公司信息不灵、计划不周和商品玉米价格下跌等原因，造成玉米、棉花种子积压，转商后直接经济损失达42万元，除将国拨的16万元流动资金全部赔光外，还欠银行贷款10多万元，公司濒临倒闭局面。'为解决全县农业生产用种，县领导从调整领导班子入手，扭转公司这种被动局面。这时领导让我出任公司经理。当时，面对公司那种局面，我吓出一身冷汗，担心自己干不了这个活，缺乏接任信心。"

"作为一个农业大县，需要一个能够承担供种任务的种子公司。从公司本身来讲，职工要生存、要吃饭，就必须深刻总结以往的教训，切实做好供种工作。当时的公司职工基本是既无退路，也无别的选择。我也是公司的一名职员，看着同志们期待的目光，思前想后，最后咬咬牙，硬着头皮接受了这个确实难度不小的任务。"

"接任后，我和大家一起从总结教训入手，对公司进行整顿。整顿中突出三点：一抓质量，突出一个'狠'字。一定要保证公司所供种子的质量，在社会上树立公司的信誉。二经营中，突出一个'活'字。把公司搞好，创造社会效益和公司自身效益。三供种中，突出一个'优'字。全力开展优质服务，服务好农业，服务好农民。"

"经过一年苦战，种子公司初战告捷，打响了开局第一炮，扭亏为盈，实现了年盈利21万元的喜人成绩，开创了我县种子工作新局面。《漯河报》以不小篇幅报道了郾城县种子公司这一可喜变化。1987年2月11日《河南日报》在第二版以《郾城县种子公司成功的诀窍——优质服务》为题，报道了郾城种子公司这一消息。"

接着，1988 年 3 月，《漯河报》报道：河南省种子工作会议在郑州举行。会上“郾城种子公司经理李清洋接过一面锦旗。省农牧厅命名郾城县种子公司为‘省种子系统先进单位’”。称“三年来，由于他们的努力，真正把公司办成了一个充满勃勃生机的支农基地，为郾城农业发展出了力，把郾城县种子工作推进到一个新的高度，干出了一番令人瞩目的成绩。”同年《中州审计》也报道了公司“坚持改革、扭亏增盈”的事迹，并加编者按语，予以认可和称赞。

1989 年 5 月 3 日，《经济日报》以《质量过硬、价格平稳、服务周到——郾城县种子公司经营有方民称道》为题，6 月 12 日，《河南工商报》以《质量过硬、价格平稳、服务周到——郾城县种子公司赢得农民信任》为题，又先后报道了这方面的情况。

1993 年，《河南日报》又专访李清洋，并多次报道公司的先进事迹，称赞李清洋“优良品种、优质服务”的“双优”经营理念。

由此，郾城县种子公司出了名，并且走出河南，走向全国。

1986 年 12 月，中华人民共和国农业部全国种子总站在武汉召开种子工作会议。参加会议的河南代表有省总站副站长袁祝三、省总站机械科科长冠 ××、浚县种子公司经理蔡俊菊。大会指定郾城县种子公司为发言单位。对此，李清洋这样说：“为了扩大影响、打造郾城品牌、为郾城争光，我抓住这个机会，认真向大会作了汇报。”还说：“这个发言自我感觉良好，是一次比较成功的发言。”（发言手稿收在《略影》里，本文从略）会后，河南代表在黄鹤楼合影留念。

1987 年 4 月，郾城县种子公司接全国种子总站通知，推荐郾城县种子公司参加国家经委和农业部在成都召开的“农业新技术开发座谈会”。参加这次会议的只有武汉会议上 19 个发言单位中的两个，郾城就是其一。为使郾城县种子公司做好参加会议的准备工作，全国种子总站两次来函。两函内容如下：

郾城县种子公司：

农牧渔业部拟于今年 7 月分召开新技术开发工作经验交流会。你单位承担推广种子精选机课题后，工作扎实，经济效益显著，总站推荐你单位出席会议并做典型发言。为此请将在全国种子机械加工工作会议上的发言材料，再做一些补充修改（充实反映接受课题任务后如何组织落实、具体做法、经济效益、体会、今后打算）。材料要求5月初报总站。

全国种子总站

1987年3月24日

郾城县种子公司：

来信收悉。关于材料问题，我们修改后即送农业局和科技司审阅，经查问7月2日农业局已将材料寄给你们，请按要求打印好，届时参加会议。

中国种子公司

1987年7月3日

参加成都会议的除部属各局、各直属单位和省市有关部门外，典型发言的19个单位，河南郾城县种子公司排在第四位。

成都会议结束后，李清洋写了两段文字：

“1987年7月18号，我带着种子公司全体同志和全县人民的重托，前往成都参加国家经委召开的‘农业新技术开发座谈会’。那天早上，漯河电台还在漯河新闻节目里报道公司去开会这一消息。参加这种国家级会议是农业部对郾城种子公司全体同志的关照，是县委、县政府及全县人民大力支持种子公司的结果。这既是种子公司全体职工的光荣，也是郾城全县人民的光荣。

“种子公司决心在新的起跑线上，不辜负县委、县政府及全县人民的希望，戒骄戒躁，干好工作，继续前进，当好郾城农业的好后勤。”

从这以后，不但郾城种子公司名扬全国，而且李清洋也成了全国农业战线上的知名人物。

1992年，漯河市人民政府办公室调查组以《在改革中开拓奋进》为题，连续四次向政府《报告》：总结种子公司的经验，肯定种子公司的成绩，表彰种子公司的做法。《报告》(一)有一段文字说：由于种子公司加强管理，经济效益不断提高，多次被省、市、县评为先进单位，连续两年被中国种子公司全国种子管理总站评为种子“精选加工先进单位”，连续三年被漯河市人民政府授予“重合同守信用企业”，连续被河南省农业银行评为“特级企业”、被县命名为“文明单位”“支农先进单位”，被省农业厅评为“种子工作先进单位”“‘两杂’制种工作先进单位”。《报告》(四)也有一段文字说：郾城种子公司所取得的成就，1986年《中州审计》(第四期)《河南日报》《漯河报》、漯河人民广播台、河南人民广播电台等都多次作过报道。1986年3月，郾城县授予李清洋同志“优秀共产党员”荣誉称号。1987年5月1日，李清洋同志被漯河市授予“优秀经营管理者”光荣称号，并获市“五一劳动奖章”。1988年3月，李清洋同志被河南省农业厅评为全省种子工作“先进工作者”。1991年，河南省委主办的《党的生活》(第三期)“为党增辉的优秀共产党员”栏目中，刊载了全省8名优秀党员，李清洋排第3位。2002年李清洋同志获河南省科学技术进步奖。

1999年由河南人民出版社出版的《中共郾城党史大事记》载：1986年10月，县种子公司跨入全国先进单位。称郾城县种子公司坚持改革，一年扭亏为盈，于10月被国家农牧渔业部、全国种子总站、中国种子公司联合命名为先进单位，成为全国种子系统四个县级先进单位之一。

对李清洋本人，郾城县种子公司职工群众的评语是：凡是职工集中劳动的地方，李清洋总是走在最前头；凡是职工享有福利的时候，李清洋总是站在最后边。

2003年李清洋退休时，工龄37年，按照政策应发原工资的95%作为退休养老金。可是，因为李清洋成绩显著，漯河市人民政府按照政策给李清洋提高退休养老金5%。也就是说，李清洋退休以后，仍然享受在职时的工资待遇。

再说几句并不题外的话。在清洋给我的《略影》的后几页上，还贴着他的“全家福”照片，以及他和老伴带着孙女、儿子和儿媳带着女儿的照片，还有活泼可爱的两个小孙女的多姿多彩的童照。并且在照片的前一页上，用洒脱的笔画写着两个字——“家好”！

这就是李清洋《往事略影》中的掠影——李清洋。

河南省科学技术进步奖
证 书
为表彰河南省科学技术进步奖获得者，特颁发此证书。
项目名称：漯河市豫麦49号小麦引进推广与应用研究
奖励等级：
获 奖 者：李清洋
2002年05月13日
证书号：2001-J-258-R07/07

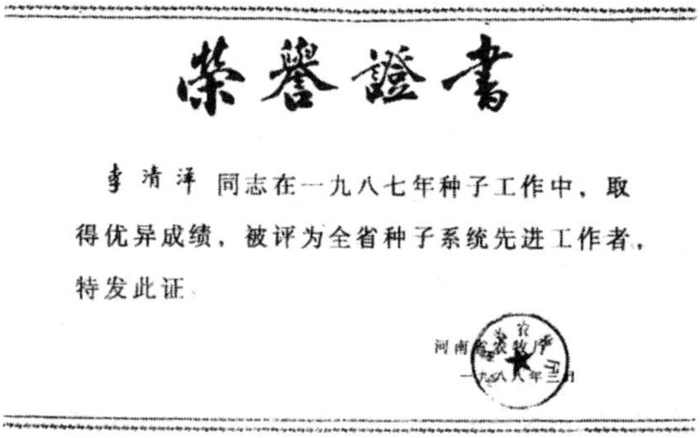

榮譽證書
李清洋同志在一九八七年种子工作中，取得优异成绩，被评为全省种子系统先进工作者，特发此证
一九八八年三月

选自2010年9月《漯河文史资料》第十八辑

抗洪功臣安发顺

邢富功

安发顺同志是一位老农村基层干部，在任职期间，曾多次被评为先进工作者、先进生产者、劳动模范、优秀共产党员等，特别是1975年8月的抗洪斗争，由于他英勇顽强，事迹突出，品德高尚，成为全市有名的抗洪功臣。

1975年8月5日，大暴雨一天未停，姬崔村里满街积水，许多家的房屋漏雨，村支书安发顺同志带领大队委员，查民房、看水情，特意看望慰问了全村四户“五保”孤寡老人，然后连夜察看六个生产队的仓库和饲养室，忙碌了一天一夜。6日上午7点多钟，安发顺刚端起饭碗，民兵营长安德平向他汇报：“澧河洪水暴涨，严重威胁着大堤安全。”安发顺同志一听情况紧急，当即向干河陈公社党委请示汇报，并决定召开支部委员紧急会议，研究抗洪问题。会后分工：大队长安金祥留村工作，安发顺和民兵营长安德平带领70多名基干民兵，迅速赶到澧河大堤上，组织抗洪。看到水势上涨很猛，河水已经平槽，急需大量的泥土，以加高加固澧河大堤，遂决定迅速从村里再抽调青壮劳力80余人上堤抗洪。安发顺同志一面带头往大堤上扛土包；一面向大堤上抗洪的社员传达防汛指挥部的指示，并提出明确的战斗口号：加固加高大堤，迎战7日的第二次洪峰。抗洪堤段指挥长孙留柱同志见安发顺同志光着脊梁，带头扛土包，当众予以勉励。安发顺同志便说：“咱是党员，又是基层干部，啥事都要说在前，走在前，干在前，这才有号召力，才能说服人，我不下河堤，社员不下大堤，我不歇脚，社员也不会有一人歇脚。”由于他的带头实干，出现了书记扛包夸社员，社员抗洪赞书记的动人景象。但洪水一直在上涨，大大超出了警戒水位，达到危险水位，随时都有破堤决口的可能。所幸的是，由于上下一心，终于战胜了第二次洪峰。

8月8日，出现了第三次特大洪峰，姬崔大队党支部决定，抽调更多强壮劳力，迅速上堤抗洪。全大队上堤抗洪的人员增加到214人。安发顺同志作战地动员说："同志们！我们已经战胜了第一次和第二次洪峰，第三次特大洪峰预计今天下午1时左右到达漯河，流量将超过1万个。我们要做好各方面的迎战准备。现在党需要我们的时候到了，党考验我们的时候也到了，抗洪立功的时刻就在眼前，同志们跟我来……我们一定要死守大堤，誓保漯河的绝对安全。挖土有困难，用身子挡，也要挡住洪水不能过堤。"

安发顺同志动员后，在堤上抗洪的人员，都像猛虎一样，挖土的挖土，扛包的扛包，不到两小时，河堤加高加固两层土（大约两公寸），确保了大堤安全。安发顺同志的脚与许多社员的一样，被磨破了，肩膀上划了一条条血道道。但没有一人叫苦、叫累、叫疼。市委副书记郭廷珍同志检查指导抗洪中，看到姬崔大队的革命干劲时，当场提出表扬。安发顺同志听后激动地说："有我安发顺在，就有大堤在，我们一定能守住大堤，请领导放心。"就在这时，有人给安发顺捎信说："家中已经进水，抓紧时间回去看看。"安发顺同志面对滔滔的洪水，又回头看看被洪水淹没的村庄。他沉重地说："现在洪水这么大，党正需要我，人民正需要我的时候，怎能下堤离岗？我只能舍小家，顾大家，周围有兄弟大队，还有工厂企业，我应当坚持大堤抗洪。"

下午2时许，第三次洪峰到达漯河后，澧河的水位高出大堤一公寸，洪水向堤外直流，人们有点慌，安发顺同志立即提出"各生产队的干部、大队的委员，要尽快稳定群众情绪，稳住抗洪阵脚，加快挖土护堤。"大堤在英雄人民面前保住了，随着大堤的增高、加固，洪水始终被控制在河身以内，他们守护的大堤保住了。不幸的是，9日早晨与此相接西段的大堤开始大溃，先后三处决开百米宽的大口子，洪水恶狼似的，吞没了大片的村庄和良田。正在这时，大队长安金祥悲痛地向安发顺诉说村里受洪水袭击，他家三口人不幸被洪水卷走的噩耗。原来安发顺的老婆王劝为顾她的母亲和三岁的爱女安小花，一直留在村里，大水来了，无处逃避，三人紧抱在一起被洪水冲走。随后，一个恶浪又把她们三人打散。经多人奋力寻找，王劝被新建队一个下乡知识青年发现时已经昏迷，经过抢救，得以苏醒，祖孙二人尚无下落。安发顺听后，陷入了极大的悲痛，良久他说："我家淹死两口亲人，我非常难过，若是淹死两个社员，我会更痛心。因为我是大队党支部书记，在这个村，我就是党的代表。毛主席说过：要奋斗，就会有牺牲，死人的事是经常发生的。既然这样了，等洪水消退后，找回她们的尸体，好好埋葬，了却一桩心愿。"他接着问安金祥："村里社员群众哩？"安金祥回话说："他们正往一机部楼上转移。"安发顺说："咱们赶快去一机部。"在一机部楼上避难的社员群众，看到他们的书记来了，心里都有许多话要说，却一时说不出来，又得知他家淹死两口亲人时，许多人流泪悲伤，失声大哭起来。

8 月 11 日，洪水还未完全消退，安发顺和大队长安金祥带领社员回村，抓紧时机，尽快恢复生产，重建家园。

大队党支部根据中共漯河市委："关于先生产、后生活，先治坡、后治窝"的指示精神，全村原有房屋 966 间，倒塌 754 间，未倒塌的 212 间也都成了危房，水淹粮食 37.6 万斤，650 亩早秋庄稼全部被淹。安发顺等同志面对这样的大灾、大难，按照中共漯河市委和干河陈公社党委的具体部署，经过 10 天的日夜奋战，在漯河驻军 33616 部队有力帮助下，全村劳力一分为二，一部分人留村为各受灾户搭塑料棚、油毛毡棚、编织袋棚、帆布棚 214 个，捞出水淹粮食 17 万斤；一部分人下地抢种晚秋和蔬菜 315 亩，保证户户有房住，人人有饭吃，社员的情绪安定了。

由于安发顺的事迹特别突出感人，对全市曾产生重大影响。因此，经中共漯河市委和市革命委员会一致研究同意，授予他一等抗洪功臣称号，并颁发奖状和证书，号召全市人民向安发顺同志学习。

注：根据 1975 年 8 月漯河抗洪资料的记载，又走访了孙留柱同志

和安发顺的老伴王劝以及本村的有关社员群众，还专门走访了安发顺本人，此稿经安发顺同志审。

选自 1999 年 6 月《漯河文史资料》第八辑

抗洪功臣李树森

邢富功

1975 年 8 月 5 日，漯河地区猛降大雨和暴雨，市区到处积水成灾。当天下午顺河街办事处党委召开机关工作人员、居民委员会主任和社办企业负责人紧急会议。当时我任顺河街办事处党委书记兼主任，在传达了漯河市委的紧急防汛会议精神之后，办事处机关工作人员李树森（现任漯河市第三自来水厂副厂长）便挺身而出，向党委请战，要求分配他最艰巨、最繁重的防汛任务，办事处党委根据他的请求，分配他到地势低洼的戏楼后街、戏楼西街和东大街等处，察看积水及居民危房情况。他接受任务后，把这三道街近 200 家危房户，进行了认真检查，对发现的险情作了妥善处理。由于他深入、踏实、肯干和认真负责，出色完成了任务。

8 月 6 日至 7 日两天，沙澧河洪水连续暴涨，李树森奋不顾身协助党委领导日夜不停步地在分管的沙河大堤上对分工护堤抗洪单位的三落实情况（分工领导必须上堤到位，抗洪队伍必须上岗到位，所用防汛抗洪器材必须到位）进行检查，做到了尽职守责。对大北门、小北门和抽水站三处，五次发现险情，都由于检查及时，措施有力，未造成灾患，确保了大堤和一方平安。同时，他时刻关心领导，爱护同志，并表示，他在大堤上多跑勤看，发现险情及时汇报。可是上堤抗洪的领导，自知责任重大，尽管很累，都不肯离岗休息，他呢，便设法寻点吃的，供领导和同志们补充体力。

8 月 8 日，街道上积水成灾，严重危及居民生命、财产的安全。特别是东大街、戏楼后街、戏楼西街，遍地积水一米多深，有的地方超过两米。办事处领导考虑到机关青年人少，男同志更少的具体情况，决定只有从大堤上抽回李树森担当此任务，分配他和另一名居委会干部用木筏在戏楼后街、戏楼西街、东大街和三角坑、短工市街附近帮助危难之中的居民安全转移。

李树森接受任务后，很快驾木筏到指定地点，连续奋战18个小时，把四道街受重灾的13户，32人作了安全转移，送到全市最高处——漯河市委党校。当时因抗洪任务紧迫、艰巨，全市的青壮年都要到沙澧河大堤上抗洪抢险，根本顾不到家庭。所以李树森驾筏抢救的均属老人、小孩。当他第七次帮助受灾居民安全转移时，由于空腹，劳累过度，他突然晕倒了，在别人将他扶起劝他休息时，李树森说："这么大的洪水，房子泡久了会泡塌砸死人的。现在党需要我，人民需要我，救人要紧，我怎能休息呢？"他只吃了一个烧饼，又驾筏救人去了。如居住在戏楼后街的一位70多岁的曹老太太，儿子、媳妇在外地工作，家中只有老太太一人，天已经到晚上10点多钟，屋内进水一米多深，老太太被逼得站在屋里床上呼救，李树森听到呼救声，急速驾筏过去，忙声说："大娘不要急，我来了，赶快上筏。"老人害怕水深，两条腿只打战，李树森伏身把老太太背上筏。为了争取时间，水浅的地方涉水推筏前进，水深的地方，便游水前进。经过半个多小时的拼搏，终于把曹老太太转移到最安全的地方。

街道积水不停地上涨，驾筏救人的工作，一趟比一趟艰难，一趟比一趟紧迫。当他驾筏到三角坑东北角，发现一户人家屋内积水近两米深，一位60多岁老汉，带一个孙子，一个孙女，两个小孩站在垫凳子的桌子上，吓得大声哭叫，老汉站在床上急呼"救人"！李树森见情况非常紧急，把筏快速驾到门口，叫他们赶快上筏。因水深，他们不敢动，李树森背了老头，手抱小孩，把他们放到筏上，然后转送他们到安全地方。老头在筏上连声说："您真是俺的救命恩人。"还让孙孙叫"伯伯"。虽然寨内有几条街积水深，面积大，时间长，泡塌350多间房屋。由于坚持了抗洪先救人的原则，对有危险的人员都及时作了转移，没有一人伤亡。

由于李树森同志对抗洪救灾作出了重大贡献，事迹突出感人，被中共漯河市委和市革命委员会授予抗洪二等功臣。

选自 1999 年 6 月《漯河文史资料》第八辑

“七五·八”抗洪烈士英名录

邢富功

一、王秋峰、陆兴大

1975 年 8 月 8 日，漯河市区的抗洪斗争进入最艰苦、最紧张的阶段。澧河电工器材厂附近河堤连续出现穿洞、塌方。急流顺着漏洞形成一个大漩涡。险情就是命令，漏洞就是战场。当时在此地抗洪抢险的是 33616 部队，他们刚刚堵住一个穿洞，就又听一营三连连长高喊“六班的全体同志集合！”六班班长袁锦华带副班长陆兴大、王兴，战士王秋峰、董国均、夏茂祥、胡应龙、陈寿清接受连长下达的命令：“由于洪水猛涨，我们的营房早已进水，党支部决定派你们班迅速赶回营房，把全连的武器弹药转移到安全之处。”

从河堤到营房有三里多路，六班同志涉水到距营房 200 多米的漯河到舞阳的公路桥上。袁锦华试了试水的深度，已经过了胸口了，董国均说：“班长，我们快涉水过去吧！抢救军械弹药要紧！”其他 6 名战士都同声说：“快涉水过去吧！”为了安全，袁锦华让水性差的董国均、胡应龙夹在水性较好的王兴和王秋峰中间，袁锦华在前面带路，全班排成一字形，涉水前进。

水越来越深，浪也越来越大。突然一股急流像野马一样，把董国均、胡应龙冲进三米多远的水中。副班长王兴、战士王秋峰冲上去抢救。王兴一把抓住胡应龙的衣服，不料一个水浪，把他们俩冲进了深沟。王秋峰眼疾手快，一把拉住王兴的衣服，王兴、胡应龙幸而脱险。而另一名战士董国均眼看被激流卷去，陆兴大急忙伸手去抓，袁锦华说："你水性不好，我去。"便扑身冲下水中，抓住董国均的衣服，用力上拉，这时一个急浪把他们两人冲开，袁锦华又一次钻入水中，把董国均托出水面，不料又一股激流把他们俩重又冲开，当袁锦华第三次抓住董国均时，凶恶的浊浪把董国均从袁锦华紧抓的手中推入了激流。袁锦华第四次鼓起勇气，想法去靠近董国均，但是袁锦华身感无力。袁锦华、董国均随着急流漂浮。这时王秋峰纵身朝班长袁锦华、董国均游去，高喊"班长，我来了！"袁锦华抬起头，发现王秋峰正向自己游来。他一字一字吃力地说："别管我，快……快……快去……救……小董……"王秋峰理解班长的意思，便向董国均游去，一把抓住董国均的胳膊，朝水势平稳的方向推。陆兴大虽知道自己水性差，但眼看着与洪水搏斗的三个战友，心如火燎，扑身游去。三十米、二十米、十米、五米，陆兴大就要靠近他们了，一个巨浪压下来，陆兴大被冲走了，王秋峰、袁锦华和董国均被卷入漩涡……

四位同志被洪水冲走了，消息很快传到了营部。营党委立即决定，组织抢救小组，紧急抢救，由于水势太猛太大，只救回一个昏迷不醒的袁锦华。其余的董国均、王秋峰、陆兴大三人，经多方寻找一直没有下落。8 月 23 日在市剧院召开两千多人的追悼大会上，宣布董国均、王秋峰、陆兴大为抗洪烈士。谁知董国均随洪水冲到了上蔡境内，被农民搭救医治，于 8 月 24 日生还军营。

陆兴大、王秋峰二同志光荣牺牲。

陆兴大烈士，男，汉族，江苏省江阴县人，生于 1953 年 1 月，1973 年 1 月应征入伍。33616 部队一营三连六班战士，副班长，于 1975 年 8 月 9 日光荣牺牲。

部队党委追认陆兴大为中国共产党党员，个人一等功，抗洪烈士。

王秋峰烈士，男，汉族，河南省荥阳县人，生于 1953 年 1 月，1973 年 1 月应征入伍。33616 部队一营三连六班战士。1975 年 8 月 9 日壮烈牺牲。

部队党委追认王秋峰为中国共产党党员，个人一等功，抗洪烈士。

二、陈其贵

陈其贵，男，汉族，四川省珙县人。生于1954年6月，1973年1月应征入伍，34112部队二营七连战士。1975年8月9日下午2时为抢救集体财产与洪水搏斗中光荣牺牲。

陈其贵入伍后，在连队当饲养员。1975年8月上旬，漯河地区连降大雨和特大暴雨。河水暴涨，遍地是水。到了8月7日，营区的积水腰深（达1米以上），养猪场也成了一片汪洋。陈其贵按照首长指示随部队转移。他的任务是把猪赶走，随部队迁移到安全地带，竭尽全力赶着惊散的猪群。由于天越来越黑，积水越来越深，猪群东窜西窜，赶不出来。许多人劝陈其贵放弃赶猪，自己转移算了，他不肯，他舍不下这一群肥胖的膘猪和一头即将下仔的母猪，虽然后来他在同志的再三劝说下离开了饲养场，但是，8日晚这一夜陈其贵一眼未合。天刚刚亮，他就毅然冒险回到营房，来到猪舍。他把九头100多斤的大肥猪拖到了圈顶，把一头将要下仔的母猪赶到了三米多高的草垛上，特地为它搭了产房。这时，他忽然发现一头200多斤的大猪挣扎在三丈多宽，一米多深的粪池内，他毫不犹豫地跳进池中，用尽全身力气把大肥猪拖了上来。精疲力竭的他正准备归队。突然，澧河决口了，洪水向东南直泄而下，这时的陈其贵，又饿又累又困。尽管这样，他仍然谢绝了劝他先吃点饭再走的群众。“我们部队是有纪律的，不能随便吃群众的东西。”

决口的洪水咆哮而来，在归队的路上，陈其贵被凶恶的洪水卷入漩涡壮烈牺牲。时年21岁。

三、李二毛

李二毛，男，汉族，河南省漯河市源汇区孙庄乡小李庄村民。曾任生产队长，党支部委员，民兵营长等职。

1975年8月初，沙、澧河出现了历史上罕见的特大洪水灾害。小李庄位于沙、澧河交汇处北岸的主要险工地段。

1975 年 8 月 5 日到 8 日，李二毛自告奋勇，带领青壮年民兵日夜奋战在沙河大堤上。夜以继日地检查固守，不断给河堤加工复堤。连续三天三夜，汗水、雨水和洪水浸泡得双手双脚发白。8 日夜晚整个河堤漫溢，向村内进水达 1 米多深，全村从村西头到村东头，在长不过 1 公里的地段，河堤漫溢达 13 处之多。整个村庄被洪水吞没，成了一片汪洋。村党支部果断决定，组织群众转移，并让李二毛撤回抗洪队伍，转移人员及抢救财物。他在齐腰深的水中帮助群众转移七趟时，已经十分疲劳了。忽然发现还有两位老人未出村庄，李二毛毫不犹豫地再次涉水回村。返回的路上由于天黑水深，李二毛因碰到被树枝砸落的电线而触电牺牲。时年 37 岁。

选自 1999 年 6 月《漯河文史资料》第八辑

“5·12”抗震救灾中的漯河人

阎书华[①]

2008年5月12日14时28分，四川汶川县温江西北55公里发生里氏8级地震。汶川周边的北川、江油、绵阳、德阳、什邡、彭州、都江堰、绵竹等8市、18县10余万平方公里，遭受严重破坏，波及北京、宁夏、青海、甘肃、陕西、重庆、山西、河南、山东、湖南、湖北十几个省市区，有强烈震感。仅仅80秒钟的地动山摇、山崩地裂，多少房屋夷为平地，多少生灵陷入废墟。这是新中国成立以来，破坏力最强、破坏最严重的地震，在世界地震史上亦属罕见，据国务院抗震救灾总指挥部发布的报告，截至9月4日12时，四川汶川地震已确认69226人遇难、374643人受伤、17925人失踪，造成直接经济损失8451亿元。

漯河市领导及广大人民群众，和全国全省一样，迅速反应，闻风而动，紧跟全国、全省抗震救灾指挥部的统一部署，掀起一次又一次的捐献、援建高潮。

现将《漯河日报》《漯河广播电视报》《大河报》、中央电视台的灾情日报及网载的有关抗震救灾在漯河的反响，就我所能收集到的资料，加以梳理、分类，简缩编录如下，以便将这一震动全国、影响世界、惊天地、泣鬼神的宏伟历史篇章，在漯河历史上也留下一个缩影。

5月13日，市委、市政府办公室发出了《关于在全市开展向地震灾区捐助活动的通知》，讲述了捐助活动的意义和具体要求，强调“切实发挥中国食品名城作用，踊跃捐助各类食品、饮品，为确保灾区群众有

① 阎书华，女，郾城县人，1934年5月生。1951年省立郾中毕业参加抗美援朝志愿军。曾任军委总政文化部文化教员、商务印书馆俄语资料员、漯河市商管委科长、经济师。

饭吃、有干净水喝做出贡献。”

5 月 13 日 9 点，市红十字会收到的第一批个人捐款是下岗工人应艳霞的 500 元，第一笔单位捐款是民盟漯河市筹委的 2000 元。接着畅游天下旅行社总经理王笑添个人捐 500 元，并表示愿为个人捐款 300 元以上的前 30 名市民免费提供“安徽水乡八里河一日游”。

《通知》发出的第二天，5 月 14 日下午 5 时前，市民政局就收到市总工会、建设系统、教育系统、漯河联通等单位及职工个人捐款 65.4 万元，双汇集团捐款 100 万元和价值 60 万元的火腿肠。

14 日至 15 日下午 6 时，三区两县分别接收社会各界捐赠款物：郾城区 100 多万元，源汇 13.5 万元，召陵区 15 万元，临颍县 22.9 万元，舞阳县 30 万元。截至 5 月 16 日 15 时，市民政局共接收三区两县捐赠款物 424 万元。

召陵区东立食品公司董事长董立哲通过成都总代理，向灾区捐款 1000 元和价值 6000 元的食品。临颍县南街村捐价值 35 万元的干湿面，于 5 月 15 日用 3 辆载重车连夜驶向灾区。

5 月 16 日下午 3 时，我市价值 80 多万元的食品、饮品，用两个车皮发往灾区。其中双汇食品 7591 件（40.6 万元）、南街村食品 1600 件（10 万元）、小帅才食品 1500 件（11 万元）、联泰食品 720 件（6 万元）、舞阳佳源奶饮品 720 件（5 万元）、三剑客奶品 500 件（3 万元）、新旺达饮品 200 件（7300 元）。

5 月 15 日、19 日、20 日，市民政局分三批公布了市四大班子领导及机关干部、市所在地各行政、企事业、人民团体和职工 158 个单位、215 名社会人士，合计捐赠款物 368．71 万元。其中，三剑客奶业公司两次捐款 5.85 万元和价值 7 万元的奶制品，并将 17 日、18 日双休日义卖的 60% 近 2 万元捐给市慈善总会；源汇区赵合盈清真肉食专卖店捐赠价值 1.3 万元的 116 件真空包装牛肉；广东本田漯河盛世店捐款 3 万元，并决定 5 月 20 日—6 月 5 日，每销售一台车捐出 100 元，每保养一台车捐出 10 元。个人捐赠中，杜伟家 7512 元，冯广军、贾长鹰、薛青山、郭强等 4 人各 5000 元，栾根成、赵毅等 41 人各 1000 元，胡建国、张国啸等26人各500元。

5月20日，市委书记靳克文在市委常委扩大会议报告中说，截至5月19日，全市各级、各单位及社会各界共捐款1830万元，捐物价值573万元。

5月20日以后，按照国务院、河南省抗震救灾指挥部的统一部署，进入帮助灾区重建家园阶段。市委、市政府援建工作领导小组，为赶早完成对口援建过渡安置房任务，指示市财政局先期拨款300万元（总需资金1400万元）。靳克文书记在市委常委扩大会议上号召各级党委、政府领导干部进一步动员社会各界踊跃捐款捐物，帮助灾区渡过难关、重建家园。

5月27日，在向四川安县援建过渡安置房捐助仪式上，漯河再掀抗震救灾捐助新高潮。会上市领导及重点企业当场捐款116.9万元。

据市民政局报告，截至5月29日17时，市直115个机关企事业人民团体合计捐款52455.2万元。其中四大班子领导11.9万元，机关干部24.25万元。市建委系统在5月14日捐款12.8万元的基础上再捐70万元。市直教育系统5月14日捐10.4万元，5月15日捐款8.5万元。双汇集团5月14日捐160万元的款物，在5月18日中央电视台承办的《爱的奉献》大型捐助活动中捐款1050万元，再捐重建款60万元。

另外，在捐献活动中还涌现出了许多感人事迹。

舞阳县计生委党支部副书记、宣传股长张艳丽，丈夫县政府干部张相银，9岁儿子张允，地震发生后，全家原计划捐1000元。随着遇难人数的增多，最后商定每月少吃两顿肉、一年少买两身衣服、取消休假旅游安排，捐献1万元。5月14日上午，县计生委党组织发出捐献倡议，张艳丽率先捐出800元。在她的带动下，当天就有42人捐出了3万元。丈夫张相银在她的支持下，参加了县里组织的援建安置过渡房工作队。在当地干部的引荐下，他资助了租水镇一名家庭特困的高一女生李东梅，决定供她念完大学。儿子张允擅长拉丁舞，为援助灾区，他约了几个小伙伴，抽空到市新天地广场参加募捐义演。

郾城正骨医院院长李德周一家三口人捐款，李本人1000元，妻子

200元，5岁孙子100元。

召陵区人民检察院干警许锦的丈夫董文兵是我市驻军连长，新婚不到半个月，于5月12日随1000名官兵赴灾区救援。丈夫走后，许锦报名做志愿献血者。

56岁的王爱云、61岁的王荣先姊妹俩，一家四世同堂，30口人，人人捐款。5月20日姊妹俩到市慈善总会募捐点，替84岁老母和王荣先8个月的孙子捐款。

市烟厂三个家属区的离退休党员、干部、家属800余人，5月15日，第一次就捐出15648元，棉被衣物3000多件。退休教师张延香、刘荷花各捐500元。一位81岁的四川籍老太太，为家乡捐出1000元。81岁的老党员宋秀田捐款10元，另捐价值300元的15件单衣。一位不留姓名的市民，到民政局捐款800元，他说："姓名不重要，国家有难，每个公民都有责任支援。"郾城实验中学三年级（6）班的8名同学，将卖废品的毛票、硬币计64元，交到了市民政局。

许多收入并不丰厚的农民也纷纷解囊。孙庄农民王满香、孙同义各捐200元。五里庙农民赵文杰、商桥农民崔满花各捐100元。召陵区姬石乡肖王村王占法，原捐10元，看了中央电视台《爱的奉献》赈灾直播后，连夜找到村支书再捐500元，说他也要为灾区献出一份爱心。

经济开发区后谢乡敬老院五保老人79岁的退伍军人康祥，一直务农，无额外收入，但他也捐了50元。说："我们在敬老院衣食无忧，国家有难，不向灾区表示一下，觉都睡不好！"

邓襄镇韩店村"四老"家长学校73岁的指导员闫自起，向召陵区民政局捐100元后，又捐5箱价值4200元的《益世真言》图书，是青少年道德教育读物。

舞阳县马村乡郭庄村农民郭大庆，在陕西务工，已在当地捐1万元，听说家乡号召捐款，给村支书郭桂枝打电话，又寄回1万元捐款。

临颍县残联肢残协会主席闫银亮捐2000元。王岗镇梁少杰手摇轮椅30里，到县城参加募捐活动，捐款200元。他说，没有党和政府的关爱，就没有残疾人的今天。我虽不富裕，但少吃一口饭，挤出点钱也要救助灾区。盲人郭凤军捐500元，刘学勤捐100元。

"特殊党费"。特殊党费最初的发起者应该是浙江省绍兴县顺利喷花服饰有限公司董事长、有着35年党龄的农村党员祁友富。5月13日中午，他顶着烈日，跑了好几家银行取了10万元，交给柯岩街道党工委，说是支援灾区的"特殊党费"。他的这一举动，立即在全省乃至全国范围内引发了一股交纳"特殊党费"的热潮。他于6月30日被中组部授予"抗震救灾优秀党员"称号。

中组部为适应广大党员的意愿，于5月18日设立专用账户，开始接受党员自愿交纳的抗震救灾"特殊党费"。

按照中组部、省委组织部发出的交纳"特殊党费"的通知，漯河市委常委和市级党的领导以及临颍、舞阳四大班子领导带头交纳，大都是拿出当月的全部工资。中共市建委委员在先期捐款基础上，又交纳了"特殊党费"。市卫生局党委书记、局长陈炳坤在全局党员中第一个交纳"特殊党费"。副局长、市赴川救灾防病工作队领队赵明阳、卫生监督救援队队长王建立等，打电话通知家人，将当月工资2000元作为"特殊党费"全部捐献。

郾城李集乡在京务工的党支书廉洁和4名副书记，每人交纳3000元，30多名务工党员共交纳16100元。被派往越南工作的漯河供电公司职工党员蔡勇，从国外打电话委托同事交纳1000元。

舞阳姜店乡左庄老党员谢国营，把刚领到的550元粮食补贴款交给组织，并给灾区人民写了慰问信，鼓励他们战胜困难，重建家园。郾城区70多岁的老党员交纳了500元，没有留下姓名，只说："我叫共产党员。"

5月21日，临颍县网通退休职工党员李玉珍，蹬三轮路过捐款点，因带钱不多，半个小时后从家里拿来200元交纳"特殊党费"。舞阳林业园艺局75岁老党员骆建民，骑车3个多小时赶到舞阳县委组织部交纳了一个月的1500元退休金。临颍县网通公司80岁离休党员张振乾的女儿，代父到县委组织部转交500元的"特殊党费"后说："我不是党员，无资格交纳党费，但我是党员的女儿，也要为灾区献上爱心。"捐了5000元。

5月23日，79岁的郾城离休军人党员向宪成，到郾城区委组织部交1000元。还代6位老战友朱文礼、张兴发、韩国荣、曹保云、李世民、高庆喜转交7000元。

源汇区南关村80岁的农民党员孟焕红向党支部交纳100元。离休党员郭双林两次交纳1000元。国税局党员张永会，给孩子治病花去大部分积蓄，仍然交纳了500元。何爱珍身患重病，在北京153医院住院，打电话让同事代交50元。市质监局源汇分局非党员游宏涛拿出100元交给党支部。他说："我愿通过党组织向灾区献上一点情义。"

截至6月18日，我市近4万名党员自愿交纳"特殊党费"共538.7万元。

汶川地震发生后，驻漯71823部队闻风而动、千里驰援。5月13日凌晨，1000多名官兵、几十辆装载救援物资设备的汽车，登上开往灾区的火车专列。市党政军领导一起到车站送行，勉励他们发扬一不怕苦、二不怕死的精神，敢于拼搏，敢于胜利，视人民利益高于一切，圆满完成上级交给的救援任务。5月15日他们抵达重灾区彭州市龙门山镇。截至16日18时，已转移灾民260人，从废墟中救出120人。

驻漯总队28分队27岁的指导员李意政是四川北川市人，也在救援官兵之列。他知道地震发生后，母亲埋于废墟下，姐姐、叔叔遇难，奶奶、姑姑砸成重伤，姨母、姨父下落不明。领导安排他先回家探望。他说："我不能在这个时候走，不能当逃兵。"在专列上，他看到川籍士兵，知道他们和自己一样，在为家人安危担忧，一路上与士兵谈心，鼓舞士气。

到彭州后，李政意与父亲联系，得知7位亲人遇难，他强忍泪水向北川方向磕了三个响头后，带领士兵到九重山风景区搜救幸存者，当天营救被困群众5人，转移群众21人。

考虑到四川籍战士熟悉地形、适应环境、了解民情，李政意带领25名川籍战士组成突击队，提出的口号是"哪里最艰险，哪里就有我们；哪里有灾民，我们就在哪里"。5月6日在银河沟谢家店子救出一位被困

93个小时的73岁老太太。

每次遇到险情，李政意都临危不惧、果断指挥。5月19日下午，他立下遗嘱，带领“川籍战士突击队”，冒生命危险，在河谷、岩石和滑坡间穿行20余公里，进入燕子岩窝一带组织搜救，圆满完成“进村到户”任务。由于连续多个昼夜的劳累，到达燕子岩后，李意政终因体力不支，晕倒在废墟上。10月7日，被党中央、国务院、中央军委授予“全国抗震救灾模范”称号。

5月18日上午，该部45名官兵在指导员范亚南带领下，到彭州市龙门山镇谢家店子执行搜救任务，听到“少小离家老大回，乡音无改鬓毛衰”的女孩读书声。从村民王泰明家了解到这个不足300户人家的小村，有150名学生失学。于是范亚南建议，该部8名常委决定，开设“军营帐篷希望学校”，由团副政委郝清俊牵头，硕士生指导员魏征、范亚南担任文化教员，主要面向初中以下学生开设文化和军事课程。5月22日正式开学，在此采访的中国作协高洪波、黄亚州两位副主席为到场的30名孩子上了第一节课。

截至7月下旬，该部千余名官兵，先后转战彭州市龙门山、小鱼洞等6个镇，共解救被困群众1048人，挖掘掩埋遗体44具，救治伤病员1.2万人，转送救灾物资4100余吨，搭设帐篷、简易房9000余间，拆除危房1.8万间，抢救群众财产价值2800万元，安置受灾群众4.9万人，消毒138平方公里，建帐篷学校3所。圆满完成抗震救灾任务后，于7月25日凯旋抵漯。我市领导及10万群众走上街头，用鲜花和掌声欢迎历经艰辛的子弟兵归来。

5月12日，地震发生的当晚，市消防支队政委梅建功、支队长刘秀明立即组织召开紧急会议，进入战备状态。5月14日凌晨2时许，参谋长刘国宏带领我市最好的抢险救援车辆和破拆、救生、通信、照明等抢救设备与9名突击队员赶赴灾区。到离震中汶川最近的什邡红白镇后，按指挥部分工，负责救援突击队的饮食保障、器材运送和车辆维修等。他们头上是数千吨重的巨石，脚下是湍急的岷江，然而他们依然冒着余震，踏着泥泞、躲着飞石，一次一次地往返于这条人称“死亡通道”

上，熬红了双眼，磨肿了脚板。

5 月 16 日，距第一批突击队离漯的 17 个小时后，第二批 22 名消防突击队员乘飞机直达灾区。同一时间，消防特勤大队代排长张永强奉命带领袁红磊、王谦两名队员，驾驶消防指挥车，带着抢险救援器材，沿高速公路昼夜兼程驶向灾区。他们到离汶川 30 公里的汉阳镇，从废墟中救出被困 90 多个小时的 4 名群众。16 日下午副支队长张元清带领的第一组官兵，见一名胸部以下被楼板掩埋的妇女，在她的遗体旁是一座摇摇欲坠的六层危楼。战士们急忙用手去扒，半个小时后，终于将遗体抬了出来。消防官兵先后共挖出遗体 11 具。

5 月 18 日上午，应一对老年夫妇要求，张元清带领战士，在六层危楼的二楼，经过艰难搜索，将他们的电冰箱、电视机、洗衣机等抬出。5 月 19 日 9 时，张元清带队在天池街北头帐篷内，将一个患急病的 40 多岁的妇女抬至千米外的急救点，抢救脱险。5 月 20 日晚，他和队友看望慰问川籍退伍兵刘军、王德伟等四人，送去了火腿肠、矿泉水、衣物及 400 元现金。

5 月 18 日，市开发区消防中队指导员刘小治，应两名灾民要求，联合南阳支队，在杂乱的水泥板和裸露的钢筋中，扒出了 1 万元的存折和 5000 元现金。5 月 19 日 10 时 30 分，刘小治率队在汉旺镇东汽厂煤矿家属区，与在场营救的汾西矿业集团救援队配合，用手扒开层层瓦块，救出了被埋 164 个小时的 53 岁妇女刘华珍，抬到急救站抢救。

我市消防突击队和友邻部队，自 5 月 15 日扎营汉旺镇以来，先后扒出存折、现金、金银首饰等，价值 200 多万元，如数交给失主或当地政府。

5 月 21 日，20 多名消防官兵帮助灾民抢收了已熟透的油菜。5 月 22 日，当听说我市消防部队完成救援任务需换防撤离时，无数灾民流泪送行："你们辛苦了！感谢你们！"

市消防支队康飞在援川期间抢拍的摄影作品，在《与汶川同在——河南抗震救灾优秀作品展览》评选中，获一等奖。

5 月 13 日上午，地震发生的第二天，市协荣骨病医院名誉院长 77

岁的中医专家郭德荣召开了全院紧急会议，迅速成立了由专家和业务骨干组成的抗震救灾医疗队，要求支援灾区。行前，市政协主席王俊才、副市长孙运锋送行。郭院长是一位拥有55年党龄的老共产党员，曾经参加过1975年8月河南省的大洪水及1976年唐山大地震的救助行动。凭着多次的救助工作和丰富的临床经验，他知道地震房屋倒塌，会造成很多人员骨折外伤。所以临行时，他随车携带了价值4万多元的绷带、上下肢夹板、消毒液和常用药械及自制的特效药品，于5月15日晚抵达距汶川60公里的重灾区绵竹市。这是我市自发组织的第一支抗震救灾医疗队，也是最早到达地震灾区的中医医疗队。仅17日一天就救治伤员60名。他们充分发挥中医所具有的特殊优势，辗转于绵竹市7个乡镇。在大路边，在田间地头，在倒塌的农舍，在简易帐篷里，为无数伤残患者解除了痛苦，为灾区医务人员和救助的解放军指战员讲解中医治疗知识3200多人次，给四川省九三学社和卫生局赠送了价值5700多元的中医治疗专业书籍。被灾区群众称为“一支特殊的抗震救灾医疗队”。

医疗队即将返回时，郭院长向当地民政部门递交了领养孤儿的申请书，要求收养10名孤儿作为自己的徒弟。

5月16日下午，市第一支民间医疗队——临颍县红十字中西医院救助医疗队一行8人，抵绵竹市地震灾区，就地搭建帐篷，实施救援；另一支临颍红十字中西医院救助医疗队一行8人，携价值3万多元的药品和医疗器械于16日下午8时抵广元市卫生局，又连夜赶往青川县，把带去的50箱矿泉水、医疗器械全部赠送给当地群众和医护人员。10天时间，他们救治了160多名伤员。杨建成医生发现一位82岁的老太太杨天秀中食指甲坏死，就及时采取截指治疗，后转危为安。一个8个月的男婴，被年轻妈妈慌忙中摔了一下。杨医生听到孩子哭声异样，经拍片检查小腿骨折，就及时手术整复、石膏固定。孩子的哭声止住了。

5月17日下午，来自市中心医院、市二院、三院、五院、六院、中医院的第一支12名司机救援队，驾驶6辆满载药品的救护车，在队长郭佩群带领下，于晚6点30分出发，日夜兼程，于18日晚抵达绵阳市，会同我省 90 多名医护防疫人员，赶赴北川县桂溪乡开展救援工作。由于受灾严重，没水没电，一路上每顿饭仅靠一包方便面和一瓶矿泉水充饥。

5 月 20 日上午，卫生部要安排 18 辆救护车，成立运输先遣小分队，前往受灾最严重的地区运送急救药品。漯河市的 12 名司机主动请缨，参加这一最危险的运输任务。得到批准后，顾不上吃午饭，立即出发了。在随后的十多天里，他们冒着余震、山体滑坡、泥石流、塌方等险情，连续奔波于茂县、北川、安县、广元、青川、广汉、彭州、都江堰灾区，把一箱箱急救药品安全送达目的地。其间，曾连续翻越三座海拔 4700 多米高的雪山，穿越余震、塌方、泥石流威胁的生死线，吃着难以下咽的方便面，四天四夜没喝上一口热水。5 月 25 日下午 4 点，在往茂县运送物品返回时，遇到 6.4 级余震，被山体滑坡堵在途中。在紧急时刻，他们仍安全转移了 10 位村民。

13 天时间共出车 48 台次，行程 8000 余公里，运送药品 80 多吨，出车台次及运药总量，均居全省之首。当地抗震救灾指挥部的人竖起大拇指称赞他们说："河南人，好样的！"

6 月 1 日，完成任务归来。市二院司机高昊彬被推选参加 7 月 15 日市卫生系统抗震救灾先进事迹报告团。他报告的题目是《八千里路云和月》。

5 月 19 日，全国哀悼日的第一天，市卫生局组织的第二支卫生防疫救援队出发，5 月 21 日抵达绵阳市安县；5 月 21 日我市第三支卫生监督队出发，于 22 日下午抵达安县，与先期卫生防疫队会合，共同负责睢水镇和东兴镇的卫生防疫工作。两支队伍的带队人是卫生局副局长赵明阳。

赵明阳过去因车祸腿受重伤，在灾区在夜晚遇潮湿天气就痛得无法入睡。一次正和队员在废墟旁介绍防病知识时，险些被余震倾倒下来的水泥柱砸中。

来自市卫生监督局的共产党员潘杰和队友一起负责安县东兴镇居民的饮用水消毒、快速检测、食品安全、传染病防治等。他们冒着余震、滑坡、塌方的危险，穿梭在山寨间的崎岖小路上。每到一个救济点、安置点及分散棚户区，就宣传卫生防病知识。6月4日下午，刚回到驻地，就接到了镇政府电话，说八角村五户村民家中水井突然变浑有异味，必须立即检测。由于道路不畅，带的检测试剂已经用完，调拨的还在途中。势逼无奈，只好取出水样亲自尝试，凭经验做出判断，指导村民用药物净化消毒。

来自市疾病预防控制中心的曹锋和同单位的李世杰负责青云村870户2700多人的卫生防疫和饮水安全。在村民组长引导下，每天步行10多公里，往返于分散简易的帐篷之间，宣传饮水防病知识，发放并教他们使用净水药品。对厕所、垃圾点、帐篷等重点场所进行消毒处理，面积达4万多平方米。长时间露天工作，长时间背负消杀器具，皮肤被日光灼伤，身上出现了蜕皮、肿痛。经过灾区工作的严峻考验，曹锋和卫生防疫救援队的王晓轲、邱晓东三人火线入党，曹锋和李世杰两人被省团委授予“河南抗震救灾优秀青年”称号。他们所在的市疾病预防控制中心团支部和临颍县援建突击队临时团支部被授予“河南省抗震救灾先进集体”。

我市卫生系统先后组织7批50人10辆救护车的医疗卫生队伍，经过一个月的艰苦奋战，共救治伤员1070人，运送药品80吨，环境消杀14.6万平方米，处理蚊蝇滋生地246处，监督集中供餐点13个，现场检测饮用水256份，确保了两个责任乡镇21个行政村4万多灾区群众的健康安全，实现了大灾后无大疫的目标。

7月15日，市卫生系统隆重举行了抗震救灾先进事迹报告会。赵明阳、郭德荣等做了抗震救灾先进事迹报告。市卫生局党委向全市卫生系统发出号召，要求大力弘扬伟大的抗震救灾精神，团结奋进，为我市的卫生事业做出新贡献。

国难当头，匹夫有责。我市还有不少志愿者冒着艰难险阻，奔赴抗震救灾第一线。

5月12日晚，舞阳县保和乡关庄村的王喜平等8位村民，决定自发赴川救援。13日晚凑足8000元，带着撬杠、手电等工具，赶赴灾区。

15日晨，在一倒塌的商贸市场，听说有两位幸存者，就当即赶去救助。截至16日凌晨，他们同解放军官兵一起还先后挖出21具遗体。王喜平于2008年6月被市委宣传部授予“十佳市民”称号。

舞阳县21岁的赵澎飞，在武汉一家公司做业务员，与同事唐志虎相约于5月21日晚到达都江堰，与青城武术研究会志愿者联合，同住一个帐篷，帮忙装卸物资、分发物品、宣传救灾，什么杂活都干。

漯河市供电公司职工33岁具有大学文化的武军亮，地震发生后主动报名，跟随省电力公司援川抗震救灾指挥部，冒着余震山体滑坡的危险，参与电力设施抢修。5月23日，为保证中央领导指挥抗震救灾用电，他坚守移动发电车连续24个小时，确保了设施安全运行。5月25日，青川县发生6.4级余震，他冒险参与抢修变电站。此外，他还用相机和纸笔记录了供电职工在抗震救灾中的英勇行为。他采写的《5名援川队员火线入党》等稿件，被《河南电力报》等5家媒体刊载。武军亮被我市授予2008年“十佳市民”称号。

市工商局司机38岁的孙万军，6月3日主动报名，成为郑州市一名司机志愿者。他冒着危险，经过50多个小时的奔波，将救灾物资送达安县。返程途中，遇雨路滑，行至广元县，因车失控，撞上前面的汽车，左小腿以下严重受伤，脚跟腱撕裂，住院达半个多月。他还曾向灾区捐赠1350元，被市委宣传部授予2008年“十佳市民”称号。

按照河南省抗震救灾指挥部下达的对口援建过渡安置房指示，我市担任了四川省绵阳市安县睢水镇2000套过渡安置房的任务。其中包括1所中学、2所小学、2个诊所、2个商业网点、40个公共卫生间、40个垃圾收集点等。总面积约4.5万平方米，总投资约2000万元。睢水镇2.04万人口中，117人遇难，76人失踪，810人受伤，80%以上的住房坍塌或成危房，各项损失达21.8亿元。

漯河市于5月24日召开安置房动员大会，将任务分包给两县三区，要求大家认清责任的重大、任务的艰巨，须在7月20日和8月10日前分两批完成任务，让睢水同胞早日住上漯河弟兄援建的房子。

自5月30日至6月2日，舞阳、临颍、源汇区、郾城区、召陵区和经济开发区5批543人抵睢水。至6月4日，已完成场地平整、规划设计、施工编制，准备水泥150吨、沙石500方、砖70万块、施工机械12套、彩钢活动板材500套。

6月23日，根据全国全省援建过渡安置房的统一部署，我市原定的2000套过渡房调整为980套。实际承建979套安置房（含100套学生宿舍），面积19975平方米。加上厨房、洗澡间等154套，设施面积3652平方米。共承建1133套安置房，面积2.37万平方米。经过一个多月艰苦不懈的努力，于7月5日、7日，两批任务顺利完成，并与睢水镇党委和政府办理了交接手续。睢水镇党委、政府、镇中小学和校场村、元宝村“两委”，分别向漯河市各级援建突击队赠送了锦旗及感谢信。

援川安置房的建设者，于7月8日下午由成都乘机抵新郑机场。市政府派人到机场迎接，并献花祝贺。

在援建过渡安置房过程中，出现了许多感人事迹。

5月30日，舞阳援建指挥部发出招募志愿者公告，两个小时报名超500人，指挥部挑选了65人。陈继安家10亩小麦待割、父亲有病住院，指挥部劝他留下。他说：“我有困难，但还有妻子、兄弟、朋友帮忙，灾区的困难比我们不知大多少。”在父亲支持下，他毅然踏上了援川之路。

召陵区对口援建的睢水镇元宝村680户、700口人，95%以上计11万平方米的住房倒塌。召陵区接到任务后，募得过渡房款268.65万元。区建房环保局党组成员李敬波作为援建先遣队队长，带领人员率先抵元宝村，负责先期开工需要的原材料采购和综合协调工作。他每早5点带队出发，分头前往汉旺镇及绵竹市等地采购红砖、沙子、水泥等，并克服重重困难将物资安全运抵工地。施工阶段，他白天深入工地，随时掌握建材使用情况，监督施工质量；晚上挑灯夜战，分析情况，总结经验，撰写新闻稿件。他撰写的长篇通讯《魂系灾区的中原硬汉》和《奋战灾区的“中原铁军”》及散文《旗帜的力量》等30篇稿件，分别在《河南日报》《漯河日报》等发表。

召陵区援建突击队队长陈国安，带领90余人技术骨干，于6月1日下午抵元宝村，不顾千里奔波劳累，6月2日即投入清理现场、运送物料。截至6月12日，已进场水泥40吨、沙200立方米、砖14万块、完成土建基础136套、板材100套、安装35套。6月9日，元宝村“两委”，给召陵区援建指挥部的感谢信中写道：“地震无情，人间有爱；一方有难，八方支援。在危难时刻，召陵区人的拼命精神，为我们全村树立了英勇榜样，不愧为‘铁军’。是你们为我们撑起了一片蓝天，使我们心灵得到抚慰；是你们让我们感到人间处处充满了爱！”

市建委建管科科长、中共党员尚风采任我市援建队施工组长。他抵达绵阳市后，主动与有关部门联系，明确任务，制订方案，以最短时间、最快速度完成了选址和规划设计等前期工作。为确保顺利开工，他冒着余震和山体滑坡等危险，驱车数百公里考察市场行情。

5月31日，连续奋战20小时，奔波300多公里，及时将第一批102吨水泥运至工地。为确保施工质量，他每天带领技术人员顶着酷热，及时解决施工中遇到的难题。援建期间，母亲重病住院，女儿中招考试，他都没请过一天假。

吴春芳是市中心医院派往灾区负责援建队员医疗保障的主管护师。她和另一名主管护师彭梅仙是近600名援建队员中仅有的两位女性。由于工地间距远、道路崎岖，不能通车，她们只能背着10多公斤重的药品器械，奔走在各个作业点，送药，医治伤员。一位工友脚被砸伤，伤口严重溃脓。吴春芳不顾恶臭，亲自进行处理。因她表现突出，被临时党委批准火线入党。

临颍县卫生防疫站主治医师、中共党员金建业，地震发生后，3次递交请战书，要求到抗震一线。6月1日抵安县，负责我市援建所在地的卫生防疫。每天，他都冒着高温酷热，背着沉重的消毒器械，深入每个垃圾点、化粪池开展消杀。工作之余，还向援建人员传授卫生安全防暑知识。由于过度劳累，血压猛高至190/110mmHg，服药后继续工作。确保援建所在地没发生一起食品性疾病。

市公安局治安支队干警、中共党员卢绪友，5月31日主动请缨，前往安县睢水镇，负责援建工地治安和交通保障。他和战友穿行于各安置点，日夜不停地巡逻。由于气候恶劣、休息不足、血压升高，晕倒在巡逻途中。6月20日，他自费购买一批书包和学习用品，送给当地幼儿园小朋友。巡逻途中他捡到一个装有1700元现金、5张银行卡及保险单、工作证的钱包，按工作证上的地址寻到了失主。失主要以现金致谢，被他婉言拒绝。

援建送水工于锋，是市环卫处职工，主要负责市9个援建点600多人的供水。作为唯一一名送水工，他每天要冒山体滑坡、山顶落石等危险，两次驱车到70公里外的绵阳市拉水，再逐一送至援建点，日行程400公里。长途作业，他很少正点吃饭，啃方便面喝矿泉水成了家常便饭。为减轻他的工作量，指挥部提出再抽一名司机，被他谢绝。由于他的工作出色，被临时党委批准火线入党。

中共党员、46岁的徐全胜，是郾城区建设局城管大队的中队长。他和他的同事们主动要求负责某区100多援建人员的吃饭。为保障大家吃上应时的可口饭菜，他每早3点多起床，跑到几十公里外买菜；每天做几大锅饭菜、蒸3笼馒头，夜晚还要准备第二天的早饭。他冒着40℃高温，切菜，和面，烧火，被同事们称为“全天候”工作狂。

在过渡安置房援建中成绩突出的李敬波、尚风采、吴春芳、金建业、卢绪友、于锋、徐全胜，被市委宣传部授予2008年“十佳市民”称号。

过渡安置房对口援建任务结束后，按照河南省对口援建工作整体部署，7月起转入长期性恢复重建项目的对口援建。我市将对四川省江油市双河镇、永胜镇进行为期3年的对口援建。市委、市政府把对口援建工作纳入我市经济社会发展的全局，通盘组织实施，成立了市援建工作领导小组，并把援建前线指挥部设在江油市双河镇。

前线指挥部和双河镇、永胜镇多次协调、科学规划，报经河南省援建前线指挥部和市援建工作小组同意，确定第一批7个项目，总投资约1640万元，重点解决民生问题，让灾区群众住有所居、幼有所教、病有所医、老有所养。其中双河镇4个：居民集中安置点基础设施、学校重建、卫生院重建维修、敬老院重建，总投资810万元；永胜镇3个：居民集中安置点基础设施、武马路和永红路恢复、卫生院迁建，总投资

830万元。副市长孙运锋带领有关人员赴川，与河南省前线指挥部、江油市政府、双河镇、永胜镇政府签订了第一批项目实施协议。由我市对口援建的双河镇中学教学楼项目，在全省首批187个项目中，第一个举行了奠基仪式。河南省政府副秘书长、省援建前线指挥长张国辉及江油市有关领导参加了奠基仪式。

7月8日，北京中日威尔森集团环保技术开发公司漯河新型建材厂，向四川灾区捐赠一套价值60万元的污水处理设备，包括4个50立方米、2个40立方米的整体生物化粪池和16台环保型高效油水分离器，用4辆大卡车运送，加上安装费用计值70多万元，将用于都江堰的幸福、永寿两小区的污水处理。

7月19日，双汇集团董事长万隆一行，在市长带领下，到江油市作投资考察，准备在江油市或绵阳市投资建一个包括加工、物流、配送等的综合肉类加工企业，以带动当地农业发展，促进农民增收，增强灾区生产自救的造血功能。

地震发生后，市劳动就业服务中心立即制订了对口就业援建计划。6月前，发动多家企业提供就业岗位，现已安置灾区务工人员160多人。7月中旬，我市包括双汇集团在内的多家企业，由省劳动保障厅统一组织的江油市就业援建现场招聘会，与230名务工人员达成就业意向，这批企业承诺向灾区就业者适当降低就业门槛、提供食宿条件、工资待遇将在千元以上。当地劳动保障部门高度评价漯河企业的义举说："受灾人民的就业问题，关系着他们今后的生活出路；解决他们的就业问题，就是用实际行动帮助灾区人民重建家园。"

9月22日，市政协主席王俊才、副主席孟顺礼、秘书长李耀道，带领部分政协委员到绵阳市、江油市、北川县看望地震灾区群众，慰问我市对口支援灾后重建的一线干部群众。

10月天气转寒，灾区群众缺少充足的御寒衣被。省援建指挥部要求我市承担棉被6000床、棉衣6000件的捐赠任务，须在11月15日前送到灾区。10月28日，我市在市委大院举行隆重的向灾区"送温暖，献爱心"活动。市委副书记张社魁作了动员报告，市委书记靳克文及党、政、军、法院、总工会等领导人带头捐出崭新的衣被。当场收到50405元捐款及一批越冬衣被。

11月19日，市领导和市发改委、市民政局、市建委、双汇集团等负责同志，到江油市慰问灾区群众，检查对口援建工作，对双汇集团在绵阳市投资援建的绵阳双汇公司进行调研，将100万元捐款、4000条棉被、4000件棉衣送到灾区同胞手中。灾区干部群众满含热泪，赠送了一面锦旗。上书："川豫一家亲，漯河江油心连心；大灾见大爱，浓浓爱意见真情。"

选自2009年9月《漯河文史资料》第十七辑

盲人李漂海奇闻

张长志[1]

1997年10月，谁也想不到，一位盲人，竟会去德、法、英、比利时、卢森堡等5国，作修理收音机、电视机和穿针引线的表演，而且竟然赢得一阵阵雷鸣般的掌声和喝彩。后来，又有东欧13国邀请这位盲人前去献技，鉴于种种原因，他不愿去了。这位盲人，就是河南省自强模范——李漂海。

李漂海原名李毛孩，临颍县人。别看他是一位盲人，可他有许多绝活：修锁、修自行车、修收音机、穿针引线、骑三轮车……因此大家都称他为奇人。我见到他是在漯河市繁城镇清街市场内开设的一家修理收音机的小店里。小店内放着一张破旧的桌子，桌子上摆着修理收音机的工具及零件。桌子上空横扯着一根绳子，上面拴着电灯泡、电插座，搭着一条毛巾。李漂海一举手，就能把电烙铁插头插进插座，像明目人一样。

小店也是他的住室。靠桌后摆着一张床。床铺没叠，床头边还放着四季穿的衣服，显得散散乱乱。靠门口的右侧，放着锅碗瓢盆。左侧紧挨门口，是蜂窝煤炉，旁边堆着蜂窝煤。瞧他往炉子里添煤、通火的动作，瞧他舀水、择菜、做饭的动作，都一如常人。既能把青菜择得干干净净，不留黄叶烂根，又轻车熟路，毫不费劲儿。靠床铺的对过，放着一辆三轮车。车子的木板上，放着一台待修的收音机。甭看室内塞得满满当当又显得凌乱，一旦李漂海要找取什么东西时，伸手即可取出。对他来说，一切都那么井井有条、丝毫不紊。

李漂海修理收音机也是井然有序的。他拿过待修的收音机摆在面

① 张长志（缺）。

前，电烙铁已插好正在加热，螺丝刀拧开了收音机的后盖。然后取过一台袖珍收音机，打开开关，放大音量，那袖珍收音机就哇哇啦啦响起来。原来，这是他检查收音机毛病的独特方法——他无法使用万能表，就用这台小收音机的音响，去感应待修的收音机；通过耳听，去鉴别那部待修的收音机毛病在哪儿。然后，他手摸指触，找到修理部位。然后再拿起电烙铁，蘸上焊锡，往左手食指触着的地方，紧靠指头焊去。食指当然会被烙铁烙烫，并且早被烙得伤痕累累，变成畸形。然而，那新换的零件线头，亦被李漂海用这种“苦肉计”法，焊得牢牢的。就这样，一个哑巴了的收音机，很快就会“说话”了，也会“唱歌”了！

目睹此景，谁不惊奇呢？

然而，谁又能知道，李漂海修收音机、电视机背后的种种辛苦和他那不幸的童年？

提及他的童年，李漂海不无感慨。

他原本眼睛并不瞎。1946年出生时，他和其他儿童一样，也有着一双水灵灵的明目。4岁那年，他患了眼疾，痛得厉害。无奈做小本生意的父亲没钱给他医治，以致双目失明，使他成为一丝光感都没有的盲人。5岁，他父母去上海做小生意，母亲带着他从上海乘轮船去无锡。船行至江心，那滚滚东逝的江水，突然引发了父亲的一个念头：为了不背盲孩这个包袱，他下狠心，要把李漂海抛进长江淹死！当父亲抱起毛孩要往江心扔去的时候，母亲说什么也舍不得，毛孩毕竟是她身上掉下来的肉哇！她紧紧搂住毛孩，说啥也不同意那么做。在生死面前，毛孩向慈母求救。父亲朝着母亲大嚷：“现在舍不得，你能跟他一辈子？”母亲大哭起来，他也大哭起来，惹来同船人围着看。父亲被哭软了心，见众人围来，只好撒手……到了10岁那年，母亲见他懂事了，叮嘱说：“以后要学点本事，要想法养活自己。”从此，毛孩改叫李漂海。意思是，他是从海上漂来的，未死。

他牢记母亲的话，为了生存，开始好学起来。

一日，他拾到一把坏锁，用手摸来摸去，感到好奇。心想，这小玩意儿真有意思，可以锁住家门、锁住抽屉，帮助防护。可是它坏了，我得想办法把它打开。如果我能掌握修锁配匙的本领，也可以养活自己呀！他找来了一把锥子，摸索着，试着，想把坏锁拆开。一不小心，一锥子扎进指头里，痛得他浑身是汗。可他硬是咬紧牙关不掉一滴泪。他心里只有一个念头，一定要弄清锁的构造，学会修锁。一遍又一遍，手指不知被扎破多少回，最后终于掌握了修锁配匙的本领。

一瞎子能修锁？别人不相信，就连他父亲、叔叔们也不信。在他们眼里，他是个残疾人、废人，是个包袱，倒不如死了省心。因而，对他学修锁不仅不鼓励，反而处处刁难。他们唯一为其谋划的生计，便是那“打卦算命”的营生。

那天，他父亲慷慨破费，花了不少钱，炒了几个菜，掂来一壶酒，大宴一个双目失明的算卦先生，特地让李漂海拜他为师，跟他学算命。李漂海一听此事，非常反感，觉得此行是骗人的，说什么也不愿意跟那人学。气得父亲大骂，狠狠地打了他一顿。李漂海仍然没有依从。这就惹翻了父亲的脾气。不学算卦，也不容李漂海瞎鼓捣、乱修理。父亲见不得他修东西，只要一见，不由分说，就是一顿毒打。还是母亲懂得儿子的心思，每次他学着修理，她都为他“放哨”。一见父亲回来了，赶快帮他把修理工具藏到床下，等父亲出门，再拿出来，让他继续干下去。

功夫不负有心人。他终于为别人修好了第一把锁。当他拿到报酬时，他心里忽然亮起了一盏灯：残疾人也可以自立，也可以自己养活自己！这件事，激励了他生活的勇气。之后，他又学修自行车、学拉弦子……至今，他腿上还残留着学修自行车时摔的伤疤哩！

我很想了解李漂海是怎么产生修理收音机的“奇想”的？

原来，1958 年，他对矿石收音机很感兴趣。在他看来，那小小玩意真出奇：隔着万水千山，竟能听到唱戏、听到歌声、听到新闻！于是他买来了漆包线、自然铜、耳机……就试着装成了一台矿石收音机。打那以后，谁的矿石收音机不响了，都来找他修。后来，他自然萌发了修理收音机的奇想。然而，收音机远比矿石收音机复杂得多，要掌握这门技术，谈何容易？尤其对一位双目失明的人来说，简直是异想天开！

但是李漂海敢想敢干。他托人去临颍县城买来了一本《怎样修理收音机》的书，又请刚刚高中毕业的一位学生讲给他听。他先是像学生背书那样跟着背，背会了再细心琢磨：对300多个零部件的位置、性能，一个个地用手摸、靠指触、凭心记，去了解、去掌握、去鉴别……结果，很快地熟悉了收音机的线路图，通晓了各部件的功能与性能。他就是靠着这种超人的精神和毅力，终于成为第一个盲人修理收音机的人！其间，他当然遇到过种种挫折。失败过、伤心过、绝望过……甚至他还买了一瓶农药，准备服毒寻短，一死了事。可他一听说："叫他喝，别管他，让他死了算啦！"他反而把农药瓶摔了，激发了他生存的勇气。他说："叫我死，我偏不死。我要做出个样子，让人们看看！"

他成功了。从1966年，他开设了一个修理收音机、配锁门市部，每月由30元的创收，增加到300多元。1989年，凭他的双手，赢得了荣誉：他在那次郑州举办的残疾人技能职业技术表演赛中，跟一位肢残明目的人修理一台同样毛病的收音机，那位肢残人用了20多分钟修好，而他只用了17分钟，一举夺得了特别奖。1991年12月27日，他光荣地参加了河南省残疾人表彰大会，被评为省级"自强模范"。原河南省委书记侯宗宾，看了他当场表演的修理收音机和穿针引线，激动地说："我去过大江南北，走了大半个中国，还没见过盲人修理收音机。今天，这是第一次！"

一年夏天，他正在屋里修收音机，忽然听见门外一片嘈杂声，还伴有小孩子的哭叫声。怎么回事？他出于好奇，放下手中的活计，走出门去。一打听，原来是小孩子耳朵里掉进一粒钢珠，家人带他到许昌几个医院去求治，都因技术、设备等原因，无法取出。这次又到一家医院治疗，因医院医疗条件有限，让他们转往郑州就医。他们带的钱也花完了，只好先回家。今天路过李漂海的门前，小孩疼痛难忍，又大声哭叫起来。李漂海闻听这种情况，又听孩子哭叫不止，就动了恻隐之心，眉头一皱，就想出了"点子"。

钢珠掉进小孩耳朵里好多天了。小孩的脸和头都肿得不像样子，眼睛也睁不开了。如果钢珠不取出，继续堵塞在耳朵里，引起进一步的发炎和感染，势必有生命之虞。李漂海怀着一颗怜悯的心，想到收音机里的磁铁可以吸铁，不妨用来试试。他把自己的想法告诉了患儿的家长。患儿的家长如久旱逢雨，自然乐得不行。于是，他取出一颗铁钉，把铁钉尖磨平，让一块较小的磁铁紧紧贴在磨平的钉尖上。一切准备妥当，李漂海就拿着带有磁铁的钉子，慢慢地插进小孩的耳朵里。他凭着他那敏锐的感觉，迅速往外一提，一颗带有脓血的钢珠奇迹般地被磁铁吸出来了！没想到，几家医院无法医治的病，竟被盲人李漂海治好了。

患儿一家千恩万谢，众口不迭地一个劲说："你真是俺家的救命恩人！"说着便要拿钱给李漂海。李漂海忙说："别！别！别！你们为了孩子已经花了不少钱，不能让你们再破费了。"

李漂海身边只有一个小女儿。我见到李漂海时，是他跟小女儿走在繁城的清街上。小女儿5岁，正是当年李漂海父亲想把他扔进长江里的那个年龄。不过，小女儿的遭遇，却与他当年大不一样。那是1991年的事了。李漂海去许昌购买收音机零件回来，路过许昌车站旁的地下道——涵洞时，听到一群人围着一个弃婴谈论。他得知这是一个还不满月的小女孩，两条腿"罗圈"着，两个小胳膊可扭两圈，是个四肢残废的女婴，没人要了。他立刻联想到自己的身世，竟然分开人群，把女孩抱回了家！这一举动，让在场的人都很吃惊，更让他的家人不满："你自己就够困难的了，再收养这么个残疾的弃婴，你怎么过活？"

李漂海坚持收养了这个小女孩。

一个盲人，收养一个还不满月的残疾女婴，谈何容易？

且不说喂奶、洗尿布有多困难了，光是对她的四肢矫正，就够难的了。

李漂海没钱为弃婴上医院治疗，可他又不想让她残废。于是，他用自己创造的"土法"对她的四肢进行理疗——在她睡觉时，把她放在小褥上，两腿伸开，用一块木板垫上海绵，把两条腿放在海绵上，然后把两条胳膊放在身子两旁，用小褥包好，再用绳子捆绑。捆得紧了，孩子哭；绑得松了，矫正不过来；时间长了，怕血液不流通；时间短了，怕不起作用……因此，他必须一天到晚没明没夜地勤绑、勤松。经过半年多的这种“土法”矫正，幼婴的小腿不那么弯了，胳膊也和正常人一样了。

我听到这里，非常感兴趣地打岔问：“你把精力都放在照顾小女孩身上，你的生意还做不做？”

他说：“不做？靠啥生活？”

“那么，你要出门怎么办？”

他回答得更有趣。

他说，有事出门，就把两个对讲机放在小女孩身边，一个管发话，一个管收听。他身上带一个。她若醒了、哭了，我从对讲机里就能听到。后来，她长大一点，会牙牙学语了，她若尿了、饿了，她一哭，我一听到，就用对讲机哄她：“别哭，别哭，爸爸这就回去了……”他讲到这里，冲我笑笑。我实在有点不可思议。

如今，这个被李漂海收养的小弃婴，已经长成为一个健康活泼的孩子了。1998 年 9 月，我再次见到李漂海时，得知他收养的那个小女孩，完全和正常孩子一样在镇小学上一年级。

李漂海为我表演穿针引线的“绝活”，引来了不少人围观。他的纫针速度，令人惊诧不已。线和针，都是茶馆前摆小摊的提供的。他一手拿针，一手拿线，在嘴里舔了舔后，说声：“你可看好！”话音未落，纫上的针已拉到了胸前。他纫线之快，即使是我们眼力好的人，也难以与之相比。他说，这动作还是放慢了的，目的是让我们看清楚。电视台的记者给他录穿针引线的镜头，硬是没录清楚。前前后后，竟录了 10 多次。因为那速度实在太快了！

提及他的穿针引线，他向我讲起了他的生存。他说，他要独立生活，就要学会做饭、穿衣。他做第一顿饭时，是关着门学着做的。结果不知生熟，吃了以后，拉了几天肚子。他生活之艰难，我们可想而知。

我怀疑他的穿针引线是用嘴吸的。可他说：“不。我完全凭的是感觉。”这真有点奇了！那么小的针鼻，别说他根本看不见，就是我，也难看分明。可见他，往嘴里一放，“噌”地一下，就纫上了！这“活儿”做到这种份儿上，不知道他要练多少次、多少天！

李漂海的生活虽然十分艰难，但他并没忘了帮助其他困难的人。1989 年，繁城镇有位叫张清波的孤寡老人，家庭很穷，又没活干。他得知情况，心里替他着急。让他干什么好呢？怎样才能使他自己养活自己呢？经过一番苦思冥想，最后他认为，帮他办个代销点比较合适。张清波老人是没有钱做资本的。为了使他不给社会添麻烦，李漂海无偿地拿出 300 元钱，帮助老人干起了代销营生。

1994 年，远东及太平洋地区残疾人运动会在北京召开。他得知这个消息，为支持残疾人运动会，把省吃俭用的 50 元钱寄给了大会组委会。

1996 年 9 月，为了表达一个残疾人对灾区人民的微薄心意，他给灾区人民寄去了 300 元人民币。

1977 年，他还为修建毛主席纪念堂捐了款……

他，一位盲人，多次捐款。虽说钱不多，却表现出他对国家、对人民的无限热爱；他，一位残疾人，但身残志坚、自强不息、助人为乐的高尚品质，却永远健康发亮……

选自《漯河文史资料》第十七辑（2009 年 9 月出版）

学者风采

舞阳籍中科院院士高济宇

胡德周[①]

高济宇

高济宇，字恩波，男，汉族，1902年5月23日出生于舞阳县枣林乡高庄村。中共党员，中国民主同盟盟员，原南京大学党委常委、副校长、一级教授、博士生导师，中国科学院学部委员（院士），第五届全国人大代表。2000年4月29日逝世。

高济宇是我国老一辈爱国科学家，致力于教育和科学事业60多年，为国家培养了一大批优秀人才，为提高学校的教学质量和科研水平、为南京大学的教育事业发展作出了重要贡献。南京大学今天能成为全国重点大学之一，在人才培养、科学研究、学科建设等方面能跃居全国高校前列，这其中也凝聚了高济宇的许多心血。他长期从事有机化学的研究，在碳环化合物领域有着极其重要的发现，为我国的化学教育倾注了毕生精力。他可贵的求知精神和高尚品格值得后人好好学习。

高济宇出生在一个殷实的农村家庭，父亲高瑞庭是前清秀才，饱读

① 胡德周，汉族，生于1962年，舞钢市人，大专文化，中共党员。1980—1984年在北京军区某部服役，转业后曾在舞阳县史志档案办从事地方党史研究工作。

诗书，略通医术，在当地群众中颇有威望。高济宇是家里唯一的男儿，知书达理的父亲很希望他能够早日成才，所以，高济宇幼时便在乡间接受私塾和初级小学教育，后到县城读高级小学。在县城上学有两位老师对他影响最深。一位是教算术的尚老师用启发式讲授四则混合运算题，简明扼要，条理清晰，这使高济宇对数学特别有兴趣。另一位是教历史、地理的孟老师，特别重视爱国主义教育，讲中国五千年文明史使同学们听得入迷，感到自豪；讲清政府腐败、鸦片战争后签订的一个又一个不平等条约使学生个个义愤填膺。高济宇在自己床头贴上侵略中国的五个帝国主义国家的名字，每天念上几遍，发誓长大后要探索救国之道。怀着这样一颗赤心，1916 年 14 岁的高济宇走出县城去河南开封第一中学求学。时值政局动荡，军阀混战，中原大地饱受兵燹，穷苦民众生活在水深火热之中。目睹这一幕幕人间悲剧，高济宇悲愤不已，暗暗立下了“教育救国”的宏愿。1917 年，他转而考入开封留学欧美预备学校（现河南大学，1923 年改为中州大学，1927 年改为中山大学，1930 年改为河南大学）第二期英文班。该校是河南省议会为改变河南落后局面派人学习外国先进知识而通过议案成立的。首任校长是教育家林伯襄。在这里高济宇刻苦学习，除甄别考试和第一学期外，每学期都是第一名。

留美时期的高济宇

1923 年春，高济宇考入河南省留美官费生，当年 8 月 30 日由上海乘船赴美。9 月 15 日到达美国西雅图向中国驻华盛顿留学监督汇报后，只得到 16 天的生活费 48 美元。在没有足够路费的情况下，高济宇只好就近入华盛顿州立大学电机系学习。不久，因收不到留学官费，买不起学习用具，甚至连吃饭都成问题，不得已退学做工。这是一段屈辱的日子，大洋彼岸的洋人根本看不起中国人。这激起了他的民族自尊心，使他深切感到中国的贫穷和落后。1924 年 2 月，他攒够了学费，复学转入化学系学习，1927 年毕业后获学士学位。由于学习成绩突出，被吸收为化学荣誉学会会员。同年秋入伊利诺伊大学研究生院攻读有机化学，在亚当斯、马弗等教授和教师费桑都的指导下发现了合成四碳环新方法。1929 年发表《环丁烷衍生物的合成新法》一文，获硕士学位。1930 年完成《利用具克曼重排反应降解法确定二氢 1,4–D 派喃衍生物的结构》研究，被推荐为美国科学荣誉学会会员。1931 年 2 月获博士学位并被聘为伊利诺伊大学化学系姆斯教授的研究助理。

高济宇的学习成绩令美国人刮目相看，这使他内心充满自豪。1931 年 6 月，他怀着实现报效祖国的梦想得到了国民党中央大学的聘书，同年 8 月即回国到校任教，1933 年晋为教授，1934 年到 1945 年任化学系主任。1941 年起担任中国化学学会副总干事，1944 年任总干事，并担任《化学通讯》总编辑。他在讲授有机化学中，注意发挥学生的主观能动性，培养他们独立思考和独立钻研的能力，使他们具备求知的好奇心和丰富的想象力。任化学系主任期间，他千方百计补充各种期刊图书，添置化学仪器设备，建立实验室，建立“制药部”。抗日战争爆发后，中央大学由南京迁至重庆，在艰苦的条件下，他坚持边教学边开展科研，使培养化学人才的工作得以继续。

高济宇倾心于教育事业，积累了丰富的实践经验。他在教学工作中摸索出系统性更强，更能反映有机物内在联系的“官能团编排体系”。该体系使有机化学内容紧凑，便于教学，深受师生们的欢迎。

他从 20 世纪 30 年代初开始在有机合成和有机反应等方面进行研究，合成了 1,6– 二酮和 1,7– 二酮，并成功地研究其成环机理。他尊重权威但不迷信权威，他通过一系列的实验，对某些权威的结论提出了自己的见解，在国内外有很大影响。如 1932 年他合成了 1,2– 二苯甲酰环丁烷在理论上应有两个可能异构体，证明前人结论的错误；1940 年用分子银处理 2,5– 二溴和 1,6– 二苯己二酮，又否定了他的导师在 1934 年得出的成环假定，独创地提出了酮—环醇互变异构的说法。他通过实验发现了四碳环衍生物的合成新法，证明2,5–二溴和1,6–二苯己二酮生成五环是通过酮—环醇异构进行的。这一发现为化学有机合成领域内的科学研究开拓了新的途径。他还系统地研究了一些活性金属，如银（O）、钯（O）、钛（O）等引起的新奇有机反应。此外，他还对有机化学、立体化学、反应机理等方面做了许多研究。在长期的科研实践中，他总结出了新的科研思路，一是把未知物一步一步地降解成已知物，二是从已知物合成未知物，对青年科研人员启发很大。在他88岁高龄时仍亲自“挂帅”带领一班人从事国家重大科研项目——高纯金属有机化合物（MO源）的研究工作。

高济宇是一位爱国爱校的知识分子，他从自己的切身经历中看到了国民党政府的腐败和旧社会的黑暗。抗战时期，中央大学区党部书记是同乡朋友，曾送国民党入党申请表给他，被他拒绝。他说：“国民党革命已成功了，还要我干什么？”事后又有人送来一份，他应酬下来之后，那人一走，便将其扔掉了。抗战胜利后，中央大学从重庆迁回南京，原高济宇的中学校长当了国民党南京政府的地政部长，再三邀请他当秘书长，他坚决拒绝。1947年他担任学校教务长后，吴有训校长去美国开会，按惯例高济宇应当代理校长，他坚决不答应，连教务长也不干了。他常说：“我既不是共产党，也不是国民党，但是反对贪污、反对内战，我支持。”1947年的“五二〇”和1949年的“四一”学生运动爆发后，他非常支持。化学系进步学生把照相机和记录学生运动的照片都保存在他的家里。他还告诫学生要注意防备特务和军警，不要吃眼前亏。蒋介石要败逃时，拟将中央大学迁往台湾，高济宇联合其他人员积极参与阻止，影响了不少师生，最终使南大保留在大陆。

新中国成立后，高济宇继续在院系调整后的南京大学任教。他有用不完的劲头，以一当十地投入新中国的教育工作之中，并于1956年加入中国共产党。入党后，他在和儿子的通信中，表达了自己的心情：“我自从依靠组织以后，进一步坚定了为人民服务的决心，凡是自己的想法与集体利益有抵触时，较易得到纠正。”为了祖国的振兴，为了国防事业的强大，1958年至1978年他勇敢地承担了代号01、03的国防科研课题。此课题为国家绝密项目，规定其成果不能公开，甚至实验报告都不允许留副本。当时有些人不愿意参与，说:“与其一辈子同他人合伙打死一只老虎（国防科研大项目），还不如单干打死十只苍蝇（民用小项目）。”高济宇认为，如果大家都这样想，国防科研谁去搞？我们祖国还要谁去保卫？何况国防系统中那么多人默默无闻地从事科研又为了什么？什么“老虎”“苍蝇”，不就是名和利吗？他认为，科研不是为了个人，不是求名求利，而是为国为民。从此，他中断了熟悉的专业，带领一班人一干就是十几年，获得了大量不能公开的成果，为祖国的国防建设作出了自己的贡献。

高济宇从 20 世纪 30 年代开始就在一边搞教学一边搞科研的同时，还担任学校行政工作。担任行政工作对自己的教学、科研会有一定影响。但他认为，做好教学、科研的组织协调工作，把大家的才能充分发挥出来，虽然自己的科研成果少了，但是集中起来成果就会多一些，学校的成绩就上去了。根据 1992 年国家科委的统计，南京大学科研成果居全国第三名，仅次于北大、清华。

高济宇可说是我国有机化学领域内的一代宗师，同时他还是为人师表的典范，善于团结的楷模。南大是由当年中央大学和金陵大学演变而来的，然而，几十年如一日，谁也看不出这历史的痕迹，大家就好像生活在一个和睦的大家庭里。高济宇与所有共事的同行相知以诚，相待以真。他与来自原金陵大学的老学部委员李方训、戴安邦相互尊重、相互学习、配合默契；他与郭影秋、匡亚明、范存忠等同辈人在一起工作，曾传过多少佳话。分管文科的副校长范存忠德高望重，是非中共人士，但他处处尊重、维护范校长的威信和职权。他既是专家又是党员，又长期担任副校长、党委常委等职，但他在党内从不以专家、权威自居，在专家面前从不显示党员和领导身份。在领导班子中，不论是新任的校长、副校长、正副书记以及新增选的学部委员，有的可称是他学生的学生，可他对他们都非常敬重。他对身边的工作人员，哪怕是卫生公勤员，也都是平等相待。

高济宇极力扶持年轻教师，甘做人梯。他常对年轻教师说，“青出于蓝而胜于蓝，要树立雄心，超越你们的老师。”他把中青年教师推上教学、科研第一线，放手让他们独立带研究生。在他周围早已形成了一支教学科研能力很强的学术梯队。在发表论文时，他常把助手的名字排在自己的前头，有时干脆不署自己的名字，以鼓励年轻人。他的高尚品德和情操激励着南大一代又一代师生投身于科学教育事业。他从教 60 余年，为培养祖国的建设人才付出了巨大精力，结出了丰硕成果，可谓桃李满天下，其中许多已是著名学者，仅 1981 年中科院化学部院士就有 9 名是他的学生。

然而“文化大革命”开始后，一切莫明其妙的灾难竟无情地降临到高济宇的头上。他长期被关在“专政队”，受到种种虐待。不让他吃饱，不给他床睡，凌辱他，批斗他，抄他的家，扣发他的工资，直至把他赶出校园。因受他的影响，在部队工作的儿子和儿媳也被迫复员到南京当工人。而他从开始“学习”到被关进“牛棚”，却始终从容不迫，坦然处之。直到 1971 年高济宇才从“专政队”解放出来，被结合进入校领导班子。“四人帮”被粉碎后，百废待兴，学校亟缺人才和资金。这时候，他和妻子商量把“文革”期间被扣发的 9000 多元工资全部作为党费交给党组织。那时的 9000 多元可不是个小数目啊。但他对家人说：“这是关键时候一个共产党员应尽的义务！”

高济宇与老伴陈佩瑛

高济宇严以律己，宽以待人。他的座右铭是“凡要他人做到的，自己就得先做好”。在住房、出国问题上，多次将机会让给他人；在安排亲属工作、用车及其他待遇方面，从不搞特殊化。1965 年唯一在他身边的女儿、女婿相继病故，从此他和老伴孤寂相伴。后来，学校拟将他的儿子调校工作，他婉言相谢，表示待类似问题解决以后再议。20 世纪

80年代，学校宿舍有所改善，校领导劝他搬到较好的宿舍去住，他断然拒绝说："现在学校住房还比较紧张，许多老职工没住到新房，一些年轻教师还等着房子结婚呢！我还是四十年一贯制好。"1980年、1982年、1984年，美国的几所大学先后邀请南大派团访问，并希望高济宇能应邀。他说："我曾在美国求学8年，新中国成立后又多次去欧洲、苏联访问，现在还是让年轻同志去看看吧！"

高济宇一生淡泊名利，生活简朴，总是把国家的困难、人民的利益放在最前面。1991年江苏境内发生水灾，他带头捐献500元。1998年长江、松花江发生特大洪水灾害，高济宇在病床上口述了一封致南京大学党委的信。信中说："亲爱的校党委，我年事已高，身体又不好，现在躺在病床上，不能参加抗洪工作，作为一个共产党员必须尽自己一份力量，现由家人代捐一万元以表心愿。"当他的儿子将信和钱带到学校捐献大会现场时，校长、党委书记都非常感动，并在大会上宣读了这位老党员充满责任感的信。

高济宇的一生是追求真理、献身科学的一生，是光明磊落、无私奉献的一生。他把毕生精力奉献给祖国的科学教育事业，为中国化学教育和化学学科的发展作出了重要贡献。

选自2006年7月《漯河文史资料》第十四辑

舞阳籍著名史学家韩儒林

胡德周

韩儒林，字鸿庵，男，汉族，1903 年 1 月 2 日生于舞阳县北舞渡镇（现马村乡）黄林村。

在中华民族悠久灿烂的历史长河中，20 世纪是经历了诸多重大变革、涌现过无数杰出人物的伟大时代，中国史学界的许多优秀学者也在各自的专门领域作出了无愧于这一时代的贡献。韩儒林就是其中之一。

韩儒林 1930 年毕业于国立北京大学哲学系。此后，任教于北京女子师范大学、北京师范大学。1933 年起，先后在比利时鲁文大学、巴黎大学、柏林大学留学，攻习蒙、藏、突厥、波斯、拉丁等语言文字及历史。1936 年回国，历任燕京大学、辅仁大学历史系讲师，北平研究院（昆明）史学所副研究员，成都华西大学历史系教授，边疆语文编译委员会（重庆）副主任，中央大学历史系教授兼边政系主任。新中国成立初期，曾兼任南京大学法学院院长。1949—1982 年，任南京大学历史系主任，其间于 1965 年被任命为内蒙古大学副校长兼蒙古史研究所所长。1962 年后，先后访问蒙古、苏联，参与三国合编《蒙古史》工作，并历任中国科学院哲学社会科学部学术委员、中国蒙古史学会副理事长、中国中亚文化研究协会名誉理事、中国元史研究会会长、中国史学会常务理事、《中国大百科全书·中国历史》编辑委员会副主任，并担任《中国大百科全书·历史卷》元史分册的主编、联合国教科文组织的《中亚文明史》编委会副主席、江苏史学会会长、江苏哲学社会科学联合会副主任。他还担任过国务院学位委员会学科评议组成员、古籍整理出版规划小组成员。自留学以来，他始终专注于蒙元史和西北民族史研究。其主要著述有《成吉思汗十三翼考》《蒙古氏族札记》《蒙古答剌罕考》《元代阔端赤考》等篇。他利用波斯文等史料与汉文史料直接比勘、相互校订，纠正了清代以来元史著作中的许多失误，弄清了前人未能解决的许多问题。他的研究成果，代表了中国蒙元史研究一个阶段性的进步。此外，在突厥史、西藏史、西夏史、中西交流史等方面，也都有建树。

20 世纪 50 年代以后，他以大量精力从事教学行政、史学研究的组织和人才培养工作，但学术研究仍未停辍。1956 年，创立南京大学元史研究室；1977 年，创办《元史与北方民族史研究集刊》。又与翁独健等一起倡议建立了中国蒙古史、元史和中亚文化研究会。撰写的论文有《论成吉思汗》《耶律楚材在大蒙古国的地位和作用》《元朝中央政府是怎样管理西藏地方的》《元代诈马宴新探》等二十多篇。20 世纪 60 年代初，他参加了高等院校文科教材的编撰，与助手一起完成了《中国通史参考资料》元代分册。60 年代中期，参加编绘《中国历史地图集》的组织工作，主持北方地区历代图幅的编绘。由他主编的两卷本《元朝史》，获国家优秀图书奖。

他的主要著述，多收入他的《穹庐集》，此外尚有《成吉思汗传》《元史讲座》等著作。论著全集由江苏古籍出版社出版。2000 年 6 月，由南京大学出版社出版的当代江苏人丛书《朔漠情思——历史学家韩儒林》，较全面地介绍了他的生平及研究情况，并收入一些回忆介绍他的文章。

韩儒林是一位爱国、正直的学者，他不愿在日本侵略者的铁蹄下生活，1939 年初，即冒着危险辗转到条件艰苦的后方昆明。到昆明后，韩儒林初任北平研究院史学研究所助理，旋即改任副研究员，主要精力用于研究元史，特别是对波斯文拉施德《史集・部族志》用力尤勤，著有《成吉思汗十三翼考》《雪尼惕与合卜秃儿合思的译名》等文。时昆明物价昂贵，生活不易，后经人介绍，于 1940 年 2 月应华西大学之聘赴成都任历史系教授。

时华西大学成立中国文化研究所，韩儒林专任研究工作。从 1940 年春至 1943 年春 3 年中，除在华西大学讲授蒙古史外，主要从事元史和西北民族史研究，论著进入旺盛时期，发表了《吐蕃之王族及宦族》等论文20余篇。1944年8月应中央大学之聘，任历史系教授，讲授元史及中西交通史。

1945年抗战胜利后，韩儒林到达南京，任中研院史语所所长兼研究员。

1949年4月，南京解放，中央大学改名南京大学，韩儒林任历史系主任，代理法学院院长。

解放以后，韩儒林感到万象更新，学术生涯进入了新的阶段，正如《穹庐集》自序所说，他“要学会用历史唯物主义观点去研究元代历史”“使元史研究能为祖国的文化建设服务”。

1951年6月，他在《新华日报》上发表《西藏的回顾》一文，这是他在新中国成立后发表的第一篇论文。此文为配合中国人民解放军进军西藏及西藏和平解放而作，标志着韩儒林的学术研究从思想上发生了重大转变。1959年西藏反动势力发动叛乱，韩儒林又在《历史研究》第7期上发表《元朝中央政府是怎样管理西藏地方的》一文，充分利用汉、藏史料，详细阐明从13世纪40年代起，西藏地方就正式归入中国版图，成为中国中央政府统辖的一个行政区，有力地驳斥了别有用心者对西藏历史的歪曲。1962年，他发表《论成吉思汗》一文，纪念成吉思汗诞生800周年。他以历史唯物主义观点，从蒙古社会的发展来评价成吉思汗的统一事业对蒙古民族形成和社会进步所起的作用。

韩儒林除主持历史系的教学研究工作外，还先后开设了许多课程，如中国通史、元史、中国历史文选、西藏史、中国古代史史料学、西北民族史等。1951年7月，韩儒林赴北京参加教育部高等学校课程改革座谈会。1954年7月，韩儒林去北京参加高教部和中国科学院召开的全国综合性大学历史专业教学计划座谈会。1956年，韩儒林正式建立南京大学元史研究室并兼任室主任，开始招收副博士研究生。“文化大革命”后，分别于1978年、1981年首批招收硕士研究生和博士研究生，他不遗余力地培养造就新生力量，勉励中青年学者超过自己。在此期间，韩儒林还以极大的精力参加了许多国内国际的重要学术活动，为学术进步及国际合作作出了重要贡献。

1956年11月，他作为中国科学院代表团成员赴蒙古国乌兰巴托参加蒙、中、苏三国历史学家合编蒙古史会议，并就三国编写蒙古人民共和国通史等有关事宜达成协议。次年12月，再次作为中国科学院代表团成员赴莫斯科参加蒙、中、苏三国学者三卷本蒙古史总编辑会议。他在会上作《关于匈奴历史发展的特征与性质》的报告，引起了与会者的极大注意，认为报告中提出的论点很有创见，值得重视。会后访问了列宁格勒，特别访问了苏联东方学研究所列宁格勒分所，并进行了座谈。1980年12月，他以78岁高龄赴巴黎参加联合国教科文组织《中亚文明史》国际编委会会议，当选为副主席，与会者除中国外，还有苏联、蒙古、土耳其、匈牙利、印度、巴基斯坦、美国、英国、日本、伊朗和阿富汗等国。在会上韩儒林据理辩论，挫败了某些人蓄意抹杀和贬低我国在中亚史上重要地位的企图，确保了在六卷本《中亚文明史》的编撰中，我国学者担任一卷主编、一卷副主编的地位。可惜的是韩儒林去世后，中国就失去了《中亚文明史》编委会副主编的职位。

1961年4月，韩儒林赴京参加全国文科教材会议，并负责主编《中国通史参考资料》（元代部分）。此书30余万字，作为高校文科教材于1981年由中华书局出版。7月至9月，应内蒙古自治区党委书记乌兰夫之邀，参加国家民族委员会组织的民族历史研究工作指导委员会内蒙古参观团，与范文澜、翦伯赞、吕振羽等历史学家共16人一起赴内蒙古参观访问。西起包头，北至满洲里、海拉尔，行程7000余公里，考察了各历史时期的长城遗址、金代界壕、阴山南北之汉代城堡、辽金遗址、鲜卑墓葬以及各地之历代古建筑、古碑刻，领略了呼伦贝尔大草原和大兴安岭原始森林的自然风貌，并应邀在呼和浩特内蒙古师范学院及包头作“蒙古古代史”报告，向大同市干部会议千余人作“汉族与北方民族关系中的大同地区”的学术报告，在南屯鄂温克族自治旗向军区及林业干部作“关于北方民族及呼伦贝尔史”的报告。访问结束后，在《民族团结》上发表《内蒙新感》一文。10月1日，应统战部部长李维汉之邀，参加了国庆12周年观礼。

1962年，应邀在北京中央高级党校、河南师范大学历史系讲授元史，为郑州大学作学术报告。1963年11月，应邀赴吉林大学讲学。1979年4月，应邀赴四川大学历史系演讲，接着在西安陕西师范大学及陕西省史学会作“元史研究的发展及语音上所遇到的问题”的报告。1981年5月，在厦门大学作学术演讲。

韩儒林将自己的事业和一生的奋斗同祖国的富强、民族的复兴紧紧地结合在一起，积极参加各种社会政治活动和学术专业活动。1951年加入九三学社，1959年加入中国共产党，曾先后当选为江苏省第一届（1955年）政协委员，江苏省第二届（1958年）、第三届（1963年）、第五届（1977年）人大代表。1955年南京历史学会成立，当选为会长。稍后，江苏省哲学社会科学联合会成立，当选为第一届常务理事。1979年，中国蒙古史学会成立，当选为副理事长；10月，江苏省社科联召开第二届代表大会，当选为副主席。1980年4月，当选为中国史学会常务理事。同年中国元史研究会和江苏省历史学会成立，分别当选为会长。韩儒林还受聘担任中国民族古文字研究会名誉会长、中国中亚文化研究协会名誉理事，中国地理学会《历史地理》编委。

1963年11月，他出席中国科学院哲学社会科学部会议，受到毛泽东等党和国家领导人的接见。1965年中央批准在内蒙古大学设立蒙古史研究所，经乌兰夫提议，中共中央批准，任命韩儒林为内蒙古大学副校长兼蒙古史研究所所长。他以“第二甲子才二年”的昂扬奋进精神，偕夫人去呼和浩特赴任，为内蒙古大学的学术建设殚精竭虑作出了重大贡献。

1963年，韩儒林去上海出席《中国历史地图集》编委会会议，负责主持《中国历史地图集》北方地区历代图幅的编绘，从此他率元史研究室的青年教师锲而不舍、长期坚持这项工作，直到1966年6月“文革”开始，才被迫停止。1969年，在周恩来总理的关怀下，《中国历史地图集》编绘工作重新恢复，韩儒林在十分困难的情况下，仍然不遗余力地投入历史地图的编绘中去，用不足半年的时间，完成了清代内蒙古驿站资料的搜集，并整理成文。1975年他重新主持这项工作，完成了北方地区的历代图幅。该图集于1982年正式出版。

由于《元史》以及后来历代海内外学者有关蒙元史的著作多有疏谬，韩儒林在从事元史研究中，早就感到需要编著一部元朝断代史。1958年，他结合教学，主持编写出了《元史纲要（初稿）》30余万字。“文革”以后，他经过深思熟虑，重新斟酌了全书的结构和章节，重编工作在他的主持下开始进行，由他的弟子陈得芝、邱树森、丁国范、施一揆、姚大力、刘迎胜、王新民等分别执笔撰写各章，共约70余万字。1982年以韩儒林为主编的《元史论丛》第一辑出版，并在其上发表《元史纲要》（结语）一文，全面论述了他对元朝历史的看法。这篇文章用生动的事实深入浅出地回答了人们对元朝的许多疑问，可以说这是韩儒林晚年的一篇用历史唯物主义观点阐述元朝历史的代表作。此书于1986年以《元朝史》为书名出版，这是新中国成立以来在我国元史学界与点校本《元史》并列的两项最重要、最具代表性的学术成果，先后获得首届“中国图书奖”“全国高校人文社科优秀成果一等奖”和“江苏省哲学社会科学优秀成果一等奖”。

1966年，史无前例的“文化大革命”骤起，韩儒林被加上种种诬陷不实之词，身心受到严重摧残，研究工作无法进行。更让韩儒林痛心的是历史学科受到无情的践踏、实事求是的学风被丢弃。

打倒“四人帮”后，韩儒林从内心发出了欢笑，欣然作词“‘四人帮’倒，十年乌云消，画皮剥去总是妖。喜看鬼哭人笑。”词中还表达了自己切盼祖国富强和以学术报国的强烈愿望：“七四岂敢云老，指日四化非遥，收拾劫余残卷，鸡鸣再迎春晓。”从此，韩儒林精神振奋、孜孜不倦地从事著述，创办了《元史及北方民族史研究集刊》，短短几年间发表了《元代诈马宴新探》等十余篇论文，形成了他晚年的学术研究高潮。

1982年9月，韩儒林在上海参加中国历史地理研究会年会期间，体力渐感不支，经医院检查，确诊为前列腺癌复发。11月转至北京301医院治疗，1983年初转入南京鼓楼医院。这时，韩儒林呼吸已十分困难，但仍断断续续和弟子们谈论元史研究室及元史研究会的工作，关切地询问研究生的学业。他病危在床，还忍受着巨大的疼痛，口授自己的论文，完成了最后的绝笔之作《中国西北民族纪年杂谈》。

1983年4月7日7时35分，韩儒林与世长辞，一代宗师、史学巨匠走完了他80年的人生历程。内蒙古自治区主席布赫、内蒙古大学校长特布信、南京大学前校长郭影秋、中国史学界第三次代表大会、九三学社中央委员会、国务院学位委员会、教育部、中国社会科学院、内蒙古大学等50多个单位与领导以及乌兰夫、周谷城、吕叔湘、白寿彝、翁独健、谭其骧、史念海、任继愈、胡厚宣等专家学者100多位发来唁电、祭送花圈，对我国这位著名史学家的不幸逝世表示沉痛哀悼，对他的高尚品格、深宏学识和严谨治学态度表示深深敬仰。4月20日举行了隆重的追悼大会，南京大学领导在悼词中说，韩儒林先生“把毕生精力献给了我国的历史科学”“是国内外知名的蒙古史、元史专家，在学术上卓有成就”“他忠诚党的教育事业，待人谦和、诲人不倦……表现了老一辈学者高尚的思想境界。儒林同志的一生，是光荣的一生！他的去世，是我国史学界和南京大学的重大损失！”

韩儒林和我国其他老一辈学者一起，在元史、蒙古史和西北少数民族史的研究方面，为中国史学的发展作出了突出的贡献，他是史学界的骄傲，更是舞阳人的骄傲。他个人也以舞阳而引以为豪。他的名片上除印有姓名外，仅有“河南舞阳”四字，再无任何衔名。足以证明这位名人对家乡的热爱。

选自2007年9月《漯河文史资料》第十五辑

怀念郭廷以先生

刘敬坤[①]

新中国成立前，在中国的高等学校里讲授中国近代史的，只有清华大学历史系的蒋廷黻先生，中央大学历史系的郭廷以先生和金陵大学历史系的陈恭禄先生。此外，进步人士所讲的《近百年史》《中华民族解放史》以及《近百年革命运动史》等，在普及方面做了不少工作，但在科学研究方面，比之前者，那就有些差距了。

陈恭禄先生一生只写了一部商务印书馆大学丛书中的《中国近代史》，蒋廷黻先生也只写了一本提纲性的中国近代史，并且不久就转入政界。在研究中国近代史的三位拓荒学者中，只有郭先生的著作最丰，而且终身从事中国近代史的研究。

郭先生是河南舞阳人，与著名的元史学者韩儒林先生是同乡。郭先生初在清华大学工作，罗家伦先生 1931 年任中央大学校长时，遂邀郭先生至中大工作。解放前，史学界都知道，郭廷以先生是一位没有留过学的本国土造教授。郭先生从清华到中大，不分严冬酷暑，极为用功，天天都是抄卡片，结果成了高度的近视眼。

抗战前，郭先生的《太平天国史事日志》和《中国近代史事日志》已成书，在中大校内印行。

抗战开始后，郭先生随中大迁校至重庆沙坪坝，在历史系依次开设《中国近代史》《清史》和《太平天国史》三课。郭先生上课时，老是拎着个大皮包，到课堂上就一摊皮包，边写黑板，边讲个不停，从不说闲话，不迟到，不拉堂。我们做学生的对别的先生的课敢逃堂，但对郭先生的课从不敢逃堂。郭先生上课时，除第一次按花名册逐一点名外，以后每堂课，他只看到课的人，然后在卡片上记下没到课同学的名字。当时上课的

① 刘敬坤（缺）。

同学总有三四十人，郭先生能“一览无余”，真是非有惊人的记忆不可。

在1941年以前罗家伦任中大校长时，郭先生有一段时间任中大的训导长；抗战胜利后，又担任过教育部边疆教育司司长。但郭先生从来每学期都有上课任务，总是按照规定，每学期开两种课程。

1949年初，郭先生离开他工作过十多年的中央大学，到了台湾。从此，我们这些当年郭先生的学生只能听到他的一点消息。凡是当年受业于郭先生的同学，没有人不认为郭先生是一位用功、认真、严肃、公正的近代史学者。

现在听到从美国回国的人说，郭先生到台湾后，因为学派矛盾，不能到台湾大学历史系任教（该系为傅斯年先生的阵地），于是就在台北附近一个小火车站不用的站房里筹备中国近代史研究会，集中了几位中央大学的同学，在台湾开辟近代史的研究工作。特别是对20世纪60至80年代的中国自强运动作了有价值的研究。这样，郭先生领导的近代史研究机构才纳入“中央研究院”体制之中（原来“中央研究院”只有历史语言研究所，无近代史研究所），郭先生即长期任该所所长。对郭先生在近代史上的贡献都是众口一词的。因之，我们称郭廷以先生为中国近代史研究的主要先行者和拓荒者，是完全公正的。

郭先生到台湾后，又把近代史拓宽到近现代史的研究，将研究领域从1840年扩展到1949年，并撰写了一部50余万字的《近代中国史纲》，上起1840年下迄1949年，大家都认为这是一部公正的历史著作。此外，郭先生又领导编写四大本的《中华民国史事日志》，这也是比较客观翔实的大事记。

据说，郭先生晚年心情很不好，一则受到一些人的非议，说他的研究工作接受美国人的资助（费正清与郭先生甚友善），有“买办”嫌疑。可见极“左”派的先生不仅大陆有，台湾也有。另一则是他对台湾近代史学界南北派之间的矛盾，很是痛心，他本人长期受北派（即傅斯年先生的一派）排挤，不能到台大任教，只得白手起家创立近代史研究所。郭先生于1975年在纽约逝世。

（转自《团结报》）

选自1988年12月《漯河文史资料》第二辑

郭廷以先生传略

周邦道[①]

郭廷以（1903—1975），字量宇，河南舞阳人。民前九年，即光绪二十九年（1903）11 月 25 日生。幼入本乡初等小学，转乙种蚕桑学堂。1918 年，入开封省立第二中学。1920 年转学南京高等师范学校附中。家学渊源，精勤研读，每试辄列前茅，见重师友。1923 年，保送东南大学文理科历史学系，1926 年冬毕业。翌年，任国民革命军司令部编史局秘书，继任党务学校编辑部编辑。

1928 年秋，任清华大学历史教员，嗣后赓续大学讲席四十余年如一日。中应国民党朱家骅部长之邀，一度出任教育部边疆教育司长。但于原任课业未尝中辍，先后执教于河南大学、中央政治学校、中央大学、中央干部学校、台湾大学、台湾师范大学。其中以中央大学为时最久，凡十有八年，曾兼任历史系主任及训导长。次为师范大学，约十六年，曾兼文学院院长。所主讲课程，除中国近代史外，并有西洋史、元史、明清史及古代史等。学识淹贯，教学认真，望重杏坛，多士倾慕焉。

1955 年 1 月，为“台湾中央研究院”筹备近代史研究所首任所长。1968 年 7 月，当选为“台湾中央研究院”院士，在所先后十七年。举凡人员甄选训练、图书资料搜集、史料排比编纂，以及各种专题研究等，无不周咨博采，规划拓展，躬身为之。研究所之深厚丕基，得以奠定。从而诱掖青年史学后进，协导国内外学人研究工作。多次访美，与若干国际著名大学，研商学术交流与合作事宜。1969 年 8 月，应邀前往夏威夷大学讲学，后相继在哈佛大学、耶鲁大学、哥伦比亚大学，讲学研究，并膺任哥大东南研究所高级研究员。

---

① 周邦道（缺）。

廷以肄业东南大学时，深得其师柳诒徵、徐则陵之启迪，攻治史学。后受罗家伦、蒋廷黻之影响，着重中国近代史之研究，所著有五十万言之巨册《近代中国史》，及《太平天国历法考订》《太平天国史事日志》《台湾史事概论》《中华民族发展史》《俄帝侵略中国简史》《中国近代史概要》《近代中国史事日志（清季）》《郭嵩焘年谱》等书，皆中国近代史珍贵典籍也，对于台湾研究着手甚早。抗战末期，鉴于胜利在望，台湾即将回归祖国，乃于陪都重庆，以“台湾史迹”屡作专题演讲，藉以唤起朝野对台湾之重视。1949年冬来，更连续发表专论，阐析历史上台湾开发为整个中华民族开发中之一环。先民所流血汗，实有不可磨灭之成就与贡献，吾人自应负起继往开来之神圣使命。远见卓识，良可钦式已。

廷以在近代史研究所，曾创立“口述历史”（Oral History）工作。自1959年12月起，访问于民国史有关之前辈六十余人，以“口述笔记”方式，为民国史留下备极可信之史料，计保存录音与记录等数百卷，都四五百万言，厥功至伟。退休之后，仍在哈佛、哥伦比亚等著名学府，利用其设备，从事研究，并开始撰写张公权年谱，不意以心脏病猝发，于1975年9月14日凌晨，溘逝纽约圣路克医院，年七十有三，洵可谓以身殉学术者矣。夫人李心颜，劬学治家，长女茜茜，习历史，继父志；子琼阁、琼阒、琼闻，留学美邦，均卓然有立云。

参考资料：

1. 钱思亮、张宗良、李新民等著的《郭廷以先生事略》。

2. 吕实强著的《河南史学家郭廷以先生简介》，选自《中原文献》。

3. 郭孝颖著的《郭廷以小传》，选自《传记文学》。

选自1988年12月《漯河文史资料》第二辑

顿嵩元藏书

张福祥

我走进顿嵩元教授的书房拂尘斋，见满架的图书一摞挨一摞，不由想起柳宗元在《陆文通先生墓表》中说的："其书直达屋顶，充斥栋宇，用牛拉车运书，牛累得出汗。""汗牛充栋"的典故也适合顿嵩元的藏书之富。不说别的，仅字书类的工具书，如《说文段注》《康熙字典》《中华大字典》《汉语大字典》《汉语大词典》等，平着摆一市尺高，横着量3米多长。在这里，我还看到了明代嘉靖年间的版本《事类赋》，还有刊行于清康熙五十年（1711）的《佩文韵府》。"佩文"是清宫书斋名，此书是奉诏而编，故以宫廷的书斋命名。这部书部头很大，正集106卷，拾遗106卷，引录文章、典故不下50万条，人称"囊括古今，网罗巨细"。另有《渊鉴类函》450卷和其他线装书多种。这些书大都用蓝布套包装，外用骨签别住，古色古香。更使我赏心悦目的是清代嘉庆六年出版的《尔雅音图》八开大本，纸白如玉、印刷精美、图文并茂。这本书早于中国书店1985年影印光绪十年上海同文书局本1983年版。此外，清末民初上海扫叶山房书店出版的用白连史纸石印的线装书，行间加栏，字虽小，看起来却不吃力。这家书店出版的书都是比较严肃的有学术价值古籍，历来为学者所重视和珍藏。

宋代四大奇书:《太平广记》《太平寰宇记》《太平御览》，顿先生就占一多半，另一种是《册府元龟》。

顿先生在他堆积如山的书中，却清楚记得每部书的位置，想请它们"下山"伸手可得。但也有例外。有一次，我请他找《水经注》，他说有，可翻来覆去找不到。我说："只在此山中，云深不知处。"最后还是找到了，他不无遗憾地说，书一多，就得有书架。现在他的两个书柜显然不够用，就用夫人的药橱当书架，平放着，格放两三行，显得颇为拥挤。药橱上面还摆些包装箱一类的东西，里边也是书。所以取放都不方便。我问为啥不多做一些书架。他说，“做下来得千把块，与其花钱做书架，还不如再多买些书。”他说起半个多世纪以来买书、藏书、读书、用书，真是苦辣酸甜。

藏书苦

在开封师院（即今河南大学）上学的四年间，图书馆是他向往的圣殿。特别是图书馆的地下室里，经、史、子、集无所不备。有一次，他翻到一本《说郛》(这是一本汉魏至宋元的各种笔记汇编，内容丰富，涉及经史诗话文论)，顿嵩元大饱眼福。在这里，他还阅读了《书目答问》和《四库全书简明目录》。这时，他想到毕业后，再阅读这些书几乎是不可能的了。怎么办？抄一部分，那是很有限的，于是他萌发了自己买书的念头。那时，国家发给学生每人每月 12 元伙食费，他吃 9 元，剩余的都买成书了。有时在书店见到自己喜爱的书，咬咬牙，把亲友接济的生活费也用到了购书上。线装《前四史》和《读书杂志》等都是那时买的。大学毕业，已买了满满四箱书。但鞋袜、衬衣却破破烂烂。

外地出差或开会捎回来的总是一大堆书。平时在家，只要想阅读或参考哪些书就写信邮购。北京、上海、杭州的古旧书店都有他购书的汇款单。1992 年，他的夫人感慨地对女儿说:“咱家至今连个电视机还没有，钱都让你爸爸买书了！”

“文化大革命”开始，顿嵩元日夜担惊受怕，一是自己是“教书匠”，属于臭老九的行列，再加上自己所藏的书，标标准准属于“四旧”。他本人株连了书，反过来书株连了他。他辛辛苦苦、节衣缩食买来的书成了他的罪孽。他想把它们付之一炬，又怕红卫兵看见。但他又怎忍心去烧毁自己心爱的书呢？所幸学校“文革”组长，出身贫下中农，又是烈士子弟，跟顿嵩元很要好，明白顿爱书如命。他也深知，红卫兵随时有可能抄顿的家，他的书将遭到灭顶之灾。他情急智生，明打暗保，率领红卫兵抢先一步把顿的书弄走，说是“四旧”，封存到学校图书馆，任何人不准动。风头一过，顿嵩元将书悄悄从图书馆转移到一家理发店。理发师傅是顿的挚友。他把书装到箱子里当成隔墙垒起来，外边糊上报纸，就这样掩人耳目。顿嵩元的书终于“死里逃生”。

我问，书有五厄：水、火、兵、虫、盗，你是如何防备的呢？顿教授说，像1975年那样百年不遇的大水，即便有，可以把书弄到楼上去。火，我不吸烟，来我书房查资料的人也不吸烟或不好意思吸烟；电线是暗装的，墙壁、天花板都是砖和水泥制的。“天一阁藏书，取《易经》天一生水之意。古时的建筑大半是砖木结构，一旦失火，书就完了。再说，我这里一天到晚不离人，没啥问题。虫，也很少发生，隔一段打打灭害灵，还没发现书鱼。至于说兵，和平与发展是当今两大主流，不会有什么战争。盗嘛，在发生的众多盗窃案件中，还没听说过盗书的，这不足为虑。”现在他怕的是无知无识之人，贸然闯进他的书房，乱翻乱拿。不久前，有位亲戚借走一本书，后来又转借别人，临还的时候，书都摆弄熟汤了。对此，他大为发火，狠狠地批评了这位亲戚。

有鉴于此，他在书斋中挂了一个玻璃镜框，内写：

许慎研究室读书规则：本室图书专供研究文字、音韵、训诂、古文献之学者查阅。

人生之乐，莫过静坐读书。聚书、藏书良非易事，善观书者澄神端滤，净几焚香，勿卷脑、勿折角、勿以指侵字，勿以唾揭幅。

为免于图书流失，其书概不出室。

由此可见藏书人的苦衷。我发现他的每本书上都写有简语。如《中国藏书家考略》这本书的扉页上写道：1990年汇款上海古籍出版社，4月13日发书，19日邮至驻马店，5月17日驻马店邮局通知到学院。顿嵩元5月17日记。然后盖上自己不同字形的印章。最大的一枚刻的是篆字：“郾城顿氏嵩元藏书”。

藏书乐

在顿先生的会客室梅竹堂和书房拂尘斋里，书画琳琅满目，这氛围使人神爽心怡。梅竹堂正壁上有台湾学者陈大洛先生的“正气”两个斗大的字，两边的对联是罗振玉的甲骨文：“高谢弓车千乘弗顾，游观文史大义克明。”落款：启林书于汕头大学。东墙上有台湾画家钟德卿画的水墨画竹菊图，西边是历史学家张舜徽写的对联：“为有益事，读无字书。”拂尘斋有一条幅，是现任驻马店地委书记刘心铭写的：“耗尽柜中资，幸得万卷书。”另一条幅是国民党元老陈立夫写的：“顿嵩元教授，许学研究集刊。陈立夫时年九十七岁，一九九六下半年。”此外还有国内外其他一些学者赠送的书法绘画。顿先生在桑榆晚境，面对四壁，坐拥书城，足不出户，神游万里，静神遐想，思接千载，与行吟泽畔的屈大夫、才华横溢的贾太傅对话，与许慎班马为伍，跟诸子百家结伴，感到无限的欣慰。从某种角度上说，这些书成了他的精神支柱。读书乐与藏书乐相依相存。他最快乐、最得意、最幸福的时刻，莫过于在众多的书籍中查找出一个字、一句话、一项论据或一条资料。“山重水复疑无路，柳暗花明又一村”。他抚摸着自己的藏书感觉良好，节衣缩食购买它们值得。有一次，我问他：“你买书藏书的目的是什么？”他说，求学时代是求知欲驱使，“学然后知不足”；当中学教师特别是当大学教师深感“教然后知困”。他说，有些大学生是相当有水平的，这就需要自己高人一筹。要想有知识，就得依书本。教大学还须编教材，还得备大量的参考书籍。另外，自己一辈子也养成了读书习惯。宋代诗人黄庭坚说得好：“人三日不读书，则尘俗生其间，照镜则面目可憎，对人则语言无味。”书每天不可不读，一日无书如丢魂失魄，黯然神伤。俗话说：“花香不及书香远。”书虽然不是香料制作的，又没经过桂馥兰熏，但特有的书香味却使人感到一种特别的温馨。古老的线装书，以棉花、竹子作原料，松烟油墨，锦函牙签，赏心悦目，朴拙可爱。他看着自己的藏书胜似豪华的家私和摆设。书使他恬淡闲适，心安理得。《中国教育报》

报道说，“他是精神上的富有者。”言之确凿！

1992年，和他相濡以沫的妻子仙逝。这使他形只影单，孤寂难耐，别人可能是借酒浇愁，而他却借书来排遣他那无法排遣的凄苦心情。他对自己的藏书，像对待自己的好友一样，他在一本书上写的“此书已伴我二十余年矣！”真像对故人说知心话。在寒冷漫长的冬夜，在雨雪连绵的白天，他都把自己关在书房里，好好过一把读书瘾。这是他最大的快意事。

藏书还使他获得意外的一种乐趣。每逢他的同事学生、朋友看到他的藏书说，啊，好多书啊！真叫人开眼界！是称赞抑或惊奇，或二者都有，总之，这话让他感到由衷的高兴。

他给我讲了这样一个故事。宋代诗人尤袤说他的藏书：“饥读之以当肉，寒读之以当裘，孤寂而读之以当友朋，幽忧而读之以当金石琴瑟也。”可见书成了他的饭、他的衣、他的朋友、他的破闷解忧的乐器。看来，“拂尘斋”已成了顿嵩元的精神大厦或者说是他生命的构建。

藏书忧

顿嵩元从小多病，身体素质欠佳。几年前的一段时间，他经常感到口干，到医院一检查，糖尿病已到了三个加号。加上心脏不好，回到家里面对他的藏书，从心底隐隐升起一种忧虑，这种忧虑是如此的苦涩和无奈。他已年过花甲，步入了桑榆。对此他并不感到畏惧，问题是被他视如生命的书将何去何从。他从驻马店教育学院退休转回故里，他的83箱书也随身带回。他是郾城人，他要用夕阳的余热造福桑梓。但他有种预感，好像生命已走向终结。他想起历史上好多藏书家晚年对自己藏书的安排。想到天一阁的范钦，令子子孙孙对他的书永世保存。但顿嵩元仅有一个女儿，即便是子孙众多，让他们保住自己心爱的书也靠不住。历史上这样的藏书家很多。明代著名藏书家澹生堂主人祁承业书印曰：“澹生堂中储经籍，主人手校无朝夕，读之欣然忘饮食，典衣市书恒不给，后人但念阿翁癖，子孙益之守弗失。”明末清初藏书家万贞一书印曰:“吾存宁可食我肉，吾亡宁可发吾椁，子子孙孙永勿卖，熟此自可供稠粥。”元代著名书画家赵子昂在其书卷末写道:“吾家业儒，辛勤置书，以遗子孙，其志何知？后人不读，将至于卖，颓其家声，不如禽犊。”教导也好，咒骂也好，千百个藏书家除范钦子孙外，绝大部分都是保不住的。思来想去，他下了决心，留下遗言：待我作古之前，将我的这些珍贵图书，毫无代价地献给郾城许慎纪念馆！为此，郾城县政协于1991年第二期《简报》题目是《高尚的情操　无私的奉献——顿嵩元同志致函本会将在其作古之前献出珍贵图书》。

顿嵩元这一决心，使时任郾城县许慎纪念馆馆长的陈满仓感慨激动，因为纪念馆里研究许慎的图书资料实在很少，而顿先生的藏书很多是关于许慎的，这可以大大为许慎纪念馆增光添色。时间过去了三年，顿嵩元见到了陈满仓。他看到这位中年人满面忧虑，似有什么难言之隐。经询问，陈满仓嗫嚅道:“顿老师，你的书不要献给纪念馆了！”顿嵩元对陈满仓的前恭后倨很不理解，忙问为什么。陈满仓说，“自从许慎纪念馆成立以来，全国各地的教授学者赠送不少书法，有相当的价值，我把它们视如珍宝保存。可是有些人看上了非索要不可，或附庸风雅装点门面，或炫耀学问故作大儒，还说不定会卖个大价钱。你的书捐过来，我真有点担心！”顿嵩元听了，陷入沉思。他想起了南宋权奸秦桧之子秦熺得知藏书家王性之死了，带领一班人又是威胁，又是利诱，想抢夺王家的书，并对王性之的大儿子王廉清封官许愿。王廉清号泣拒之曰:“愿守此书以死，不愿官也。”秦熺见王廉清如此坚决，只好作罢。陈满仓的话是他始料不及的。后来，他想把书捐给县图书馆。可又听说，图书馆的书几年来丢失短少上万册，也靠不住。他还想到把书捐到省社科院，又一想，自己是郾城人啊，还是为生育养育自己的家乡办点好事。所以他又想到把书献给漯河大学……

但他最现实的想法是在他作古之前，绝不能把书“深锁饱蠹鱼”。他更佩服清朝浙江瑞安孙衣言的做法，把藏书无偿地供人参阅。于是他仿效老中医，在自己大门口挂一个牌子:“许慎研究室”，欢迎研究许学、音韵学、训诂学、文献学者等前来查阅资料，并提供场合、桌椅、笔墨、纸张、茶水，分文不取。这样，起码能使一部分藏书现在就可以发挥很好的作用。在我采访他的时候，文化界、教育界慕名而来的已有多人。他都热情有加，他的梅竹堂、拂尘斋也充满了温馨和友爱。

2001 年农历正月初五，顿嵩元先生不仅迎来了新千年，而且还迎来了他 69 周岁生日。兴奋之余，他环顾一下他的书斋，书架上的书又增多了，这是他无限的欣慰，但一想到这些书至今还没有安身立命之处，又是他长期挥之不去的心头之痛。一天，他来到了市政协原副主席 95 岁高龄的周祖训的家。周祖训是许慎研究会的顾问，又是德高望重的教育家。顿嵩元说出了自己的书因找不到理想的安身之处的隐忧。周祖训沉思一会，语重心长地说："捐献给市档案馆最合适，档案馆有档案管理法，管理很规范。"他一听心中豁然开朗，频频点头称赞周祖训先生给他出了一个好主意。时隔不久，周祖训找到了时任档案馆馆长的吴艾萍和副馆长张翠华二位女士，把顿嵩元的意愿告诉了她们两个。她两个本身都是文化人，对书有着特殊的感情，所以，她们一听，喜之不尽，立马到顿嵩元教授家拜访，经过磋商，双方达成了捐赠图书协议，并经公证机关公证。这年的 7 月 18 日，在蓝天宾馆举行了捐赠图书仪式，出席的人员有市委、市政府的有关领导和社会名流以及顿嵩元教授的家属。

从此，顿先生认为他的藏书有了很好的归宿，心里高兴。所以，五年多来，他又购买了 464 册、4806 卷书。主要有《通志》（三册），《20 世纪说文学流别考论》《国语译注》《敦煌变文字义通释》《中国大书典》（六册）、《全唐文》《读史方舆纪要》《周礼译注》（十四册）等。价值两万多元。这些新书一买到手他马上盖上自己和档案馆的印章。对此，很多人不理解，他为什么要把这些珍贵的书籍无偿地捐赠给国家呢？他说："每逢参加学术会议的时候，一些著名教授学者如徐复、张舜徽、刘乃和等总是对我说，你是许慎故里人，对研究许慎及其《说文解字》非常有利，你要把许慎的精神和学问进一步发扬光大。我肩负有这样的使命，感到光荣而又自豪，我决不辜负大家的期望。许学是博大精深的海，研究它没有相当多的资料是不行的，所以节衣缩食余剩的钱我都买成书了。我作古之后，希望有更多的人继续研究许学。我把书捐赠给国家，是为了给后来研究许学的人创造条件把漯河建设成为许慎研究中心、许慎资料中心、许慎旅游中心。”

选自 2006 年 7 月《漯河文史资料》第十四辑

民国将领

在冯玉祥将军身边的片段回忆

张定宇[①]

我在抗日战争时期曾当过冯玉祥将军的随从记录，我亲自看到冯先生一生对国家、对人民、对抵御外侮的丰功伟绩实在太多了。他的事迹不少已由前辈们叙述过，现在我把抗战时期冯先生在重庆的一段经历作点滴补充。

日常生活

冯先生的日常生活和当时国民党一般所谓大人物、大官员不同。他不抽烟、不吃酒，粗衣淡食，晚睡早起。每天除处理公务、参加会议外，就是读书、写字和锻炼身体。他非常重视学习，各科都聘有中外名家指导。记得聘请的有教习英语的英国人马牧师，那时冯先生已年届花甲，但仍记忆力超人，通过学习，已经可以自己阅读英文报刊，并能在会议上作普通的英语演说了。英语而外，聘请邓初民讲授社会发展史，翦伯赞讲授历史和唯物论、辩证法，陈哲甫（前清举人）讲授古典文学，王海门指点武术，赵望云辅导绘画。此外，还有一批文友：老舍、李达、吴组缃、杨伯峻、赖亚力、王冶秋等都是冯先生家中的常客。陈豹隐、王梓木也不断找冯先生说话。他们经常就哲学、经济、文化、艺术等方面的问题作无拘无束的交谈。后来冯先生写了一本《读〈春秋〉·〈左传〉札记》（以下简称《札记》），〈札记〉对“今不如古”“迷信救国”等陈腐观念进行了抨击，指出“我们要晓得，宇宙间一切事物都是动的、进化的，一分一秒中间都在千变万化如电驰般的疾流着”“我

① 张定宇，郾城县人，现在农村务农。漯河市政协马树奇对本文进行了整理。

们只有前进，不能后退，只有革新不能复旧”。他曾刻苦研究过马克思的《资本论》，认为要挽救灾难深重的中国，必须走马克思指出的道路，指出“若不信辩证唯物论，则我民族不能复兴，国家不能富强”。认识到中国唯一的解放力量是中国共产党。总而言之，他博览群书，好学不倦，通晓历史，见解卓越。尽管如此，每当他在学习中发生疑难时，还是自我嘲讽地说：“吃饭太多，读书太少。”由此可见他对自己要求之高。冯先生在学习中还有一个特别的习惯，就是他常常把古今中外的思想家、政治家、军事家、发明家等人名写成纸条，贴在自己的书房墙壁上。他的用意很明显，就是要用这些在历史上有贡献的人来勖勉自己。

在日常生活方面，冯先生俭朴异常。每餐吃饭，只有两小碟菜，有时一块大头菜就行了。所吃的馒头，里面一定要掺小麦麸皮。我们都不明白他的意思，也不敢问。有一次，在他高兴的时候，对我们说：“我是一个家庭贫寒的穷小子出身，虽说现在当了官，但岂能忘掉老百姓的痛苦。现在整天是苛捐杂税，兵灾匪患，老百姓哪里有过一天好日子，许多同胞能吃上红薯、窝窝头就算不错了，能吃上像我这掺有麸皮的馒头更不容易。”这时，他用食指点着鼻子说：“冯玉祥是穷小子出身，能忘掉根本吗？”他这些话，至今忆及犹铮铮有声，令人肃然。

冯玉祥先生骂张继

张继，字溥泉，国民党中央常委兼国史馆馆长，系国民党元老之一。张继与冯玉祥先生交往甚厚，每次会冯，不须传禀，就直接到冯先生的客厅或书房去，可见其情挚非同一般了。约在1940年间，张继奉命出使华北，视察战况，曾到革命根据地延安居留数日。他对八路军军纪严明，军民鱼水般的关系以及边区生产自救的革命精神深为感动，说八路军是中国的一支新生力量，是抗日救国的寄托所在。可是他回到重庆，却昧着良心大放厥词，说共产党扩充势力，积草屯粮，游而不击。冯先生听说后非常恼火，说想不到张继这小子也是个猪狗不如的东西。在《冯玉祥日记》一书中有这么一段：“在一次中常委会中学习中山先生提倡的联俄、联共、扶助农工三大政策又称‘新三民主义’时，张继公开反对说：‘三民主义就是三民主义，什么新的旧的，简直是胡闹！这是反对三民主义，是革三民主义的命，是反对中山先生的……’当时会场寂然无声。为泄我心中闷气，一拿孙中山遗墨‘联俄、联共、扶助农工，实行新的三民主义’指向张继看，他大为吃惊地说：‘啊！这、这我怎么没看见过这个？我怎么没看见过这个？’我指着他的脑门骂：‘你跟随国父孙中山先生多年，都干了些什么？你扪心自问，是谁违背了中山先生？是谁叛变了三民主义？是谁破坏了统一战线？又是谁破坏了国共合作？事关国家存亡，人民安危，抵御外侮，战胜日寇之大计，老混蛋，老糊涂，你阳奉阴违，信口雌黄，你身负重任，不思报国，你还是一个人吗？’……他好像一只王八缩着头不敢吭声。”

爱民敢碰蒋介石

时间约在1940年，事情发生在距冯先生住处康庄门口不远上清寺一个菜市场上。有一个乡下卖菜老汉，被一个盛气凌人的年轻人打骂。很多赶集的人围拢观看，谁也不敢劝解，有些人出来摇着头说：“这年头算啥子嘛，买人家的菜不但不给够钱，还打人骂人。”

“狗日的，蛮不讲理，比日本鬼子强不了多少！”这个事被正在康庄门口值勤的手枪队张班长看在眼里，心中不平，就过去排解，谁知那买菜人大发雷霆，张口就骂：“好小子，王八蛋，你管得了吗？”张班长强压怒火解释说：“他是乡下人，辛辛苦苦种点菜，养活全家很不容易，我看拿你的情况不应该和老百姓争吵，你没有看见那墙壁上写的‘团结一致，军民合作’吗？”不待说完，那个买菜人破口大骂，还张牙舞爪要动手打人。张班长看这人也太蛮不讲理，大手一挥，揪住这人衣领，没费多大劲便拉到康庄院内，吩咐几个弟兄说：“把他捆起来，狠狠揍狗日的！”在门外的许多群众纷纷呼喊：“打死他！打死这个坏蛋！他欺负老百姓次数太多了。”有认识这个人的把舌头一伸，快步离开这是非之地，连那个卖菜老汉也不见了。正在这时，康庄当地负责人李延赞、游铁汉跑了过来，先把手枪队的弟兄抱怨一顿，一面向那年轻人赔情说："李副官，真对不起，先请到客厅休息一下。"一面端水让李洗了脸，手拍李的肩膀安慰说："李副官，这可能是误会，都是自己人，您千万别放在心上。"李自觉无趣，尴尬地说："不要紧，没有什么。"待李副官走后，李、游对手枪队排长田洪恩说："洪恩呀，这个人是蒋委员长的副官，事情闹得可够大了，如果委座知道了如何交差？就是冯先生知道了，咱们也吃不消。"这使康庄的所有人员都忐忑不安。第二天，蒋府果然叫把肇事的几个人都送去，一时大家惊慌不安，不知所措，最后商定先采取拖延时间的办法，暂时不向住在陈家桥的冯先生报告，不管来文、来话都不向先生转呈。手枪队排长田洪恩和我是一个村的人，他问我这件事该怎么办。我想了想说："不要紧，先生的脾气你知道，你只要不欺负老百姓，问题也没多大。弟兄们是伸张正义，爱护百姓，才打了老蒋的副官。如果先生发脾气，只要低头认错，先生是会宽容的。"事也凑巧，没隔几天，先生从歌乐山陈家桥别墅返回康庄，正好坐在客厅电话机旁，偏在这时蒋府来电话催问打李副官的事，冯先生拿起话筒，听对方说他手下的人打了李副官，便问我们有无此事，我们不敢隐瞒，把事情经过告诉了他，先生坐在沙发上沉默片刻，然后说："全体集合！"不大工夫，康庄工作人员齐集客厅。先生首先发问："哪一个打人啦？"只见会场中举手说"我""我"，站起来四五个。先生说："好家伙，好样的，你们不要命了，不怕死吗？竟敢打蒋委员长的副官，这还了得！不但你们几个活不成，就连我也吃不消。你们大胆地说，因为什么才打了人？"张班长提心吊胆、结结巴巴地把事情经过说了一遍。先生问："真是这样吗？"张说："句句是实。我错了，请先生严加处罚。"只见先生紧握拳头，声色俱厉地说："好！不要说他是蒋家的一个小小副官，任何人打老百姓都不行！尤其是打的是一位老人。同志们，那坏小子打老百姓就等于打了我们自己的爹娘，对于这种罪大恶极的人，既然打，就该把狗日的打死！散会。"一场风波就这样平息了。

婉言批评张之江

冯先生不论到哪个地方，从不接受任何人招待，也不允许招待。有一次去湖北宜昌，先生的旧部，老友陆军上将张之江比他早一天到达，受到了督练高自举、肖子楚两位军长的盛宴招待。事后冯先生知道了，颇为不满，与张谈话之间，问及此事，张很难为情地说："先生，这是之江的不对。因为都是过去的老朋友，真要推辞，觉得太对不起他们的深情厚意了。"冯先生"啊"了一声，说："我明白了。请你想想看，你只觉得对不起他们，你这样做对得起冯玉祥吗？老兄，你知道有很多很多的眼睛在看着咱们哪！后当戒之。"

爱兵如子怒惩贪官

冯玉祥先生一生处世，实而不虚，真而不假。不管到哪里去，不定时间，突如其来。有一次到贵阳，时间约在1939年初冬，到达时已是凌晨四五点钟了，不待休息，即直接去贵州省守备司令部。只见岗哨林立，十分威严。一个带岗的排长连去三次才把姓何的司令请出公馆。冯先生慢慢伸手拉住何的手说："何司令，打扰你的清梦了，真对不起。"何连声说："请冯长官宽恕，来迟不恭。"说着边向司令部让。冯先生说："不，我们先到营房看一下弟兄吧。"此时东方泛白，已近清晨，何满怀鬼胎地领到营房宿舍，一看，满堆稻草，空无一人。冯先生问："人呢？"何说："在下边。"冯先生掀开稻草，呀！都一个个赤条条蜷曲在那里。先生看后，脸色突变，压低声音问："这样是为了什么？"何答："如果叫他们穿了衣服睡，夜间光逃跑。"冯先生眼含泪花，悲愤交加，怒斥道："混账东西，这就是你带兵练兵的好方法吗？这样的兵能打日本鬼子吗？你对得起党国对你的栽培吗？你对得起贫苦的老百姓吗？传我的命令，对这小子严加看管，全体操场集合！"

贵阳初冬的早晨，寒意袭人。操场上列队的士兵，都是短袖单衣，下着裤衩光着脚穿一双草鞋，瑟缩颤抖，面如菜色，惊惧畏缩，不知所措地站立鼓掌。冯先生举手行军礼，开口说：“同志们，弟兄们，大家辛苦了，受委屈了！玉祥今天代表蒋委员长向弟兄们致以热情的慰问和表示深切的歉意。”接着，把抗日救国的道理，士兵担负的重大职责讲了一遍，当众宣布并命令军需处长将士兵的棉衣、薪饷如数发放，不许克扣。最后传令把目无法纪、虐待士兵、玩忽职守的何 ×× 就地正法，立即执行。随行人员恐怕有失，请求暂予缓办，先生略一思索，即命撤职查办，关进监牢，听候处理。广大士兵对冯先生如此爱护他们，英明决断，无不热泪盈眶，鼓掌欢呼：“打倒日本帝国主义！”“打倒军阀何 ××！”“冯委员长万岁！”

时隔不久，冯先生回到重庆，这时已到了 1940 年的初春。有一天，赖亚力向冯先生请示如何处置何的问题，并报告说何 ×× 是何应钦的叔伯兄弟时，先生当即火冒三丈，大发雷霆地说：“你怎么当时不说，如果那时我知道他是何应钦的本家，当场就把狗日的打死了！”赖亚力婉言劝道：“请先生以大局为重，从轻处置，以免树敌过多，于抗战不利。”冯先生说：“好吧，请你告诉他们，何 ×× 罪大恶极，国法难容，撤销他一切职务，永不录用，这就算便宜他了。”

綦江祭壮丁

一次，冯先生道经綦江县南关，在一个小茶馆休息。只见城内抬出一乘二人滑竿，上面是一个死人。既没有人送殡，也没有其他人跟随。这事谁也没有留意，但是，冯先生却发现并感到奇怪，派人去打听死的是什么人，让他们先不要走。一问，原来死者是国民党兵团里的一个壮丁，人死了，便雇了滑竿抬出去掩埋。先生立即命人去找綦江县长，县长听说副委员长找他，慌作一团，连忙向茶馆跑来，垂手鞠躬，连说：“不知委员长驾临小县，未曾迎接，万望海涵。”冯先生说：“接与不接，我从不计较，我问你，你知道死的那人是谁吗？”先生用手指向滑杆上的死者，县长忙答：“卑职不知，卑职不知。”冯先生说：“那是抗日英雄，壮志未酬，竟死于此。他家也有父母妻子，就这样把他丢到山沟里让狐豹吃了，天理何在，人情何在！现在，我拜托你几件事情：一、通知各机关、团体、学校、工厂、民众明天开追悼会。二、筹划坟墓地点、寿衣、棺材，修砖圈墓、立碑。三、我当孝子，由你陪祭。”

第二天，这一奇闻传遍了整个县城，观祭人数在万人以上。冯先生和那个县长身着重孝。先生首先讲话，大意是日本鬼子侵占了我们大片国土，杀害了我们无数同胞，我们能在后方安居乐业，就是因为有像死者的英雄们用他们的血和肉筑成一条钢铁长城挡住鬼子过不来，不然的话，我们也将同样被鬼子烧杀奸淫。起灵时，古乐队、军乐队各奏哀乐，仪仗队在前先导。冯先生只哭得涕沾前胸，号啕不止，所有在场的人无不感动落泪。

怒惩地头蛇

抗战时期，国民党的兵役制规定是“三丁抽二，二丁抽一，孤子训练不出征。”可是到了县乡就不是这么回事了，壮丁能卖、能买、能拉，五花八门，不一而足。有权有钱者，应服役而不服役，贫苦农民无权无势者，几门共守一个孤儿也要入伍，形成了有钱人家买壮丁，无钱人家卖壮丁的不公平状况。更有那来县接新兵的随便抓壮丁，好让被抓的壮丁家长拿钱赎回以从中捞钱，这世道的黑暗，于此可见一斑。新兵接到以后，为防止逃跑，押送人员将壮丁两人并肩用绳子捆绑，再用长绳把二三十人穿起来，送到师管区交账销号。还有一种方法，就是把壮丁捆在滑竿上，抓民夫抬壮丁送师管区。尽管接兵人员用尽心机，壮丁炸群、打死押送人员的事仍时有发生。

记得在四川重庆，我们跟随冯先生闲步郊外，遇见一个老汉在田埂上抱头痛哭，原来是三门人仅有一个独苗，却硬逼他当兵，保长家有五个壮丁却一个也不应征，他呼天抢地大哭人间不平。冯先生问明情况后，第二天就带了一排人去老汉所在的虎溪，经调查了解，确有其事，就地把那个保长宣布正法。最后冯先生还交待说：“像这样无法无天的民族败类，不只他一个，有时间我还要来。如果我走后，有人敢打击报复，我一定依法惩处。”

冯先生当保长

重庆市西北有个歌乐山，是一个幽美的风景区，国民党中央要员差不多都有别墅在这里。在一次普选中，冯先生被群众推选为保长，他含着笑接受了这个任务，说他这次当选是老少爷们对他的信任，他一定努力干好，但还得选一个副保长协助，因为他不一定常住在这里。他还说，国家的皇粮不能欠，税捐方面由他想办法，但柴草还得大家出。从这以后，不管哪次摊派捐税，数目大小，冯先生的办法是，写张纸条交保丁王来福指派某某公馆出齐。有一次，一个国军排长向保丁索取菜金，数额很大，态度又极蛮横，保内办事人知道应付不了，便道：“排长，我们都不是当家人，保长不在。”那位排长说：“去叫你们的保长来！”副保长说：“我们保长事情很忙，请你自己走一趟吧，离此不远。看，那个小平楼就是他的住处，他姓冯。”那个排长怒气冲冲走上山坡，到门口被门岗拦问，他说找冯保长，门岗把排长让进客厅，跟着去报告冯先生。先生到客厅问：“你来有什么事？”排长把来意说明，冯先生很严厉地说：“你们是正式国军，没出大门，竟敢大胆向群众索取巨款，简直是目无法纪，胡作非为！你知道我是谁吗？”——他用手指着自己的鼻子说——“我就是冯玉祥，告诉你，今后你们如果还是这样，小心你的狗命，你给我滚！”那个排长闻言大惊失色，吓得忙施军礼，唯唯连声，退出客厅，掉头便跑。走到保公所门前，副保长问：“排长，我们保长批款多少？”那个排长没敢停步，边走边说：“你狗日的，把老子整苦了，差点把命丢掉。”保公所的人们相视一笑。

宣传抗日

冯先生每到一处，一定要走向农村与群众见面，问寒问暖，了解民情。那天先生到距宜昌不远的一个小集镇上，不少老百姓知道后，前挤后拥，举手高呼："欢迎冯委员长，欢迎冯大将军！"人声沸腾，气氛热烈。先生含笑招手，最后命地方集合父老乡亲讲话。会场安排是，老年人在前面坐在板凳上，其他人在后面站着。先生温和慈祥，声如洪钟，说这次来宜昌，能与老少爷们和兄弟姐妹们见面非常高兴。接着他说，现在我们国家大难当头，不能安居乐业，原因就是日本鬼子侵占了我们大片国土，杀害了我们千千万万同胞，掠夺了我们无数的财物，我们要想生存，就必须把日本鬼子打倒，要抗战到底！那么，怎样个抗法呢？我们不单要在前方抗日，在后方也能同样抗日，比如任公职的要忠于职守，在工厂的要努力生产，在学校的老师要教好学生，学生要好好读书，是农民的要把地种好，多打粮食支援前方，这些都是抗日。最重要的是团结一致，捐除私见，共同对敌！冯先生把宣传抗日的话讲完以后，接着说："最后我还交待大家几句话，玉祥这次来到这里，打扰了大家，如果我走后，不管是你们的联保处、保公所或甲长，要大家摊派老冯在这里的招待费多少多少，不管任何人写一张纸条告诉我一声就行了，我的通信地址是：重庆 10 号信箱。"

练兵有方

1937 年底，冯先生由第六战区返回武昌，国民党特委冯先生任督练长官，到桂、黔、川、湘等省督练军队。冯先生练兵，往往亲自做示范动作，并规定了七条训练程序，即：一、我做给你看；二、你做给我看；三、讲评；四、我再做给你看；五、你再做给我看；六、讲评；七、你再做。冯先生强调在练兵时，军官必须按照上述七条程序身体力行，才能取得良好的效果。冯先生体格魁伟，身材高大，但在示范匍匐前进时，却轻似飞燕，疾如猿猱，耳听八方，眼观六路，干净利爽，动作适度，让人看了无不钦佩。

冯先生练兵，军事训练上要求严格，注重实效，在政治训练方面，也极其出色，他认为事之成败，在于思想教育。士兵知道了为什么要抗日，怎样去打日本，才能一往无前，英勇杀敌。为此，他编写了《抗日三字经》《官兵问答二十八问》《官长带兵答问》《学生抗战答问》《工人抗战答问》《民众抗战答问》等通俗明白、鼓动力强的宣传材料。官兵每天早晚问答一次。特别是《国仇问答十条》，深入浅出，一针见血，对士兵极有教育。原文如下：

一问：谁杀害了我们的父母兄弟？

答：是日寇。

二问：谁奸污了我们的妻子、姐妹？

答：是日寇。

三问：谁烧毁了我们的家园、工厂？

答：是日寇。

四问：谁抢走了我们的金银财产？

答：是日寇。

五问：谁强占了我们的东北四省？还有北平、天津、上海、武汉、南京和广州？

答：是日寇。

六问：既是这样，日寇是不是我们的敌人？

答：是我们的敌人。

七问：这是何等的仇敌？

答：是不共戴天的仇敌。

八问：这种仇深有多深？

答：仇恨比海还深。

九问：不向敌人报仇，我们还是不是人？

答：不是人。不向敌人报仇，不但不是人，就连猪狗都不如。

十问：今天你有决心去报仇吗？

答：一定要报仇！

这问答是何等简洁明白，有鼓动力！

再如士兵问答：

问：我们的父母是什么人？

答：是老百姓。

问：我们的兄弟姐妹是什么人？

答：是老百姓。

问：我们的亲戚朋友是什么人？

答：是老百姓。

问：既然我们的父母兄弟姐妹，亲戚朋友都是老百姓，我们应当怎样对待老百姓？（下略）

冯先生后来写道："每当我问的时候，我看见许多弟兄们流下泪来，一个弟兄对跟着我去督练的朋友说：'我听到冯先生讲话，心里难过极了，晚上睡都睡不着，我不到前线去和日本鬼子拼命，我就是活着也没有人味了。'可见宣传材料不必多，不能说得太远，只要简单有力，能感动人，就能振奋起每个同胞杀敌的精神来。"

冯先生确实是一位了不起的思想鼓动家。

由于冯先生督练军队成绩卓著，所到之处受到了军民的热烈欢迎，这成了国民党蒋介石的大忌。国民党军统、中统特务向蒋介石汇报说，如果叫老冯继续督练下去，国军就成了冯家军，老百姓也都成了冯家弟兄了。没有多长时间，蒋介石撤销了督练长官部，冯先生的爱国爱民热忱又一次遭受了打击。

选自 1990 年 12 月《漯河文史资料》第四辑

冯玉祥将军在舞阳二三事

阎书芳[1]口述　范振江[2]代笔

1938年6月，冯玉祥将军视察阵地来到舞阳，从王店到接官厅、庙街、卸店，最后到舞阳城里。当时我18岁，曾由张金木介绍我给冯玉祥将军的参谋长陈天芝当了一天勤务兵。此外，就我的所见所闻谈几个片段。

6月16日上午，冯玉祥将军一行百余人从接官厅经我村（阎楼村）去庙街，走到干沟村。农民张怪物想亲自见见冯玉祥，摘了一兜5月鲜桃送给冯玉祥，叫他尝尝鲜。冯玉祥马上停下来跟张怪物亲切交谈，询问了庄稼收成、家庭人员与生活等情况。当听说张怪物家有80岁的老娘时，冯玉祥说："我有事，不能去看她老人家了。"说着掏出五块银洋交给张怪物，叫给他娘买些她喜欢的东西。

中午，他们走到庙街，住在高老五家临街的房子里。当时，牛郎乡公所在庙街，乡长柴善倜闻讯赶去求见，被冯玉祥拒绝了。街上的大绅士张广德，穿着纺绸大衫，戴着夏礼帽，手里拿着文明棍，摇摇摆摆去见冯玉祥。张广德正给卫兵说明来意，冯玉祥从窗户里已经看见，马上摆手，叫参谋把他挡回去。

张广德刚走，我村农民张金木，戴个大草帽，穿着裤头，手里拿个破锄去庙街找卢二松钢锄。听说冯玉祥来了，他马上去高老五家找冯玉祥，门卫刚要拦问，冯玉祥在屋里说："叫他进来。"张金木进屋就说："副委员长，我是你的老部下，在你的将校大队当过兵，大队长是陈天芝。"冯玉祥迎上去，抓住张金木的手说："好！好！陈天芝现在是我的

① 阎书芳，舞阳县阎楼村人。

② 范振江，舞阳县人，曾任县史志档案办公室党史股股长。

参谋长。他也来了，一会你可去看看他。”当张金木要求还要跟他去当兵时，他说：“你家有老父亲，没人侍奉，留在地方上和群众一起抗日救国也是很重要的。”接着又说：“我在这里停停就走，不能到你家去了。”说着叫人给张金木拿出了20元银洋，六串多铜元，叮嘱他要很好组织群众抗日。我就是这天下午被张金木领去当的兵。第二天，早饭后我们正整队出发，我母亲、父亲赶来看我。我背着陈参谋长的皮包站在队里。我母亲一看我要走，不由得哭了起来。她这一哭，冯玉祥不叫我去了。他拍着我的肩膀说：“你应该留下来，不能惹老人生气，使她伤心。”说着把我背的皮包取了下来。我又跟着走了很远，还是被留了下来。

6月17日，冯玉祥由庙街去卸店，路经白庙岗，见很多农民在修路。冯玉祥一见就说：“老乡们，大忙天不去种田，在这修路干什么？”群众说：“乡长派的，叫连夜抢修，说过大官哩。”他说：“啊！是为我冯玉祥修路哩，不要这样做，都应该回去忙庄稼，大家能走，我就能过。”说着就叫找乡长，柴善倜一看事不对，偷偷地溜走了。后来听说冯玉祥到城里还叫县长处分柴善倜哩。

选自1990年12月《漯河文史资料》第四辑

爱国将军冯玉祥在舞阳的追忆

李士凡[①]

1938年5月，抗日战争形势紧张。李宗仁徐州撤退，日寇进逼豫东、皖南，武汉会战就在眼前了。冯玉祥将军视察阵地，从江防要塞，到鄂东北地区麻城、黄坡等地。6月初到7月初，视察河南，经信阳、确山、泌阳来到舞阳，再去叶县、宝丰、临汝、禹县、郏县、襄城县、许昌到郑州。沿途察看驻军防务，阵地工事，发动民众抗战，访问民间疾苦。冯玉祥遗文《我的抗战生活》一书等记述了经过舞阳的一些活动。

1938年6月14（15）日，冯玉祥将军来到舞阳县王店街，是从泌阳县春水、象河关来的。除了少数随行人员外，还跟随些要当兵的青年学生。冯玉祥将军在《我的抗战生活》一书中，对此生活片段是这样记载的："我从春水关、象河关出发到舞阳县去，一早就有二三十位非要跟我去当兵不可，我说：'我是来查看阵地，不是招兵的'，劝他们不要跟着，但他们非跟着不可……同时有两个女青年，送她们的丈夫，自己也愿意去当兵。我对她们说：'当兵是很危险的事'。她们说在家等着更危险。妻子送丈夫去当兵，这是我头一次看着的，而且都是欢欢喜喜的。"

冯玉祥将军在王店街停留一天，四乡民众闻讯纷纷前来看望。有的老人把儿、孙领来交给冯玉祥当兵。当天召开大会，他给民众还讲了话。冯玉祥将军当记述这一天的景况时，他的心头都充满着无限的激动。他写道："这一天我在这个镇子的戏台上（王店街关帝庙戏楼）跟他们讲话，到的人很多，也是说的非抗日不可，要对得起祖先，对得起

---

① 李士凡，原名李德清，舞阳县王店人。1938年入冯部当兵，曾任排长、冯玉祥的随从秘书。新中国成立后曾在北京中国革命博物馆任职，离休。

子孙，只有拼命去抗日。说着说着，台下喊起来都愿意去。怎么有这种事呢？有人告诉我说：‘离这不远的地方，有二十几个人跟我当过排长，当过营长，连长的也有几个。百姓们都知道，跟着我不识字的，可以识字；不会写信的，可以会写信；有的在家不安本分，到军队里几年以后，变成很守规矩的人。这样一年一年的相传久了，他们都知道当兵可以救国家，可以救自己，所以来得非常踊跃。’我就叫张公干（冯部参谋，解放后任河南新乡军分区司令员）把他们编将起来，带到张自忠将军那里去。”

冯玉祥将军还讲了人民战争。他说不能光靠政府抗战、军队抗战，更重要的是全民抗战。“国家兴亡，匹夫有责”。人人有责任抗战，人人也有权抗战。老百姓都起来了，日寇必被淹死在人民的海洋里。大家听了冯玉祥的讲话，人人感到精神振奋。自从日寇逼近中原，人心惶惶不安。“到哪里去？怎么办？”是大伙关心的议题，冯玉祥的讲话指明了方向。即使当时蒋政府不允许老百姓拿起武器抗战，但老百姓抗日救国的满腔烈火却极大地给点燃起来了。

冯玉祥经过尚店、接官厅来到舞阳县城，沿途受到热烈欢迎。在冯玉祥的文物资料中有一张照片，这是 1938 年 6 月 16 日冯玉祥在接官厅王耀九送弟从军的现场拍摄的。

在舞阳县城盘桓时，冯玉祥将军在他的著述中对这段往事更有着动人的记述：“有一天到了舞阳，正是庞炳勋的队伍由前方撤到这里（四十军，参加台儿庄会战），他的人员损失很大，在这里招两个星期的兵，只招到十几个人。我知道这个情形，就在舞阳城里发动了一个军民联欢会，到的有一两万老百姓。我先预备了许多板凳，请老先生老太太们坐下，然后讲了一次话。在大会上讲话时，特别提到，舞阳县同我共过患难的人至少有六千人，除了这些内容我讲的主要意思是非抗日不能救国家，非抗日不能救同胞，谁是有热血有良心的青年，都应该从军杀敌等。当时老先生老太太们都很激动，有的人站起来说：‘我愿意叫我的儿子去当兵，跟你去吧！’我说：‘不要跟我去，到庞的军队去，如同跟我一样。’这以后只有一个星期，庞炳勋就补充了八千多人。我们觉得这件事特别的怪呢，怎么两个星期才招十几个人，这一个星期就这么踊跃呢？实在说，一个是人不说不知，木不钻不透，你不给他讲话，他怎么晓得呢？还有一个是历史的信任关系，人与人取得不了信任，事也便难办了。”

在这里，冯将军还跟他们营长以上的官长和地方上的名流贤达，吃了一顿抗战饭，怎么叫抗战饭呢？就是一饭一菜一汤。菜就是猪肉白菜一大碗，饭是蒸馍馍，汤呢？熬红豆稀饭。一面吃着，一面说着，彼此济济一堂，言辞之间，无不洋溢着抗日爱国的军民深情！

6 月 30 日，冯玉祥在舞阳接待一位三十年前同营当兵的弟兄，亲切交谈，共话当年军营生活。

冯玉祥在叶县辛店号召“锄头就是我们的武器”，拿起武器保卫家乡

冯玉祥从舞阳去叶县，6 月 22 日到辛店，同许多民众讲话往往强调：“锄头就是我们的武器！”号召民众“拿起武器，保卫家乡”。

冯玉祥沿途经过的县城和乡镇，都要集合父老兄弟们讲话，宣传抗日。有时一天讲三次，至少也讲一次，每次都是一两个钟头。冯玉祥善讲演，尤其体察民情，语言动人，老百姓听了都很受感动。他每讲话，总是站在高台子上，或高桌上，但总要搬些坐，给老先生老太太坐着。另外预备一个树枝，树杈上放一个小草帽，草帽里放点草，搁几个鸡蛋，以此形象地讲保卫国家的道理。他说："人家砍你的树，你不管，只知道保护你的窝和蛋，可知道树一倒了，窝也完了，蛋也完了！"这样讲法，惊心骇目，人人易懂。还常把"战阵无勇非孝也"一句话，很通俗地解释给民众听，大家很能了解这话的深意。

冯玉祥同河南老百姓感情深厚。他说："河南人是最纯良的，忠诚勇敢，勤劳朴实。民国 2 年我在郾城县招兵，民国 6 年在归德府商丘县招兵，民国 11 年在河南省当督军，民国 16 年当河南省主席，多少次同河南人在一起。可以说除了在保定府住的年头久，其次就是河南了。河南的父老兄弟们知道我最深，我知道他们也最深。"

冯玉祥将军，从长江到黄河，爬山涉水不辞辛劳，为国为民，不畏艰苦。他说："视察阵地，常在山顶上同随从的参谋、副官吃野餐。我是奉命出差，无论是带的文的，或者武的，首先告诉他们不许喝人家的茶，不许吃人家的东西，不许借人家的钱，不许受人家的礼。自己带的有厨子，无论上山或者涉水，自己把饭挑着，全是馍馍、烙饼，煮些鸡蛋、肉、咸菜就齐了。"

1938 年 7 月上旬，冯玉祥在郑州，奉电召回武汉。

选自 1990 年 12 月《漯河文史资料》第四辑

冯玉祥将军在舞阳点燃抗日烽火

黄培义[①]

“水无源则河流干竭”

1938年6月14日至15日，冯玉祥将军曾到舞阳县王店街。他在《我的抗战生活》一书中说：“有一天，走到舞阳县的一个镇上（王店集镇），这里有个邮政局，邮政局的先生（注：李子贞）特别地招待了我，亲热极了。他把儿子、侄子、孙子、侄孙、外甥叫到我跟前交给我，叫跟我去当兵。还有几位乡下的老先生，也把他们的儿子领了来。这一天，我在这镇上的一个戏台上（关帝庙戏楼）跟他们讲话，到的人很多，也是说非抗日不可，要对得住祖先，要对得住子孙，只有拼命去抗日。说着说着台底下喊了起来，都愿意去。跟我去的人，看见这种事都觉得非常稀奇。怎么回事呢？有人告诉说，离这不远的一个镇上，那里有二十几个跟我当过排长、连长、营长的人。百姓们都知道，跟着我不识字的可以识字，不会写信的可以学会写信，有许多在家里不守本分的，到军队几年以后，变成很规矩的人，并且是一个忠于国家、孝于父母的人。这样一年一年地相传久了，他们都知道当兵可以救国家，并可以救自己。所以，来得非常踊跃。我就叫张公干把他们都编起来，带到张自忠那里去。”

1938年6月，冯玉祥将军到鄂豫两省视察，6月14日经由泌阳的春水、象河关到舞阳县南部（今舞钢市的王店街）。冯玉祥将军只带一个卫队排和少数随行人员，事先没有通知地方。上午10点左右，王店

---

① 黄培义（缺）。

乡联保处联队长刘顺德行至火神庙胡同，看到胡同南头走来一支队伍。他没有听说要来队伍，也不敢走了。等冯玉祥他们走到跟前，才认出了冯玉祥将军（他当兵时听冯玉祥讲过话），急忙立正敬礼，自我介绍说："我是联队长刘顺德。"随即领冯玉祥将军到一家自号谊顺甡（山西人）酒馆安排休息。

冯玉祥将军来王店的消息，一下子轰动全街。有的正在地里干活，也跑回来看冯玉祥。谊顺甡酒馆门前，站得水泄不通。

王店街曾当过冯玉祥将军卫队连连长的冯长旺，听说冯玉祥到了，连忙晋见（冯长旺会劈刀打拳，有一身武术，曾在南京张之江办的国术馆兼任教练）。见面后互致敬慰，喜不自胜。冯玉祥问冯长旺现在干什么，冯长旺回答说："从部队回来后，在家务农。"冯玉祥说："你还出来干事吧！"冯长旺说："家有老母在堂，儿子幼小，无法出去干事。"两人谈有半个小时，冯长旺告辞回家。下午冯玉祥派他的卫队排长给冯长旺送去 60 元钱。

冯长旺走后，随即有王店街绅士李子贞先生来拜见冯玉祥将军（李子贞曾在张宗昌部队担任过团长，番号不详，兼任烟台镇守使。奉鲁军失败后，李回家。不久又在舞阳县任九区办公处主任）。两人相见，互致问好。旧相识，久别重逢，格外亲切。李子贞老先生还热情地招待了冯玉祥将军。

下午 3 时，在关帝庙戏楼召开大会。冯将军叫他的排长到庙对门的福音堂借了几条板凳，并亲自搀扶街西头一个叫冯学勤的老人坐在板凳上，他在李子贞先生的陪同下，带领他的排长和卫兵登上戏楼讲话。

冯玉祥将军自我介绍说："我是冯玉祥。""木要有本，水要有源。木无本则枝干枯萎，水无源则河流干竭。我们广大民众就是木本、水源。"此时四五百人的会场上鸦雀无声。冯将军说："现在日本鬼子侵略我们中国，先占了东三省，现在又侵占我华北。卢沟桥事变，激起全面抗战。日本鬼子到处实行'三光'政策，什么是'三光'呢？就是野蛮的抢光、烧光、杀光，日本鬼子杀人，每人拿根铁丝，一天杀一百人，每杀一人，割掉一只耳朵，用铁丝穿住，串的耳朵有这么大的（用拇指和食指比长）。这是谁的耳朵？这是不满一岁娃娃的耳朵。（在场的老婆婆流下了眼泪）日本鬼子不但要灭亡我们的国家，还要灭我们的种族，我们快要当亡国奴了。广大父老兄弟姐妹们，都要联合起来，组织起来，有志青年要从军抗日。你们这里不是有红、黄枪社的组织吗？（民国十二三年间有这个组织）红枪社也好、黄枪社也好，都要再组织起来，同心抗日，一定能把日本鬼子赶出中国去。最后胜利是我们中国的！”冯玉祥将军的讲话对大家启发很大，老年人愤怒地瞪着眼，青年人义愤填膺，摩拳擦掌。当晚，就有十几个青年去找李子贞先生作介绍，要跟冯玉祥将军当兵抗日。

冯玉祥（右一）在舞阳王店同参军青年在一起

6月15日上午，李子贞先生带着他的长子李有子和别家青年阎遂成、禹明月、李文卿等十多人，送到冯玉祥将军跟前。恳求说：“这些都是有志青年，愿跟将军当兵抗日。”并指着李有子说：“这是我的大儿子，请一并收下。”冯玉祥将军很感动，表扬了李子贞的爱国行动并和从军青年家属一起照相留念。

10点左右，冯玉祥将军带领从军青年出发了。冯玉祥将军到舞阳县城，即授意舞阳县县长熊笃文，送给李子贞先生一块匾额，上写“送子从军”四个大字，以示表彰。

“椅子放在台下，让年龄大的老爷子老太婆坐”

1938年6月15日至16日在接官厅。冯将军由王店出发经尚店到接官厅，住在临街路南三间瓦房内。11点左右，舞阳县长熊笃文、国民抗敌自卫团司令刘馨吾坐汽车迎接冯将军，和冯将军见面不足半小时就走了。中午冯将军买些桃子让大家吃，同时告诉大家："吃后不要喝开水，喝开水是要闹肚子的。"

下午，随行人员通知联保主任王耀九说："冯将军要开群众大会，你选一开会地址。"会址选在临街路南，趁一高门台当讲台，也没放桌椅。随行人员找来很多板凳、椅子放在下面，让老年人坐，参加会议的100多人。会场两边墙根前每隔三五步站着一个警卫人员。会场布置好后，将军身着戎装，神采奕奕地扶着手杖健步走上门台，用目光扫视一下会场，站在那里开始讲话。他说："大家耳朵、眼里都听说过有一个冯玉祥，我就是冯玉祥。本人问声大家好！"接着讲："日本鬼子侵略中国，占领后比赛杀人。杀一个中国人割下一只耳朵，串的成串子成串子！日本鬼子来了，把我们中国人老的小的都杀光。年轻人能会留着吗？你说我们该不该抗日？我们抗日，只要有力出力，有钱出钱，同心协力，是会把日本鬼子赶出中国的……"这时会场听众鸦雀无声，愤怒的火焰在胸中燃烧，激发了全会场人的抗日热情。

会开有两个钟头。会后冯将军略事休息，就和随行人员到东门寨墙上，拿着地图，用望远镜观察地形；并把大石门东、西、南的各个山头问个明白。之后，回住室对着地图仔细研究，直至深夜尚有灯光。

冯玉祥在舞阳接官厅，当地联保主任王耀九送弟弟当兵。
左三为冯玉祥，左二为参谋张公干

冯将军讲完话，王耀九动员两个弟弟和一些青年到冯将军住处要求参军，冯将军从屋里出来和他们见面，并摄影留念，还赠书一本。

6月16日上午9时许，冯将军一行离开接官厅。街上老幼百余人送出东门外。冯将军一再挥手要群众止步，他上了台子挥手告别。群众直至看不见他才依依不舍地回寨。冯将军一行住过的地方打扫得干干净净，所借用的东西统统归还原主，真可谓秋毫无犯。寨内老年人说："像这样的军队从记事起就没见过。"

"讨厌不干好事的地方官和乡绅"

1938年6月16日，冯将军离开接官厅去庙街。走到干沟村，农民张怪物想亲自见见冯玉祥，摘了一兜五月鲜桃送给冯玉祥，叫他尝尝鲜。冯玉祥马上停下来，跟张怪物亲切交谈，询问了庄稼收成、家庭人员与生活等情况。当听说张怪物家中有80岁的老娘时，冯玉祥说："我有事，不能去看她老人家了。"说着掏出五块银洋交给张怪物，叫给他娘买些她喜欢的东西。

中午，他们走到庙街，住在高老五家临街的房子里。当时，牛郎乡公所在庙街，乡长柴善倜闻讯赶去求见，被冯玉祥拒绝了。街上的大绅士张广德，穿着纺绸大衫，戴着夏礼帽，手里拿着文明棍，摇摇摆摆去见冯玉祥。张广德正给卫兵说明来意，冯玉祥从窗户里已经看见，马上摆手，叫参谋把他挡回去。

张广德刚走，农民张金木，戴个大草帽，穿着裤头，手里拿个破锄头去庙街找铁匠修理，听说冯玉祥来了，他马上去高老五家找冯玉祥。门卫刚要拦住，冯玉祥在屋里说："叫他进来。"张金木进屋就说："副委员长，我是你的老部下，在你的将校大队当过兵，大队长是陈天芝。"冯玉祥迎上去，抓住张金木的手说："好！好！陈天芝现在是我的参谋长，他也来了，一会你可去看看他。"当张金木要求还要跟他去当兵时，他说："你家有老父亲，没人侍奉，留在地方上和群众一起抗日救国也是很重要的。"接着又说："我在这里停停就走，不能到你家去了。"说着叫人给张金木拿出20元银洋、六串多铜元，叮嘱他要很好组织群众抗日。

冯玉祥将军对他的老部下伤残士兵格外亲，总要给他们几块钱。所知道的有瓦庙一只胳膊刘存良，给了20元钱；庙街寨的一只手赵延贤（小名拴），给了10元钱。冯玉祥平时最爱栽树，到庙街他亲眼看到因给他修路而伐树，心里很不忍，立时让人去叫当地乡长问话。乡长和那个区员来了，两人给冯玉祥先行举手礼，可冯玉祥正在气中，礼也没还，开口责问："是谁叫民工砍树修路的？"这时修路的民工都围拢上来了，只见不知啥时候乡长和区员都跪倒在地哆嗦地说："是熊县长电话命令修的。"区员张觉如说："我是熊县长连夜派来的。"冯玉祥怒气未息："你们这些该杀的东西，从不体谅百姓的苦处，动不动调遣民工服役，影响农活，今天修这路就是实例。你们伐百姓的树，毁百姓的地，毁百姓的庄稼，这些一律由你们个人赔偿。说起来是给我修路的，叫百姓骂我，现在你们就叫民工停工回家。"柴乡长和张区员就赶忙站起来，擦一下头上的汗，给冯玉祥行个礼溜走了。随后民工们开始动身回家，一路上民工们说不尽冯玉祥的好处。有的说："不是冯大人说话，不知还要干几个夜班呢？"有的说："冯玉祥真是爱惜百姓，他真知道百姓的苦处。"有的说："往日里这些乡长区长大模大样，架子可大着哩。今早他们见到冯大人都怕得要死，看今天他们那个熊酸样，还不如我们气昂昂回家这个样哩！"

"人跟人不同，没有觉得谁对不住我的"

1938年6月17日冯将军到舞阳县城，由县长熊笃文接待，住在县政府后院东华庭。当时四十军台儿庄会战以后，由前方撤下来，住在舞阳县休整，冯玉祥将军对抗日官兵进行慰问。冯玉祥将军在《我的抗战生活》一书中写道："一天，到了舞阳县，正是庞炳勋的队伍由前方撤到这里。他的人员损失很大，在这里招了两个星期的兵，只招了几个人。我知道了这个情形，就在舞阳县城发动一个军民联欢大会。那天讲话的时候，到的有一两万老百姓，事先预备了许多板凳，让老先生们和老太太们都坐在板凳上，然后再讲。这次话讲完了，一个星期庞炳勋就补充了八千多人。他们都觉得特别怪哪！过去两个星期才招了几个人，这一星期怎会这么踊跃呢？说实在话，人不说不知，木不钻不透。你不跟人们说清道理，人家怎么会晓得呢？还有一个，那就是历史的关系，人的关系，人与人不同就在这一点。后来庞炳勋在武昌看见我，说了许多千谢万谢的话。他自己知道，我在察哈尔抗日的时候，他受别人的怂恿，要到察哈尔去当主席，要领着头去打我。他的旅长陈春荣反对他，领着许多官长对他说：'你要去打冯先生啊！你去打可以，我们不去！'他气恼了，打了陈春荣两个耳光，并且把陈春荣免了职，他这队伍也去不成了。我和他是有这么一段经过的。他以为我一定很恨他，他想不到在舞阳县我帮了他这么大的忙。真的，多少年来，我是不知道恨人的。人跟人不同，没有觉得谁对不住我的。"

"在舞阳跟他们营长以上的官长和地方绅士一块儿吃了一顿抗日饭。什么叫抗日饭呢？就是一饭一菜一粥，菜就是猪肉熬白菜一大碗，饭就是蒸馍馍，粥呢？熬红豆稀饭。一面吃着一面说着，自从徐州方面退下来，这也算是得到了一点温暖。"

"把警卫都撤了，没人刺我"

1938 年 6 月 19 日，在舞阳县西北大操场召开军民大会。当天，还下着蒙蒙细雨，比着头天的雨小一点，地点在舞阳城内西北方的一个空场。因为已经下了两天雨，又是土路，经过铁轱辘大车来回地走，路上的泥浆足有半足来深。部队得按序列走，不能挑路走，每个人的腿、脚、膝盖下边全是泥浆，走着很困难。讲话场上摆着四张桌子、一把椅子，部队都陆续到了。部队的队形是南边、东边、西边，北边敞着口。老远的北边，围着老百姓，不过都是老头儿、老婆儿，大约有几千人，在很远的地方坐着、等着看。停了一会儿，冯将军到了，左右跟着几个人，他没穿军装。到了讲话场，部队长官喊了立正、敬礼后，冯将军绕着部队转了一圈，就登上了桌子。他站在桌子上，头一句就说："把警卫都撤了，请后边的（老百姓）都过来，都上我跟前来，我不怕，没人刺我。过来！过来！”随着喊声，老百姓呼啦一下都过来了。当时东、西、南边的部队，北边的百姓把桌子都围上了。冯将军笑眯眯地先向老百姓讲开话了：“老乡们，都好吧！”老百姓也不知道说啥好，光嘻嘻笑。有的老百姓回答道：“好，好，你老好啊！”冯将军像拉家常话，问问生活怎么样，又问道：“现在是抗日、打仗，害怕不害怕？”接着说：“不用害怕，小日本，人不多，地方不大，粮食不够吃，我们拿十个人换他一个人，就把他换光了，现在我们又打了大胜仗，在台儿庄，在临沂，咱们部队才从那边撤回来，在这休息休息，整顿整顿。这是为国家出过力的部队，你们不要害怕，是我的兵，不会骚扰你们。”给老百姓说了这些安慰的话之后才转向部队说道：“弟兄们，你们辛苦了！”冯将军很魁梧，个头足有一米八九的样子，衣裳也特别，头戴一顶八角帽，也没有帽徽，穿着深灰布棉袄，看上去慈眉善目。按官级是副委员长，除了蒋介石就数他了，可穿戴竟是那样普通。打扮虽不起眼，那个头可真好，看着就叫人挺敬仰的。他绷着脸找县太爷，县太爷有点纳闷，不知道找他干什么。听冯将军招呼“来来来来”吓得直哆嗦。只听冯将军说道：“县太爷，当县太爷要做点好事呀！”县太爷说：“是是是。”只见汗珠子卜嗒嗒直往下掉。冯将军接着说：“主要是要修路呀，比如咱城里头这条路修成石子路吧，把它弄光点，你看看这士兵们，这一万多人，都是从泥汤里出来的，一万多双鞋值多少钱呵，知道吧？”把县长问得懵头懵脑的。“我们不是光当官的，要为老百姓多干事，才算好官，就像今天这个情况，这对咱们抗战很不利，没有鞋穿还能打仗吗？就这么一天，就这么一会，每一个兵的鞋，都完咧！咱们这个小县城，每人一双鞋吧，当场拿出拿不出来？没鞋就不能打仗，前边急于要鞋，你是后方的后勤人员，朝你要，你拿得出拿不出？当后勤人员，时刻得为前方打算。打胜仗不是光仗前方的枪炮，后边也是很重要的。”训得县长的脸白一阵青一阵的满头大汗。冯将军也看出来了，哈哈乐了：“你不要紧张，我说这话是告诉你，以后要注意，听见了吧？”县太爷赶紧点头答道：“听见，听见，是是是。”接着冯将军又对着部队讲话:“这一次，你们打得不错，我很高兴。伤亡，打仗是会有的。平常咱们喊的口号是‘不怕流血，不怕牺牲。’现在你们表现的确实是这样子。从前打仗，是在国内，自己人和自己人打。现在，才是真正的保国为民，现在流血不白流，流血光荣。这次‘台儿庄战役’震动世界，因为我们拿着大刀片的部队跟装备有飞机、大炮、机枪的敌人打仗。我们能跟他们拉拉锯，这是日本没有想到的。我们拉了七八次锯，把敌人打跑了，敌人又把我们打回来，我们再把他打跑。这样的战争是日本人没想到的，日本人是很震惊的。他们不敢那样大摇大摆了。日本人夜间不敢打仗，不敢出来，他全凭白天呢。白天天上有飞机，地上有大炮、坦克，还有望远镜，他看得清楚，我们不行，我们白天得躲飞机。我们会夜间打仗，白天他们打他们的，我们派少数人监视着，士兵们睡觉，睡足了吃饱了，晚上跟他们干。我们跟他们晚上打了几回，咱们都摸进去了。我们不打枪，凭大刀、刺刀摸进去了。他们照样害怕，照样退却，照样撒丫子都跑了。有一次我们进去以后，不知道鬼子多少人，可是到里头以后找不着人，赶找到人了都在屋里睡觉呢，枪都没在屋里，在另外一个屋子撂着呢。我们的口号是‘武器不离身’，人家不，人家睡觉把枪架得好好的，那次我们得劲了，我们得的武器不少，他也会跑，我们想捉俘虏，又恐怕这些人看不住，就全把狗日的打死了。这是第一次胜仗，我们有了这么个经验。以后我们放心大胆摸进去，他们也有教训咧，加上了副防御，强迫老百姓给挖外壕，布上了铁丝网，外头放哨的部队多了，以后有几次我们都没有得手。这就是打仗学经验，但人家也学狡猾了。这次在临沂打仗，在临庄把敌人轰出去八十里地。为什么能轰出整八十里地呢？敌人攻到临沂城下，他们放心大胆地休息开了。正当这时候，张自忠将军带着部队增援来了。张自忠作战很猛，从侧面打过来。临沂有一道河，张自忠头一个跳下河去了。城在河西边，我们部队在临水东边作战。张自忠在临水西边作战，这一来我们就又把敌人打回去八十里地。当时徐州司令长官李宗仁来电，晋升补充团团长李振清为少将。台儿庄是中心，我们是右翼，对手是日本有名的‘矶谷’师团。敌人使用的是水上飞机，能落在水上，飞机下边是两条小船。我们攻击敌人时很有劲，回来时到临沂走不动了。”

冯将军又讲道：“虽然我们把他们打跑了，我们没得多少东西呀！我们追不上他们，人家都是坐汽车跑的。这说明什么呢？说明他们也怕；都说日本人不怕死，假的！他们为什么不怕？他们为什么要跑？的确，那一仗打得很了不起。”

冯将军接着又说：“你们这个部队呀，打仗打得不错，我很满意，这次拼命、打仗打出经验来了，别忘了纪律，打仗打得不错还得有纪律。我们是保国为民的，不要糟害老百姓。在城东，那是哪个部队在那住哇？都把牲口拴在树上，把老百姓的树皮都啃了，你们知道不知道哇？”他这一问，连军长的脸都变色了，鸦雀无声，谁也不敢答话。“我告诉你们说，要注意，不要糟害老百姓，拴马不要叫它啃树皮。那树哇，是咱们老百姓的宝贝，不得损害。我们为民嘛，保国为民嘛！我们也得为牲口想想，叫它啃树皮有好处吗？你喂那个草合格吗？一寸多长的草，牲口吃了好消化？”

这次冯玉祥将军的讲话，使全军很震惊，很兴奋，对增强部队战斗力起了不可估量的作用。

“没有好吃的，请大家多包涵”

1938 年 6 月 20 日，冯玉祥将军请客慰问校官以上的将领。

在舞阳县牛市口街，冯玉祥将军一早就在戏台上坐着，等人到齐，冯玉祥将军就说：“呵！大家辛苦了，今天我请客，你们在前线打了这些日子，非常艰苦，我都知道。今天咱们在一块聚聚餐，呃——说不上慰劳吧，咱们政府没有钱，只有在一块吃吃饭，觉得心里好受。本来嘛，作战完以后和大家见见面，这是很必要的，没有好吃的，请大家多包涵。每人一大碗，还有方块肉，炸豆腐泡，四个鸡蛋。”校官们一看，这碗可真不小，比着平常吃饭的碗至少大两倍多。接着，他又操着那保定腔讲：“这菜，有人给你端，这馒头，得自己来领，一人俩馒头。”都是冯玉祥将军亲自发。他那里还搿着戳子（印子）在馒头上都打上个戳，戳上是“抗日救国”四个字，很有意义。大伙领回馒头来，谁也不敢吃，因为没有下“开饭”的口令。冯玉祥将军说：“都领齐了吧？我先说明，吃！咱们是狼吞虎咽，跟打日本人一样，拼着命吃，增加点抗日力量。不过还有一样，吃不完别强吃，剩下的给咱们兄弟们捎点抗日食粮，叫他们也尝尝。现在开饭！吃！”于是大家就吃开了，真是狼吞虎咽。冯将军在那儿也吃，真想不到老将军吃得更快，一会儿他那一碗菜就吃完了，俩馒头也吃完了。校官们可不行，怎么也咽不下去，那么大的俩馒头，大概一个有半斤，哪能吃一斤馒头呢？冯将军也看出来了，说道：“别为难，不吃咧！现在咱们吃完了，说几句闲话。”他的声音很洪亮：“这次咱们在台儿庄打仗，打得不错，敌人伤亡很大。当然了，我们伤亡也不小。你们在右翼，在临沂打得更残酷。我们现在就是转移。我们消耗敌人有生力量，不是为占一地争一城。现在撤下来，整顿整顿补充补充，准备再干，我们越打越有经验。你别看他有飞机、大炮，又有机枪，又是观察气球，这些东西我们都没有，就凭我们的热血，也能战败他。最后胜利是我们的。你们信不信？”大家一齐回答说：“信！”他见大家情绪都很激昂，非常高兴，就接着说：“你们信，我就放心了！”

参加吃抗战饭的还有青救会领导人胡田希同志，饭间，冯玉祥将军欣然挥笔，为《救国三日刊》题了刊名。该刊是中共舞阳地下党组织直接掌握的舆论工具。

此前，冯玉祥将军接见了青救会的领导人胡田希、张复生、柴凯，表扬他们工作好。

亦勇亦义

1938 年 6 月 20 日，冯玉祥会见邢舟子。邢舟子是舞钢市枣林乡张卜庄村邢庄人。他在清皇朝新军中当过正目（班长），冯玉祥在他班里当过兵。后来冯玉祥和邢舟子结拜为弟兄，称邢舟子为大哥。邢舟子那时候不当兵了，在家务农，听到冯玉祥来舞阳的消息，就到舞阳县城去找他。邢舟子头戴一顶十八圈草帽，上身穿一件带补丁的白土布衬衫，下身穿一条老蓝布裤，趿拉着一双破鞋，叫花子似的正在街上走，猛然间街面上熙熙攘攘的人流都肃然地停立到路两侧。他不知道是怎么回事，过来几个警察赶他，说是冯大人来了。“哪个冯大人，是不是玉祥？”邢舟子老实巴交地问，警察以为他是个疯子，把他往外一推。他又急又气，嚷道：“我是找玉祥的，俺多年不见了！”正在这时，一群人簇拥着一个便衣的胖大个儿走来。胖大个听到吵嚷声，扭过脸来，朝邢舟子审视了一会儿，几步跨过去，伸出双臂，拉住了邢舟子，洪钟似的喊了一声：“大哥！”围观的人都惊愕地瞪大了眼睛。几个推邢舟子的警察吓得赶忙立正。原来这个胖大个儿就是副委员长冯玉祥。

冯玉祥拉着邢舟子的手，一同进县衙门，吃饭必请他上坐，散步必携他同行，敬如上宾，亲如弟兄，还在县衙后院照相留念。县衙门的官员拿钱收买邢舟子，想请他在冯玉祥面前说几句好话，引荐引荐。邢舟子却有个怪脾气，来路不正的钱一个不收。冯玉祥知道后大加赞赏，知道他很穷，光棍一人，就送他一笔钱，让他成家立业。

“打完仗要建国，建国得有本领”

1938 年 6 月 21 日，冯玉祥将军到搬迁在舞阳的安阳高中讲话。当时安阳高中学生搬迁在舞阳县城内西街开元寺上课。校长赵质宸（此人在解放战争后期担任国民党安阳行政专员，与人民为敌，血债累累，被镇压）与冯将军是旧相识，特约请将军到校给全体师生讲话。同学们听说“老冯”这个叱咤风云、富有传奇色彩的“大帅”要来给大家讲话，奔走相告，真是既意外、高兴，又紧张。教室内外顿时挤满了同学。平时在学生中威信极高的教导主任郝冠儒老师在场维持秩序，累得满头大汗才使教室内外安静下来。但大家仍然纷纷抬头向外张望，焦急地等待着冯副委员长到来。一会儿，校长陪着冯玉祥将军过来了，随行的还有一个穿中山装的秘书模样的人。前天在群众会场上未见森严的武装警戒，还以为是有便衣警卫保护，现在清楚地看见周围并无陌生人，证明确无警卫。这样大的官，竟然在无人保护的情况下，随便在群众中进出，真是令人惊异，冯将军在雷鸣般的掌声中，在同学们恭敬让出的人缝中走进了教室。校长致了简单的欢迎辞后，冯将军在热烈的掌声中登上了讲台，用和蔼的目光巡视了一遍，微微地点了点头说："同学们好！拿起刀枪在前方抗战杀敌，以自己的鲜血甚至生命保卫祖国的神圣领土，不受敌人的践踏、蹂躏是爱国。没有知识，没有本领，怎能建好国家？在后方好好读书也是爱国。为什么呢？因为打完仗我们还要建国。前方战士浴血奋战保护大家好好读书，学好建设国家的本领，抗战胜利了才能建设好我们的国家。只有国家强盛了，才能长治久安，永不再受外国的侵略。抗战和建国相辅相成，虽然道路不同，方式不一，但都是爱国，这叫殊途同归。"冯将军简单而扼要的讲话澄清了同学们思想上存在的一个重要问题——读书是不是爱国的问题。话不多却给人留下了难以磨灭的记忆。使学生学习目的明确，劲头倍增。

"关心群众生活，不准给老百姓瞪眼"

1938 年 6 月 22 日，冯玉祥将军从舞阳县城来到卸甲店。因为不断下雨，他坐的凉轿顶上盖着红绿油布，坐的是软椅。有 100 多人的手枪警卫连。进入卸甲店后，去到两阁门东路北 50 米处"官盐局"内。冯玉祥将军问："这是什么生意？"官盐局的人说是卖鸦片的，冯玉祥将军说："这个地方不能待。"随即出来到路南黄金聚经营的"三义祥"中药铺去了。乡亲们听说抗日爱国将领冯玉祥将军来了，纷纷前来欢迎。满街都是前来欢迎的乡亲，尤其是"三义祥"中药铺门前，人山人海，水泄不通。冯玉祥站在"三义祥"中药铺门口问："父老乡亲们来看啥？"乡亲高文根说："欢迎委员长！"冯玉祥将军高兴地说："好好好。"

第二天，冯玉祥将军在戏楼召开群众大会，前边放几排凳子，让老年人坐下，年轻的站在后边。戏楼院内乡亲们挤得满满的，约有 3000 人。冯玉祥将军全副武装站在戏楼上，右手拿着一根多杈柳枝，左手拿一个鸡蛋说："这叫燕子有巢。"随后双手一松，多杈枝倒了，鸡蛋掉在地上烂了。冯玉祥将军接着说："树倒了，燕子没有巢了。这树好比我们的国，鸡蛋好比我们的家，亡国了还会有家哩？亡给日本不如丧家犬。大家要团结一致，齐心抗日。打走日本人，保卫国家，父老们才能安居乐业。"

冯玉祥将军来到卸甲店的消息传遍了四面八方，乡亲们怀着敬仰的心情纷纷前来看望冯玉祥将军。有方城县杨楼、太威庙一带的，有叶县保安、圪垱店、辛店、龙泉一带的，有舞阳县上澧河店、保和、高堂、八台（今属舞钢市）一带的，大约共有 5000 人。冯玉祥将军利用这个机会，采用戏楼院群众大会一样内容，讲解抗日救国道理。冯玉祥将军的爱国热情深深打动了广大青年的爱国热情，纷纷自愿报名参军。自愿参军的青年可以组成一个营。

冯玉祥将军非常关心群众生活，他在卸甲店田野里察看，由于经常下雨，麦垛在场内不能及时收打。麦子生了芽，只要一动麦垛，麦蛾乱嗡嗡。冯玉祥将军在群众大会上介绍保存麦垛的经验。他说："陕西省父老们保存麦垛的办法是他们在麦垛下垫上木杆，麦子不着地，就可以少毁麦子了。"

冯玉祥将军在卸甲店住在"三义祥"中药铺内，坐南向北五间瓦房，门是铁叶子镶的，乡亲们称它"铁箍门"。冯玉祥将军住在东头一间房内，在这里读书、写字、接待客人，外屋的生意仍井然有序。

冯玉祥将军生活很俭朴，穿的是蓝便衣，吃饭只有两个菜。他请寨主张书阁、张永盛、吕永南、张明基吃饭，四小盘菜，两荤两素，大米饭。

冯玉祥将军和蔼可亲，平易近人，工作耐心。他在接待客人时总是热情相迎，随便交谈，说服他们抗日不分贫富，有钱出钱，有力出力。送客时，总要送出门外，握手告别。

冯玉祥将军对军纪要求很严，尤其不准危害老百姓。他向警卫连讲话时说："我们穿着老百姓的，吃着老百姓的，脚底下踩着老百姓的，头上顶着老百姓的，不准给老百姓瞪眼。"

冯玉祥将军在卸甲店临走时，寨首张永盛拿着准备好的纸，去到冯玉祥将军的住室，请冯玉祥将军留一副对联，冯玉祥将军说："我现在就走，回来再给你写。"来时100多人的队伍，走时成700多人，浩浩荡荡向西行去。

选自1995年11月《漯河文史资料》第六辑

冯玉祥将军逸墨《小诗前言》引端

张 泮[①]

像我们这些年逾古稀的人，前半生适逢乱世，内外忧患，民不聊生，整个国家和民族处于风雨飘摇之中，真可谓“生于忧患”啊！回忆40多年前，我在陕南汉中城固战时被迁到国立西北大学读书，因为对诗歌感兴趣，在著名教授杨晦老师的指导下，曾在汉中版的《西京日报》副刊上和校刊上发表了些小诗。在几个好心同学的怂恿下，我把它汇集在一起，想铅印出版。于是我就将它寄给声名显赫而我从小就十分敬仰的冯玉祥将军，并不揣冒昧地给他写了封信，恳请他为我这本小册子写个序言。不料1944年春节前夕，我忽然收到他1944年1月15日的一封信和以诗代序的《小诗前言》。冯玉祥将军给我的信和诗，40多年来，尽管沧海桑田，风风雨雨，饱经折磨，但我一直把它视同我的生命一样重要，过去的东西几乎全部都丢失了，唯独它我始终珍藏着，竟成了我一生中最珍贵的纪念。我常常缅怀冯玉祥将军那种不避邪恶，不畏强梁、耿直豪爽、热爱祖国，视民如父的高风亮节，从中受到教益，永志不忘。

提起恳请冯玉祥将军为我的《小诗》写序一事，那话可就长了。

我的家乡是河南省长葛县离和尚桥很近的一个小村庄，名叫王庄。和尚桥就是现在的长葛县城，是京广铁路上的一个车站。我们村边有条小河，叫溟水。因此，小时一进学校就给我起名叫张溟滨。至于我现在的名字张泮，则是以后用的名字，解放后就一直沿用，而张溟滨就很少为人所知了。我的儿童时代，家乡是处在兵荒马乱之中，绑票、抓兵、

① 张泮，原名张溟滨，河南省长葛县人。1944年毕业于西北大学中文系。1953年从许昌市调漯河高中任语文教员。离休。

拉夫，简直可以说是司空见惯，不足为奇。加之，和尚桥又处在铁路线上，军阀们你争我夺，谁占住谁就要抓兵拉夫，派粮派款，弄得人们几乎没有个安宁的日子。真是怨声载道，哀鸿遍野，民不聊生。

记得有一年秋天，我帮家里正在地里收割庄稼，只见和尚桥北哨口，一群哨兵持枪荷弹，面向北方。忽然看见北方开来一股大部队，吓得我立即滚进地边的沟里。那时我毕竟是个孩子，不通世事，我不停地抬头向北眺望。我看见驻在和尚桥北哨口的军队首先向北开枪，接着北方应声还枪。开头双方还是放冷枪，不一会儿，北方的大军压境，枪声密集。但驻在和尚桥的“十五师”还恋战，不愿退兵。霎时，北军装甲车开来，几发炮弹，就把和尚桥的整个驻军吓得向南鼠窜了。

第二天上午，只见一部分军队，背上背着背包，腰系水壶，各持一长一短，身上还挂着大刀，排着整齐的队伍，迈着矫健的步伐，高唱着雄壮的军歌：

盘中粒粒都是辛苦，
民脂民膏来之不易。

他们走进我们村里，并不像以往的军队那样，破门而入，翻箱倒柜，打狗捉鸡。而是将背包放下，排成队站着。有两个兵向我走来，这时，我赶紧跑进家门，将门关上顶起来。其实，这时村里人几乎都躲起来了。我怕他们踹开门，就慌忙跑进灶伙，一头钻进柴草堆里，几乎连气也不敢出。

我在柴草堆里听到外面毫无动静。后来，忽而听到父亲仿佛在同别人谈话。我只听见：“我们是冯玉祥的部队……”我从柴草堆里钻出来，走到院里，一眼看出，正是先前向我走来的那两个士兵。他们一看到我，一个个子稍低点的士兵对我说：“小鬼，不要怕，我们不会抓你！”后来，我听出来，他们是要我父亲给他们找村长。我父亲只得去。待我父亲回来，却说：“这次来的军队同以往的不同，要我帮他们找村长，只是找住的地方。”下午，我看他们在打麦场上操练起来。这是我儿时见到的一支最好的军队。从此，冯玉祥将军的名字在我的脑海里留下了不可磨灭的印象。

大概是又隔了一年吧，正是收秋的时候，一天傍晚，我父亲赶着牲口耕地回来。他一回到家，就对我们说："今天我正使着牲口在铁道边那块地耕地，一列火车开过来，一声长鸣，吓得牲口带着耕具乱跑起来。急得我追赶不及，生怕牲口带着耕具闯上铁轨时发生意外。正在这时，一位身高膀阔留着'八'字胡子的大个子军人走了过来，后面还跟着两个士兵。他走上前，不慌不忙地把牲口给逮住了。我赶忙上前接住牲口，并说：'谢老总，不是你，还不知道要发生啥乱子呢。'他面带笑容地把缰绳递到我手中，又和我并肩一起走到铁路边那块地。一路上，他问我今年收成怎样，我们这里老百姓的生活怎样，又问了驻军的纪律怎样。当他走后，我从他的谈话和装束看，他不会是一般的大兵。回家的路上，人们都说，那位大兵不是别人，正是冯玉祥将军。"我听了之后，冯玉祥将军在我脑海中的印象更深了。

当我上学的时候，在课堂上听老师讲，日本帝国主义发动"九一八"事变，因为蒋介石推行"攘外必先安内"的政策，不到三个月，东北沦陷。特别是我上初中时，一位老师在课堂上讲话，开始他的语调非常愤怒，他说日本帝国主义胃口大得很，占了东北，又继续吞并我国领土。这时他很激动，他说冯玉祥将军在张家口组织察哈尔民众抗日同盟军，被推为总司令。他率领十万大军，和日寇作战，连克康保、宝昌、沽源，接着又收复察东重镇多伦。顿时，他语调忽然降了下来。他说，由于得不到政府的支持，最后失败了。

我高中是在省立商丘高中上的，当时，日寇刚发动过"七七"卢沟桥事变和"八一三"上海事变，已开始大举进攻中国，正是国难当头之际。我现在还记得1937年11月下旬的一天下午，当我们正上自习时，一阵响亮的集合号声，全校师生立即集合起来，排着队很整齐地站在操场上。不一会儿，校长王德明领着一个东北流亡的青年学生给大家讲演。他讲起话来，激昂慷慨，悲愤异常。他讲日寇如何占领我东北，东北父老兄弟姐妹们如何惨遭蹂躏流亡到关内，又饱尝无家可归的痛苦，接着他讲目前日寇又在大举入侵我国，所到之处，烧杀奸淫，无恶不作；亡国灭种之祸，迫在眉睫。最后，他大声疾呼："同学们，快快奋起和全国同胞携起手来，共同御侮，有钱出钱，有力出力，一举杀敌，收复失地，把日本帝国主义赶出去！”接着，他热情地教我们唱起《松花江上》来。

随即学校就宣布从明天开始停课，下乡宣传抗日。但没几天，学校又把学生召集回来，声称南京吃紧，商丘危急，学校已不能继续上课，立即把我们遣散回家，学校待命西迁，日后俟通知返校上课。

我当即整治行装，挤上一列西行的军用火车。车上的军人，丢盔卸甲，横躺竖卧，一看就知是从前线下来的退兵。他们有的说：“我军散失在江面上，上面敌机轰炸，下面机枪扫射，游水过来的不剩几个人了！”有的唉声叹气地说：“完了，这一下子彻底完了！”火车在他们的哀叹声中，停在一个小火车站。半夜，忽而上来一个宪兵，嘴里不停地高叫着：“起来！起来！”一个士兵看看他，瞪了一眼，翻了个脸朝后。这个宪兵下车了，不一会儿，竟带来三个同伙，以败坏军纪为借口，二话不说，就是一阵拳打脚踢，把那个士兵打得呼天叫地。这时，车上一个像是军官模样的人，从人群中突然站了起来，他大声咆哮着：“你们在老子面前耍什么威风？有本事到前方打日本鬼子去！老子在前方流血流汗，到后方却受你们这些王八蛋的窝囊气！弟兄们，起来，和他们拼！”这几个宪兵一看势头不对，遂即狼狈地溜下车来逃窜了。这时，我才知道不是南京吃紧，而是南京已陷入敌手。

回到家乡，村中已住了几家从河北逃亡来的难民。从他们的谈话中，知道沦陷区已被糟蹋得不成样子，广大同胞在日寇的铁蹄下饮恨挣扎。

残冬过去，春临大地。偏僻的乡下，似乎不闻战争的气息。一天，听说“商高”已迁到淮阳，我便辗转到淮阳入学。这时，淮阳的情况已经和在商丘时完全不一样了。校内到处都洋溢着“救亡图存、抗战到底”的歌声。

同学们上操下课，早晨晚上，时时都在唱着抗战救亡的歌曲。校院简直成了歌的海洋。

歌曲唤醒着人们，也唤醒着自己。这个时候徐州大会战，特别是台儿庄大捷，大大振奋人心。但是，好景不长，学校又因战争失利，西迁鲁山。还没安住窝，又匆匆地迁往河南最西的偏僻小县淅川。流浪逃亡，朝不保夕。蒋介石为了暂时堵住日军的西进，不顾数十万人民的生命、财产，竟然炸开郑州东北的花园口黄河大堤，奔腾咆哮的黄河水向东南流去。豫东皖北几十个县成了一片汪洋泽国。被淹死的人民数以万计，不知多少人流落他乡。这样，我们的学校才得以偏安于荒凉的山区。在此愤懑异常的日子里，我触景生情地也写些小诗。我现在还清楚地记得其中有一句："誓不与贼同。"那是我把手指咬破，用鲜血写下这五个字，表示与日寇不共戴天。

上大学以后，我如饥似渴地读所能找到的中外诗人的诗作。一天，我欣然在一个同学手中借到我从小就敬仰的冯玉祥将军的《抗战诗歌集》。他的诗独具一格，整个内容都是抗日救亡，读起来明白如话。同时，我在报纸上陆续地看到了冯玉祥将军为了发动抗日献金运动，不辞辛苦，走遍了巴山蜀水。使我更加敬佩冯玉祥将军。

当时，我写了不少抒情诗，有旧诗，也有白话。陆续在《西京日报》（汉中版）副刊上发表。

1943 年 11 月，少数要好的同学劝我把在《西京日报》和校刊上发表的那些诗收集在一起，编成一个小册子，交印刷厂出版。我鲁莽地接受了。这时，我心中有个念头，想请人为我的小册子写个序言或类似序言的文字。我经过一番思考，毅然决定由我从小就一直敬仰的冯玉祥将军作序。但提起笔来，千头万绪，一时又不知从何写起。想啊，想啊，我觉得还是应该从他和我父亲那次在家乡田间小径上的谈话写起。我就这样恭恭敬敬地给冯玉祥将军写了一封信，并将我发表在《西京日报》上的白话诗剪报和发表在校刊上的旧体诗的抄稿收集在一起，一同寄给冯玉祥将军。

信送走后，我一直怀着不安的心情。我想，冯玉祥将军身居要职，又值国家和民族生死存亡之际，他要处理的工作太多了，哪里有时间看我这个无名小卒的信和十分浅薄所谓的诗呢？万万没有料到，1944 年春节前夕，正是乡音隔绝，"国破山河在""家书抵万金"的时候，一天，忽然接到冯玉祥将军由重庆寄来的回信，我心中的喜悦自不必待言。我慌忙拆开信，信上写着：

淇滨先生：

你的十二月三日的信收到了。真是好青年，可敬可佩。非真学问，不能救国。最怕是亟亟于名利五字，请注意。

河南是我的第二家乡，我的朋友以河南为最多。你写信时，请代我问你的老人好。

冯玉祥

三三、一、十五、成都

同信一起还寄来了以诗为序言的《小诗前言》，是这样写的：

小诗前言

为何写新诗，
肝胆皆在此。
能以救国家，
更能兴民族。
科学早实现，
迷信都破除。
机器与钢铁，
建国是基础。
不说无用话，
时常责自己。
什么是革命？
自我牺牲起。

冯玉祥

三三、一、十五

我读着冯玉祥将军的信和诗，倍感亲切。于是，我更加敬仰冯将军的为人，感到他真是文如其人。

冯玉祥给张泮写的信

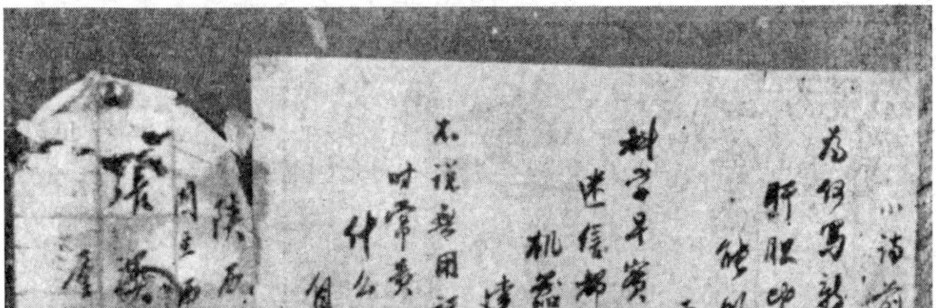

《小诗前言》

但接到他的信之后，我已忙于写毕业论文，就把出小册子的事放在一边去了。1944 年 7 月毕业了，在旧社会，毕业就是失业。我为了吃饭，整日是找工作，哪里还有钱去印书呢？1945 年秋，好不容易盼到抗日战争的胜利，可是蒋介石又把全国人民带进了内战的血海，哪里还谈得上出诗集呢？但是，在后来的几十年中，我风风雨雨，饱经沧桑，受尽了人生的磨难，却一直把冯玉祥将军给我的信和诗以及我的诗稿携带着，尤其是冯玉祥将军的诗和信，我是把它视同我的生命一样珍贵。即使在史无前例的十年动乱中，我的诗稿全部都丢失了，而冯玉祥将军的信和诗却被我夹在《毛泽东选集》的塑料封面内，没有被搜查出来，至今还完整地保存着。现在，正当全国人民在党的十一届三中全会正确路线和方针的指引下，把工作的重点转移到社会主义现代化建设上来，国家有望，民族有望之时，我把冯玉祥将军的信和诗公之于世，想来对国家是会有所裨益的。遂之恭而撰写了以上这些文字，聊抒对我从小就敬仰的冯玉祥将军的缅怀和纪念之情！

选自 1988 年 12 月《漯河文史资料》第二辑

忆冠英

杨英才[1]

创办学堂

我的丈夫梁冠英出生在一个贫苦的农民家庭。1930 年，冯玉祥下野，梁冠英被蒋介石委任为二十五路总指挥，得到蒋介石一笔奖赏，他用这笔钱在家乡创办了一所小学。

梁冠英自幼便尝尽了无钱读书的痛苦。他 12 岁那年，见到同村的孩子都入学念书，常悄悄含着眼泪站在私塾门口，听学生们琅琅的读书声。有一次，被父亲看见，父亲心疼儿子，终于狠狠心向他舅舅借些钱，让冠英读了私塾。后来，终因无力负担读了四个月而辍学。

18 岁那年（1913 年），他加入了冯玉祥的部队。为学文化，每天晚上待官兵们酣睡后，他轻轻起床点上小蜡烛学写字。一天，被冯将军看到，很赞赏这个小伙子的学习精神。关心地说："灯光这么差，你还要眼睛不要？快点睡觉去吧。"之后，冯将军经常嘱咐冠英："晚上要早睡。"可是冠英每晚仍照常学文化。逢休息日，官兵们都出去上街游玩，他却依然与书结伴。不认得的字，就去讨教司书，经过刻苦学习，很快他读了《百家姓》《三字经》《朱子家训》等书，并能熟练默写。在冠英当排长时，已经会写家信和阅读普通的报纸了。

以后，梁冠英擢升将军，1930 年蒋介石送他一笔钱，遂使他决定在家乡建立学校的夙愿得以实现，他首先写信给家乡的三哥，而后又亲自回到家乡安排兴建校舍及延聘师资等工作。冠英小学就这样在鄄城县问

① 杨英才，山东人，1917 年出生。苏州市民革成员。

十镇兴办起来了。

从1930年到1987年，冠英小学（今天的“问十小学”）坚持办学50多个春秋，使许多读不起书的贫苦孩子有了书读，并为国家培养了一批有用之才。

爱兵爱民

冠英任师长期间，一位士兵患了双腿穿骨流脓病，患处生蛆，卧床不起，梁冠英得知后，马上去探视了病人。并借鉴战马生疮，兽医以盐撒患处的治疗方法，得到启示。让军医每天用盐水洗涤，还叫伙房每日煮两个鸡蛋以滋补养，他则每天都来看望。果然，半年后，士兵即可下床走动，病好了大半。梁冠英随即通知其家属前来，并发给他们路费，让母子俩一起归家。母亲见儿子已能走动，老泪纵横，感激不止。

梁冠英爱民，他从不允许部下扰乱百姓，士兵借用百姓的菜刀均需磨亮归还。军马过街，后面跟着士兵，及时打扫。他驻苏北淮阴时，当地有条子牙河，多年来，此河没有为福于民，他决心改造此河。修挖河道，他带领官兵亲自跳入河中，搬石头、挖淤泥。经过三个月奋战，河道终于南北畅通，当地百姓称颂不已，并立碑纪念。

选自1987年11月《漯河文史资料》第一辑

对《忆冠英》一文的订补

李春霖

《漯河文史资料》第一辑杨英才（梁冠英的夫人）《忆冠英》一文中，关于冠英小学创办时间与事实不符。该文开头就说“1930 年……梁冠英被蒋介石委任为第二十五路总指挥，得到一笔奖赏（金）。他用这笔钱在家乡创办了一所小学”。得奖赏可能是在这一年，但创办的时间却不是这一年。

我是冠英小学第一次招生时考入五年级的，修业 2 年，1937 年 7 月毕业，正值“七七”事变发生，印象深，记忆无错，由此往上推算，可知该校创办的确切时间是 1935 年，既不是 1930 年，也不是如《梁冠英传略》一文中所记的“1933 年”。梁冠英在他的自述中说他于 1930 年 10 月“归蒋改编”（见《国民革命军二十五路军成立和缩编经过》），而杨文又明明说是用蒋的奖金办学的，他不可能接到这笔钱就立即去办学。

杨文又说：“他（梁）亲自回到家乡安排兴建校舍及延聘教师等工作”。事实是：梁冠英委托其军佐张香涛（郾城人）负责筹备建校事宜，张没就职，推荐蔡慎言为筹备人，并任第一任校长。校长由董事长（梁的胞兄梁铸九）任命，教员由校长聘请。学校大事均由董事长决定，是实际上的代理人。梁冠英于 1935 年秋第一次回乡扫墓祭祖，并参加开学典礼。当地人给他送匾树碑，匾额和碑上都大书“中华民国二十四年”（1935）。

补充一点，即关于该校的经费问题。

当初，梁冠英把款寄给其胞兄，指明一部分建筑校舍，购置校具，另一部分作学校基金，以其利息作为学校常年经费。抗日战争期间，通货膨胀，货币贬值，基金利息不敷开支，梁铸九乃征得附近各村当权派的同意，将各村的庙产共150多亩收归学校所有，学校收租成为学校经费的主要来源，原有的基金梁家办了一个烟厂，盈利部分来弥补经费之不足。

因为我在该校上过学，又曾任过该校校长，了解其中情况，特作如上订正和补充。

选自1988年12月《漯河文史资料》第二辑

从问十镇走出来的布衣将军梁冠英

李　辉[①]

梁冠英，又名梁子超，生于1895年1月2日，祖籍河南省郾城问十（今漯河市源汇区问十乡），家境一般。他的父亲梁克勤，字让甫，“习诗书，通经义，而恬淡性成，不喜功名，声华以儒而农，服田力稼之暇，则闭门家修，博览群籍”（《梁让甫先生德配李申夫人赞志汇录》）。梁冠英兄弟姐妹7人，帮助父母种地为生。后因家庭生活困难，梁冠英直到11岁时，才跟随族长梁灿先生读了两年《四书》，以后在家边耕边读。在他18岁那年，受到第六镇（相当于如今的师级）军队的无理欺负，同时又看到对方的权势，因而产生了弃农从戎的念头。1913年8月31日，冯玉祥到郾城招募新兵，因为郾城及四周几个县人口稠密，符合入伍的年轻小伙子也多。凡是农工良民，身无暗疾，年龄18—25岁，身高4—6尺者一律收录。整整一团人1600多人，不到两个星期就招足数额了。梁冠英、田金凯、赵廷选以及从扶沟县招收的吉鸿昌等，就是冯玉祥这次招兵中招募来的。从此，梁冠英赤背投入了冯玉祥的部队，当了二等兵。

一、戎马生涯西北军

在北伐前，冯玉祥在张家口任“西北边防督办”，所部有20余万人，分驻在河北、察哈尔、绥远、青海、甘肃等省，西北军的名称由此而来。当时绥远省都统李鸣钟、察哈尔都统张之江，以及后任甘肃省主

① 李辉，河南西华县人，1945年出生，1968年毕业于河南大学。曾任教师、编辑、郾城县党史办主任等。

席的刘郁芬，青海省主席孙连仲都是冯的部下。

梁冠英初入伍时，在冯玉祥的警卫军第一团一营左哨担任警卫工作。由于他机智过人，有胆有识，深得上司的赏识和器重，所以升迁很快。十年间，他从二等兵升迁为一等兵，进而升迁为副班长、班长、排长、连长、营长、团长。据梁冠英的夫人杨英才回忆说，梁冠英任团长时，师长正是刘郁芬，旅长是孙良诚。由于这支队伍作战勇敢，屡立战功，梁冠英不久就被擢升为孙良诚部第一师师长。

1926 年，冯玉祥从苏联考察回国，于 9 月 17 日在绥远省包头市以西的五原誓师，响应北伐，并将其部队更名为“国民联军”。部队中设有政治部，部队中来了许多政治指导员，还聘请了苏联顾问西林，翻译员阿尔夫[①]等人。同年 9 月，冯率领“国民联军”与北伐军遥相呼应，从绥远南下，经过甘肃，占领陕西。

1927 年 8 月，冯的“国民联军”与北伐军在河南郑州、开封会师，是时，蒋介石已与冯玉祥取得联系，共同参加北伐，遂将“国民联军”改为“国民革命军第二集团军”，冯任总司令。第二集团军沿着陇海路向商丘、徐州推进，与直鲁联军作战。由于梁冠英所指挥的第一师骁勇善战，屡立战功，曾获得“铁军”称号。

二、爱兵爱民赤子情

梁冠英的部队之所以能打胜仗，这与他爱兵、爱民是分不开的。

梁冠英爱兵如子，是从他的长官冯玉祥那里继承下来的，可以说是有口皆碑。冯玉祥在《我的生活》一书中详细记载了郾城招兵的情况。他在书中说：“我们到了郾城，即找地方落脚。我向来牢记‘冻死不入民房’的纪律，以为无论如何我自己得把这句话拿来身体力行。至于住旅馆，则更不相宜。所以，我每次行军必住祠庙或空着的公所。这次在郾城，我到一家停闭的戏院，室里有现成的木床，我们当即住了进去……”

上行下效，梁冠英也是这么做的。他在任师长期间，一位士兵患了

① 阿尔夫：在民革苏州市委员会提供的稿子《梁冠英传略》中作“诃尔夫”。

双腿穿骨流脓病，患处生蛆，疼痛难忍，昼夜呻吟不止。梁冠英得知后，马上去探视病人，并让军医每天用盐水为病人擦洗患处，还让伙房每天煮两个鸡蛋让他滋补身体，半年之后，病好了大半，那位士兵可以下床走动了。梁冠英随即通知其家属前去探视，病人的母亲到来之后见到儿子能下床走动了，顿时老泪纵横，感激之情溢于言表。最后，梁冠英又发给母子俩路费，让他们安安全全地回到家中。梁冠英爱民，从以下琐事中也可以说明，他从不允许部下扰乱百姓。士兵借用百姓的菜刀，用后需磨亮再归还。军马过街，士兵跟在马后，及时打扫粪便。像这样的爱民事例多得不胜枚举，凡是梁冠英所带的队伍走后，老百姓纷纷伸出大拇指交口称赞。

三、中原战后辞军职

1928 年，北伐战争告一段落后，蒋介石为了达到消灭异己的目的，以军事委员长的名义成立了编遣委员会，以汰弱留强为名，硬性规定冯玉祥部以三个师编成一个师。冯玉祥由此深感不安，于是密令部队从山东、河南各地撤到潼关以西，准备屯垦积粮，伺机而动。阎锡山得此消息后即派李书成到潼关见冯，表示阎愿与冯联合反蒋，先由西北军发动，晋军随后兵出郑州攻击蒋军侧背。

1929 年 10 月 10 日，西北军即以宋哲元代总司令在潼关通电讨蒋。为了扩大声势，将所部各师一律扩改为军。当时梁冠英是第一军军长。西北军在宋哲元率领下出洛阳与蒋介石军队作战。1930 年 4 月，西北军陆续由山西进至郑州、开封一带，沿陇海、平汉线展开攻势。经过数月艰苦作战，双方均付出很大代价。晋军官兵多抽鸦片，只能防守，不善于野战，屡打败仗。蒋又将十九路军从山东调来向冯军发动进攻，冯军逐渐缩短战线至郑、汴附近。此时，军心涣散，携械潜逃之风甚盛。在蒋军步步紧逼的攻击下，梁冠英决定投蒋受编，蒋委任他为二十五路军总指挥。1930 年梁接受蒋的改编后，由于蒋介石不断地铲除异己，对于不是江浙一带出身的人都视为杂牌，对杂牌部队进行缩编、分化、收买。怪不得那些“杂牌”部队不要说人员不足，就连给养、枪械等军需物资也与嫡系部队大相径庭。到了1936年5月，梁冠英愤而辞职，蒋介石给了他一个军事委员会高级参谋的空头军衔。自此，梁冠英结束了他的军旅生涯。

四、革命途中同路人

梁冠英早年就与中国共产党有交往。早在1925年，他在十一师二十一旅担任团长时，后来带职在张家口“高级军官补习所”学习期间，就结识了补习所的俱乐部主任宣侠父。宣侠父是共产党员，黄埔军校一期学员，两人感情甚笃，交往甚密。梁在宣侠父的影响教育下，对中共的方针、路线一向是采取同情和支持的态度。1927年5月，冯玉祥就任国民党第二集团军总司令，曾参与蒋介石的反共活动，冯命令所有在冯部工作的共产党员必须离开冯部，并一律送交集团军总司令部处理。梁冠英对此有不同看法，对中共同志深表同情和惋惜。

1928年，梁部驻防山东济宁州，此时宣侠父来看梁，住在军部。不料山东军阀头子张宗昌妄图攫取山东省的大权，有意制造民变，造成了军民冲突。事件发生之后，冯玉祥怀疑此事与宣侠父有关，即电令梁冠英将宣侠父押解到开封总部问罪。梁接电后想叫宣马上离开山东，但宣担心自己走了连累好友，所以执意要去见冯。宣一到开封即被扣押。梁听到这个消息后，立即电告冯此事与宣无丝毫关系，并派人搜集张宗昌扰乱的情况送冯参考，说明此事的真相。他为此事前后奔走了两个月，宣终告获释。

梁冠英还与上海左翼作家有段因缘。1932年春季，宣侠父与梁冠英谈到上海左翼作家的苦闷情况，梁表示出很大的同情。当时，上海因杨虎统治很严，各书局不敢承印左翼作家的文稿，文章不能与读者见面，因而起不到揭露敌人的反动统治，进而激励广大民众向敌人作斗争的作用。再者，靠笔杆子吃饭的作者，生活上必然会遇到各种困难。宣侠父要梁设法予以帮助。梁冠英即叫宣侠父前往上海与左翼作家商讨一个具体有效的办法。最后，大家决定办一个书局，专门登载左翼作家的作品，稿费从优，这样一来，两个问题均得到了解决。这就是以后声名大振的“湖风书局”。但由于国民党反动当局的“大兴文字狱”，书局第二年即被查封。

五、兴修水利办义学

1931年，二十五路军总部驻防淮阴部队分驻在海州、扬州、南通等地。这一年，淮阴一带发生大水灾，京杭大运河流经淮阴的堤段多处于危险状态。梁冠英率二十五路军全体官兵守在堤岸上几昼夜，协助当地老百姓堵堤。经过努力抢修，高邮以上堤段才未受到决堤之灾，淮阴西面有条子牙河年久失修，有30多万亩湖田被水长期淹没。于是，在梁冠英的动员下，二十五路军以义务劳动的方式挖修子牙河，由于全体官兵的辛勤努力，在20多天内疏通了子牙河，使30多万亩良田得以恢复生产。以上两件深得民心的大事给淮阴一带人民留下了深刻印象，至今还为大家所津津乐道。

更为值得称道的是，梁冠英还在其家乡办了一所“义学”，这就是声名远播的“冠英小学”（今漯河市源汇区问十学校）。那是在1930年，冯玉祥下野之后，梁冠英被蒋介石委任为二十五路军总指挥，得到了蒋介石的一笔奖赏。他就用这笔钱在家乡办了这所学校。梁冠英创办义学之举，还得从头说起。

梁冠英自幼便尝尽了无钱读书的苦头。他12岁那年，见到同村有钱人家的孩子入学读书，他常常独个儿眼含着泪站在私塾窗口，听里面孩子们琅琅的读书声。有一次被他父亲发现了，因心疼儿子，就狠狠心向他舅舅借些钱，让梁冠英读了私塾。但到后来，因无力负担学费，仅仅读了4个月便辍学了。

梁冠英18岁那年（1913年）加入了冯玉祥的部队，为了学习文化，每天晚上待官兵们酣睡后，他轻轻起床点起小蜡烛学写字。一次冯将军看到了，非常赞赏梁冠英的学习精神，并关切地劝他说：“烛光这么差，你还要眼睛不要？快点睡去吧。”打这儿以后，冯将军经常嘱咐他“晚上要早睡”。可是他每晚照常学习文化，逢休息日，官兵们都出外上街游玩，他却依然与书结伴。有不认识的字，便四处讨教。经过刻苦学习，他很快学会了《百家姓》《三字经》《朱子家训》等书，并能熟练默写。在他当排长时，已经会写家信和阅读一般的报纸了。

1930 年，他被擢升为将军，蒋介石给他拨了一笔钱，他就萌生了在家乡创办义学的愿望。他首先给在家的三哥写信说明自己的愿望，让他购地、建校舍，而且又于 1933 年亲自跑回家督办建校舍以及选聘师资等项事务。于是，轰动郾城的“冠英小学”在问十终于兴办起来了。

六、苗圃培育栋梁材

“冠英小学”从创办至今，已经经历 80 多个年头了。80 多年来，尽管它经历了不少风雨坎坷，却培养出来大量人才，早已是“桃李满天下”了，他们在祖国的四面八方发光发热，为革命事业作出了应有的贡献。

1938 年夏天，“冠英小学”以进步教师、学生为主成立了“战时服务团”，共有 50 多人参加。共产党员教师张鸿扬任团长，往届毕业生周云章（即龚建华，共同建立新中华之意，周在做地下工作时曾用此名）任副团长。他们的行动口号是：“有钱出钱，有力出力！”“国家兴亡，匹夫有责！”“誓死不当亡国奴！”宣传形式有街头演唱、话剧、快板、演讲等形式。演出的节目如《在松花江上》《放下你的鞭子》等。在演出时和演出后，有目的地向一些富户募集捐款，捐来的钱少数交给国民党政府以求得对他们活动的支持和掩护，大部分交给当地的党组织作活动经费。

1939 年 2 月，豫中地委（地址设在舞阳）派韩庚尧作为地委巡视员到了“冠英小学”。同去的还有高锦云（又名高启颖，西华人）、郑力平（郑军、郑平，西平人）、刘艺亭（刘长坡，安阳人），协助“冠英小学”的校长朱灿东建立了郾城县工作委员会。县工委书记朱灿东，组织委员韩庚尧，抗日武装委员蔡永令，统战兼青年委员郑力平，宣传兼工农委员刘艺亭，妇女委员高锦云。县工委先后发展并建立了五个支部：问十支部，支部书记朱灿东（兼）；小曹支部，支部书记蔡国珍；城内支部，支部书记胡开化；新店支部，支部书记张鹤仙；王岗寺支部，支部书记田方（田德甫）。此时，全县共发展党员 50 多人。这时的“冠英小学”，已经成了全县共产党员活动的指挥中心。尽管后来朱灿东背着党组织参加了“三青团”，背叛了革命，但豫中地委及时而又果断地采取了措施，将朱灿东开除出党，全县党员进行了重新登记，进一步纯洁了党的组织。同年 9 月，省委派张威（张渭滨、张兴周、张耀宗）、武启英（武瑛华、武秀卿）夫妇二人来郾重建了郾城县工委，使党的活动更加深入人心。此时，全县共有党员 159 名。

由于“冠英小学”倾向革命，所以从“冠英小学”走出来的师生许多都加入了共产党，有的成了高级干部，如麻纪先（曾任南海舰队副政委）、师凤翔（曾任北京海军司令部副主任）等。周云章于 1948 年 6 月底在问十建立区政权（郾城县第一个区政权）时曾任区长，后随大军南下，解放海南岛，曾任广东省委常委、海口市委书记。海南设省后，续任海口市委书记、人大常委会主任。还有不知名的更是不计其数了。总之，“冠英小学”这块金字招牌将永远高悬于郾城人民的心中！

七、颠沛流离终善终

1936 年，梁冠英辞去二十五路军总指挥职务后，即在南京居住。“七七”事变后，梁冠英携眷住重庆。1944 年又迁往宝鸡。抗日战争胜利后搬迁到开封，被当时的河南省政府主席刘茂恩聘为省政府总参议。同年，他开始经营生意，在陕西宝鸡大新面粉公司有股金。1948 年 10 月，迁往苏州。

新中国成立后，梁冠英曾任苏州市第四届政协委员。著有回忆录《二十五路军受蒋介石收编和被消灭的经过》。1968 年 7 月，因病在苏州去世，终年 74 岁。

选自 2013 年 12 月《漯河文史资料》第二十辑

田镇南将军事略

田芸青[①]

田镇南

田镇南将军，字柱峰，1888年出生，河南省项城县王明口镇田老家村人。父澂瑞公为前清南阳镇守使，生子三人，将军其长也。澂瑞公学识渊博，名重乡里。将军幼承庭训，幼颖异，少岐嶷，长有大志。澂瑞公命其寓居天津，为延经史名师，英文专家，施教六年，故对国学及世界语文植有基础。先就读国立陆军幼年武备学堂，继升国立陆军师范学堂、国立陆军速成学堂，毕业后任国立陆军中学教师者二年。复入陆军大学深造，受毕军事完全教育，蒿目时艰，慷慨有澄清之志。

未几，于役鄂省，任陆军第二师营、团、旅长。因训练精勤，纪律严明，特授优式装备，号称劲旅。时值北京政府政权迭更，内战频仍，直皖之战方停，直奉之战又起，兵连祸结，民不聊生，将军谓内忧必招外患，非革命不足以救阽危，乃应刘郁芬、孙仿鲁两将军之邀，于1924年秋到达甘、青，尔时西北地处边陲，许多豪强，买马购械，拥兵称雄，势同割据。将军既轻车段款而来，首以大义说服其渠魁，于是马麟、马廷骧等，输诚政府。在孙仿鲁将军任甘、青两省政府主席期间，无不倾心内向。将军旋受命任甘、青、宁、陕四省禁烟总办，交通处

① 田芸青（缺）。

长，造币厂监督，悉力规划，使西北交通，由梗阻而渐进发展，经济由枯萎而渐趋富裕，烟毒由普通而渐次戒除。

1927 年春，革命军渡江北伐。孙将军仿鲁率十余万大军东出潼关，策应于豫鄂苏皖之间，北伐大业，赖以次第完成，将军参赞帏幄运筹之功，与有力焉，嗣奉命任河南省民团军长。肃清萑苻，安辑地方，民受其赐。方其任三十军长也，所至配合地方党政，达到军民一体。仿鲁将军于抗战时期迭建殊绩，实以将军所部三十军为其主力，诸如 1937 年“七七”事起，仿鲁将军所部第二集团军，即于 7 月 11 日全部开抵保定，随即进驻涿州琉璃河一带，与北平宋哲元之二十九军相策应，经与日军苦战百余日，奉命转进娘子关扼守御敌。12 月中旬，日军侵入长达三四里，四面山峦竦峙之关沟，形如釜底之鱼，瓮中之鳖，其番号为小岛旅团，激战三昼夜，将军所领导之三十军居高临下，首先迎敌，扼守要冲，扭转战局，将该团悉被歼灭，所获之战利品，由火车转运至洛阳展览 4 个月。

台儿庄会战之役，为我民族对外战争最辉煌之史实，将军之三十军奉命固守台儿庄日军进攻之要地，因系与板垣、矶谷最精之两整师团初次会战，关系抗战前途至大，为求先挫其凶焰，不顾任何牺牲，务达胜利目的，特采置之死地而后生之战略原则，下达极严格之命令，将军于日军飞机连续轰炸，重炮连续射击，步兵猛攻之下，从容指挥，经血战数十日，台儿庄居民一千五六百户其房屋悉被摧毁，凿沟固守，屹立不摇，卒赖将军亲临前线督战，振奋军心士气，内外夹攻，将板垣、矶谷两师团之主力消灭殆尽，获至台儿庄大捷。

1938 年政府西迁，保卫武汉战争告一段落，将军升任第二集团军副总司令兼豫南挺进军总指挥，集训豫省健儿，与日军大小数十战，歼敌无算。胜利复员，将军任河南省政府委员。1959 年 9 月，正式奉命于台湾除役。

将军赋性淳朴。原配夫人王氏及如夫人李女士秀真，性贤淑。将军体魄素健，1974 年 12 月 2 日，因患感冒入院治疗，讵因心脏病突发，延迄当日下午 3 时，医药罔效，遂尔溘然长逝，享年八十有六。

选自 1987 年 11 月《漯河文史资料》第一辑

附：琐忆豫南挺进军总指挥田镇南

张大定[1]

田镇南，字柱峰，河南项城人，民初南阳镇守使田作霖之长子，保定军校毕业，历任国民党部队第三十军军长、第二集团军副总司令、豫南挺进军总指挥等职。我曾在豫南挺进军总部机要室任少校秘书，今记有关田镇南事情如次。

抗战期间，豫南挺进军总部设在驻马店北边的界牌镇，属第五战区管辖。豫南挺进军辖第十三、十五、二十共三个纵队，每纵队辖三个支队；挺进军总部另直辖一个特务营和一个修械所。挺进军相当一个军的编制，属地方性的机动部队。

镇南一生虽是戎马生涯，而文学造诣颇深，大有儒将风度。界牌镇学校大门对联“事业全凭自己创，学问还靠他人多”，是镇南之亲笔，隶体，方正劲拔。他御下宽严相济，奖功不念旧过，故官兵怨稀。

第十三纵队司令程耀德，是一名“乱世英雄”式人物，部众多是收编绿林杂牌。程初到总部述职时，率骑兵数百，防身自卫。镇南开诚布公，谕以国难当头、团结御敌、救亡图存、救国救民之大义。后程耀德回到前方，不仅听指挥、听调动，而且与日伪军作战所得之胜利物资，还上交总部。特务营长张连三，外号张六，出身绿林，是个朝秦暮楚人物，而对镇南能诚心悦服，在敌前、敌后立功颇多。第十五纵队司令田镇洲是镇南三弟，留德学生，二十纵队司令王慈博，是西北军老将，俱是镇南基本可靠部队。

挺进军之官兵，多数是号召收编而来，不征兵，不抓兵，也没有逃兵。枪（步枪、轻机枪、手枪）是嵖岈山修械所制造补充的。嵖岈山是游击根据地，每当日军自信阳、确山北犯，总指挥部辄自界牌转移到此山，指挥各纵队，或狙击，或侧击，或挺进敌后，使日军首尾不能相顾，起到了相当大的牵制作用。

① 张大定，河南省内乡县人，1915 年出生。抗战期间，曾任青年军中校大队长、上校主任等职。1949 年 4 月在浙江嘉兴起义。

1941—1943 年，河南惨遭历史上罕见的大灾难，蝗虫、“皇军”、黄河水、旱灾等，尤以蝗虫灾害最为严重。飞蝗过时，遮天盖日，天昏地暗。跳蝻过时，广袤数十里，滚滚而来。凡蝗蝻所经之处，禾苗全被吃尽。豫中、豫南多处县乡，十室九空。许多贫苦农民鬻妻卖子，壮者逃亡四方，老弱转死沟壑。驻马店、遂平一带饿殍载道，人食人的惨事时有发生。此时，镇南实行的赈灾措施有：（1）节约军粮施粥，共设两处，一日两次，每人一碗小米稀粥。（2）统购大户余粮，低价卖给当地贫困户。（3）收容无家可归的幼小灾童，男女共 500 余人，集中在总部东 2 里之申氏宗祠内，初每顿给以稀粥一碗，以免饱食胀死，以后慢慢加量。后来这些灾童送交第五战区副司令长官孙连仲（1942 年后相继任第六战区副司令长官、司令长官）夫人罗毓凤在内乡西峡口所办的救济院收养教育。正当灾情严重时期，项城袁家寨袁世凯六子（名字忘了）携带袁世凯的虎皮袍子一件，谒镇南求助，田氏未受，批军粮千斤，派车送至袁家寨。押运人回报，袁府每餐宾客成席，男女佣人仍不少。

漯河有田氏宅舍，田老太太（田作霖遗孀）住此宅。有时老太太去驻马店，途经遂平、舞阳等县，常集合县府官员，以“国家兴亡，匹夫有责”为题，讲述抗日救国救民之大道理。

1944 年，上峰派张轸接任豫南挺进军总指挥，镇南伤感地说：“亲疏有别，南北分系，朝中有人好当官。”

1949 年 9 月，笔者在重庆遇到镇南之子田伯英。他言道：“家父同李先生（镇南夫人，教书出身）在广州，嗜好（指鸦片烟瘾）也戒掉了，满面红光。”此时镇南三弟田镇洲也到了重庆，担任王凌云的副司令，然有官而没有兵，仅是一个名义。我在河南军界前辈张伯英办事处又遇见王慈博，时客人很多，没同他谈几句话。

1997 年 4 月

引自《百年印记——河南文史资料大系》（军事卷 · 卷三）

第 1275—1276 页

五卅运动中的樊钟秀

刘西森①

樊钟秀

1925年5月30日，英帝国主义者在上海南京路枪杀中国游行示威的学生，制造了震惊中外的“五卅惨案”。帝国主义者的血腥暴行，激怒了深受帝官封压迫的中国人民，一个空前规模的反帝爱国浪潮由此在上海兴起，并迅速席卷全国。地处中原的河南人民积极响应，以新的战斗姿态加入了反帝反封建的行列，“打倒列强，打倒军阀”“废除一切不平等条约”“收回租界”“取消领事裁判权”的怒吼声，响彻中州大地，形成了一股强大的反帝怒潮。在河南人民反帝浪潮的推动下，当时河南境内一些倾向革命的爱国将领也积极地站在了人民一边，以实际行动支援上海等地的反帝斗争，推动了河南反帝爱国运动的进程。当时驻在临颍县的建国豫军总司令樊钟秀，便是其中甚为突出的一个。

一

樊钟秀积极参加五卅运动有其一定的思想基础，五卅运动以前，樊钟秀就接受了孙中山的新“三民主义”思想，并把自己的行动纳入了国

① 刘西森，郾城县人，生于1952年6月，毕业于广州中山大学历史系。历任漯河市党史办公室征编科科长、市史志档案局副局长，中共漯河市委党校副校长。

民革命的行列。

樊钟秀原名铎，别号醒民，河南省宝丰县大营村人。1909 年，22 岁的樊钟秀不堪豫西的政治黑暗、官吏贪污、荒旱歉收之苦，和乡亲一起逃到陕北洛川县开荒种地。在陕北客户为保卫家乡、防御匪患的斗争中，樊钟秀组织起了自卫武装，并以此为起点，逐步步入军旅，于 1918 年在陕西蓝田竖起靖国军旗帜，专派人到北京请国民党元老派张钫帮助办理军务。张钫对樊钟秀详细讲述了当时国家局势和孙中山先生领导的国民革命及其目的，樊甚为佩服，后来，樊钟秀借部属刘承烈赴沪之便，委托他向孙中山代陈向慕之忱。1923 年，樊部奉吴佩孚之命进军广东。樊部乘此机会进入广东北江后，即派李小亭、刘觉民秘密赴广州谒见孙中山，表示坚决拥护孙大元帅，参加国民革命，北伐时愿效前驱。孙中山嘱咐樊部要相机而动，整军待命。10 月，广东军阀陈炯明背叛革命，发动叛乱，炮轰广州大元帅府，形势危急，此时，孙中山即令樊部驰援广州。樊钟秀即在大庾岭宣布起义，投奔孙中山，星夜兼程，奔赴广州。樊钟秀下车后，立即投入战斗，下命令说："此次保卫广州作战，是奉孙大元帅命令，生死都极光荣。只准进，不准退！只准胜，不准败！谁要当孬种，我先毙了他！"因而军心振奋，士气旺盛，以闪电雷霆之势迅速击溃了已入郊区之敌，迫敌东退，遂使广州转危为安。樊钟秀战胜归来，谒见孙中山，孙颇为惊喜，奖勉备至，遂委他为建国豫军总司令，并优予补充，嘱樊好好整练部队准备北伐。11 月，樊部随谭延闿参加北伐，至江西后进军受挫，便孤军北返，率部经赣、鄂等省，于 1925 年 1 月到达河南。总司令部驻扎临颍县城，部队迅速扩充二万余人，加紧训练，与胡景翼国民二军合作，以备孙中山驱策，随时参加国民革命。孙中山于 3 月 12 日病逝北京后，樊钟秀命建国豫军全体将士佩孝哀悼，孝布上写"悼念孙中山逝世"等字。孙中山"联俄、联共、扶助农工"的三大政策以及樊在广州亲历第一次国共合作的切身体会使他的民主革命思想有了新的发展。随着中国革命形势日益高涨的出现，更加激发了樊钟秀的爱国主义思想，这在五卅运动中甚为突出地表现出来。

二

五卅惨案的消息传到河南后，樊钟秀给予了极大的关注，马上在全军进行动员，命令官兵共赴国难，并采取了一系列措施。

（一）声援上海等地工人，声讨帝国主义残害中国人民的暴行。6月9日，樊钟秀致电上海《民国日报》，乞转全国父老，闻“近日上海英捕枪杀我同胞之事”，他“心中痛愤，自不待言”，对于上海工人、学生、商界举行罢工、罢市、罢课，他给予坚决支持，声明“举国愤怒，钟秀分属国民，忝列戎行，曾送电表示，愿为后盾”。他认为，“英、日之人，杀我同胞一人，即与杀我全国同胞相等”“况每日屠杀有加无已，吾人此心未死”，必须“奋袂而起，以赴我国同胞之急难也”。全国各地人民声援上海斗争，五卅运动迅猛波及中国大地，帝国主义者又制造了一连串的广州、汉口、浔州等地惨案。对此，樊钟秀极为愤怒，给予声讨。他说：“沪、汉血潮未已，又继之以粤、浔”“彼帝国主义者，对于我国民实无相容之余地”“直视中国如无人，随意施加暴力也，少具人性”“践我领土，杀我人民”“孰不可忍！”他看出了帝国主义制造一系列惨案的本质是要变中国为其殖民地，“彼英、日两国，同盟谋我，久视中原为其属工”，妄其为“印、韩亡国之续”，而对我国民实以毒辣的手段和野蛮的行动。因此，他极力主张全国人民对英、日帝国主义进行不妥协的斗争。“冀我同胞一致力争，誓必达到圆满结果，方足以慰我数百惨死之同胞而雪国耻”。

（二）在声援上海等地爱国斗争的同时，樊钟秀特派人员赴沪、汉慰问，并给予可观的经济援助。他声明拟捐款五万元救济上海失业工人，并规定其“全军官佐应日减捐菜钱铜元七枚，学员学兵每日减捐菜钱铜元一枚，每月月终，凑集成数，汇寄上海中国银行，以接济失业工人，至惨案结束为止，聊表微忱”，“虽属杯水车薪，实切集腋成裘”。他特派周伯甘、杨绍棠二人赴沪，与上海工商联合会、学生联合会、总工会等协商对付英、日办法，并先送捐款五千元。为妥善安置因罢工而失业的工人，樊钟秀发起发行爱国股票运动。他说："顾念我罢工同胞以热心爱国之故，牺牲血资，丧失光明，尚未有妥善安置之方，问心实觉不安。"为此，他特提议，"由各省商会及银行公会，协订发行爱国股票条例，额定以全国人口总数为比例，俾国民自由认购。"股票所得，以"此款举行纺纱、皮革、航运、矿务各种实业，创设工厂，容纳罢工同胞"，对于股票主人，还要"予以股东特权，一律均分红利，庶能少偿其过去之损失，并奖励其永久爱国之精诚"。这样，"国民出资者所乐许也""即能博得全国人民同情与信用"。此事"须有经济学识与经验之通人，共议办法"以便促成实际，妥善安置罢工失业工人。

（三）宣传沪、粤、汉、浔惨案真相，唤起民众爱国热情。惨案消息传来，樊钟秀即"将当日之残酷情形，编为精神讲话，令各营营长，每日向士兵演讲，唤起军人爱国热情。兵士方面自闻官长演讲沪案惨状后，均极悲愤，皆自愿节省伙食，集成巨款，汇沪援助"。全国总示威时，樊钟秀派代表参加北京各界群众游行示威。并在群众大会上演讲，宣传民众，声讨列强，"望各界同心协力，誓死力争"以达到驱逐帝国主义者之目的。建国豫军驻开封办公处长刘觉民受樊钟秀指令，"联合开封各界，分头鼓吹捐款汇沪"。此外，樊钟秀从上海、北京请来知情人士，对军队及当地民众宣传惨案。河南旅沪学生会评议长谢随安，上海三育大学教授谢毓龄等从沪来到河南临颍共住十余日，"除时与建国豫军上中级军官作谈话，讨论国事外，并每日对兵士讲演数小时""宣传惨案真相及反抗强权方法"。北京组织起救国团军界宣传队后，樊钟秀对于该团之到军界宣传，尤为欢迎，立即致电该团，对其热心救国，"感佩无既"，并恳切地说："钟秀不学无术，空抱爱国热忱，如承枉教，使数万健儿得灌输最新知识，共尽力于改造事业，甚为盼注，不可言喻。"他告嘱救国团宣传队"敝军总部设在京汉线临颍城，何时首途，祈先示知汴办公处刘觉民君，以便派员就郑州大金台旅馆招待一切"。这都表现出他对救国团宣传工作的急切盼望心情。随后，该救国团宣传队谭竟之、林德懿、夏葵如等十余人应樊钟秀之邀请南下来豫，在建国豫军总司令部驻地临颍及樊军驻地郏县、宝丰等地广泛宣传惨案经过。他们“连日为该军讲说沪、汉、粤、浔同胞被杀惨状，及今后救国要图，该军官佐兵士亦皆奋发异常”。在7月15日临颍军警、学、商、农、工各界举行的国民大会上，建国豫军及本县警察、民团全部出席，和各界群众总数达万余人。北京的谭慕愚、林德懿、夏葵如，上海的谢毓龄讲述上海等处惨案经过及救国方略之后，建国豫军军需处长邓建侯即演说亡国奴之痛苦，藉以唤起民众爱国热情。建国豫军教导团教官黄觉民亦发表讲话，号召为国为民，军人可效命疆场，民众可后防接济，要像当日的游行，军人在前、各界在后一样。会上，当场形成包括“直接专对英、日政府交涉”“派兵入上海公共租界及各通商口岸英租界，解除英军警武装”等九条决议，即电呈政府及外交部，又电各省区军民长官、省议会、教育会、农、工、商、学各会及各公团、各报馆，发动全国人民一致力争。在7月18日建国豫军和郏县窦知县召集的军民各界万人大会上，除宣传沪、汉、粤、浔惨案经过之外，还讲演了“我们为什么要取消不平等条约”以及各国对华政策等。在烘烘烈日之下，会议历三四小时之久，但“听者不但不知疲倦，且多有泣下者，会场现象十分严肃而激昂”，被当地群众誉为“从来所未有之盛会”。

（四）呼吁各军事集团精诚团结，一致对外。5月中旬，驻在广州地区的滇桂军阀杨希闵、刘震寰在中国香港和英帝国主义代表及段祺瑞政府的代表秘密集议后，发动了叛乱，占领了广州电报局、车站等处，形势异常紧张。6月上中旬，在中国共产党和国民党左派的坚决主张下，调回东征军镇压叛乱。樊钟秀还没有能够认识到这是正义与非正义的斗争，而认为是“粤滇内讧”，对帝国主义有利。对此他异常忧虑，并表示态度，希望各派军旅都能以民族利益为重，“息争御侮”，共同对付列强。他致电滇、粤各军，“尔来沪上风潮，波起云涌，民族危亡，在此一举。乃闻滇军与粤，竟起违言，互生仇衅。远道传闻，不胜骇叹，深表痛心之虑”。他认为，“彼帝国主义者，方思其威力以凌欺我国人民”，而我国军民应“必也有一致抵抗扑灭强权之决心与毅力痛悔内讧之非计，速息权力之竞争”。他引用《诗经》上“兄弟阋于墙，外御其侮”的古语，殷切“泣望我胞泽，化除南北，蠲弃意见，万众同心，一致对外，息门墙之争，为御侮而谋，激发天良，振奋精神，效愚公移山之志，师精卫填海之忠，安见二百万之桓桓军人，即不堪于英国人诘朝相见，为国人雪耻湔辱哉”。从这些言辞可以看出，虽然樊钟秀模糊了所谓“粤滇内讧”的是非标准，但确实表达了他以民族利益为重，爱国忧民，决心与帝国主义斗争到底的思想感情。

（五）创办军校，培养武装抵抗帝国主义的武装骨干力量。樊钟秀认为，武力是国力的主要成分，是国际交往中的重要依靠力量，中国近代外交一直终不能伸张公理，制伏强权，就因为中国武力之不足。因此，他决计以发展壮大中国武力为首要任务，以保证在外交交涉中的主动条件。五卅运动爆发之后，他即在临颍办起了“沪案后援建国军军官学校”，旨在培养军事骨干。暑期，军校正式开学，校址设在临颍县城黉学内。学生来源除河南外，还有两广、两湖、江西、安徽、四川、贵州以及华北等地，多数是有激于爱国义愤，为援沪案而从军的中学生。校本部设立八个队，每队有百人左右，总共招生千余名。帽徽是五角星，分别涂以红、黄、蓝、白、黑五样颜色，代表当时的五色国旗，而学校大门上插着青天白日和青天白日满地红的国民党党旗。其课程设置除战术学、兵器学、军制学、操典、射击教范等军事课程外，还以相当学时开设中国近代史，不平等条约概要，孙中山联俄、联共、扶助农工的新“三民主义”，建国大纲，军人精神讲话等内容对学员进行中国近代历史和社会政治生活教育，培养激发学生反帝爱国的民族热情和意志。

三

樊钟秀在整个五卅爱国运动中自始至终坚持收回租界、取消不平等条约和武力对付帝国主义者的强烈要求，有着他爱国御侮的特点，同当时一些反动军阀畏首畏尾甚至奴颜婢膝形成了鲜明的对照。

帝国主义者肆无忌惮，在短短数月内连续制造沪、汉、粤、浔惨案，其根本原因在于不平等条约的存在，在于中国有一块块“国中之国”的租界毒瘤。论政治，租界是制造内乱的场所，私运军火，贩卖鸦片暗助内乱；论司法，租界包庇土匪，窝藏卖国媚外之徒；论经济，租界完全为外国侵略、压迫中国之工具。因此，樊钟秀在爱国运动之中多次提出“收回租界，取消不平等条约”“收回领事裁判权”“凡英租界及混合裁判制，一切不平等条约，或收回，或取消，或修正，非俟吾人民认为交涉满意之时，永不与彼帝国主义者恢复邦交”“驱逐英国驻京公使及上海、汉口、广州、重庆各处英国领事”等强烈要求，剥掉列强恃以专横的护身符，摧毁帝国主义侵略中国的桥头堡垒。

樊钟秀从中国近代外交的耻辱历史中悟出了强权和公理之间的辩证关系。他说“钟秀一介武夫，而深知近世外交，须视全国一致之民气、军力为标准”。他认为，对于帝国主义疯狂屠杀中国人民的暴行，“绝非通电、演说、游行、罢课等所能使其屈服于公理，而幡然自弃帝国主义，与我国人敦信修睦也”，而应该“先告全国军人”“为爱国学生，工人作一强有力之后盾”“有一致抵抗扑灭强权之决心与毅力”，全国军工、学、商各界一并努力。在对外交涉中应有谈判和武力两手，不能专赖谈判。“若专恃外交当局折冲樽俎，乞灵唇舌，必为印、韩亡国之续，深为可惧”，不能使印度、朝鲜专靠谈判而忽视武装反抗而沦为帝国主义殖民地的历史悲剧在中国重演。但也应先合国力，与敌谈判，“全国胞泽，协力奋斗，为国家争人格，为黄族延血脉”，如若不胜则“合全国义愤之军，继而与帝国主义恶魔奋斗，亦必能挫坚折锐。使蛮横之英、日军士震慑于青天白日旌旗之下”。樊钟秀发誓：“樊率将卒，积极备战，毋兹异族，实逼处此”“有断头将军，无降将军”“敌忾同仇，共赴国难，虽赴蹈汤火义无反顾”，要“为国人作前驱，以与强敌相见于疆场，虽断头陷颈，亦所不辞。是甘誓于四百兆之前者也！”“枕戈泣血，诸位垂鉴”，樊钟秀及其将士为国为民勇于捐躯的英勇气概跃然纸上。除此之外，樊钟秀将其部队严加训练，并积极“对英准备作战，现在建国军集中信阳州的有三混成旅之多，皆待命而动”。一有紧急情况出现樊部即可速进九省通衢之武汉重镇，沿江上下，投入战斗。

樊钟秀对河南以至全国五卅爱国运动的积极支持和大力援助，鼓舞了人民群众的爱国情绪，推动了河南爱国运动的高涨，也奏出了一曲爱国主义的战歌，这将作为河南人民反帝爱国运动的一页，记载于中原人民反抗帝国主义者及其走狗的伟大斗争历史之中。

选自 1990 年 12 月《漯河文史资料》第四辑

陆军中将张金照传略（甲）

杨保森[1]

张金照（1902—1970），字辉亭，河南省郾城县阴阳赵乡姬留村人。幼年家贫，以走巷卖醋和做木工活维持生计。拉大锯胳膊经常累得又红又肿。

一次到邻村卖醋，过河时不小心被石头碰倒了醋桶，因怕回去挨打，只好独自外出流浪，后经人指点，跑到冯玉祥部投军。在河南同乡吉鸿昌部下由列兵逐级升至班、排、连、营、团长，参加过第一、第二次直奉战争，五原誓师和二次北伐。1930年，中原大战期间，率部在豫东杞县、睢县等地同蒋军作战。同年10月，随吉鸿昌在淮阳接受南京政府改编，先在第二十二路军第三十师第八十八旅彭振山属下任团长，1931年11月升任第八十八旅少将旅长。1936年2月21日授少将军衔，同年4月任第三十师副师长。1938年2月正式升任第三十师师长，率部追随孙连仲将军参加了河北琉璃河阻击战和山西娘子关战役。在台儿庄会战中，奉命担任左翼阵地的防守任务，配合台儿庄寨内守军与进犯的日军展开激战。3月29日，日军在优势炮火掩护下，突破台儿庄城垣，攻占大部街区。守军阵地仅剩一座西门。张金照急令吴明林团跑步从西门进城增援，经过激战，恢复了阵地。徐州会战结束后，张金照率部在河南禹州纸坊街进行休整。1939年3月，调任第五战区司令部中将高参。1941年受西北军老上司孙良诚的邀请，担任冀察战区游击总指挥部特务旅旅长。同年，接到母亲病重急电，请假回到郾城原籍，从此脱离军职。抗战胜利后，赴北平任傅作义部少将高参。1947年7月9日，授

① 杨保森，生于1957年，曾任河南省驻马店市薄山林场场长，驻马店市林业局总工程师。长期致力于民国军政人物的资料收集和整理。

中将军衔。1949 年 1 月，参加北平和平起义。新中国成立后，回到河南，在郑州第五木器厂当工人。1955 年，被推选为郑州市民革委员、郑州市政协委员。1957 年，参加了政协郑州市第一届代表大会，后作为河南政协代表到北京开会。“文化大革命”中受到冲击。1970 年，因高血压后遗症在郑州去世。

将军结过两次婚。原配王氏，长期在原籍生活，1992 年去世。生子张宪周、张宪甫，新中国成立后全部参加工作。二夫人郭云亭，一直跟随照料张金照，无儿女。后在郑州去世。

选自 2006 年 7 月《漯河文史资料》第十四辑

原国民党陆军中将张金照传略（乙）

彭永安①

提起张金照可能大家有点陌生，但在电影《喋血台儿庄》中，他可是出过名的，他就是原国民党陆军台儿庄战役主力军孙连仲部三十师师长。

张金照是郾城阴阳赵乡姬留村人。早年从军于冯玉祥部队，在吉鸿昌属下任职，由班、排、连、营逐级提升。我于1933年入伍时，他已任三十师八十八旅旅长。当时吉鸿昌已离任，由孙连仲接管三十师和三十一师，把原二十二路军改为二十六路军，孙连仲任总指挥兼三十师师长。1936年，在江苏淮阴孙连仲让出兼职，三十师师长由张金照升任。

1937年“七七”卢沟桥事变，中日战争全面展开。孙连仲部奉命北上抗日，于当年8月上旬，由江苏淮阴开赴河北房山琉璃河一带与日寇展开激战。不到两周我军伤亡过半，有人劝告张师长请求援军撤换。他说：“为保国土要洒尽最后一滴血！”又战了两天奉命转移山西，行至娘子关，又和日寇激战一昼夜。后来顺同浦铁路到风陵渡过黄河开往洛阳，在此补充兵源，加紧军事训练。

徐州是豫、鲁、皖、苏四省交界处，也是陇海、津浦两条大动脉铁路交叉站，交通四通八达，自古就是兵家必争之地。日寇早有预谋企图攻占徐州，打通津浦线，南北战场汇合一体，再调兵力从连云港登陆西取郑汴和洛阳。

五战区司令长官李宗仁坐镇徐州，早有谋略筹划以鲁南为战场，台儿庄为重心，调遣四十军庞炳勋部、川军二十二集团军邓锡侯部分别坚守临沂和滕县，另令孙连仲部主守台儿庄。正当运筹之际，八路军张爱

① 彭永安，1938年时任第二十六路军三十师军械处弹药补充押运兵。

萍将军赶来徐州，向李宗仁长官表示，为配合鲁南战役，八路军在华北扩大游击战区，以牵制大部分日军兵力。此举很受李长官称赞。

1938 年 1 月中旬，日寇派坂垣第五师团会同矶谷第十师团（两个都是日军武器装备最精锐部队）外加一个炮兵团和一个骑兵旅，由青岛登陆向临沂和滕县猛攻。无论日军如何冲杀，庞、邓两军分守各城稳如泰山，博得中外战地记者连声喝彩。在滕县激战中川军王铭章师长壮烈殉国，双方损伤惨重。李宗仁长官又调张自忠部前来增援。在调遣张自忠增援之前，曾电令汤恩伯前来增援，而汤回电借口外围被阻，迟迟不来，后来战斗力越来越小，势难坚守，不得不先后放弃并撤退。两座城市虽然失守，但给台儿庄大战赢得了时间，功不可没。

1938 年 3 月 23 日，日寇逼近台儿庄，硝烟笼罩，炮声震耳。李宗仁长官在前线督战，坚强果断。命令空军三大队十八架飞机参战。一阵俯冲投弹，日军阵地鬼哭狼嚎。日两架飞机前来阻截，被当场击落。台儿庄战役主阵地守军是孙连仲部三十师师长张金照和三十一师师长池峰城，在激战一周后，兵力消耗十之六七，请求撤换。李宗仁长官当然清楚兵力消耗严重，但他却咬牙说："台儿庄再血战一周，决胜在最后五分钟！明天我也亲去台儿庄！"孙连仲当即回答："坚决服从命令，全军打完为止！"孙连仲对张金照和池峰城说："士兵打完你上去，你们完了，我上去，后退者杀！"李长官又悬赏十万大洋，动员后勤人员组成敢死队。4 月 6 日黑夜，数百名敢死队员冲进日军阵地，杀声震天，敌人大乱。矶谷看到兵力失控，即大声喊叫："撤出台儿庄！"接着日军仓皇逃窜。当时战地有这样一个传闻，有位无名英雄身带多枚炸弹，冲到敌军坦克车前，拉响了导火索，"轰"的一声，车毁人亡，这位英雄也同时壮烈殉国。

4 月 7 日凌晨，李宗仁长官亲到台儿庄。这时敌军阵地已相继完全收复，经清查战果，共歼坂垣、矶谷两个精锐师团主力两万多人，缴获步枪万余支、机枪 931 挺、步炮 77 门、大炮 50 门、战车 40 辆，击毁敌机 8 架。1938 年 4 月 8 日，台儿庄战役胜利结束。捷报传遍神州大地，中华民族一片欢腾。我觉得这次战役的胜利来之非凡，是参战将士血肉换来的，也是李长官和各位指挥官员的心血浇铸出来的，当然也少不了全国人民的大力支持。这不是浮夸，从双方参战的实力就能看出来，日方坂垣、矶谷两个师团装备精良，机械化程度很高，又有飞机、大炮、坦克车助威。当年，我是三十师军械处弹药补充押运兵，其他部队武器我不明白，而我三十师的武器我最清楚，不但种类劣杂，光说步机枪的口径就有六七种（口径是枪口圆周直径以毫米测量），六五的日造，六六的意造，七六二俄造，七九的英、德、捷造，还有少数七〇的、六八的。哪营哪连用什么口径枪支，给他们送弹药万分谨慎，错者杀头。再说这几个指挥官，除李长官是原桂军首领，邓锡侯、王铭章来自四川外，孙连仲、张自忠、庞炳勋、张金照、池峰城都是以前西北军冯玉祥手下抡大刀片出身。

台儿庄凯旋归来，开往鄂北广水补充兵源，加强整训。不久为了保卫武汉，又开往武汉外围鄂北黄陂、孝感、南漳、安陆一带作战。这时我因病在信阳住院，战地情况我不清楚。武汉放弃后，我部又开往河南临汝整训。此时张金照师长奉命离任。因职位悬殊，数年来不知他的行止。直到日本投降后，1946 年底在天津劝业场我们才相遇。交谈后方知道他在傅作义“华北副总”军官大院赋闲。当时他向我借钱，我给了他五万元（合现在 500 元）。我心里很不舒服，张金照当师旅长多年，少将军衔，受几次勋章奖，作战勇敢，为人善良，待士兵亲如兄弟，下野后连个零花钱都没有，确实令人寒心。后来，傅作义起义，北平和平解放。当时我在天津，天津守军长官陈长捷顽抗，终被消灭。天津解放后，我遵照天津军管会指示，把二十一兵站支部管辖的武器弹药造列表册，呈报摩托处接收后被资遣返里。对张金照师长的最终归宿我一直不清楚。

选自 2008 年 9 月《漯河文史资料》第十六辑

附：台儿庄战役回忆片段

张金照[①]

1938年春，日军精锐部队坂垣师团、矶谷师团、小米内旅团约五六万人，由鲁中的益都向临沂、峄县进犯，企图沿津浦线向南推进，采取速战速决战略，攻占徐州，继续南侵。

当时国民党部队在这一地区对敌作战的最高指挥官李宗仁，负责指挥汤恩伯军团、孙连仲的第二集团军和其他部队，在徐州外围的峄县和台儿庄西北地区，对进犯的敌军予以阻击。

孙连仲的第二集团军，最初参加这一战役的部队是：三十军（军长田镇南）的三十一师（师长池峰城，缺三十师），四十二军（军长冯安邦）的二十七师（师长黄樵松）和独立四十四旅（旅长吴鹏举）。这些部队，原先都在河南境内驻防，如三十一师驻确山，二十七师驻郑州，独立四十四旅驻驻马店。自接到孙连仲的作战命令日起，都以极快的速度，日夜行军，赶赴郯城以西地区，集中待命。这时，我所率领的三十军三十师，仍奉命在河南的汜水驻扎，担任防守黄河大堤的任务，听候调遣。

不久，日军向峄县等地区猛烈进犯，战局日渐紧张。孙连仲急电命我率部迅速开往徐州，作为总预备队，直接归李宗仁调遣。到达徐州后，我即被通知到一旅馆（李的指挥部）去见李宗仁。李宗仁指着军用地图对我说："这次战役任务很重，关系到整个对日作战的胜败，我们必须打好这一仗。敌人约有五六万人，是一支强有力的部队，正由益都向临沂、峄县进犯，企图沿津浦线南进，侵占徐州。我们的任务就是保卫徐州，因此必须把敌人消灭在徐州外围。在战略部署上，是仿效第一次世界大战时，德国兴登堡在东普鲁士与帝俄军队作战所采用的池沼战术，在台儿庄附近微山湖畔，给敌军以歼灭性的打击。第二集团军的任务，是把敌人从临沂、峄县一带诱至台儿庄、微山湖畔，然后，全军向

① 张金照，河南省郾城县人，生于1902年。早年曾在西北军当兵，后任旅长、师长等职。

敌人发动反攻。汤恩伯部俟敌人主力进入台儿庄、微山湖畔地区后，迅速动作，从台儿庄西北地区出击，包围敌军，猛攻猛打，把敌人压入微山湖。然后，汤、孙两部再同心协力，把敌军歼灭于该地。你的部队要做好准备，随时听候增援的命令。”我当即遵令告退。

我们三十师约在徐州驻了三五天，孙连仲以战区逐渐扩大，兵力不敷调配为由，打电报给李宗仁，要求三十师归还建制。李同意后，我即率领三十师官兵开赴台儿庄前线。我们到达台儿庄时，三十一师池峰城部已奉命出动，开始佯攻峄县的敌军，执行诱敌的任务。二十七师黄樵松部以及独立四十四旅吴鹏举部，奉令在台儿庄右翼构筑阵地，扫清射界，防守待敌。一两天之后，我三十一师已把敌人主力诱至台儿庄西北地区。当时担任包围敌军的汤恩伯部与敌发生遭遇战，双方互相冲杀，争夺据点，战斗非常激烈。战斗进行了三四天，敌军以飞机配合炮兵，向汤恩伯部猛烈轰炸，汤军伤亡惨重。这时，李宗仁命令孙连仲派黄樵松指挥二十七师附三十师一个团，从台儿庄右翼绕到敌后，侧击敌军，援助汤部。

汤恩伯部是蒋介石的嫡系部队，平时有些骄傲自大，瞧不起杂牌部队。这次共同对敌作战，又与友军协调不够紧密，引起孙连仲所辖部队对汤部的不满。所以二十七师和三十师一个团接到援助汤军的命令时，未能及时增援，结果汤恩伯的部队被敌人猛烈的炮火所击溃。

敌军击溃汤恩伯军团后，战局转入敌我在运河两岸相对峙的局面。敌人曾多次向台儿庄发动进攻，均被我军击退。接着，敌军又以飞机、装甲车配合作战，出动五六千人，向台儿庄右翼我三十师阵地进攻，企图从这里打开缺口，攻占台儿庄，打乱我整个作战部署。我得知此情况后，即用电话报告孙连仲，同时命令部队进入阵地，做好战斗准备。

敌人的攻击开始了。前边10余辆坦克开路，后边是步兵紧跟。敌坦克进入我筒炮有效射程后，我发现炮兵仍未射击，当即斥问一炮兵排长:“为什么还不开火？”该排长很沉着地对我说:“打坦克车不能打开道的，要打当中的几辆，打毁了当中的，领头的想退也退不走了。请师长放心，我有把握。”该排长沉着应战，在敌人坦克距我阵地四五百米时，手握苏罗筒炮，连续发射，击毁敌人4辆坦克。我当时命令奖赏他500元，并记名晋升连长。坦克车内未被打死的敌人从车内爬出来乱跑，其余的敌坦克也迅速转头，敌军大乱，我立即命令全线出击。从上午至下午，双方血战六七个小时，敌人伤亡3000余人，仓皇败退。此战共缴获敌人五七山炮8门、重机枪9挺、步枪500支。从此，敌人再未敢向我阵地进攻。

敌人进攻我左翼遭受惨败，但进攻台儿庄的主力部队仍攻势很猛。在诱敌任务完成后，三十一师池峰城部以台儿庄为阵地对敌作战。台儿庄镇城墙虽系砖石砌成，相当坚固，防守可恃，但敌人集中猛烈炮火轰击，城墙多处被毁。三十一师官兵与敌搏斗了十多个日夜，伤亡很重，致使台儿庄镇被敌人占去2/3。双方展开巷战，互在墙上挖枪孔，冲杀射击，争夺据点。在这危急关头，池峰城多次打电话给孙连仲，要求部队增援。孙回答要他们顶住，不准后退。池峰城无奈，跑到孙连仲指挥部跪下说："总司令，不增加援兵，台儿庄是守不住了，我只有撤退。"孙连仲斥责池峰城说："撤退杀头，不如战死阵地，当个民族英雄。快回去顶住！"孙即派一个参谋伴送他至七里桥桥下三十一师指挥所。池峰城和那个参谋到了指挥所，和孙连仲通了电话，孙才放心。战局非常危险，当晚12时左右，孙连仲给我打电话说："台儿庄战事非常混乱，危急万分，只剩下一个西门了，赶快叫你那个吴明林团轻装快跑到台儿庄，从西门进去，归池师长指挥。台儿庄万一失守，委员长就要杀我的头，你们官兵也不得了。"接到孙连仲的电话，我立即命令吴团以营为单位，跑步向台儿庄西门前进，限一小时内增援上去。该团到达台儿庄后，顶住了敌人的攻击。不久，广西部队周岩的七十五军也增援上来了，战局才转危为安。

这时我想，敌人火力强，我们死守阵地，只有挨打，应当另想办法。台儿庄与峄县之间的铁路和公路，是敌人后方主要的补给线，如能派一得力部队绕到敌人后方，断其补给线，敌人便不得不退。我与参谋长傅同善商量，他同意我的意见，我们即拟一电报送孙连仲转李宗仁。不久孙连仲打电话对我说："你的建议李长官已批准，要你率领三十师附独立四十四旅，按你的计划行动。”我接到电话后，即令部队集中，轻装出发，悄悄地从台儿庄左翼绕道到了泥沟一带，此时已是午夜一点，我当即命令部队按指定的目标发动猛攻。敌未提防，仓皇应战。血战至拂晓，敌人败退，我部占领泥沟一带的阵地20余里。敌人后方联络线被我切断，台儿庄的敌人处于被前后夹攻之中。

拂晓以后，敌人以猛烈的炮火向我阵地轰击，附近村庄的房屋全被击毁。敌人的多次反扑，均被我击退。第二天晚间，敌人突然又以猛烈炮火到处轰炸，还听到断断续续的爆炸声（事后得知是敌人的火药库爆炸），官兵们非常担忧，都认为拂晓时定有一场恶战。但到了拂晓，敌人没有什么动作，炮声和爆炸声也逐渐停止了。我官兵感到惊异，经侦察，才发现敌人已向峄县方向退却了。我立即将敌情向孙连仲报告，孙命令我率部队追击退却之敌。我很为难，因为这次偷袭敌后交通线取得胜利，是由于敌人未提防。我部已经过两天两夜的激战，官兵伤亡很重（全师和独立四十四旅一共只剩下4000多人），已没有什么战斗力。如用这样一支部队去追击敌人，不但难以取胜，怕还要被敌人吃掉。可是又不能不执行命令，只好且行且追，俟机应变。敌军退到峄县东南一带，开始构筑工事。我部追至獐山、袁庄一带，我即命令部队构筑阵地，监视敌军行动。随后，二十七师和三十一师也到了獐山、袁庄一带，同时又新增了张轸的一一O师到我部左翼，这样，敌我形成对峙状态。

阴历五月间，敌人又有两路军队向徐州攻袭：一路由宿县向徐州以南地区包围进攻，一路由商丘东边的黄口向徐州以北地区进袭。防守宿县的黄杰部和守黄口的某部（记不清番号）皆被敌军击溃，宿县、黄口先后失守，使徐州处于敌人的包围圈内。我军的整个作战部署，全被敌人打乱。这时，峄县东西的敌军也发动攻击，形成了三路敌军进攻徐州的局面。李宗仁见战局恶化，徐州势难保住，只好命令我方全线撤退，令孙连仲指派三十师和二十七师在九里山一带担任掩护。

我接到掩护大军撤退的命令时，我方所有部队已开始撤退，秩序非常混乱。黄樵松师长打电话对我说：“老兄怎样？情况很紧急，我们是凶多吉少，如果退不走怎么办？”我也心中无数，勉强地对黄说：“老兄，没关系。战局已定，无法挽回。不管怎样，我们同心协力，掩护大军撤退。到紧急时，我掩护你撤退，我再突围。”

一天中午，敌人出动飞机百余架，升起4个气球，指挥炮兵猛烈射击。敌军的大部队一再追击我军，把我方部队建制打乱，南北30多里的广大地区全是退却部队。

三十师后来退却到安徽亳州，经过大约一星期之久，才慢慢地将部队收容起来，然后开往湖北的广水整训。

1964年5月

引自《百年印记——河南文史资料大系》（军事卷·卷三）第985—987页

艺苑撷英

宋代郾城两大画家

孟巍坚[①]

宋代郾城两大画家即指陈用志、王谷二人。览史籍诸多大家的手笔下，往往论其人而评其画。宋代御览官书《宣和画谱》里，记其人与其事，并将他们的画品藏于御府。该书卷十一《山水》栏目里，载明二人“小传”:“陈用志颍川郾城人，居小窑，而时人皆呼为小窑陈。初为图画院祇候，已而告归于家，在乡里中工画道释、人马、山林等，虽详悉精微，但疏放少，而拘制颇严。”该书又记:“王谷字正叔，颍川郾城人，居郾城邑之南……”由此已明二人故里皆为郾城。宋代郭若虚《图画见闻志》卷三（人物门）里:“陈用智（志），颍川郾城人，天圣中为图画院祇候……工画佛道、人马、山林，精详巧赡，难跨伊人，但意务固勤，格格清致，有功德、蕃马故事人物传于世。”陈氏的画风技艺得到郭若虚的好评，所以他的《秋山图》留存当世。

元代夏文房所作的《图绘宝鉴》，不仅评说该二人所作的画品，同时记载陈用志和王谷二人的“小传”。在沈括《梦溪笔谈》卷十七（书画）里，不但明述陈氏小传，又详细地指出“陈用志、陈用智、陈用之”为诸书已载。“陈用志”一名来自《宣和画谱》陈氏小传;“陈用智”一名来自《图画见闻志》陈氏小传;“陈用之”一名来自《梦溪笔谈·书画》。究其实，皆源于陈氏所裱褙的力作画轴签署罢了。

对于画家王谷，宋代吴处厚《青箱杂记》附录二记：王谷字正叔，居郾城，邑之南有小亭，下临溵水，榜曰“溵景亭”。并称此处“川原明秀，甚类江乡景物”。故此留诗曰:“乱莺啼处柳飞花，拍拍春流涨晓沙。正是江南梅子熟，年年离恨寄天涯。”《图绘宝鉴》卷三称王谷“寓意丹

① 孟巍坚，漯河人，1932 年生。长期从事文史研究。

青，多取今昔人诗词意趣，写而为图绘，故铺张布置率皆潇洒。”夏文彦对王谷的画品誉为诗中有画，画中有诗，其皆源于风帆清清之滍水。王谷的《雪江旅思图》《雪晴渔浦图》，就是他身居滍水河畔，饶有即景生情之感，相得友人之趣的生动写照。

选自 2005 年《漯河文史资料》第十三辑

淡泊明志　翰墨溢香

——回忆我的父亲刘之璧

刘德馨[①]

我的父亲刘之璧，字廷珍，室号兴仁堂，郾城县召陵人，是漯河市及附近邻县著名的书法家。生于1893年8月（清光绪十九年），卒于1979年9月9日，享年86岁。

幼年家贫，就学于西皋其姨夫家，后从师李梦北先生（晚清学者），攻读经书，旁及诸子、诗文、书法和绘画。1901年下学，迫于生计，一度在乡村执教儒学，旋从师于学力既深书藏又富的李春芳老先生，习书学画，多有所获，二十余岁已在郾漯一带崭露头角。然无有力者提携深造，生计日蹙，再度回农村私塾课徒。1912年冬，漯河"德兴远"商号慕名派车专程邀请，为该店书写"德兴远"榜书木匾字号，劲健沉着，一举轰动漯河，继请挥毫者络绎不绝。然为欲开阔眼界，广其胸怀，增长知识于书本之外，遂负笈远游，跋涉于名山大川、通都大邑之间凡二十年，先后在漯河、北京、西安、郑州等地，一面受聘授徒，一面饱览山河。1923年秋，在北京结识了年逾古稀的著名书画家黄老先生，往返日久，情笃益深，切磋绘画，斟酌诗文，于父亲一生影响至大。加以壮丽山河，陶冶性灵，广览博访，眼界大开，书画修养得到了进一步提高。1942年，河南遭受天灾，赤地千里，蝗飞蔽天，父亲中辍远游，载书返乡，往来于周口、淮阳一带，教书鬻画，勉度灾荒。自此之后，不复再离故里。始任教于村小，继养怡于家园，或荷锄于月下，或寄情于吟咏，诗酒书画，老而弥笃。

父亲一生执着追求的为诗、书、画，而以书法为优。早年学褚，继

① 刘德馨，河南郾城人，1933年出生。漯河市总工会工作人员。

师柳、颜，复溯晋唐而上探“二王”，其功力所注尤在玄秘塔一帖，故其字温润骏利，浑厚舒展，初看似觉平淡，细察气韵横生。他写的数量最多最具个性的行草书，善以楷行草相间，大小相殊，势态多变，错落参差的章法结构，给人一种上下贯通、和谐统一的美的享受。父亲一生为郾城、漯河、周口、淮阳等邻近十余县、市题写了为数很多的擘窠大字匾额和榜书楹联，熔铸“柳骨”“颜筋”之特点，用中锋之笔，掭浓润之墨、缓捻笔管，指运毫端，笔随情走，意贯气连，结体之轻重肥瘦极具变化，线条之流动生涩应势而生。当其全神贯注，运笔疾书，如骤风急雨，顷刻而就，侍书者往往牵纸不及，围观者无不惊叹其章法之纵横排宕，行笔之玉润珠圆。盖其运笔之精熟，成竹之在胸已臻老成，故信笔皆能心忘乎手，举重若轻。

父亲于书法一道，师古不泥，取精用宏，尤重字外功，尝自言：“我精思习书三十余年，始悟得欲达一己之风格，务须博学多识，使字如其人，字如其学。”因此，除日日临池外，还潜心于祖国文化艺术的广泛采撷，用以涵养自己。他在一首题“兰”诗中写道：“不会写兰学写兰，写来种种不成看。但使芳香能醉客，犹胜胭脂画牡丹。”寓意是清楚的。他追求向往的是馨香自重，清远高洁的兰，他并不俯首于迎风自媚富贵艳丽的牡丹。这实际上是说的书品。此外，临池要持之以恒，不能一曝十寒。读书要腹藏万卷，不可孤陋寡闻。他说：“书法是一门学问，要紧的是认真读书，有了学问，再精研墨翰，才能把字写得脱俗，写得有书卷气。写字和读书一样，要循序渐进，要持之以恒，要勤练覃思，才能逐渐形成自己的面目。”他认为书法的美学极致是“润”，而不是“枯”，要把字写得珠圆玉润，润而生辉，才算进入佳境。如以人作比，则“润”是肤色红润，英姿飒爽；“枯”则面焦肤燥，神气萎靡，字亦如是，墨燥笔枯，如老树之杈桠败枝，何趣之有？墨清而笔润，如新枝勃发于春风澹荡之中，使人神往。

按照中国传统的说法，书法与绘画殊流而同源，故有“书画同源”之说。历史上，确实有许多书法名家往往也同是丹青高手。我的父亲也是这样，读书写字而外，还与国画、治印结下了不解缘，其作画，重在笔意神韵，不斤斤于一枝一叶之形似，他画线菊、兰叶，如作小篆，劲中寓润，异趣横生。画松、梅，则傲世独立，凛凛然有君子之概。一生所作画幅不少，为后人留下了珍贵的遗产。此外，父亲嗜金石，工篆刻，虽一生治印不多，以其存留手镌之印章如“之璧”“观我”“刘廷珍”等印，均能于方寸之地，游刃有余，其刀法、章法颇亦古朴浑厚、别出心裁，成为艺术之佳品。

纵观我父亲之一生，虽然家境清寒，却不失耿介之性，性喜淡泊，不求闻达，虽高官厚禄不能动其心。1930 年其在北京时，当时驻京之西北军师长马雅斋愿以优厚条件请我父亲在军中供职，被父亲婉言谢绝，为避免再次纠缠，飘然离京。1943 年，河南绥靖区第三师师长宋平轩曾七请“出山”，委以“军师”重任，被严词拒绝。一生宁愿茹苦含辛，布衣教学，决不踏入仕途，穷且益坚，足明其志。他曾撰文自叙：“烈士之剑、世家之书，善书者之墨翰，善画者之丹青，金石珍玩之物，清辞丽句之文，真知者，故好之，真好者，故求之，求而得之则保之养之，珍重而爱惜之，时一展玩，则俗念顿消，物我两忘，以此自娱，可谓上不愧古人，下可勉儿孙矣！”其一生之清操于此可见。在他晚年居兴仁草堂二十多年中，不慕荣利，恬然自适，每日坚持字课，从不稍懈。凡有求其挥毫者，多应声命笔，求书者皆欢喜而去。或以余暇，整理图书和碑帖，以文会友，以诗会友，颐养天年，以此寿终。

选自 1987 年 11 月《漯河文史资料》第一辑

臧乐芹先生传略

吕秋馨供稿　阎稚聿[①] 整理

臧乐芹先生，舞阳县人，河南省美术家。出生于1909年，1982年冬于开封病逝，享年73岁。

乐芹先生幼年，先就读于私塾，攻习五经四书，继考入新式学堂，接受新文化教育。以性喜丹青，雅爱美术，1925年，考入开封美术学校，从此确定了先生终生道路。1928年毕业返里，任县女小、县一小图画教员。1931年赴上海入刘海粟创办的上海美术专科学校深造，学习中深受美术大师刘海粟先生的器重。

1933年学习结业，再返舞阳任女小、一小、县中、树人中学和县简易师范图画教员达8年之久。其中于1934年至1935年赴开封任财政厅小学图画、体育教员一年。从1942年起，先生离开舞阳，先后受聘于省立美术学校、泌阳中学（在鲁山）[②]、省立信阳师范分校（在商城县）、省立百泉乡村师范学校（在汝南县）任图画教员。日本投降后，于1946年赴开封任河南艺术学校、开封豫中中学图画教员。1947年秋转商城师范学校（在鸡公山）任图画、手工教员。1949年4月信阳解放，参加中国人民解放军第十二兵团文工团任艺术宣传员。1950年秋转业回河南省受聘于漯河艺术师范学校任美术教员。1953年，漯河艺师与开封艺师合并，漯河艺师全体师生迁往开封。1954年至1959年任职于开封第一师范学校，教授美术、手工劳作。从1959年起至临终，一直工作于开封师范、开封师专，担任美术教员。

---

① 阎稚聿，女，曾在漯河铸造厂技校工作。

② “泌阳中学”或为“沁阳中学”所误。参阅本丛书《教育漫忆》卷P341段曙光《我在（旧）省立沁阳中学就读时的一些回忆》。

乐芹先生之雅爱美术，盖出于天性，总角之年，即喜丹青。每遇小说绣像及山水花鸟，常展玩再三，心追手摹，乐而忘疲。自开封、上海两次美术专业学习后，先生含英咀华，涉猎中西，精研覃思，技艺精进。先生一方面教书育人，一方面探颐绘事，以襟怀的坦荡和艺术的高明受到师生的爱戴。

抗日战争爆发后，先生蒿目时艰，愤然而起，深感国家之危亡，民族之生存，系于国民之能否迅速觉醒，先生遂于授课之余，昼夜不息，创作出一大批宣传画、漫画，张贴于县民众教育馆大门之外，以愤怒犀利的艺术语言，揭露日寇奸淫烧杀种种暴力，以无限的同情，再现了沦陷区人民流离失所、忍饥号寒的悲惨情景。先生还以象征的手法，创作了“正义必胜，邪恶必败，中国必胜，日寇必败”的画幅。这批富有鼓动力、感染力的画作，轰动了舞阳老百姓，大家纷至沓来，摩肩接踵，边看边议，从中受到了深刻的教育。时冯玉祥将军路过舞阳，见这里的抗日宣传竟如此有声有色，不禁大为赞赏，即时邀见先生，予以鼓励，并要先生在创作中除了宣传反对日本帝国主义外，还要创作一些反封建主义的作品，诸如宣传放足，宣传剪发，反对迷信，解放妇女等。他说：“男子前方去打仗，后方生产靠妇女，不反封建，不解放妇女，后方搞不好，前方怎么打好仗？反封建可不是一件小事！”先生对冯将军慷慨激昂的谈话完全赞同。在以后的美术创作中，始终以歌颂正义光明，鞭笞封建落后为创作的指导思想。

1948年，先生携夫人吕秋馨女士赴武汉，为《正潮日报》绘制版面插图。工作期间，在报社与我国著名诗人臧克家夫妇邂逅，画家、诗人，一见如故，先生为诗人画素描像数幅作为留念。

次年盛夏，人民解放军以雷霆万钧之力，横扫中原，挺进湖广。“打倒蒋介石，解放全中国”的歌声响遍全国。先生年近不惑，毅然报名参军，被分配到中国人民解放军第十二兵团文工团并随同这支巨大的铁流向南进军。是年秋冬之际，文工团驻防长沙。此时全国大陆除西藏外，已经全部解放。解放海南岛的战斗正在积极准备，先生紧跟革命形势，创作了大批解放海南岛，实现祖国统一的宣传画，对祖国的统一完整做了有益的工作。

1950年，先生从部队复员回乡，受聘于漯河市艺术师范学校任美术教员。先生白天积极向学生授业讲课，晚上带领学生配合当时的政治运动创作许多宣传画。此外，还组织学生深入工厂、农村体验生活，积累素材，带领学生到工地、农家写生，创作解放了的工农基本群众翻身后的生活。是年，朝鲜战争爆发，美国空军肆无忌惮地向我东北边境轰炸扫射，是可忍，孰不可忍！一场保家卫国，抗美援朝的浪潮在全国掀起。先生以极大的爱国主义热情，响应党的号召，动员全家五口人一齐报名参加中国人民志愿军，为援助唇齿相依的邻邦，为保卫新生的人民共和国而投笔从戎。最后，先生唯一的男孩臧景韬被批准入伍，先生喜出望外，夙兴夜寐，积极创作了一批抗美援朝宣传画，张贴于漯河通衢大道。鼓舞群众，克服存在一些人头脑里的亲美、崇美和恐美思想。由于先生成绩卓著，被评为“漯河市抗美援朝劳动模范”。

1953年夏，根据省教育厅统一规划，漯河艺师师生迁往开封，与开封艺师合并。先生从此在开封定居。教学以外，先生深入学习了毛泽东同志《在延安文艺座谈会上的讲话》以及其他马克思主义文艺理论，弄清了文艺应为谁服务和怎样服务的问题，创作思想有了显著提高，加上多年来积累了丰富的创作实践，先生在美术创作上日益成熟。从1957年起，连续多次参加河南省、开封市举办的各种大型美术、雕塑展览，特别是为开封军分区创作的雕塑《劳武结合》，为驻汴空军创作的塑像《伞兵》以及泥塑《丰收》、年画《送往北京去》、图画《送茶》等作品，充分显示了先生的爱国主义热情和深厚的艺术功力。作品多次获得省、市一等奖、二等奖和物质奖励。塑像《伞兵》被选送北京参加全军展出，驻汴空军首长特地委任先生自带作品赴京参展，并安排一段时间，请先生在北京参观游览。除以上作品展出外，《河南日报》、河南人民出版社还发表先生其他一些作品，在河南教育、美术界获得了一致好评。

先生事业心极强，执着于艺术，潜心于创作，往往一旦进入构思，即物我两忘，不顾一切，以此，颇伤养生之道。日积月累，积劳成疾。1959年，学校组织教师健康检查，发现先生患心脏病，安排住院治疗了一段时间。然此病非仅以药物可愈者，饮食、休息、心境、忙闲等，均可影响病情。先生泰然处之，若无其事。然作画益勤，教学益力，有时上楼授课，气喘心虚，几步一歇，面如蜡色，仍坚持不要人扶，挺立课堂，从不坐下讲课。常对人言："我是党的文艺战士，手中的画笔就是我的武器，我要努力反映时代，宣传党的政策，鼓舞人民的斗志，党什么时候需要，我就什么时候出征。我能为党的教育事业出点力，是我的光荣。"先生因多次住院而内疚地说："党给了我第二次生命。只要我一息尚存，我就要提起画笔为教育事业工作，用以弥补我因病带来的损失，报答党和人民关怀哺育之恩。"

1978 年，"四人帮"粉碎后的第二个春天，久已酝酿于先生心中的、反映拨乱反正之后伟大祖国欣欣向荣面貌的创作，终于在杂花生树，群莺乱飞的明媚季节问世了。只见画幅满纸淋漓，春意盎然，色调明朗，催人奋发。先生题词曰："新的春天"。先生解释说："粉碎了'四人帮'，人民心花怒放。如同严冬过后春天又来到了一样，但是它又与以往的春天有别，因此才冠之以'新'的春天。"这种画龙点睛、寓意深刻的说明，题词与画作的相得益彰，给参观者以深刻的启迪和强烈的艺术享受。

从 1959 年先生患心脏病始，20 多年来，医院多次下病危通知单，而先生从无愁苦之色，一俟病情稍有好转，即克服精神上、身体上的痛苦，挣扎着索笔作画，乐在其中，其意志之坚强，感人泪下。1982 年秋，先生创作的大幅国画《人民祖国万年长青》受到中央教育部来豫视察负责同志的热烈赞扬，说这幅以古柏为象征的画气势磅礴、苍劲挺拔，表现了人民祖国坚贞伟岸、万古长青的意境。要求先生照原作再画一幅相赠。先生慨然应允，原以为自临己画，无大难处，孰知当初乃充满创作激情下一气呵成之作，今已时过境迁，心手不称，一连画了十三幅，没有一幅能与原作比美。不得已，从中选出一幅较为满意的待送，就在这时，先生又一次病危，学校特地将先生送当地部队医院诊治，大夫在检查病情中，发现心脏大于常人六倍！一面下病危通知单，一面询问家属是否知道心脏大常人六倍的情况，家属告诉医生，心脏大于常人，已十几年，然无可如何。医生问："心脏长期这样大，他是怎样活下来的？"家属说："他不仅活着，住院前还在家里作画，绘画就是他的命。只要一拿起画笔，他的精神就都上来了，他从来没有因心脏病而沮丧过，即使在病床上，只要能坐起来，就要画板、画笔构思作画，他说：'我不能坐着等死，作画是与疾病作斗争的最好办法'。"医生听了，不禁为先生这种忠于艺术的可贵精神所动容。在医护人员日夜积极抢救、周密护理下，先生奇迹般的转危为安。卧病中，还念念不忘为教育部作画的事，20天后，先生日渐康复可以出院回家休养了，到家之后，不顾身体虚弱，到底又画了一幅自己满意的"松柏"，交给学校装裱后寄往北京。

是年冬，先生自知身体不支，预先安排后事，他说自己连年患病请假，为教育事业工作太少，屡次住院，让国家花了许多钱，想来十分惭愧，因此反复叮咛他的老伴吕秋馨同志，把他平时存放的画作整理一下，除留下三五幅作为纪念外，其余的100多幅作品全部无偿地捐献给师专。1982年12月13日，先生溘然离开人世，亲友师生不胜悲痛。学校为先生举行了隆重的追悼会，同时将先生捐赠的遗作在学校礼堂举办了展览会。1985年，开封市文化局、开封市群艺馆和开封师专联合于相国寺再次举办先生遗作展览，用以纪念先生，以后先生遗作又在我省多处展出。先生以自己精湛的艺术启迪来者、引导后进，50多个春秋，桃李芬芳、遍及海内，是河南省美术园地里一名出色的园丁。

选自1988年12月《漯河文史资料》第二辑

著名书画家教授爱国台胞田曼诗

孟新安[①]

田曼诗

田曼诗女士，字心佛，别号中原女史。1921年6月14日出生于郾城县商桥镇田湾村书香世家。从小受到良好的家庭教育，先后在商桥小学、郾城女子师范学校读书。1949年随其夫董从善将军去台湾。20世纪50年代出国留学，获德国慕尼黑艺术大学研究员和韩国圆光大学名誉哲学博士学位。

田女士从事艺术美学近五十年，培养弟子数千名，艺术造诣颇深。历任“台湾教育部”美育委员、“中央日报社”特约撰述、中国文化大学系主任等40多个重要职务。

田女士著述颇丰。主要著作有《田曼诗出国画展纪念集》《艺术与欣赏》《留德三年》《田曼诗山水画册》等20多种美术创作和艺术

① 孟新安，河南省郾城人，1943年出生。1962年毕业于漯河师范学校，曾任郾城县志办主编、郾城县政协常委。

理论。

近半个世纪以来，田女士在国内外举办个人画展或美术作品发表会达 50 多次，并经常在国内外进行学术讲演。田女士的美术作品先后获中国文化大学“金质华冈奖章”“韩国庆熙大学”勋章、日本福田赳夫“首相大奖”等多项殊荣。

田女士热爱祖国，关心家乡建设，尤为关心家乡文化教育事业的发展。海峡两岸开放后，终于实现了她多年的夙愿。她百忙中多次返里，省亲观光，并相继担任了 10 个名誉职务。1988 年任河南大学名誉教授；1992 年任河南美术出版社特别顾问；1993 年任漯河市中山书画社顾问、漯河市海外联谊会名誉会长和漯河大学名誉校长；1994 年任河南省三门峡市海外联谊会顾问和郑州升达大学校务发展顾问、河南省华侨联合会常务理事；1995 年任河南省豫港书画苑顾问。身为“字圣”许慎故里的一员，她还应聘担任了许慎研究学会委员。她还多次慷慨解囊资助家乡文教事业。向河南大学、漯河大学各捐资 10 万元人民币，向漯河许慎小学捐赠 1 万元人民币。1995 年 3 月又向其故里商桥镇田湾村捐款 15000 美元，兴建村办小学。

田女士关爱、奖掖后学。张静同志就是其中之一。她是近年涌现的书坛新秀，在读书法专业硕士研究生，是共青团郾城县委副书记，政协郾城县第四、第五、第六届委员会常务委员，是中国书法家协会会员、河南省书法家协会会员、漯河市书协理事。曾分别于 1995 年、1999 年两次在北京举办个人书法艺术作品展览。田女士年近八旬，张静则刚到而立，一老一少，堪称“忘年之交”。1999 年 11 月全国妇联、教育部、科技部等 15 部委在北京中国人民革命军事博物馆联合举办全国妇女“双学双比”十年成果展，张静则以 80 多件作品参展。田女士挥毫为其题词并合影留念。田女士的题词是：“学艺术的人要能严守美的本质，才能达成变化的统一。祝贺青年书法家张静女士书法艺术作品展出”。

近年，郾城县史志档案办公室为编写《郾城人物荟萃》一书，致函田女士，请她为此书撰写一份个人事迹材料。征稿函发出后不久，便收到了她的复函和材料，拜读后方知田女士是在病痛的折磨中艰难提笔撰写的。现将信函部分文字抄录于后：

“从去年（即1997年——笔者注）9月不慎跌倒，断裂了我的左腿左脚的筋骨，直到今日仍只有和医院医生结缘。”

“一年多来，我收到太多国内外朋友们的来信，我都一律未复只字片语。我每天自己必须三次泡热水、三次擦药膏，三次服药，这已占去了白天的6个小时。而行走不便，全靠轮椅在屋内动作。”

“说实在话，一切都自顾不暇，哪还顾得那么多。其间辛苦疼痛，非置身其中者是想象不到的。”

“我非常抱歉，承蒙大家对我的关爱、慰问，实在失礼万分……”

见信如见人。虽未曾和田女士谋面，但拜读其函，她那对家乡的眷恋，对事业的执着，对亲朋的热忱，对晚辈的关爱和对病魔的抗争精神，已跃然纸上，使我们对这位身在异乡的老人肃然起敬！田女士年高体弱，与病榻和轮椅为伴一年余，腿疾的折磨“非置身其中者是想象不到的”。然而，在“太多国内外朋友们来信，我都一律未复只字片语”的情况下，竟破例亲笔撰文复函，洋洋洒洒近万言。我们实在深深为之感动！

选自2005年7月《漯河文史资料》第十三辑

“世界华人书法艺术英才”郭铁领

周跃海[①] 整理

郭铁领，1923年出生，家系郾城县裴城镇田古东村。1988年在舞阳县太尉中学退休。现在许泌、郾襄两公路交叉口的三丁，开设一个书画社。由于书画艺术超群，深受客户欢迎，作品畅销漯、舞、许、驻、平及郑、汴、洛。郭铁领自幼爱好书法，1985年参加河南省书法教育中心首届书法函授班学习，多次参加国际及全国省、市、各类书法大赛，并获奖牌、奖杯等各种荣誉20多项。楷书《清明上河图》诗入选开封《翰园碑林》刻石，硬笔书法入选庆祝中国共产党建党70周年文化博览会《优秀作品集》，毛笔张体书法作品入选纪念毛泽东诞辰100周年文化精粹博览会《优秀作品集》。纪念吉鸿昌100周年诞辰，其作品被录《情系国魂书法大成》和南岳衡山国际书画艺术大奖赛《作品集》。2000年，其作品荣获“世界华人艺术展”佳作奖，其人荣获“世界华人艺术英才”称号。郭铁领现为中华硬笔书法协会会员、云南石林碑林艺术联谊会高级会员、大连市硬笔书法研究会会员、海内外书画联谊会会员。

郭铁领从小好学上进，聪明过人，学习成绩名列前茅。启蒙老师王玉贵练习的是张体字，他就跟着学写张体字。因家贫买不起墨，就用窑洞里的烟灰做成墨汁写字。由于勤奋好学，很快掌握了写字要领，在同学中处于领先地位。后来老师更换，写张体字无着，他便从集市的书摊上买到了一本张本字帖，如获珍宝，照帖苦练。特别是“右派”平反恢复教育工作后，他更是如饥似渴地练习张体字书法。

高尔基说：“一个人追求的目标越高，他的才力就发展得越快，对社会越有益。”郭铁领就是心中高悬目标有所作为的人，他决心把张体书

① 周跃海，郾城县人，1931年出生，曾在召陵镇政府和银行系统工作。离休。

法练出高标准高水平。他拼命地在练习中探索，在探索中进取，在进取中开拓，在开拓中创新。几十年来，他积累和概括了两种笔法，即园笔法[①]和方笔法。

园笔法又称绞锋，即笔毫尖端园绞落纸写字。如写竖笔宜将笔锋左弯朝上，待转至起笔地位时，再园绞笔锋，依竖笔粗细缓缓向下即成。横画也是如此。宜在横画起笔之时，先将笔锋落纸，拖画至起笔稍右地位，然后再折向左，至横画部位，园绞成圈形依横划粗细缓缓向右即成。其他撇、捺、点侧笔也照此法行之，不过地位较小，须简化入笔。总而言之，此乃裹住笔毫，不使分散，集中毫力，绞锋落笔，而园劲笔姿必成，故曰园笔法。亦曰裹锋藏锋者，即此原因也。大篆、小篆以园笔法为之。

方笔法：写直竖，是在起笔地位，笔尖轻轻先向右画一适当长短之横线，然后回笔在此线之中部，趁势依竖笔粗细，用力缓缓竖之。至于横画宜在头部竖一适当之竖线，然后于园笔中部，趁势依横画粗细，用力缓缓横画之。因不及绞锋之复杂，所以韵味也就次于园笔。

张体字是清朝书法家张裕钊创作。张裕钊，清朝道光三年（1823年）生，湖北武昌（今鄂州）人。1846年中举，历任武昌、南京、保定、襄阳等地书院主讲。张裕钊博学多艺，时誉“曾（国藩）门四学士”之首，又善书法，创造了张体字，名播海内外。宫岛咏士于1887年由日本国横滨出发专程来中国，拜张裕钊为师，研习张裕钊的汉学及北牌[②]书法，并随张裕钊游学汉口、襄阳、保定、西安，历时八载，侍奉左右，直至1894年张裕钊逝世于西安。1898年创善邻书院，弘扬裕钊学术及北牌书法艺术，门人遍及日本列岛，上条信山为其中佼佼者，于1941年拜宫岛咏士为师，得传裕钊书法，作为中国清代书家张裕钊的再传弟子，对中国十分友好。自1943年开始就与中国书法界多有交往，多次率团来华交流，考察书法艺术，并在保定和鄂州出资修建了张裕钊纪念碑。

---

① 园笔法：本文有10处此说法，应为“圆笔法”所误。

② 北牌：本文有2处此说法，应为“北碑”即“魏碑”所误。

1994年10月10日，为纪念张裕钊逝世一百周年，由湖北省书法协会、书法报社、湖北省书画研究会、湖北省张裕钊研究会等举办的“张裕钊百年祭，宫岛咏士、上条信山及其门下书法邀请展”在武汉进行。名誉团长上条信山、总团长田中节山率领140余人访华团参加了开幕式，为加强中日书法艺术的交流，增进中日两国人民的友谊，作出了贡献。

1985年，郭铁领书法在北京故宫参展时与当代张体字书法家张书范接触相识，并进行了张体字的学术交流，张书范挥笔写了“气静神闲”四个张体大字送给铁领。在张书范的指点下，郭铁领的书艺有新的突破，在国内外群英荟萃的书画展赛大舞台上，龙飞凤舞，大显身手，屈届得中，次次领奖，荣满神州，誉响全球。

选自2004年7月《漯河文史资料》第十二辑

漯河籍军队著名书法家、诗词家——董铁志

孔庆友[①]

淋漓墨沈自心研，笔力雄奇险绝翻。
篆隶真行新布局，帖碑简帛旧时颜。
幼承家学得精髓，老更功深耀艺坛。
一自令名传海外，风光无限越重山。

董铁志

这首律诗是美国《华声报》著名记者、书法行家里手高优锷赏看董铁志在美国亚特兰大市书展后写的，字里行间充满着对这位国家著名书法家的叹服和敬佩。

董铁志，邓襄镇韩庄村人，1930年5月出生，1949年7月参加中国人民解放军，1955年加入中国共产党。曾任中央军委工程兵政治部宣传科长、文化教育科长，参与过《红旗飘飘》大型系列丛书的编审，任过总参谋部工程兵党史资料征集办公室副师级编辑，后又提升为师级职务。离休后，享受军级待遇。他多才多艺、能诗善文，发表了大量的评论、散文、通讯、诗词，“散见于《人民日报》《解放军报》《人民文学》《解放军歌曲》等报刊”（董铁志1985年写给《邓襄乡志》

① 孔庆友，邓襄镇孔营村人，原《邓襄乡志》编纂组成员。

编纂组的信)。

董铁志自幼跟随祖父——晚清拔贡董震寰(见文后简介)学习诗词书法，临摹颜真卿、柳公权的楷书，少年锋芒初露，在村上、在同龄少年中小有名气。董老拔贡对他要求极严。他对爷爷的教诲心领神会，特别对爷爷的“清、慎、勤”的立身处世之术赞服不已、铭记在怀，决心把“清、慎、勤”作为自己的行为准则。

参军后，从事的是宣传教育工作，他更加喜爱书法艺术。随部队先到开封，省会的招牌字画使他大开眼界。工作调动到洛阳，他对“龙门二十品魏碑”特别有兴趣，醉心临摹，潜心研究，年纪轻轻就成了军旅书法高手。工作的需要，组织上安排他到无锡艺术研究班深造，又得高手指点，百尺竿头，再进一步。毕业归队，随部队进京。京城是藏龙卧虎之地，书法高手如云，大家、名家聚集，更使他如鱼得水。他谦虚好学、追求进步，又得到著名书法家舒同、权希军、杨再春、钱咏、夏湘平等名师指点，他利用一切可利用的机会和时间，遍临颜、柳、欧、赵，行草学“二王”，经常与书友艺友交流切磋相互学习。他的笔名为“帖痴”，可知他在师古方面所下的功夫，所作的努力，如痴如醉。他发奋研练，立誓“承古创新，发展中华民族的书法事业，提升书法艺术水平”。“学无止境、书通精深”是他戒骄戒躁的座右铭，“承古创新”是他一生追求的目标，常以“艺涯永不变、书境常出新”自勉。通过几十年的不懈努力，终于登上了书法艺术的高峰，形成了他自己的风格。他能写多种字体，正、草、隶、篆、行，样样得心应手。临摹形神兼备，达到“帖碑简帛旧时颜”的程度；创新，自成一派，“行书、楷书，皆有魏意”；“楷书结体端庄、行笔沉稳、魏碑味浓”；“笔法流畅，前后照应，中堂谋篇得体，楹联洒脱有致”(摘自《董铁志书法作品选》序文。该文是工程兵书画摄影协会名誉会长刘月生、会长李恩宝所作。刘、李都是全国政协委员，刘月生是原工程兵副政委，老红军、老将军；李恩宝是原工程兵参谋长，大军区副职将军)。隶书平稳中见理绝，有力而内敛，有钱咏、夏湘平之风；行书、草书有王羲之、王献之的洒脱飘逸；楷书功夫深厚，有透纸之功。大字雄健、遒劲，“笔动山河气”；小字秀丽、匀称，功力见深沉。

1998年，他去美国探亲，当时亚特兰大市华侨文教中心正筹办“海华文艺书画展览”，董铁志应《华声报》记者高优锷之邀，临时写了篆体“和美之家”、隶书“福寿安康，如意吉祥”、行书“放眼世界”。由于时间仓促，没及装裱，随便挂了起来，却引人注目，倾倒观众。2001年，他应邀在美国亚特兰大市搞正式书展，美国舆论哗然。侨居美国的华人及在美中国人员，有的乘飞机，有的坐火车，专程观赏他的书法艺术，领略中华文化的博大精深。一时间，约见的、赞美的、求墨宝的请帖、信函、电报应接不暇。《华声报》整版刊登了对他的专访，详细介绍了他的书法艺术，为祖国争了光，为中华民族争了光，取得了事半功倍、意想不到的效果。

1973年，中日邦交正常化，他的行书被文化部选送到日本展览。2002年京华五人书画展在珠海举行，他的参展作品备受青睐。同年，在北京举办个人书法展览，中央电视台录制播发了开幕式实况，可知他艺高德懿和书道精深，也更激励了他承古创新、弘扬发展中华书法艺术的决心。

他离休人不休，身兼数职，是中国书法家协会会员、中国音乐家协会会员、工程兵书画摄影协会副会长、北方书画艺术研究会副会长、中国诗词研究会会员、中国书画艺术交流协会副会长、中国老年书画协会创作研究员、中外书画名人研究院教授等。其书法作品在全国和省市书展、书赛中得过180多次奖项，其中金奖、特奖、一等奖达37次之多（截至2002年）。有些作品被选送到美国、法国、日本、德国、韩国、泰国参展或被收藏，有些作品被国家领导人作礼品送给外国元首。金正日就任朝鲜劳动党中央总书记，董铁志的字画就是中国共产党中央所选送的礼品之一。北京、云南、广西、河南、甘肃、江苏、山东的碑林有其笔迹，北京、天津、郑州、西安、兰州等大城市的店铺招牌有他的墨宝。

突出的书法成就和高尚的艺德艺风，董铁志的名气日大、声誉日广。他的书法作品和简历被收入《中国当代艺术名人录》《中国当代文艺名人大辞典》《中国当代艺术品名人大辞典》《中国当代书法、美术、诗词界名人大辞典》《中国书画大辞典》《海峡两岸书画名人大辞典》《书画金石家大辞典》，北京出版的《中华人物辞典》《中国当代石家墨迹》，台湾出版的《中国当代名家书画选集》，香港出版的《锦绣中华》书画选集，河南出版的《海内外河南籍著名书画家邀请展作品集》和《当代著名书法家精品集》等辞书。中央和省级报刊上不断刊登其书法作品及简介。他参展获奖作品被整理出版《董铁志书法作品选》，总参工程兵书法艺术摄影协会名誉会长刘月生将军、会长李恩宝将军亲自作序，中国书法家协会顾问权希军同志题写书名，定价九十九元。他是国家著名书法大家，是现代很少能写多种书体且功力深厚造诣极深的名家！

董铁志在诗词歌赋方面厚积薄发，成就斐然，多次获奖。他创作的诗词有多首被谱成曲，选入《解放军歌曲选》，在军旅传唱。他的书法作品中堂、楹联大多是自己创作的诗词。格律整齐，平仄和谐，对仗工整。格式虽旧，新意昂然，与时俱进。下面摘录几首选入《董铁志书法作品选》的诗词，以飨读者。

他以港澳回归祖国怀抱、期盼中国早日统一为题材，写的诗有：

南昌起义七十年，铁马雄风永向前。
神州将士扬国威，进驻香港卫河山。

南海扬波浪花飞，九七香港喜回归。
普天同庆雪国耻，骨肉团聚酒满怀。

列强何曾讲人权，劫我港澳逾百年。
今朝万众喜完璧，山河一统望台湾。

百年离乱后，港澳喜归宁。
一国行两制，月圆与台澎。

龙腾九霄云天飞，中华振兴港澳归。
老年工兵盼统一，三通共促台湾回。

1997年夏，李淑一仙逝，董铁志撰写《调寄离亭燕·奠李淑一同志》词一首并书法，发表在《人民日报》上。

惊悉李老仙逝，热泪如雨淋淋。
京城万众迎回归，何期顿失哲人。
再吟蝶恋花，杨柳显忠魂。

下面一首是董铁志为部队离退休老干部学校校歌写的歌词：

是智慧的课堂，是舒心的景象。
尊师重教，霜发烂夕阳。
弘扬国粹，晚霞映书房。
我爱老年大学校，神州盛世好风光！
是翰墨的疆场，是文明的滋养。
挥毫临摹，写生在山冈。
陶冶情操，乐在福寿康。
我有老年大学校，承古创新艺苑香。

附：董震寰简介

董震寰，字宇清，邓襄镇韩庄村人。生于清同治十年（1872），清科举时拔贡，博闻强记，精通诗书史籍，秉性刚直不阿，毕业于河南高等师范学堂，郾城中学创建人之一，第一任校长。1904年，加入孙中山领导的“兴中会”，是郾城分会的创建人之一。1905年，孙中山组建“中国革命同盟会”，郾城革命党人也随之把“兴中会”易名为“中国革命同盟会郾城分会”，积极进行推翻清王朝的革命活动。宣统二年（1910），革命浪潮席卷全国，清廷为维护其摇摇欲坠的封建政权，企图以武力扼杀革命的新生力量，派兵进驻郾城一个师，欲以监视、镇压革命党人。董震寰同刘云汉等人，召开紧急会议，严守机密，清军几次搜捕皆一无所获。辛亥革命后，于1912年当选为河南省第一届议会议员。以正直博得赞誉，后又当选为第二届众议院议员。他主持公道，伸张正义，拥护孙中山，力主恢复孙中山大总统职务，反对袁世凯窃国，反对袁世凯复辟帝制，反对张勋复辟。届满，“因时不可为”，抱道返乡。

民国9年（1920），董出任郾城县志局副局长，组织参与《郾城县记》的编纂工作。民国12年（1923），任河南省通志局采访员，撰写了《河南通志采访录》郾城部分约万字，现存河南省档案馆。1925年，孙中山患病在北京协和医院治疗，董震寰与郾城同盟会的领导人、好友刘云汉、杨治中（曾任河南省第一届参议院议长）赴京探望。孙中山病危虽未能见到孙中山，但受到宋庆龄的接见，聆听了国母的教诲。

“清、慎、勤”为董震寰立身处世之本。他性情耿直、疾恶如仇。他酷爱养菊，常以晋代诗人陶渊明爱菊的癖性自比。“春风引我到重阳，百花开尽有余香”，以菊花傲霜的风姿自喻、自勉、自慰。晚年，闲居乡里，教诲儿孙，帮助梓里乡邻排忧解难。董震寰卒于1944年农历十一月二十一日，终年72岁。他的“清、慎、勤”影响教育了他的后人。长孙董铁志（已离休，享受军级待遇）是中国书画协会副会长，国家顶级书法大家；次孙董铁正，平顶山矿务局安监局正处级干部，高级工程师；曾孙女董蜀蓉，留学新西兰博士；曾孙董蜀军，本科毕业，首都钢铁公司高级工程师。每年春节，韩庄的董氏后人自觉到其玉照前，祭拜这位受人尊重爱戴的贤达。

选自 2008 年 9 月《漯河文史资料》第十六辑

著名书画家赵振刚赴京参展、笔会、讲学纪略

马洪奇[①]

1933年12月12日，赵振刚先生生于河南省漯河市书香世家。父亲赵嵩山，酷爱书画艺术，广交业界朋友，收藏了许多艺术珍品，字也写得好，尤精于行草。振刚在这种艺术氛围中成长，耳濡目染，雅爱丹青，且颖悟聪敏，性与画会。早年“涂鸦”常适法度，深得父辈友好称赏。稍长即就读于漯河艺师、开封艺师专修科，毕业后就职于郑州铁路局。1984年以来，先后任许昌地区书画协会常务副理事长、漯河市书协主席、书画院院长和河南省书协理事、花鸟画研究会理事，并被聘为郑州教育书画院艺术顾问、北京盛世盛唐国际文化艺术公司顾问、中国艺术研究院特邀创作员。1997年被聘为河南省文史研究馆馆员。其书画作品被收入许多丛书、字典，并为青海省博物馆、孟津王铎纪念馆、江苏抗日战争纪念馆、西安大雁塔保管厅、云南曲靖碑林、开封翰园碑林等十数家收藏和刊石。出版有《赵振刚书画集》《赵振刚书画选》等。

这里笔者仅就振刚先生赴京参展并和文史馆员联谊笔会及应邀在解放军总参谋部第一干休所老年大学讲学的几个片段，和大家一起欣赏先生泼墨挥毫的高超技艺与非凡才智。

2002年10月，北京文史研究馆庆祝建馆50周年，特邀津、豫、闽、黔文史馆馆员代表赴京参加书画邀请展，同时举办京、津、豫、闽、黔五省市文史研究馆书画家联谊笔会。振刚先生是我省应邀代表之一。

① 马洪奇，河南省沈丘县人，1933年出生。1949年毕业于中原临时中学初中部，同年8月参军，先后在军政干校、高级步校学习。曾任军校军事教员、参谋等职，转业后任中学教师、教研室教研员、记者、教育志编辑、主编等。1993年离休。

对此，振刚先生十分重视，决定先去岭南采风，换换环境，以期创作出更有新意的作品参展。时值7月天气炎热，但投身艺术的振刚先生却全然不顾。他带回的作品就正是这种精神的真实写照。

在那里，振刚先生画了一幅《岭南雨霁》。内容是一棵雨后的槟榔树和树上停着的两只小鸟。这幅画画面清新、景色靓丽、生意盎然。还画了一幅题名为《春风满枝头》的老梅迎春。看去满纸放花、层次分明，大有“千朵万朵压枝低”的气势，给人以春风拂面的感觉。另一幅是姿态婀娜、惹人怜爱的《蝴蝶兰》。此画为六尺宣整幅，艺术处理十分难得。

在那里，振刚先生还画了一幅以“和平之春”为题的牡丹图。画面是一丛牡丹、几只和平鸽。牡丹花雍容华贵、色彩淡雅；和平鸽悠忽悠哉，神态奕然。二者的巧妙组合，使画意显得厚重深远、爽朗清晰。此外，还有一幅《菊花》、一幅《八哥枫叶》。在《八哥枫叶》图上风趣地题词曰：“走、走、走，走到九月九，走到家门口；家乡有问候，家乡有好酒，醉倒家门口。”欢快的八哥，重阳节的枫树，给人以十分浓郁的温馨感。

由此看来，岭南采风期间，振刚先生的艺术思维异常活跃。短短一个月，就接连画了六幅六尺宣的大画，且意境开阔高远、美妙新颖，实在可喜可贺、难能可贵。当这些艺术杰作经装裱送到河南省文史馆时，大家交口称赞、力盯不释，一致认为有新意、有水平，幅幅见功力、件件是精品。

2002年10月18日，赵振刚先生精神振奋、兴致盎然，带着自己准备参展的作品，和河南省文史馆馆长赵抢衡、馆员王威等一行六人赴京参加北京文史馆建馆50周年庆祝活动。庆祝活动在人民大会堂隆重举行。

振刚先生参展两幅国画，一幅是《高瞻远瞩》，一幅是《雨后春笋》。两幅作品从内容到结构，从色彩到幅式，都繁简适度、浓淡相宜，给人以豁然大气、赏心悦目之感，也让作者别出心裁、标新立异之功跃然可掬。因而引得众多参观者驻足注目，不忍挪步，或若有所思，或若有所悟。鉴此，原河南省美协主席、河南大学教授王威先生动情地走上前去，针对先生的作品专为大家现场讲解；中央文史馆袁行霈馆长、北京文史馆杨遇泰馆长等特邀赵振刚先生在其画前合影留念。

在五省市文史馆书画家联谊笔会上，振刚先生触景生情挥毫赋诗作书。诗曰："北京馆建五十年，文史研究谱新篇。豫津闽黔同祝贺，美酒华夏乐无前。"书毕，先生意犹未尽，忆及昨天游览长城的情景，又提笔写下"关山苍雄"四个遒劲的大字。他那融会独特的草隶和体兼众妙的行书，使在场的名家高手无不肃然刮目相看。

北京文史馆杨馆长见振刚先生书画兼通，出手不凡，便请他与京闽代表合作一幅画。代表们首推振刚先生开笔。振刚先生略加思索，便欣然从命，在洁白的宣纸上画了竹、石。两位合作者也分别画了梅花和水仙。霎时间，一幅逼真鲜活的竹、石、梅、水仙四景兼具的《报春图》便跃然纸上，且珠联璧合，完好无瑕。

另一幅合作画画成后，作者之一、著名学者、九十高龄的画猫专家孙菊生老先生提议让振刚先生补上一笔。振刚先生稍事审视，然后提起笔来，迅速在上面画了一对展翅飞翔的麻雀。于是，整幅画面立刻神韵横溢，风采无限。大家齐声喝彩："补得妙！"

赵振刚先生在联谊笔会上共完成五幅书画作品，不仅数量多，而且品位高，给与会名家留下了美好的印象，为河南争了光。

赵振刚先生参加"庆祝北京文史研究馆建馆50周年"活动后，应解放军总参谋部北京老年大学邀请，给在那里学习的老红军、老八路、老将军传授技艺。

振刚先生深入浅出，边讲边作，仅用几笔即勾勒出一只苍劲有力、展翅欲飞的雄鹰，又以胭脂、浓墨画了一幅温文尔雅、仪态万方的牡丹。还画了一丛墨竹。画的神韵，画的速度，画的谋篇，都使老同志们心仪神随、有所师从。

振刚先生还应总参老将军合唱团团长付英杰将军的邀请，书写了行草八幅屏。内容是苏东坡最为豪放的千古绝唱《水调歌头·赤壁怀古》。振刚先生展纸挥毫，稍有思忖，即走笔龙蛇，满纸珠玉，一气呵成。当八幅屏一幅幅挂上墙壁时，在场的人顿觉大气磅礴、波澜壮阔，与词意相映生辉，无不啧啧赞誉、惊羡不已。付老将军更是激情满怀，连声称绝。

赵振刚先生离京前，干休所设晚宴送行。身兼老年大学名誉校长的付英杰将军与振刚先生坐在一起，频频举杯祝酒，祝贺振刚先生讲学成功，并愿长相往来，创作更多的精神食粮。他说，“我们许多老同志都有很好的理解力、很高的悟性、很多的渴求，你的课讲得敞亮明快，有深度，有广度，我们听着过瘾。你说，我们的艺术要有继承、要有创新，在继承的基础上创新。你讲得很好，大家受益匪浅。”

振刚先生回到漯河，激动的心情久久不能平息，深感此次赴京参展笔会讲学收获良多，不仅广结了善缘，而且高扩了眼界，在自己的人生和艺术诸方面都将是一次空前的升华。

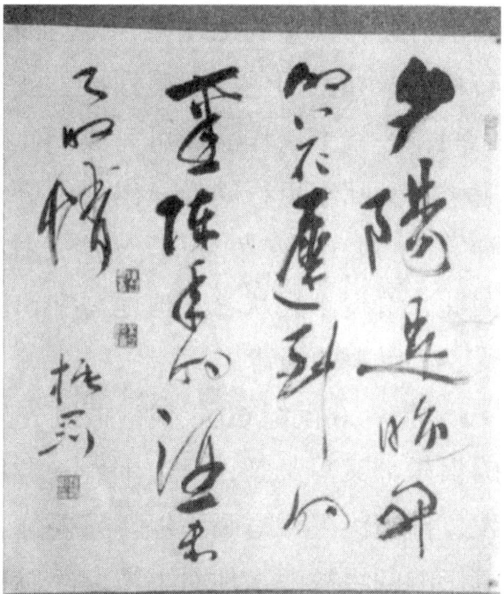

选自2006年7月《漯河文史资料》第十四辑

横溢的才气　灵动的书画

——记书画家赵振刚

张文明①

我跟赵振刚先生是老乡亲、老同事、老朋友、老影友、老邻居，可谓对其非常了解。赵振刚长我7岁，应为1933年12月12日生。漯河市南大街的老门老户。幼年秉承家教，就读大华艺师，继读开封艺专，毕业后供职于郑州铁路局。于是，我们先后都成了铁路上的哥们！

我喜欢看赵振刚仁老兄的书法。他提笔写字，与众不同：别人写字，叠纸打格；他却展纸膏墨，掂笔即书。只见那狼毫笔尖，如跳芭蕾；旋转移动，如雷闪电；起落顿挫，如指在弦；点点画画，如走龙蛇，顷刻之间，一幅书法作品即可完成。此时，若将它铺在地上、挂在墙上，横观竖看，那字里行间彰显出来的皆是才气、灵气和神韵。与那些“跳大神”或“打拳”“发功”、又涂又抹、连哆带嗦者相比，不可同日而语。因此，看振刚兄从容不迫地写字，就是一种精神上的愉悦、视觉上的享受、心灵上的消遣。

早在20世纪60年代，振刚先生尚在铁路系统工作时，每见他在铁路俱乐部又写又画，身边围着一群年轻人，只要一声喝彩，他便兴致大发，挥毫泼墨，写画不停。只要你喜欢，准保有求必应。大概是受其令尊影响的缘故吧，他对书法、绘画格外地情有独钟。因此，常见他将写好的书法或画好的画幅贴在墙上，左右端详，仔细审视，寻找不足，以求百尺竿头再进一步。每逢此时，即使妻子、女儿送来茶饭，他也顾不

① 张文明，1940年出生，河南鹿邑人。幼读私塾，中学毕业后，考入北京鲁迅文学院，专攻文学和摄影，后就职于郑州铁路局，从事宣传报道工作。1980年秋，调漯河铁路中学教高中语文。

上吃喝，常常是放凉了再热，热了又凉，直至挑出问题，方才罢休。日久天长，废寝忘食，使得他原本健壮的身体出了毛病。有时他正在写书作画，突然腹部不适，阵痛不已，只见他双手捂住肚子，额头浸出汗珠……过去了却又笔耕不止。如斯，振刚兄的书画艺术大进。“梅花香自苦寒来”。赵振刚为作书作画实在太“苦”了！

赵振刚的书法艺术在20世纪70年代已大有名气。好多单位的招牌、门头都是他写的。此时的他，并未因取得成绩而踌躇满志。相反，他开始走出家门，请高人指点。那年金秋，他携着一批书法绘画作品，进京拜访了中国美术家协会副主席叶浅予先生和著名画家黄永玉教授，以期聆听大家的斧正和教诲。出乎意料的是，却得到叶先生“称我老师实不敢当”的复信，受到画界权威黄永玉教授的高度评价。尤其那幅《荷塘印象》画作，得到了黄先生同调知音的赞赏。在名家的鼓舞下，他大胆地将书法作品送到国外参展，不料一鸣惊人，荣获“澳大利亚国际书法比赛”前50名的优异成绩。

“人怕出名猪怕壮”。赵兄的名气在小城如雷贯耳。作为同在一个铁路局工作的我，为提高自己的“知名度”，于是掂起了我当时最高级的海鸥DF相机，用仅有的标准镜头，忙了整整一个上午，才将其作品拍完。然后制出照片，寄给报社，被《郑州晚报》连连刊载，在省城引起了广泛好评。令我意想不到的是，晚报副刊部主任曹地先生对振刚的书画作品格外青睐。为了向省会读者进一步介绍其人其画其书，在大冷的“倒春寒”日子里，他竟专程来到漯河采访。不巧的是，振刚兄此时已客居阜阳。为了

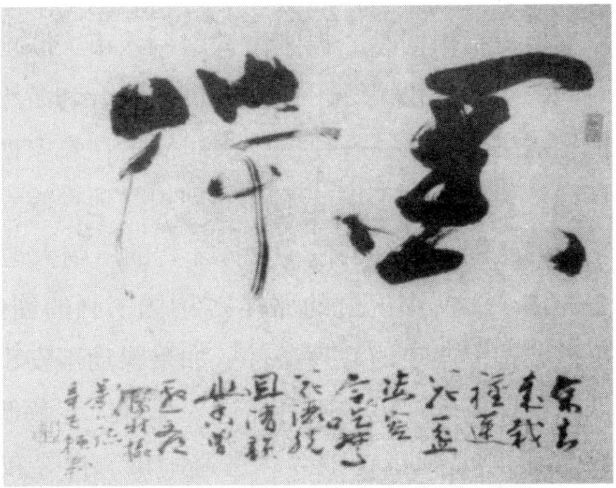

面见这位书画大家，曹先生驱车追踪到颍州。哪知振刚遇事又去了太和。曹先生只好掉转车头，连夜追赶过去。当曹地终于在太和跟他晤面时，淅淅沥沥的春雨已成了纷纷扬扬的春雪。这桩事已过去十多年了，如今回忆起来，颇有些“萧何追韩信”的况味。

振刚兄的天赋何止是书画方面？他对音乐也很擅长。幼年他秉承家学不错，但在20世纪50年代，他读开封艺专时，却专攻音乐。因而，时见他在漯河铁路俱乐部拉风琴、弹风琴。这些年与振刚兄为邻，又不时传来他弹奏的钢琴声。那欢快的《步步高》《彩云追月》和雄壮的《志愿军军歌》《歌唱社会主义祖国》等广东音乐及革命歌曲，在他的指尖上流淌。虽说他在书法艺术上潜心宗法二王（王羲之、王献之），追溯钟（繇）张（旭），奠定了他的书法古朴清新、率真自然、线条流畅、恢宏大气的风格，但在其书法作品中却不乏音乐的旋律。绘画方面，他临摹古法，师从名家谢瑞阶、叶桐轩、梁冰潜、王抚东诸前辈，后又追摩于吴昌硕、齐白石等前人之朴茂粗犷、浑厚雄壮的艺术特点，因而逐渐形成了自己清新淡雅、自然率直的画风。然而在其绘画作品里，亦可看出轻、重、缓、急的音乐节拍。谁能体会到，他将音乐的流动艺术规律移植进了书法绘画之中。总之，在他的书法绘画作品里，不仅含蕴着诗情画意的韵味，而且潜藏有丝音竹声的律动，有着铿锵有力、强弱顿挫的变奏。

值得指出的是，振刚由铁路调入市文联之后，优越的环境和丰裕的时间，为他提供了不可或缺的创作场合和游刃有余的发展空间。特别是他客居书画之乡——阜阳，深居简出在农家四合院里，静谧安逸的周边环境，为其提供了潜心书画的理想之地；嫁女娶妇不攀家电而不可缺少字画的氛围，为其创造了发挥才智的广阔天地。正如我在《清虚日来 道心充满》一文中说过的那样：“中国书画的创作与欣赏需要清净的环境，更需要神澄气定的心理条件。如果躁动不安，定不下心来，不要说进行创作，即使欣赏也绝不可能进入那种‘菩萨低眉、神功内敛’的艺术境界。”振刚老兄远走他乡、逃避闹市、自寻寂寞、幽处画室，通过“疏沦五脏、澡雪精神、明心见性”的三年历练，终于在书品、画品上跃上了一个不躁不愠、清新淡雅而又自然和畅的台阶！

振刚的书画“内功”，还在于他种花植草、养鱼喂鸟上。在他的庭院中、楼台上，一年四季，除了植树、养花、种草以外，还喂有八哥、鸽子和鹦鹉。侍弄花鸟，常见他入迷。不是在圃中一待半晌，便是盯着鸟儿长久出神。在花鸟画方面，他崇尚古人，但不泥古；他借鉴别人，但不一味“临摹”；他力取众家之长，却追求神似而非只求形似，这就使得他的花鸟画作兼有简洁明快、内涵丰腴而又大气磅礴的特点。

这让我忆起了“荷花三友”的趣事。那年，赵兄种植了一盆荷花，开得争芳斗艳。一日，他约我和好友王富林在“不准剪枝去叶、不准打色涂抹、不准挪动花盆”的“约法三章”下，每人从不同的角度拍摄一百张照片。于是，我们从各自的审美情趣出发，拎起相机，“咔嚓”不停。三百多张彩照扩出，摆满客厅，让人目不暇接。市有线电视台闻讯，将其摄录成《荷花三友》。一旦播出，即受众好评。而他所拍摄的荷花，又被河南美术出版社选中近五十幅，与省摄影家协会主席魏德忠合集出版了《荷花》摄影画册。值得一提的是，《赵振刚书画集》里那幅记录此事的行草《墨荷》。这幅作品，仅大书“墨荷”二字，却妙趣横生；下端小书，记录其事，以备永久；上端大书，笔墨灵动，形神兼备。尤其是“荷”字，墨分五色，有淡有浓；使之成字，似花似叶，似梗似苞。真真地“笔落惊风雨、诗成泣鬼神”了！

再说振刚的花鸟画作。由于长期观察所致，他的绘画作品无呆板，无匠气，更无刀削斧砍的痕迹。用我的话说，他作起画来，面对宣纸，总是先沉默那么一阵子，然后蘸墨调色，一挥而就，轻轻松松，半盏茶工夫而已。他的国画牡丹，画面构图严谨、枝叶苍劲、花蕾俏丽。一幅中虽画有数朵牡丹，而朵朵花冠不同、颜色各异，或含苞，或吐蕊，或怒放，千姿百态，惟妙惟肖。无论姚黄魏紫、大乔二乔（此皆牡丹花名），在他的笔下，都栩栩如生、风姿绰约、倾国倾城。难怪上海学者洪丕谟先生在赵振刚的一幅《牡丹图》上题诗道："似醒还带醉，欲笑还含颦。一种倾城色，十分谷雨春。"给予了高度的赞美！

顺带一提的是，振刚兄在其画作上的题款，他那现编的耐人欣赏的诗句，更有一番风趣。譬如，他在小品《案头闻香》上写道："华夏五千年／文化有渊源／先师多瑰宝／吾辈当细研／求索出新意／装点好家园"，把他在书画上"师承传统、又要创新"的艺术追求表达得入木三分。又如，他在牡丹《墨魁》上题道："春满洛阳花满城／游客欲醉乘和风／王城喷泉池中景／漫空珠玉绿映红"，巧妙地把游人赴洛阳牡丹花会观赏的情景描绘得有声有色。再如，他在一次友人宴会上喝了高度"琅琊酒"近一瓶后，醉眼朦胧，提笔所写的"琅琊美酒度七十／提笔索句费神思／如若太白今在世／华夏又多一首诗"，既惟妙惟肖地将其酒后之态表露得淋漓尽致，又以传神之笔透出了他酒醉后的文采。

遗憾的是，我没收藏到他一幅书法精品。这是因为，振刚兄对我最爱说的一句话是："咱们守着哩，啥时要没有呢？"总是先外后内。结果，啥时要都没有。因此，我成了他的"废品收藏家"。就说那幅"万顷烟波鸥境界／九秋风露鹤精神"吧，说它是废品，是因为他把下联"九秋风露"写成了"九秋风鹤"，不愿寄人。我倒不那么认为。在我眼里，倒是一幅很不错的作品。原因是，书圣王羲之在《兰亭序》里还有"目寄""向之""悲夫""斯文"等写错后在原字上又改正过来的地方。特别是颜真卿在悲愤中写《祭侄文稿》，圈圈点点、涂涂抹抹的地方更多。倘若因一字一句之舛误，即将其作废，那么今日我们也就看不到天下第一、第二行书了！

选自2009年9月《漯河文史资料》第十七辑

记漯河书法家刘海林

张文明

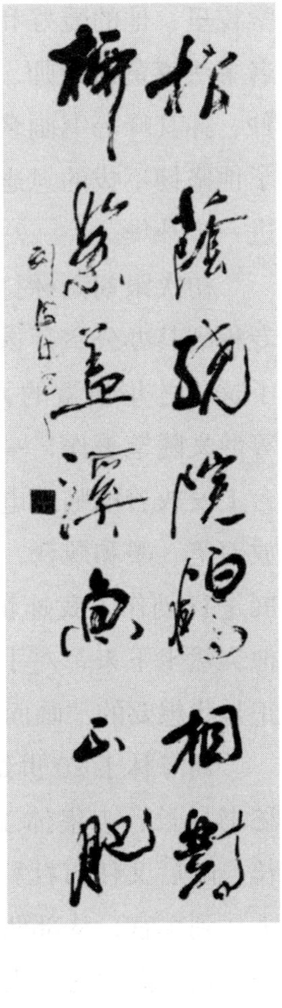

最初知道刘海林这个名字，是通过十几年前观看漯河火车站那苍劲古朴的“漯河”二字。而真正认识他是近年的事了。

十几年来，我对漯河火车站的“漯河”二字再熟悉不过了，但对它的书写者刘海林并不清楚。后来有人告诉我，刘海林是一位从戎20多载的军人，后转业漯河工作的书法家。步入2000年之后，一次在卷烟厂举办的迎新春笔会上，我终于邂逅了刘海林。原来他就是1980年中国书协首届书法展览最年轻的一位入选者，1981年，荣膺澳大利亚书法奖的书法家。

对于刘海林，我过去真的了解甚少，仅听说他在市府工作，是一位“官员”。一个偶然的机会，在赵振刚先生的画廊里，我又一次见到了他。那天，求书者很多。应求字者的要求，只见他一会儿写隶书，一会儿写行草，一会儿又写起篆字……我想，刘海林宦海几十年，大半生游戏笔墨，兴致所致，岂不尽情挥洒？别说，那天他还真令我眼界大开：他双手演绎书法，左右开弓，笔走龙蛇，一挥而就。

后来，接触多了，渐渐对刘海林有了新的认识。他出生于禹州，幼年即濡翰墨。本家大伯是晚清时许州颇有名气的书法大家。因“近朱者赤、近墨者黑”的缘故，他从小就爱上了书法艺术。伯父一句句教他背诵的《三字经》《千字文》《论语》《孟子》和《颜氏家训》《曾文正公家书》等，使他知道了许多做人的道理；手把手教他临摹的欧阳询《九成宫》、柳公权《玄秘塔》，给了他追求书法艺境的最初启迪和兴趣。由于对书法艺术的痴爱和刻苦学习，他十几岁就写得一手好字。“文革”期间，他书写的毛主席诗词《沁园春·雪》《解放军占领南京》等书法作品，引起带兵人的注意，不满16岁的他，被破格招收入伍。在部队大学校里，他的爱好和兴趣得到进一步发展。他拜河北大学教授、中国著名书法家黄绮为师，书艺突进；在全国第一届书展期间，他又得到王学仲、孙其峰等书画名家的指点，受益匪浅。二十多年的军旅生涯，造就了他坚韧不拔的意志和对书法艺术的执着追求，使他的书法艺术得到了进一步升华。

初次跟刘海林打交道，是在前些年他还在市社科联任主席期间，我专程到其办公室拜谒——为完成我对家乡文化名人的拍摄，将镜头对准了这位才华横溢的人。那时，他刚刚出版了他的《人生当笑》《声音》等散文随笔著作，一下子为我搬出四五本书。瞅瞅他的几案，除了写字台上安放着电脑、电话之外，俨然就是书法家的几案：宽敞的台面上摆放着笔、墨和砚台，平铺的毛毡上摊着宣纸——他正准备为参加书法大展进行创作。我连忙举起相机，他很“配合”。当我即将拍完镜头时，他突然坐下来，左手握住拳头，托着右颌，微微前倾，面庞朝我——这正是我想要的“画面”。闲暇胡侃，原来他对摄影也颇有研究。

刘海林于20世纪80年代末，转业漯河工作，先后任市政府办公室秘书科长、市集体工业办主任、民营经济办副主任、中小企业局副局长，随后又任市社科联主席、《沙澧论坛》主编。无论他从戎从政，从士兵到军官，从部队到地方，从一般干部到县级领导干部，工作岗位几经变迁，而他的为人和办事态度却一如既往，对事业和对书法艺术的执着追求却始终未变，对朋友的诚恳和对同事的关爱却丝毫未减。海林的成功，恰在他身处官场却不求闻达，始终坚守一颗宁静的心。几十年来，他坚持临池不断，就是外出也不忘带上字帖或书法论著，眼观心摩，吸取营养。

我熟知海林是这二三年的事。在当今经济大潮中，书法被视为时尚艺术品，索求墨宝成了一件不易之事。然而，跟他接触，则有求必应。无论是当地人还是外地人，他都分文不取。1981年，中央新闻电影制片厂到华北某部农场拍摄杂交稻丰收的专题片，找他写字幕。完成任务后，不仅不要报酬，而且连慰劳招待他的宴席也没光顾。

尽管海林闻名遐迩，但他从不忘记为社会服务，为大众服务。在他看来，书法诞生的缘由是实用。这是书法的精髓。因此，他从不把自己的书法作品看作孤芳自赏的东西。他多次义务举办书法讲座、义务为社会书写会标、义务为群众书写作品、主动为灾区捐赠作品，还为一些饭店、茶楼、公司题写店名。由此可见，刘海林人品、书品的高尚和艺德的芳馨。

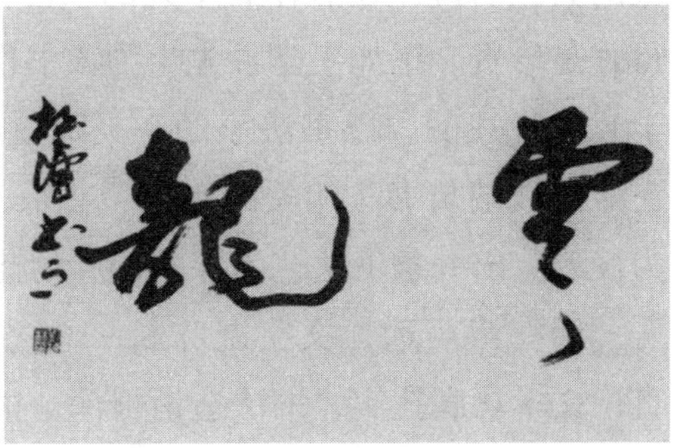

纵观刘海林的书法作品，不难看出，四十余年，他手不释卷孜孜以求地探索文字变迁、博览诗词散文、研读理论经典、刻苦钻研书帖，已经形成了他充实浓厚的文化积淀和求实忘我的好强精神以及厚积而薄发的书法造诣。同时，也给人以平淡悠远、空灵娴雅的艺术享受。

一分耕耘，一分收获。他先后30多次参加国际和全国书法展览，并多次获奖。他的书法作品被作为礼品赠送给美国、加拿大，澳大利亚、东南亚、日本、中国台湾等国家和地区的政界要人或名流，还被毛主席纪念堂、中国军事博物馆、解放军艺术学院、西安博物院、西柏坡碑林、黄山等堂馆单位和名胜古迹处收藏或刻石。他的《刘海林书法》和近日出版的《感悟书法》专著，得到了广大读者和书法爱好者的好评。他所取得的书法成就，还被《解放军报》《解放军画报》《光明日报》《中国书画报》《书法报》等十多家报刊先后作了专题报道和介绍。

斐然的成绩，使他在20世纪80年代就成为中国书法家协会会员。他曾任河北省书协第一、二届理事，现任漯河市书协副主席，漯河市书画研究院常务副院长等职。

我们翻开他的新著《感悟书法》，从“书法艺术概论”“文房四宝”“学习书法的基本方法”，到“书法内容与形式”“书法技术与艺术”，再到“书法家综合素质与创作”“书法艺术欣赏与品评”，洋洋洒洒，娓娓道来，用图文、例证翔实地说明了书法的渊源、笔墨纸砚的使用和书写的方法与技巧等，让人仿佛步入了艺术的殿堂。书中不仅有历代的名帖名碑，还有作者本人的书法作品和自身的体会与感悟，这点显得弥足珍贵。正如王学仲先生为该书作《序》时说：“这是一部以书法美学哲学论述的、以书法家的心灵写就的品位很高的著作。”由于“书中还广泛吸纳与书法相关的诗词、音乐、绘画等姊妹艺术的滋养，所以也为读者点出一条书法艺术探幽揽胜的捷径。”

墨海涛声远，文字况味长。总之，刘海林给我的印象是纯朴、正直，文学功底扎实，书法造诣很深，很有才华的思想型书法家。

选自2010年9月《漯河文史资料》第十八辑

后　记

整理建市以来前三十年《漯河文史资料》是七届漯河市政协确定的一项重点文化工程。任务确立之后，聘请熟悉我市历史文化并热心文史资料工作的学者组建了专项工作小组。专项工作小组首先认真学习了中国文史出版社出版的《文史资料学概论》(卞晋平、方兆麟等著)，对主席会议确定的“去伪存真、去粗取精，补充完善、按系分类”的原则进行了认真的讨论和领会，在此基础上着手开展工作。

纳入本次整理范围的是1986年至2016年市政协征编的《漯河文史资料》共24辑、813篇、351万字，经剔除不符合文史资料体例和不宜出版的内容之后，确定选入史料共计630篇，280万字。

整理工作确立了“遵循国家有关法律、法规，遵循文史资料工作统战性特点，尊重历史见证人对历史事件的表述，以服务大局、服务社会为宗旨，深入挖掘史料价值，全面提高政治、史实和文字水平，更好发挥‘存史、资政、团结、育人’作用”的指导思想。专项工作小组逐篇审读这些史料，建立每周工作例会汇总审读中发现的问题，提出了“校、勘、注、附、表、补、删、插”八字整理工作法，并依据内容将纳入整理范围的文稿划分为八个部分，采取集中研讨、分工负责的方法开展整理工作。整理过程中，经过多次研讨并听取中国文史出版社梁洁同志的建议，又调整了分卷方案，确定为目前的12分册，其中曹代颖、张艳负责《古韵新辉》《百业春秋》《桑梓情思》3册；刘西森、陈思盈负责《抗战岁月》《解放战事》《河上风物》3册；马恒祥、蔡慧娟负责《沙澧英才》《杏坛双星》《生态今昔》3册；鲁锁印、夏跃进负责《民国往事》《校园漫忆》《沧桑巨变》3册。除了较为繁重的文字校勘之外，各组重新审读原文，进行充实梳理，在尊重撰稿人原稿的基础上，根据新发现对史料进行补充完善，对内容存疑或失实的进行更正。其间，收集并参阅大量的外来资料，不厌其烦地进行史料比对，可谓夙夜不息、历尽艰辛。

整理工作的全程中，吕岩同志两次主持主席会议进行专题研究，肯定了本次文史资料整理工作的意义，确立了文史资料整理工作的方案和原则，并多次听取汇报提出指导意见，使整理工作始终沿着正确的方向前行。分管副主席田冠亭、胡新峰同志在日常工作中高度关注，在关键节点协调帮助，为工作顺利推进提供了保障。安清跃、史凤民、刘颖峰为整理工作收集资料提供了有力支持。参加专项工作小组例会的牛青、李永杰、翟媛媛长期牺牲节假日休息时间，为专项工作小组精心服务，作出了应有的贡献。丛书送审稿校定后，秘书长袁国亮组织机关的黎联峰、杨为、李庆峰、蒋向军、刘勇、李聪燕、王玉、崔博、吕煜辉、王文君、赵彤、康家浩等参与审读并提出修改意见；出版社一校二校完成后，各专项小组进行了复审，最后由鲁锁印对复审发现的问题进行统筹，力求使各卷标准统一，格调一致。

丛书整理虽历时三年有余，仍觉时间紧促，加之庚子年疫情的影响，一些图文资料采集计划未能如期实施。参与整理的诸君虽倾心而为，亦力有未逮，实乃囿于学识。期待出版后读者斧正润色，为后继者立标杆，助漯河文史资料工作日益上台阶。

编　者

2021年12月30日